Stefan Lange · Uwe Schimank (Hrsg.)

Governance und gesellschaftliche Integration

Governance
Band 2

Herausgegeben von
Arthur Benz
Susanne Lütz
Uwe Schimank
Georg Simonis

Stefan Lange
Uwe Schimank (Hrsg.)

Governance und gesellschaftliche Integration

SPRINGER FACHMEDIEN WIESBADEN GMBH

SPRINGER FACHMEDIEN WIESBADEN GMBH

VS Verlag für Sozialwissenschaften
Entstanden mit Beginn des Jahres 2004 aus den beiden Häusern
Leske+Budrich und Westdeutscher Verlag.
Die breite Basis für sozialwissenschaftliches Publizieren

1. Auflage Dezember 2004

Alle Rechte vorbehalten
© Springer Fachmedien Wiesbaden 2004
Ursprünglich erschienen bei VS Verlag für Sozialwissenschaften/GWV Fachverlage GmbH, Wiesbaden 2004

www.vs-verlag.de

Umschlaggestaltung: KünkelLopka Medienentwicklung, Heidelberg

ISBN 978-3-8100-4134-0   ISBN 978-3-663-10188-8 (eBook)
DOI 10.1007/978-3-663-10188-8

Inhalt

Teil 3   Governance und ökologische Integration

Frank Biermann/Philipp Pattberg
Governance zur Bewahrung von Gemeinschaftsgütern.

Kai-Uwe Hellmann
Mediation und Nachhaltigkeit.

Claudia Jauß/Carsten Stark
Kultur und Institution als intervenierende Faktoren in umweltpolitischen

Einleitung

Stefan Lange/Uwe Schimank

Governance und gesellschaftliche Integration

Eine Leitorientierung des Nachdenkens über die moderne Gesellschaft wird seit jeher – sowohl im Alltagsdenken und in der politischen Öffentlichkeit als auch in den relevanten Sozialwissenschaften – in der Frage zum Ausdruck gebracht: Was sind die Formen, Bedingungen und Möglichkeiten *gesellschaftlicher Ordnung*? Der Ordnungsbegriff umfasst dabei nicht nur Stabilität im Sinne eines Gleichbleibens von gesellschaftlichen Strukturen, sondern schließt solche Arten des sozialen Wandels mit ein, die schrittweise einem erkennbaren Ablaufmuster folgen und eine eindeutige gewollte Richtung aufweisen – also keine erratischen, turbulenten Veränderungen oder revolutionären Umbrüche, wohl aber allmähliche Entwicklungstendenzen oder auch zyklische Schwankungen sowie inkrementalistische Reformen.

Dass die gesellschaftliche Ordnung bis in ihre tiefsten Fundamente Menschenwerk ist, also das *Produkt handelnden Zusammenwirkens*, stellt eine Prämisse des typisch Soziale Ordnung modernen Denkens und Handelns dar. Man ist sich zwar längst nicht in all seinem Tun darüber bewusst, dass man damit stets einen Beitrag zum Aufbau, zur Erhaltung oder zur Veränderung der Strukturen sozialer Ordnung leistet – wie infinitesimal klein dieser auch sein mag: Doch jedes noch so gedankenlose Händeschütteln zur Begrüßung reproduziert dieses Ritual; und jeder, der zur Begrüßung nicht mehr länger „Guten Tag", sondern „Hallo" sagt, wirkt an der Erosion der alten und der Durchsetzung einer neuen semantischen Ordnungsstruktur in Form einer neuen Grußformel mit.[1] Was hier an einer eher unscheinbaren, allerdings tagtäglich millionenfach aktualisierten sozialen Institution deutlich wird, gilt genauso für gesellschaftlich weitreichende und bedeutsame Strukturen wie etwa diejenigen sozialer Ungleichheit oder politischen Entscheidens: Man kann sich jederzeit klar machen, dass und wie diese Strukturen aus handelndem Zusammenwirken hervorgehen. Manchmal ist einem dies auch beim betreffenden Handeln selbst bewusst – insbesondere dann, wenn eine gezielte Gestaltung dieser Strukturen versucht wird. Der Parlamentarier, der über eine Gesetzesreform abstimmt, weiß, dass er damit, im Zusammenspiel mit den anderen Parlamentariern, Gesellschaftsveränderung betreibt; und dasselbe Bewusstsein der Strukturrelevanz eigenen Handelns besitzt in bescheidenerem Maßstab jemand, der in einer Kleingruppe einen bestimmten Modus der Beschlussfassung vorschlägt.

In Verbindung mit dem modernen Fortschrittsdenken – der weitgehenden Säkulari- Gestaltungshandeln sierung der Sehnsucht nach dem Paradies – wird spätestens seit der europäischen Auf- klärung versucht, die Gesellschaft durch Gestaltungshandeln in verschiedenen Hinsich-

---

1 Siehe als eine anschauliche theoretische Modellierung von Sprachwandel als Beispiel für einen beiläufigen evolutionären Wandel sozialer Strukturen: Keller (1994).

ten zu verbessern. Mehr Gleichheit, zumindest als Chancengleichheit, mehr Freiheit, mehr soziale Sicherheit, eine weltweite Durchsetzung der Menschenrechte, Kriegsverhütung, die Bekämpfung von Hunger und anderen Arten elementarer Notlagen, eine Beförderung ökologischer Nachhaltigkeit: Das sind nur einige der allgemeinsten Formeln, an denen sich Gesellschaftsgestaltung abarbeitet. In der Soziologie ist die theoretische und empirische Beschäftigung mit dieser Ordnungsthematik traditionell unter dem Begriff der gesellschaftlichen *Integration* gelaufen. In der Politikwissenschaft ist für die Ordnungsfrage komplementär zu Theorien zwischenstaatlicher und regionaler Integration sowie dem klassischen Ordnungsrepertoire der innerstaatlichen Integration durch Verfassung, Gesetze, Verfahren und Verordnungen in neuerer Zeit *Governance* als theoretisches Konzept ausgearbeitet worden. Noch vor jeder genaueren Klärung dieser beiden Begriffe soll hier vorausgeschickt werden, dass damit unterschiedliche Akzentuierungen des Themas der gesellschaftlichen Ordnung vorgenommen werden – und zwar nicht konkurrierende, sondern komplementäre. Aus dieser Einschätzung des Verhältnisses beider Perspektiven ergibt sich die Leitfrage dieses Bandes: *Wie wird gesellschaftliche Integration durch bestimmte Governance-Regime[2] befördert, getragen, vielleicht aber auch untergraben?*

Diese Fragerichtung wird anhand eines analytischen Bezugsrahmens erläutert und ausgearbeitet. Dafür werden wir je für sich zunächst auf gesellschaftliche Integration und im Folgenden auf Governance eingehen. Anschließend werden wir anhand der drei grundlegenden Dimensionen gesellschaftlicher Integration – Systemintegration, Sozialintegration und ökologische Integration – den Zusammenhang zwischen Integration und Governance genauer erläutern und dabei auch auf die besonderen Erträge der verschiedenen Beiträge dieses Bandes hinweisen.

1   Gesellschaftliche Integration

Man muss nicht soweit gehen, die Frage nach der gesellschaftlichen Integration zur Schlüsselfrage soziologischer Gesellschaftstheorie schlechthin zu erheben. Unbestreitbar ist es aber eine zentrale gesellschaftstheoretische Frage – und dies nicht erst seit Emile Durkheims (1893) differenzierungstheoretischer Betrachtung des Zusammenhangs von gesellschaftlicher „Arbeitsteilung" auf der einen und den Formen der „Solidarität" auf der anderen Seite. Bedingt durch den Zusammenbruch des Basiskonsenses einer religiös fundierten Sozialontologie wurde gesellschaftliche Integration bereits seit dem 17. Jahrhundert als ein problematischer und stets bedrohter Ordnungszustand erlebt. Im Gefolge von Thomas Hobbes reflektierten die Theorien des Gesellschaftsvertrags, dass gesellschaftliche Integration in einer sich weltanschaulich pluralisierenden und funktional differenzierenden Gesellschaft nur durch institutionelle Ordnungsgestaltung geleistet werden kann (vgl. Kersting: 1996; Peters 1993: 20-22). Soziale Ordnung gilt in der Neuzeit nicht mehr als ein natürlicher und gottgewollter Zustand, in den man sich nur zu fügen braucht. Soziale Ordnung ist vielmehr ein artifizielles, von Menschenhand gestaltetes Geflecht von Institutionen, das jeden Tag aufs neue der aktiven und passiven Zustimmung konkreter Menschen in Leistungs- und Publikumsrollen innerhalb dieses Institutionengeflechts bedarf. Dabei wurden in den Theorien des Gesell-

---

2   Der Regimebegriff wird dabei nicht im strengen politikwissenschaftlichen Sinne verstanden. Er bezeichnet hier lediglich ein spezifisches Muster der Kombination verschiedener Governance-Mechanismen.

schaftsvertrags schon früh zwei Ausformungen der Ordnungsgestaltung unterschieden, die auch für die heutige und im folgenden noch zu erläuternde Governance-Theorie von entscheidender Bedeutung sind: Integration durch Hierarchie und durch Markt. Man kann mit Thomas Hobbes (1651) Ordnung als Hierarchie definieren, die idealiter in der Omnipotenz eines staatlichen Gewaltmonopols zum Ausdruck kommt, oder mit John Locke (1690) als Markt, das heißt, als einer institutionellen Ordnung, die es den Individuen ermöglicht, ihre Handlungspläne durch friedliche Interessenverfolgung zu koordinieren und zu realisieren. Beide idealtypischen Ordnungsformen bilden ein Kontinuum, auf dem sich die institutionellen Strukturen realer Gesellschaften eintragen lassen. Denn in der Regel ist der nutzenmaximierende Marktbürger von der Funktion eines staatlichen Gewaltmonopols abhängig, das die Einhaltung der Verträge und die friedliche Konkurrenz auf dem Markt garantiert. Anders herum ist ein Staat zur Finanzierung seiner Infrastruktur von den Markterträgen abhängig, die er sich in Form von Steuern aneignen kann.

Die soziologische Gesellschaftstheorie kennt heute allerdings noch weitaus mehr Modi der Integration als die beiden gerade erläuterten. Man kann sogar den Eindruck bekommen, dass die Integrationsproblematik heute, im Übergang vom 20. zum 21. Jahrhundert, wieder eine ähnliche Bedeutung bekommen hat wie zur Blütezeit der Theorien vom Gesellschaftsvertrag im 17. Jahrhundert und der ersten genuin soziologischen Durchdringung des Themas durch Emile Durkheim am Ende des 19. Jahrhunderts. Am plakativsten ist die Thematik neuerdings in den Untertiteln der von Wilhelm Heitmeyer (1997a; 1997b) zusammengestellten gegenwartsdiagnostischen Studien formuliert: „Was treibt die Gesellschaft auseinander?" und „Was hält die Gesellschaft zusammen?"[3] *Integrations-problematik*

Je intensiver sich die soziologische Gesellschaftstheorie um das Integrationsproblem kümmert, um so mehr scheint es ihr an einem klaren analytischen Verständnis dieses Phänomens zu mangeln. Denn je nach dem ob gesellschaftliche Integration im Rahmen von Theorien funktionaler Differenzierung, Individualisierungstheorien, Rational Choice-Theorien oder Diagnosen des Werteverfalls und der Normenerosion abgehandelt wird, verschieben sich die Definitionen und Bedeutungshorizonte (vgl. Friedrichs/Jagodzinski 1999: 10). Typische Konnotationen des Integrationsbegriffs, die sich etwa in vielen Definitionsvorschlägen wiederfinden, sind, ohne Anspruch auf Vollständigkeit: Einheit, Widerspruchsfreiheit, Gleichgewicht, Stabilität, Ordnung, fügsame Einordnung, Konfliktfreiheit, Konsens, Gerechtigkeit. Man spricht mit diesen Verständnishintergründen z.B. von der Integration von Ausländern oder der Re-Integration von Strafgefangenen oder von Integration als funktionalem Erfordernis für die Ordnungswahrung bzw. Friedenssicherung von Gesellschaften und Staaten; und man verzeichnet desintegrative Wirkungen von ethnischen Spaltungen, Wirtschaftskrisen oder einer ihrer Sozialisationsfunktion nicht mehr gerecht werdenden Familie. Erkennbar weist der Begriff häufig starke normative Konnotationen auf; Integration gilt also als etwas Wünschenswertes: je mehr, desto besser! Dagegen hat es auch nicht viel geholfen, die positiven Funktionen sozialer Konflikte zu betonen, wie dies Ralf Dahrendorf (1954; 1958) gegen Talcott Parsons' oft als „Integrationsmodell" apostrophierte Sozialtheorie getan hat. Natürlich integrieren auch und gerade Konflikte; sie verschaffen einer Ordnung Flexibilität, um sich neuen Gegebenheiten anpassen zu können – man könnte das kybernetische Konzept der „Ultrastabilität" (Ashby 1956) anführen – und sie befördern durch den Zwang zur Kompromissbildung die Erneuerung moralischer Ka- *Mangel an klarem Begriffsverständnis*

---

3   Siehe als Überblick: Lange (2000) sowie generell zur Behandlung des Integrationsproblems in soziologischen Gegenwartsdiagnosen der 1980er und 1990er Jahre: Schimank (2000a).

pitals, das wiederum zur gesellschaftlichen Integration beiträgt (vgl. Dubiel 1999: 136-139). In den konkreten Institutionenordnungen moderner Gesellschaften ist der Widerstreit zwischen Integration (hier i.S. von „Konsens") und Konflikt in der Regel im Rahmen der politischen Ordnung austariert. Die Staatsverfassungen definieren Kernbereiche, innerhalb derer die in der jeweiligen Gesellschaft potentiell möglichen Basiskonflikte als gelöst behandelt werden. Erst aufbauend auf diesen, dem Streit entzogenen *constitutional essentials* (z.B. Grundrechte, Koalitions- und Versammlungsfreiheit, die Institutionen der politischen Ordnung selbst), wird dann Konflikt als kreative Auseinandersetzung um Gestaltungsalternativen möglich (vgl. Oberreuter 1986: 223; Fuchs 1999: 166-168).

Niklas Luhmann

Während der gesellschaftliche common sense, wie schon die Redeweise vom Auseinanderfallen der Gesellschaft zeigt, Integrationsprobleme primär als mögliche oder drohende Desintegration thematisiert, ließen sich in Anlehnung an die Systemtheorie Niklas Luhmanns (1997: 617/618), dagegen Tendenzen einer dysfunktionalen Überintegration aufzeigen. Dies ist auf der Ebene der Gesellschaft immer dann der Fall, wenn die strukturellen Kopplungen zwischen den funktionalen Teilsystemen so eng werden, dass mindestens einseitige, vielleicht aber sogar wechselseitige empfindliche Beschneidungen des Bewegungsspielraums des jeweiligen teilsystemischen Operierens stattfinden. Die eindringlichsten Beispiele dafür lieferten die ehemals sozialistischen Staaten Osteuropas. Dort war es genau der hypertrophe Anspruch einer umfassenden politischen Integration der Gesellschaft durch Planung, der alle Teilsysteme so eng miteinander verzahnte und unter politische Kuratel stellte, dass die Effizienz und Innovationskraft der teilsystemischen Leistungsproduktionen irreparablen Schaden nahm.[4]

Reduktion von Freiheitsgraden

Wir wollen im Folgenden eine Begriffsbestimmung von gesellschaftlicher Integration dahingehend vornehmen, dass Integration für eine durch Gestaltungshandeln zu schaffende oder eine bereits bestehende Einheit die Bedingungen der Möglichkeit eben dieses Einheit-Werdens, -Seins oder -Bleibens bezeichnet. Die Einheit wird also als *möglich, aber nicht notwendig* angesehen – wie z.B. eine aus mehreren Mitgliedern zusammengesetzte Gruppe, die „wie ein Mann" auftritt. Etwas, das von vornherein Einheit ist, braucht sich nicht mit sich selbst zu integrieren. Integration weist auf eine kontingente Vereinheitlichung mehrerer Elemente hin; und diese findet als eine wechselseitige „*Reduktion der Freiheitsgrade*" (Luhmann 1997: 603) statt. Den jeweiligen Elementen ist nicht mehr alles möglich, was potentiell möglich wäre, existierten sie unintegriert nebeneinander – im Extremfall isoliert voneinander. Je stärker diese Reduktion ausfällt, desto augenfälliger wird, dass die Elemente eine ihnen übergeordnete Einheit bilden.

Man kann sich dies an einem abstrakten Beispiel verdeutlichen. Wenn ein Element A 10 Freiheitsgrade des Operierens und eine Element B 5 Freiheitsgrade hat, ergibt dies in einer Welt, die nur aus diesen beiden Elementen besteht, $10 \times 5 = 50$ mögliche Zustände, je nach dem, welche Operationsalternative von A mit welcher von B koexistiert. Integration bedeutet, dass das Verhältnis beider Elemente sich so ändert, dass weniger als dieses Maximum an Weltzuständen möglich wird – etwa so, dass die Alternative A2 nur mit den Alternativen B3 und B5 koexistiert, die Alternative B4 nur mit den Alternativen A1, A8 und A9. Je mehr der 50 logisch möglichen Zustände ausgeschlossen sind, desto höher integriert sind A und B miteinander.

wechselseitige Möglichkeitsbeschränkung

Integration wird hier also abstrakt als wechselseitige Möglichkeitsbeschränkungen zwischen Einheiten begriffen, die deren Chancen der dauerhaften Selbstreproduktion erhalten oder erhöhen. Ein erstes wichtiges Merkmal dieses Integrationsverständnisses

---

4   Siehe hierzu die vergleichende Länderstudie zur Transformation der Wissenschaftsorganisation in Mittel- und Osteuropa von Schimank/Lange (1998).

besteht darin, dass Integration immer nur negativ, nicht positiv umschreibbar ist: als entweder Des- oder Überintegration einer Einheit. Nur so stoßen Akteure auf die Integrationsfrage. Ungestörte Integration, also die Abwesenheit von Des- und Überintegration, bleibt eine latente gesellschaftliche Größe. Gelingende Integration fällt in den Routinen des Alltags nicht weiter auf. Eine Abweichung von diesem ungreifbaren mittleren Ordnungszustand kann mehr oder weniger groß ausfallen; sie hat in der Regel die Aura des Außeralltäglichen und ruft meistens politisches Gestaltungshandeln zur Re-Integration auf den Plan.[5] Bei dieser intentionalen Gesellschaftsgestaltung, heute in Form der noch zu erörternden Governance-Regime, geht es also faktisch nicht um die Suche nach einer optimal integrierten Gesellschaft – auch wenn dies legitimer Bestandteil der politischen Gemeinwohlrhetorik ist –, sondern um das Anvisieren eines relativ weniger des- oder überintegrierten Zustands.

Es lässt sich also zusammenfassen, dass Integration in der Regel für selbstverständlich, gewissermaßen als natürliche Ordnung der Dinge, genommen und hingestellt wird. Erst am Defizitären wird man auf das Positive aufmerksam und vermag abzulesen, was dieses Positive ausmacht. So kann man bspw. sagen, dass Konformität der Gesellschaftsmitglieder mit den gesellschaftlich etablierten Normen ein Moment von gesellschaftlicher Integration ist. Doch erst wenn ein gewisser Schwellenwert von Devianz überschritten wird, kommt man auf diesen Zusammenhang. Mehr noch: Selbst wenn ein hinreichend distanziert reflektierender Beobachter einen gegebenen Zustand weitestgehender Normkonformität kontrafaktisch als unwahrscheinlich und daher erklärungsbedürftig ansieht, ist damit noch lange nicht gesagt, dass er zu ergründen vermag, welche Mechanismen diesen Zustand hoher Integration erzeugen. Diese Mechanismen werden in ihrem Wirken erst offenbar, wenn sie in hinreichend vielen Einzelfällen versagen, so dass der Umkehrschluss von der Störung auf die Bedingungen der Störungsfreiheit gezogen werden kann. Störungsfreie Integration ist also *sowohl latent als auch intransparent*. Nur im „Störungs"- bzw. Irritationsfall vermag man etwas Licht ins Dunkel zu bringen. Augenfällig wird Integration

> Mechanismen der Integration

a) dort, wo sie schwindet, so dass sich plötzlich oder als Ergebnis eines anfangs unbemerkten schleichenden Prozesses *Integrationsprobleme* unübersehbar aufdrängen, und

b) dort, wo sie durch innovatives Gestaltungshandeln kollektiver und korporativer Akteure auf ein neues Emergenzniveau gehoben wird, das die Gesellschaftsmitglieder in ihrer Mehrzahl noch nicht realisiert haben.

Mit Blick auf a) konstruieren die meisten Begriffsbestimmungen einen Gegensatz von Integration und *Desintegration*. Begreift man Integration, wie angeführt, mit Konnotationen wie Einheit, Ordnung, Stabilität, wird ein solches Kontinuum suggeriert, bei dem Integration den einen und Desintegration den anderen Pol markiert. Integrationsprobleme treten demgemäß dann auf, wenn die Einheit oder Ordnung zerfällt und Instabilität eintritt. Oft geht dieser Verfall einer alten Ordnung Hand in Hand mit dem Aufstieg ei-

---

5   Es handelt sich dabei dann aber faktisch nie um Re-Integration im Sinne der Wiederherstellung eines vergangenen Integrationszustands, sondern um eine qualitative und/oder quantitative Maßstabsvergrößerung der Integration. Qualitativ wird ein Integrationsproblem dann durch neue Verordnungen, Gesetze, Satzungen, Organisationsregeln, Konventionen etc. auf ein neues Emergenzniveau verschoben; quantitativ geschieht dies durch eine gestaltende Erweiterung dessen, was als Einheit definiert werden kann. In diesem Sinne läuft ja bspw. die politische Integrationspolitik zur Gestaltung der Europäischen Union auf eine Maßstabsvergrößerung der bisherigen europäischen Nationalgesellschaften zu einer europäischen Gesellschaft, also eine größere Einheit, zu.

ner neuen Ordnung, die, angetrieben vom Gestaltungswillen einer kleinen Elite, diejenigen, die mit dem Transformationsprozess nicht schritthalten können oder wollen, in die Anomie treibt.[6]

Desintegration und
Überintegration

Dies ist zweifellos eine Manifestationsform von gesellschaftlichen Integrationsproblemen. Es gibt allerdings noch eine andere, analytisch genauso bedeutsame, auf die man leichter stößt, wenn man sich wiederum das abstrakte Verständnis von Integration als Reduktion von Freiheitsgraden vor Augen hält. Im Fall von Desintegration fällt diese Reduktion zu gering aus bzw. geht im Zeitverlauf zurück. Aber es kann auch umgekehrt eine zu starke Reduktion geben. Es wäre in unserem obigen Beispiel sicherlich unter den meisten denkbaren Umständen nicht funktional für die Reproduktionsfähigkeit der Einheit, wenn nur noch ein einziges Paar von Ko-Operationsmöglichkeiten der Elemente A und B übrig bliebe – z.B. A3 und B5. Wir setzen Integration nicht mit einer Welt gleich, die – an diesem Beispiel überspitzt verdeutlicht – nur noch einen einzigen Zustand annehmen kann. Also kann es nicht nur Desintegration geben, sondern auch *Überintegration*.

Überintegration kommt jenseits abstrakter Erörterungen real vor: als eine „von oben" wirkende, das gesellschaftliche Leben gleichsam erstickende Einzwängung der Teile durch das Ganze, die dann auf dieses zurückschlägt. Das anschaulichste Beispiel hierfür bieten gesellschaftliche Zustände, wie sie Michel Crozier (1970) am französischen Fall als „blockierte Gesellschaft" analysiert hat und wofür uns die Staaten des real existiert habenden Sozialismus in Osteuropa – einschließlich der ehemaligen DDR – vor Augen stehen.[7] Am Ende waren dies Gesellschaften, in denen „nichts mehr ging", weil jeder jeden daran hindert, irgendetwas anders zu machen, obwohl allen klar ist, dass grundlegende Änderungen erforderlich sind. In schwächerer Form wird eine derartige Diagnose auch für den derzeitigen „Reformstau" in Deutschland vertreten. Überintegration – etwa im Verhältnis zwischen Gewerkschaften und Arbeitgebern – wird als Blockierung zwingend notwendiger Reformen angesehen; und eine Lockerung der Integration, ganz konkret etwa als Aufhebung des Flächentarifvertrags, wird als Voraussetzung für einen geordneten gesellschaftlichen Wandel betrachtet, der den „Wirtschaftsstandort Deutschland" sichern kann.

Wie immer man das Beispiel beurteilen mag: Es verdeutlicht, dass Integrationsprobleme entweder als Des- oder als Überintegration auftreten können. Integration wird, wie schon gesagt, zum einen dann erfahren, wenn sie schwindet. Zum anderen kann aber auch das Schwinden von Des- bzw. Überintegration, also eine wieder erstarkende Integration als solche bewusst werden. Klar ist: Erst aus dem Vergleich mit der sich einstellenden oder wieder nachlassenden Abweichung vermag man zu erkennen, worauf Integration beruht; und auf die so in den Blick fallenden Kausalfaktoren und -zusammenhänge lässt sich dann möglicherweise auch gezielt einwirken, um zukünftig Integration erhalten oder wieder herstellen zu können.

Beispiel: regionale
Integration

Eine Möglichkeit, solchen Integrationspathologien zwischen nationalen Gesellschaften durch Gestaltungshandeln entgegenzuwirken, besteht, wie bereits angeführt, in dem intentionalen Zusammenschluss mit anderen Einheiten des gleichen Typs.[8] Hierfür

---

6   Das Ineinandergreifen dieser beiden Dimension von Desintegration hat Durkheim (1897) in seinen Studien zum anomischen Selbstmord beschrieben.

7   Auf der Organisationsebene hat Crozier (1963) dies am „bürokratischen circulus vitiosus" herausgearbeitet – siehe weiterhin Türk (1976) zu entsprechenden Pathologien von Organisationen.

8   Mit „intentionalem Zusammenschluss" lässt sich treffend das in der Politikwissenschaft gängige Verständnis von Integration fassen. Integration in diesem Sinne zeigt sich in der Gestaltung regionaler Freihandelszonen und im Ressourcen-Pooling bei der Bewältigung transnationaler Problemlagen z.B. im Umweltschutz oder bei der Friedenssicherung. Das Ausmaß an Integration zeigt

sind Regime regionaler Integration ein gutes Beispiel, in denen sich Staaten wechselseitig verpflichten, im Sinne der Leistungssteigerung ihrer Wirtschaftssysteme nationale rechtliche Regulierungen abzubauen. Die Politikwissenschaft beschreibt supranationales Gestaltungshandeln dieser Art als „negative Integration", welche nationale Gesellschaften durch De-Regulierung unter Konvergenzdruck setzt. Von „positiver Integration" ist dann die Rede, wenn die Einheiten (hier: Staaten) ihre Ressourcen poolen, um über gemeinsames Gestaltungshandeln zu neuen rechtlichen Regulierungen auf der höheren Emergenzebene des supranationalen Verbandes zu kommen. Integration ist so verstanden auch immer ein Mehrebenenspiel, in dem – sofern friedliche Gestaltungsmittel die ultima ratio bilden –, durch Höherskalierung des Problemlösungshorizonts eine win-win-Situation für alle sich integrierenden Einheiten angestrebt wird. Während „negative Integration" (Deregulierung) im Mehrebenenspiel als Gestaltungsmittel zur Überwindung von Überintegration innerhalb der einzelnen Einheiten eingesetzt wird, soll „positive Integration" (Neu-Normierung) zur Überwindung von Desintegrationseffekten auf dem höheren Ordnungsniveau der supranationalen Einheit dienen.[9]

Auch auf der Ebene des Individuum-Gesellschaft-Arrangements lässt sich Integration als Mehrebenenspiel modellieren. Die Entwicklung moderner Gesellschaften ist unter anderem auch von dem stetigen Versuch nationaler Eliten geprägt, das ursprünglich in partikularen Bindungen (Familien, Clans, Dorfgemeinschaften) geprägte „value commitment" (Parsons 1969) von Individuen auf universellere Werte und Strukturen der Solidarität zu orientieren, die geeignet sind, die gesellschaftlichen Handlungsketten zu verlängern und durch die Höherskalierung von Wir-Identitäten die Wohlfahrtseffekte für alle Gesellschaftsmitglieder zu steigern (vgl. Elias 1987). Für das Individuum gilt es, in diesem Arrangement die Balance zwischen den emotionalen partikularen Bindungen an seine Primärgruppen auf der einen sowie die zwischen Zweckrationalität und Emotionalität schwankenden Bindungen an seine Firma, seine Partei, seinen Nationalstaat etc. auf der anderen Seite zu halten.

Mehrebenenspiel

Im Anschluss an diese Überlegungen lässt sich gesellschaftliche Integration als Abwesenheit von Des- oder Überintegration verstehen, und man kann sich den *graduellen* Charakter von Integration klar machen. Integration stellt eine Balance zwischen Des- und Überintegration dar, einen mittleren Ordnungszustand, der durch ein Mehr oder durch ein Weniger an Ordnung gestört werden kann und den man mit „positiver" und „negativer" Integrationspolitik zu restabilisieren versucht. Gesellschaftliche Integration ist damit auch ein *zeitpunkt-relativer* Maßstab. Aussagen darüber machen nur so Sinn, dass der Gesellschaftszustand zum Zeitpunkt t_1 integrierter bzw. weniger integriert als zum Zeitpunkt t_0 ist. Man verfügt also über keinen absoluten, außerhistorischen Maßstab für das Niveau gesellschaftlicher Integration. Soziologische Analysen benötigen einen solchen Maßstab aber auch gar nicht. Es geht ihnen ja gar nicht um die Suche nach einer optimal integrierten, also diesbezüglich perfektionierten Gesellschaft. Sondern gefragt wird danach, ob die gesellschaftliche Integration heute besser oder

gradueller Charakter von Integration

---

sich hier graduell am Grad der Verfestigung von Regime-Strukturen. Sie reicht von relativ lockeren Problemlösungsregimen (z.B. im Rahmen des UNCED-Prozesses) über vertraglich stark verfestigte Single-Issue-Regime wie ASEAN oder MERCOSUR bis zur Quasi-Staatlichkeit der EU. Transintentionale Integration zeigt sich auf diesem Feld als in der Regel unfreiwillige Abhängigkeit „schwacher" Staaten und Regionen von den Schutz-, Wirtschafts- und Kulturleistungen „starker" Hegemonialstaaten oder hegemonialer Regime. Siehe hierzu als Überblick: Kohler-Koch/Schmidberger (1996).

9   Siehe am Beispiel der Europäischen Union: Scharpf (1996).

schlechter ist, als sie es gestern war, und was diesbezüglich für Zukunftsaussichten bestehen.[10]

dreidimensionale
Auffächerung des
Integrations-
verständnisses

Ebenso wichtig wie die bisherigen Klärungen ist für einen handhabbaren Maßstab eine weitere analytische Dekomposition dessen, was gesellschaftliche Integration umfasst. Was sind die anderen Elemente der Welt, zu denen die Gesellschaft ein für ihre Selbstreproduktion essentielles Verhältnis unterhält? In dieser Frage lässt sich eine *dreidimensionale Auffächerung* des Verständnisses gesellschaftlicher Integration in Sozialintegration, Systemintegration und ökologische Integration vornehmen. Diese Dimensionen ergeben sich daraus, dass eine Gesellschaft in drei Richtungen funktionale wechselseitige Möglichkeitsbeschränkungen etablieren und erhalten muss.

Sozialintegration

Bis vor nicht allzu langer Zeit erfasste die von David Lockwood (1964) eingeführte Unterscheidung von Sozial- und Systemintegration alle wesentlichen Aspekte dessen, was unter gesellschaftlicher Integration verstanden wurde.[11] Diese beiden Integrationsdimensionen bezeichnen gänzlich andersartige Aspekte gesellschaftlicher Integration – oder anders ausgedrückt: Es werden zwei völlig verschiedene Störungsquellen gesellschaftlicher Integration herausgestellt. Unter dem Gesichtspunkt der *Sozialintegration* geht es um die Integration der einzelnen Gesellschaftsmitglieder als Personen in die Gesellschaft. Dies ist das klassische soziologische Thema des Verhältnisses von Individuum und Gesellschaft. Weder dürfen ungebändigte Persönlichkeiten die gesellschaftliche Ordnung ruinieren, noch darf eine zu restriktive Ordnung auf gesellschaftlich ebenso dysfunktionale Weise die Kreativität der Personen unterdrücken. Desintegration läuft in Sachen Sozialintegration auf Identitäts- und Orientierungskrisen, soziale Konflikte vor allem über Ungleichheiten, Ungerechtigkeiten und Kulturdifferenzen sowie letztlich Anomie hinaus, Überintegration auf zwanghafte Einbindungen in „totale Institutionen" und Gemeinschaften mit extrem partikularen Orientierungen.

Systemintegration

Der Gesichtspunkt der *Systemintegration* stellt demgegenüber auf die Integration der verschiedenen Teilsysteme – z.B. Wirtschaft, Politik, Massenmedien, Gesundheit – in die Gesellschaft ab, was die Gesamtheit der Interdependenzen zwischen den Teilsystemen betrifft. Das bedeutet, auf ein bestimmtes Teilsystem bezogen, dessen Integration mit den jeweils anderen Teilsystemen. Die Teilsysteme – siehe z.B. das Verhältnis von Wirtschaft und Politik – dürfen einander wechselseitig keine unlösbaren Probleme bereiten. Weder darf ein Teilsystem durch andere Teilsysteme bspw. hinsichtlich benötigter Ressourcen im Stich gelassen werden, noch dürfen diese ihm, etwa durch Zwangsmaßnahmen oder Sachzwänge, seine Autonomie nehmen – um nur zwei mögliche Störungen der gesellschaftlichen Systemintegration anzuführen. Desintegration heißt in dieser Dimension, dass die Teilsysteme zentrifugalen Tendenzen unterliegen, die nötigen Leistungen füreinander nicht mehr hinreichend erbringen oder sogar gegeneinander arbeiten. Überintegration bestünde demgegenüber dann, wenn Teilsysteme zu eng miteinander verkoppelt sind, so dass sich Autonomiegefährdungen ergeben – siehe als schon erwähntes drastisches Beispiel die ehemaligen sozialistischen Gesellschaften, etwa hinsichtlich der Gängelung der Wissenschaft durch den Staat.

---

10 Die Beurteilung des Integrationszustandes als besser oder schlechter impliziert in diesem Kontext kein Werturteil. Ob ein Sozialwissenschaftler es gut oder schlecht findet, dass z.B. ein autoritäres Regime oder eine Entwicklungsdiktatur für einen begrenzten historischen Zeitraum ein höheres gesellschaftliches Integrationsniveau gewährleisten kann als vergleichbare Demokratien in derselben Region, spielt analytisch keine Rolle.

11 Die weitere Verwendung und Diskussion der beiden Konzepte hat allerdings gegenüber Lockwoods ursprünglichem Vorschlag nicht nur Klärungen, sondern auch neue Uneindeutigkeiten und Widersprüche hervorgebracht. Siehe hierzu: Mouzelis (1974;1997).

Mit der Unterscheidung von Sozial- und Systemintegration ließen sich die Aspekte gesellschaftlicher Integration, die bis in die 1970er Jahre hinein die Aufmerksamkeit beherrschten, zuordnen und systematisieren. Seitdem ist allerdings in den gesellschaftlichen Debatten und auch in soziologischen Analysen ein vorher gar nicht beachtetes oder allenfalls randständiges Thema prominent geworden: die *ökologische Integration* der modernen Gesellschaft, also das Verhältnis der Gesellschaft zu ihrer physikalischen, chemischen und biologischen Umwelt (vgl. Reese-Schäfer 1996: 381).[12] Der erste Bericht des Club of Rome über die „Grenzen des Wachstums" war die wichtigste Initialzündung. In den 1980er und 1990er Jahren hat die ökologische Integration in der Gesellschaftsbeobachtung eine gleichrangige Bedeutung wie die Sozial- und die Systemintegration gewonnen; zeitweise übertrumpften ökologische Besorgnisse und Ängste sogar alles andere. Insbesondere der Reaktorunfall von Tschernobyl wurde – nicht nur für Ulrich Becks (1986) Konzept der „Risikogesellschaft" – zum symbolträchtigen Ereignis.

ökologische Integration

Ökologische Integration heißt: Die Reproduktionsfähigkeit der modernen Gesellschaften hängt entscheidend auch davon ab, dass sie sich innerhalb der von der Natur gesetzten Grenzen – bspw. des Energieverbrauchs – auf einem langfristig bestandssicheren Pfad bewegen. Diese Grenzen sind nicht starr, sondern können vor allem durch wissenschaftlich-technische Innovationen hinausgeschoben werden – wie weit, weiß allerdings niemand.[13] In dieser Dimension bedeutet Desintegration, dass die gesellschaftlichen Akteure die natürlichen Reproduktionsbedingungen zu wenig berücksichtigen und dadurch gefährden, also etwa Raubbau an nicht-erneuerbaren Ressourcen betreiben. Umgekehrt liegt Überintegration dann vor, wenn in der Gesellschaft zu viel Rücksicht auf die „Integrität" der Natur, so wie sie vorfindbar ist, genommen wird, man also etwa aufgrund auch nur vage vorstellbarer ökologischer Risiken bereits einen rigorosen Eingriffsverzicht praktiziert und sich so der Evolution der Naturgegebenheiten ausliefert. Die Befolgung des populären Verantwortungsimperativs von Hans Jonas (1979), wonach auf jede Technologie verzichtet werden soll, die ambivalente, hinsichtlich ihrer Zukunftsfolgen nicht kontrollierbare Nebeneffekte zeitigen könnte, wäre ein solcher Fall von Überintegration. Historisch betrachtet hatte noch jede Technologie ambivalente Folgen – mit den Äxten der späten Bronzezeit wurde z.B. fast der gesamte Mittelmeerraum unwiderruflich entwaldet, dafür bedurfte es nicht einmal großtechnischer Anlagen. Hieraus nun den fatalistischen Schluss zu ziehen, zugunsten der ökologischen Integration auf die Nutzung aller riskanter Technologien zu verzichten, wäre nicht nur ignorant, sondern unverantwortlich (vgl. Renn 1996: 50-52).

Diese wenigen Andeutungen zu den drei Dimensionen gesellschaftlicher Integration genügen zunächst, um den hier entwickelten Bezugsrahmen zu vervollständigen.

---

12 Mit Talcott Parsons könnte man sagen, dass der Gesellschaft als sozialem System die Belange ökologischer Integration über den Verhaltensorganismus der Gesellschaftsmitglieder vermittelt werden: Hunger, Frieren, Einschränkungen der Bewegungsfreiheit, Krankheiten u.ä. – schließlich Tod (vgl. Parsons/Platt 1973: 436). Siehe auch Peter Gross (1994: 285): „Die Betroffenen der Umweltkrise sind letztlich Menschen in ihrer Körperlichkeit."

13 Siehe auch den profunden Überblick bei Berger (1994). Van den Daele (1996: 430-438) deutet immerhin an, dass die Anpassungsleistungen der modernen Industriegesellschaften an ökologische Problemlagen durchaus beachtlich sind. Das dies gesellschaftlich kaum wahrgenommen wird, liegt unter anderem auch an den Selektionskriterien der Massenmedien: Singuläre ökologische Katastrophen und akutes sicherheitstechnisches Versagen in großtechnischen Anlagen haben einen höheren Nachrichtenwert als die beständige Sysiphos-Arbeit der sukzessiven Anpassung der industriellen Produktion an Nachhaltigkeitskriterien durch rechtliche und technische Regulierung.

Damit lassen sich Aussagen über gesellschaftliche Integration in folgender Form treffen: Zum Zeitpunkt t_1 ist die Gesellschaft integrierter bzw. weniger integriert – in einer der beiden Richtungen und einer der drei Dimensionen – als zum Zeitpunkt t_0.[14] Während erstere Variante eine Entwarnung bezüglich des Integrationsproblems bedeutet, stellt letztere Variante eine Warnung dar.

intentionale Integration

Solche Warnungen und Entwarnungen richten sich vor allem an diejenigen, die gesellschaftliche Integration *intentional* befördern wollen. Gerade sie müssen freilich von vornherein in Rechnung stellen, dass das Gros an Integrationsleistungen transintentional erbracht wird, also als sich „hinter dem Rücken" der jeweiligen Akteure ergebender gesellschaftlich funktionaler Nebeneffekt ihres ganz anders motivierten handelnden Zusammenwirkens. Dennoch kommt die moderne Gesellschaft, wie sich noch zeigen wird, nicht ohne gezielte Anstrengungen von Akteuren aus, jeweils in bestimmten Hinsichten einen relativ weniger des- oder überintegrierten Gesellschaftszustand als den bestehenden herbeizuführen. Gesellschaftliche Integration ergibt sich – entgegen den bekannten Thesen Luhmanns ebenso wie etwa Friedrich von Hayeks – nicht allein als evolutionärer „invisible hand"-Effekt, sondern es muss für sie auch durch entsprechend ausgerichtete Gestaltungsbemühungen Sorge getragen werden.

Nationalstaat

Jener Akteur, der diesbezüglich am meisten Aufmerksamkeit, Ansprüche und Erwartungen auf sich zieht, ist der moderne *Nationalstaat*.[15] Dabei ist hervorzuheben, dass – besonders zugespitzt im kontinentaleuropäischen Raum – nahezu alle gesellschaftlichen Zustände, die von der öffentlichen Meinung als Des- oder Überintegration wahrgenommen werden, fraglos dem Aufgaben- und Verantwortungsbereich des Staates zugerechnet werden. Politische Steuerung durch den Staat bildet gewissermaßen den übergeordneten Rahmen für die Bearbeitung von gesellschaftlichen Integrationsproblemen aller Art – egal wo das Problem zu verorten ist, wer als Verursacher ausgemacht wird und ob überhaupt eine solche Verantwortung zu erkennen ist (vgl. Schimank/Lange 2001: 224-226).

2   Governance

Damit ist Integration als teils transintentional, teils aber auch intentional aus handelndem Zusammenwirken hervorgehende zentrale Größe bestimmt, die den gesellschaftlichen Ordnungszustand auf der Makroebene bezeichnet. Wir können uns nun der Governance zuwenden. Ähnlich wie vor ihm „politische Planung" und „politische Steuerung" ist der „Governance"-Begriff in der Politikwissenschaft heute zu einem catch-all-word geworden, das teilweise sehr heterogene gesellschaftliche Koordinations- und Steuerungskonstellationen zusammenfasst. Wir sparen uns hier, wie wir es bei der Integrations-Perspektive auch getan haben, uferlose Darstellungen des Diskussionsstandes[16]

---

14 Die Dimensionen werden hier erst einmal unverbunden nebeneinander aufgeführt. Aber es liegt nahe, dass zwischen ihnen starke Wechselwirkungen bestehen, wie sich auch im Weiteren noch erweisen wird.

15 Den Staat als einen unitarischen Akteur zu betrachten ist zweifellos eine heroische Vereinfachung, die für viele Analysezwecke gänzlich unangemessen wäre. An dieser Stelle behelfen wir uns mit dieser summarischen Formel, wohl wissend, dass sie bei der Betrachtung konkreter Governance-Regime wieder zugunsten von Konstellationen divergierender staatlicher Akteure (z.B. unterschiedlicher Ressorts und Fachabteilungen) mit je spezifischen „privaten" Akteuren aufzulösen ist.

16 Siehe dazu nur neben vielen anderen die aktuellen Beiträge in Benz (2004).

und verweisen statt dessen darauf, dass es bei Governance zunächst ganz allgemein um Muster der *Interdependenzbewältigung* zwischen Akteuren geht.[17]

Damit wird das konstitutive Merkmal von Sozialität aus der Perspektive der Akteure in das Blickfeld gerückt – in den Worten von James S. Coleman (1990: 29): „Actors are not fully in control of the activities that can satisfy their interests, but find some of those activities partially or wholly under the control of others." Ein Akteur kann also seine Handlungsziele nur dann zu erreichen hoffen, wenn bestimmte andere Akteure auf mehr oder weniger bestimmte Weise handeln oder nicht handeln: ihn z.B. unterstützen, mit ihm kooperieren, sich mit ihm absprechen, ihn nicht sanktionieren bzw. sein Handeln dulden. *(James S. Coleman)*

Interdependenzbewältigung geschieht durch *Handlungsabstimmung.* Damit sind nicht etwa nur Formen der bewussten und expliziten Abstimmung gemeint, wie es etwa in Verhandlungen der Fall ist. Abstimmung liegt ganz allgemein immer dann vor, wenn ein Akteur bei der Wahl seines Handelns das schon geschehene und/oder für die Zukunft antizipierte Handeln anderer in Rechnung stellt. Die anderen mögen konkrete Einzelne oder Typen von Gegenübern – z.B. Rollenträger – oder alle Arten von kollektiven und korporativen Akteuren sein; die anderen können dem betreffenden Akteur aber auch nur in Gestalt von abstrakten Verrechnungseinheiten ihres aggregierten Tuns gegenwärtig sein, etwa als die Nachfrage anzeigenden Marktpreise für ihn interessierende Güter. Handlungsabstimmung ist – im Unterschied zum monologischen Handeln – der Kern des „sozialen" Handelns, „welches seinem von dem oder den Handelnden gemeinten Sinn nach auf das Verhalten anderer bezogen wird und daran in seinem Ablauf orientiert ist." (Weber 1921: 1, Hervorheb. weggel.). Ein Akteur fragt sich also, was er angesichts des betreffenden, bereits erfolgten oder erwarteten Handelns seines Gegenüber zur Realisierung seiner Intention am besten tut – wobei die besondere Schwierigkeit zumeist darin besteht, dass kein „Spiel gegen die Natur" vorliegt, sondern sein Gegenüber sich mit Bezug auf ihn die gleiche Frage stellt und allen Seiten bewusst ist, dass alle sich diese Frage stellen. Parsons hat diesen Sachverhalt als „doppelte Kontingenz" gefasst und für eine Ego-Alter-Dyade so zugespitzt: Egos Handlungswahl berücksichtigt Alters, die aber Egos berücksichtigt, die wiederum Alters berücksichtigt etc. (vgl. Parsons et al. 1951: 16). *(Interdependenzbewältigung)*

Was so formuliert wie ein unauflösbarer logischer Zirkel erscheint, wird tagtäglich handlungspraktisch bewältigt. An dieser Evidenz der faktischen Handlungsabstimmung gibt es nichts zu deuten – wobei die Abstimmung wohlgemerkt nicht nur und eher selten so erfolgt, dass ein Akteur seine jeweilige Intention ungeschmälert und ohne Änderungen realisiert. Im Gegenteil: Interdependenzbewältigung bedeutet zumeist, dass auf allen Seiten Konzessionen gemacht und Enttäuschungen eingesteckt werden, dass man aber eben immer noch – wie es so schön heißt – „das beste aus der Situation gemacht" hat, was manchmal nur auf das zweitschlechteste hinausläuft. Eine extreme Ausprägung besteht dabei darin, die betreffende Interdependenz abzukappen, etwa durch „exit" – sofern man dazu in der Lage ist.[18]

Welche Muster der Interdependenzbewältigung durch Koordination gibt es? Eine typologische Betrachtung kann auf zwei ganz verschiedenen Abstraktionsebenen anset- *(Governance-Mechanismen)*

---

17 Damit knüpfen wir an eine weitgefasste Governance-Definition an, wie sie originär in der Transaktionskostenökonomie geprägt wurde (vgl. Coase 1937; Williamson 1985) und die alle Interaktionsmuster kollektiven Handelns einschließt (vgl. Scharpf 2000: 167-318).

18 Nach der bekannten Typologie von Albert O. Hirschman (1970) haben Akteure in Situationen komplexer Interdependenz in der Regel drei prinzipielle Handlungsalternativen: den Ausstieg aus der Interdependenz („exit"), Protest und andere Formen des sichtbaren Gegenhandelns („voice") oder – und dies ist gewissermaßen der Normalfall – Konformität bzw. Fügsamkeit („loyalty").

zen.[19] Die eine Ebene ist die der je für sich möglichst „rein" formulierten generellen einzelnen *Governance-Mechanismen*; die andere Ebene konkretisiert diese Mechanismen bereits für spezifischere Sozialzusammenhänge und kombiniert die Mechanismen auch zu kompakteren *Governance-Regimen*. Wir wollen uns hier zunächst und vorrangig auf der ersten Ebene bewegen, sodann aber zumindest an einem Beispiel erläutern, wie sich die Dinge auf der konkreteren zweiten Ebene darstellen und wie diese mit der abstrakten Ebene zusammenhängt.

Auf der abstrakten Ebene kann man die Governance-Mechanismen grundsätzlich danach sortieren, auf welchem Modus wechselseitiger Handlungsabstimmung sie beruhen: auf Beobachtung, auf Beeinflussung oder auf Verhandlung (vgl. Schimank 2000b: 207-322). Diese drei Modi schichten sich nach Art einer *Guttman-Skala* auf: Beeinflussung setzt Beobachtung voraus, aber nicht umgekehrt, und Verhandlung setzt Beeinflussung und Beobachtung voraus.

Am elementarsten sind somit Konstellationen *wechselseitiger Beobachtung*, in denen die Handlungsabstimmung allein durch einseitige oder wechselseitige Anpassung an das wahrgenommene Handeln der anderen – einschließlich ihres antizipierten Handelns – erfolgt.[20] Bei *einseitiger Anpassung* wird das Handeln der anderen als unbeeindruckt durch eigenes Handeln angesehen – was sehr augenfällig dann der Fall ist, wenn einer, ohne über mögliches Handeln des anderen nachzudenken, den ersten Schritt tut und der andere darauf nur reagieren kann. Einseitige Anpassung kann aber auch beiderseitig geschehen, wenn beide Seiten – irrtümlich – meinen, dass nur sie sich der jeweils anderen anpassen. *Wechselseitige Anpassung* bedeutet demgegenüber, dass man bei der eigenen Anpassung an den anderen in Rechnung stellt, dass dieser sich auch einem selbst anpasst – etwa als Sequenz von Aktionen und Reaktionen, bei der die Initiative mal von der einen, mal von der anderen Seite ausgeht. Auch ein nicht-kooperatives Spiel wie das *Prisoner's Dilemma*, das keine Kommunikation und keine bindenden Vereinbarungen zwischen den Akteuren zulässt und gleichzeitige Handlungswahlen – bzw. Unkenntnis über die getroffene Wahl des anderen zum Zeitpunkt der eigenen Wahl – vorsieht, exemplifiziert wechselseitige Anpassung (vgl. Holler/Illing 1991: 1-9).

Handlungsabstimmung in Beobachtungskonstellationen kann *punktuell* geschehen, also in Episoden, die jeweils als einmalig angesehen werden, oder *verstetigt*, in sich wiederholenden Episoden. Eine Verstetigung bedeutet zunächst eine Steigerung wechselseitiger kognitiver Erwartungssicherheit. Einseitige, vor allem aber wechselseitige Anpassung zwischen Akteuren kann ihren Niederschlag schließlich in *geteilten normativen, kognitiven oder evaluativen Orientierungen* finden, also in Gestalt von Institutionen oder kulturellen Deutungsmustern (vgl. Berger/Luckmann 1966; Hasse/Krücken 1999). Zugrunde liegt dabei zunächst eine Dynamik der Abweichungsverstärkung von vielen prinzipiell möglichen Ergebnissen der Handlungsabstimmung zu wenigen tatsächlich noch vorkommenden Ausprägungen des jeweiligen handelnden Zusammenwirkens – immer wieder sogar bis auf eine einzige Ausprägung reduziert. Die Abweichungsverstärkung hin zu einer geordneten Handlungsabstimmung geht sodann in eine Abweichungsdämpfung gegenüber möglichen Erosionen dieses Ordnungsmusters über.

In Konstellationen *wechselseitiger Beeinflussung* findet Handlungsabstimmung – auf der Grundlage wechselseitiger Beobachtung – durch den gezielten Einsatz von Einflusspotentialen statt. Solche Potentiale beruhen u.a. auf Macht, Geld, Wissen, Emotio-

[margin left:] Konstellationen wechselseitiger Beobachtung

[margin left:] Konstellationen wechselseitiger Beeinflussung

---

19   Viele Konfusionen der Governance-Diskussionen rühren daher, dass diese beiden Ebenen vermengt werden – siehe Beispiele bei Glaeser (2003: 35-45).

20   Siehe dazu Mayntz/Scharpf (1995a: 61) sowie ausführlicher und unter Rückgriff auf Lindblom (1965): Scharpf (2000: 185-192).

nen, moralischer Autorität etc. Es geht jeweils darum, dem anderen ein Handeln abverlangen zu können, das er von sich aus nicht gewählt hätte – also um Fügsamkeit. Dabei ist davon auszugehen, dass es zwar sehr einseitige Einflusskonstellationen gibt, aber praktisch niemals solche, in denen das Einflusspotential einer Seite gänzlich Null ist. Deshalb kann die Handlungsabstimmung in einer Einflusskonstellation in der Regel nicht einfach darauf reduziert werden, dass ein dominanter Akteur seinen Willen ungeschmälert durchsetzt. Die Interdependenzbewältigung vollzieht sich vielmehr als Abgleich von Einflusspotentialen. So kann z.B. der Führer einer Kleingruppe nicht tun und lassen was er will, weil seiner Macht durch Gegenmacht der anderen Grenzen gesetzt sind.

Auch wechselseitige Beeinflussung kann punktuell oder verstetigt vorkommen. Punktuelle Handlungsabstimmung in Einflusskonstellationen beruht auf momentanen und die Zukunft nicht merklich präjudizierenden Überlegenheiten, die sich in einer entsprechend zeitlich begrenzten Fügsamkeit niederschlagen. Ein Beispiel wäre eine Expertendiskussion, in der einem Beteiligten – und sei es aufgrund von „Tagesform" – die überzeugenderen Argumente einfallen, ohne dass damit festgeschrieben wäre, dass dessen Standpunkt fortan die entsprechende Debatte bestimmt. Ein anderes Beispiel wäre die situative Machtüberlegenheit eines Akteurs, etwa auf der Basis eines hic et nunc durch günstige Umstände gegebenen Gewaltpotentials. Sozial weitaus bedeutsamer sind freilich verstetigte Abstimmungsmuster auf der Grundlage von auf Dauer gestellten Einflussbeziehungen. Dadurch lässt sich *kollektive Handlungsfähigkeit* konstituieren – also ein längerfristig angelegtes handelndes Zusammenwirken, das zumindest in gewissem Maße so aussieht, als ob ein einheitlicher Akteur dahinter steht. Es geht also um einen mehr oder weniger stark ausgeprägten gemeinsamen Willen.

Für diese Form der Interdependenzbewältigung stehen alle Arten von *Gemeinschaften*, die in der Mehrzahl der Fälle dominant durch starke affektive Bindungen als Grundelement wechselseitiger Beeinflussung getragen werden – von der Liebesbeziehung über Freundschaften und Verwandtschaftsverhältnisse bis hin zum Staatsvolk oder zu supranationalen kollektiven Identitäten wie „Europa" oder „dem Westen". Andere Arten von Gemeinschaften werden vorrangig durch geteilte kognitive Überzeugungen getragen – etwa scientific communities oder andere professionelle Gemeinschaften. Beide Arten von Gemeinschaften sind aus verstetigter wechselseitiger Beobachtung hervorgegangen, stellen also gewissermaßen auf eine höhere Ebene transponierte Verfestigungen dieses Modus der Handlungsabstimmung dar. Im Hintergrund von Gemeinschaften sind allerdings stets auch Machtpotentiale wirksam – etwa als traditionelle Herrschaft der Ältesten und der Männer in vielen Verwandtschaftsbeziehungen oder als Macht des Establishments in scientific communities, z.B. bei der Besetzung von Lehrstühlen.

Dominant tritt Macht als verstetigte Handlungsabstimmung in Einflusskonstellationen in Gestalt von *Hegemonie* auf – also einer durch faktische, nicht selten stark gewaltförmige Überlegenheit oktroyierten Fügsamkeit. Aus den internationalen Beziehungen sind hegemoniale Konstellationen zwischen Staaten bekannt. Doch diese Art von Governance-Mechanismus gibt es auch im innerstaatlichen Bereich. Neben vielen diktatorischen politischen Regimes geben auch Gangs und Rackets, die Stadtviertel kontrollieren, ein Beispiel für den Einsatz hegemonialer Macht zur Handlungsabstimmung ab – ebenso wie soziale Bewegungen und Gewerkschaften, die in Form von Großdemonstrationen und Generalstreiks ihren Willen durchsetzen können. Weitere Beispiele für hegemonial geprägte Akteurkonstellationen wären Großunternehmen, die ihre Zulieferer in einer sehr einseitigen Abhängigkeitsbeziehung halten oder der auch in demokratischen politischen Ordnungen beobachtbare Versuch von Politikern und Me-

Gemeinschaften

Hegemonie

dienunternehmern, durch die organisatorische Kontrolle der Massenmedien die öffentliche Meinung in ihrem Sinne zu beeinflussen.[21]

Konstellationen wechselseitigen Verhandelns

Jede Art von formalisierter Machthierarchie, wie sie insbesondere durch rechtliche Regelungen und im Rahmen von Organisationen institutionalisiert ist, muss demgegenüber bereits unter dem dritten Modus der Handlungsabstimmung, den *Konstellationen wechselseitigen Verhandelns*, rubriziert werden. Denn in Hierarchien bestehen zwischen Machthabern und Machtunterlegenen oder Vorgesetzten und Untergebenen bindende Vereinbarungen, etwa in Gestalt von Gesetzen, Satzungen oder Verträgen. Nur aus Verhandlungen zwischen Akteuren – auf der Basis wechselseitiger Beobachtungen und Beeinflussungen – können abgesprochene und nicht bloß auf der jederzeitigen Präsenz und Aktualisierbarkeit von Macht beruhende Handlungsabstimmungen hervorgehen. Hierarchie ersetzt in diesem Sinne Gewaltausübung durch Legitimitätsglauben – niemals vollständig, aber doch in erheblichem Maße. Und dieser Glauben erwächst nicht zuletzt daraus, dass in Verhandlungen beide Seiten die je eigene Position darlegen und damit ungeachtet des Ergebnisses vor anderen, vor allem aber vor sich selbst, ihr Gesicht wahren können.

Renate Mayntz/ Fritz W. Scharpf

Mayntz und Scharpf (1995a: 61/62) unterscheiden drei Modi einer Herstellung kollektiver Handlungsfähigkeit durch Verhandlung, wobei deren Ausmaß zwischen den Modi variiert:

Netzwerk

– *Netzwerk*: Hier kann noch jeder einzelne Akteur verhindern, dass ihm ein Handeln auferlegt wird, das er von sich aus in der gegebenen Situation nicht wählen würde. Kollektive Handlungsfähigkeit kommt nur als allseitige „freiwillige" Einigung zustande.[22] Die Interdependenzbewältigung gründet damit auf „negativer Koordination" (Scharpf 2000: 192-195) von Vetopositionen; freilich ist darüber hinaus auch „positive Koordination" (Scharpf 2000: 225-228) bis hin zu „verständigungsorientiertem Verhandeln" (Benz 1994: 112-148) möglich. Netzwerke der Firmenkooperation geben dafür ebenso Beispiele ab wie Politiknetzwerke (vgl. Mayntz 1993), die teilweise issue-spezifisch und damit eher kurzlebig, teilweise aber auch jahrzehntelang ein Politikfeld wie die Gesundheitspolitik prägen können (siehe den Beitrag von Bandelow in diesem Band).

Polyarchie

– *Polyarchie*: Hier wird kollektive Handlungsfähigkeit so hergestellt, dass Mehrheitsbeschlüsse auch der Minderheit auferlegt werden können. Somit findet bereits ein erhebliches Maß an „unfreiwilliger" Beteiligung am Kollektivhandeln statt. Die kollektive Handlungsfähigkeit ist hierdurch deutlich größer als im Netzwerk. Überall, wo die Mehrheitsregel praktiziert wird, findet sich Polyarchie (vgl. Dahl/ Lindblom 1953) – von der Freundesgruppe, die darüber abstimmt, welchen Kinofilm man sich gemeinsam anschaut, bis zur parlamentarischen Demokratie, in der eine Mehrheit, wie knapp sie auch sei, über die Entscheidungsprämissen (Personal und Programme) der „authoritative allocation of values" (Easton 1965) bestimmt.

Hierarchie

– *Hierarchie*: Wie schon erwähnt, stellt diese eine durch bindende Vereinbarungen verstetigte Einflussdominanz bestimmter Akteure in der Machtdimension dar. Entscheidungsbefugnisse über das Handeln aller Beteiligten liegen bei einer überge-

---

21 Letzteres wird seit jeher von der politischen und soziologischen Kulturkritik – zu nennen wären hier z.B. Antonio Gramsci, Michel Foucault oder Pierre Bourdieu – thematisiert. Aber auch Elisabeth Noelle-Neumanns (1980) Thesen zur „Schweigespirale" und neuere, von der Medienherrschaft Silvio Berlusconis inspirierte Arbeiten zur „Mediokratie" (vgl. Meyer 2001) zeigen, dass gerade in der Sphäre der öffentlichen Meinung Handlungsabstimmung durch hegemonialen Einfluss ein strategisch gesuchter Governance-Mechanismus ist.

22 Was alle Arten der sozialen Beeinflussung nicht ausschließt – wohl aber eben Zwang.

ordneten Leitungsinstanz. Interdependenzbewältigung erfolgt in der Weise, dass eine Minderheit das Handeln aller bestimmt. Kollektive Handlungsfähigkeit wird, eine entsprechende Durchsetzungsfähigkeit der Spitze vorausgesetzt, maximiert.

Zu beachten ist bei allen drei Arten verstetigter Verhandlungskonstellationen, dass auch – gewissermaßen durch Meta-Verhandlungen – festgelegt wird, was Verhandlungsgegenstand ist und was nicht. So haben etwa Vorgesetzte in einer Organisationshierarchie, anders als Despoten, eine sachlich klar umschriebene Einflusssphäre, dürfen sich bspw. nicht um das Privatleben ihrer Untergebenen kümmern.   Metaverhandlungen

Für alle aufgeführten Arten von Governance-Mechanismen gilt ferner, dass es einen Unterschied macht, ob bestimmten oder allen Akteuren der jeweiligen Konstellation „exit"-Optionen offen stehen und wie leicht realisierbar diese sind. Um dies nur an zwei Beispielen anzudeuten: Wenn in einer Beobachtungskonstellation einer von zwei Akteuren jederzeit „exit" wählen kann, ist seine Bereitschaft zur wechselseitigen Anpassung begrenzt, was wiederum für sein Gegenüber nicht ohne Bedeutung ist; und in Zwangsverhandlungs-Netzwerken, in denen die Akteure keine „exit"-Option haben und auch nicht ausgeschlossen werden können, aber ein Einstimmigkeitsprinzip herrscht, spielt die Vetomacht jedes einzelnen eine ganz entscheidende Rolle.[23]   Exit-Optionen

Die dargestellten und typologisch eingeordneten „reinen" Governance-Mechanismen sind allerdings für die empirische Betrachtung von Akteurkonstellationen erstens noch je für sich zu abstrakt; zweitens unterliegen Akteurkonstellationen in der gesellschaftlichen Realität niemals lediglich einem einzigen Governance-Mechanismus, sondern einem Governance-Regime, also einem Zusammenspiel mehrerer dieser „reinen" Mechanismen. Dabei kann das relative Gewicht der Mechanismen durchaus erheblich variieren. In diesem Sinne ist z.B. immer wieder darauf hingewiesen worden, dass reale Märkte eben keineswegs allein auf dem Governance-Mechanismus des Tausches unter Konkurrenzbedingungen beruhen, sondern dieses Kernelement des Governance-Regimes durch erhebliche Beimischungen anderer Mechanismen wie Hierarchie und Netzwerk sowie einseitiger und wechselseitiger Anpassung gerahmt wird.[24] Und die abstrakten Mechanismen müssen ebenfalls spezifischer gefasst werden, weil z.B. Unternehmensnetzwerke etwas anderes sind als Politiknetzwerke, auch wenn beide bestimmte grundlegende Merkmale von Netzwerken teilen.   Governance-Regime

Eine besondere Form der Handlungsabstimmung stellt die hierarchische *Interdependenzbewältigung durch Steuerung* dar (vgl. Scharpf 2000: 281-318). Steuerung bedeutet allgemein, ein System, einen kollektiven oder korporativen Akteur, aber auch Gruppen und einzelne Individuen durch gezielte Intervention in seiner/ihrer Handlungsweise auf die Ziele des Steuerungssubjekts festzulegen. Insofern wundert es nicht, dass das typische Gestaltungshandeln des Staates und der Führungsspitzen in jeder Art von Organisationshierarchie unter den Steuerungsbegriff subsumiert wird. Unter dem Aspekt gesamtgesellschaftlicher Integration erfolgt Steuerung, die bestimmte Zustandsänderungen in gesellschaftlichen Teilsystemen beabsichtigt, dann in der Regel als Steuerung von Organisationen (vgl. Lange/Braun 2000: 121-161; Lange 2003: 228-262). Aber auch die Steuerung individueller Verhaltensweisen ist möglich und wird heute wieder zunehmend eingesetzt. Erfolgte sie früher verhältnismäßig unmittelbar durch konkreten Befehl, gewaltige Parteiaufmärsche oder Massendemonstrationen, die eine gleichzeitige physische Präsenz von Steuerungssubjekt und -objekt voraussetzten,   Steuerung

---

23 Der Zwang bezieht sich also auf die Teilnahme und schließt nicht eine in diesem Rahmen bestehende Entscheidungsfreiheit jedes Akteurs aus – und damit auch nicht dessen Freiheit zum Blockieren aller anderen.

24 Siehe hierzu als Diskussionsüberblick: Lütz (2004).

so erfolgt sie heute mittelbar durch die Massenmedien und deren Repräsentation gesellschaftlicher Diskurse (Koordinationsmechanismus: Beobachtung) oder die über sie vermittelten Kampagne- und Werbestrategien (Koordinationsmechanismus: Beeinflussung). Steuerung als Teilkomponente nicht weniger Governance-Vorgänge umfasst also „das Gesamt aller nebeneinander bestehenden Formen der kollektiven Regelung gesellschaftlicher Sachverhalte: von der institutionalisierten zivilgesellschaftlichen Selbstregelung über verschiedene Formen des Zusammenwirkens staatlicher und privater Akteure bis hin zu hoheitlichem Handeln staatlicher Akteure." (Mayntz 2004: 66).

Governance-Mechanismen von Hochschulsystemen

Wir können bis hierher ganz allgemein festhalten, dass Governance die Koordination und hierarchische Steuerung i.S. von Interdependenzbewältigung bedeutet und auf institutionalisierten Regelsystemen beruht, die das Handeln der involvierten Akteure lenken, wobei üblicherweise verschiedene Regelsysteme (Hierarchie, Polyarchie, Netzwerk, Gemeinschaft, Markt und weitere Formen der Beobachtung, Beeinflussung oder Verhandlung) innerhalb eines Governance-Regimes kombiniert werden können (vgl. Benz 2004: 25). Um dies für den empirischen Einsatz der Governance-Perspektive noch etwas ausführlicher zu illustrieren, soll hier die Governance in Hochschulsystemen beispielhaft angesprochen werden.[25] Für eine analytisch differenzierte Betrachtung kann man in Anlehnung an die einschlägigen Forschungen fünf grundlegende Governance-Mechanismen von Hochschulsystemen unterscheiden:[26]

- erstens die staatliche Regulierung der Universitäten (Polyarchie und Hierarchie);
- zweitens deren auf substantielle Ziele bezogene Außensteuerung durch staatliche Akteure oder Leistungsabnehmer (Hierarchie und Netzwerk);
- drittens die akademische Selbstorganisation der Universitäten (Polyarchie, Netzwerk und Gemeinschaft);
- viertens der Konkurrenzdruck innerhalb und zwischen Universitäten (Markt)
- und fünftens die hierarchische Selbststeuerung der Universitäten (Hierarchie).

„New Public Management" versus Selbstverwaltungsregime

Mittels dieser Unterscheidung lassen sich dann in der aktuellen hochschulpolitischen Auseinandersetzung zwei ganz verschiedene Governance-Regime kontrastieren: das tradierte und nach wie vor vorherrschende Selbstverwaltungsregime des deutschen Hochschulsystems und das Regime des new public management, wie es etwa in Großbritannien oder den Niederlanden in erheblichem Maße realisiert worden ist. Das traditionelle Selbstverwaltungsmodell ist durch eine Kombination von starker akademischer Selbstorganisation – seit den 1970er Jahren durch die „Gruppenuniversität" noch weiter „versäult" – mit hoher Autonomie der einzelnen Professoren und von starker staatlicher Regulierung geprägt. Demgegenüber will das Managementmodell genau die anderen drei Governance-Mechanismen stärken: die hierarchische Selbststeuerung der Universitäten durch Dekane und Rektoren in Verbindung mit einer Intensivierung der Außensteuerung durch staatliche Instanzen und Adressaten sowie Konkurrenzdruck im Binnen- wie im Außenverhältnis – und parallel dazu sollen Maßnahmen der Deregulierung und der Beschneidung des Einflusses akademischer Selbstorganisation erfolgen (vgl. Schimank 2001).

---

25 Hier gilt es allerdings zu beachten: Nicht schon ein bestimmter Gesellschaftsbereich, sondern erst dessen Verbindung mit einem bestimmten analytischen Bezugsproblem umschreibt ein Governance-Regime. Blickt man etwa auf die organisatorische Steuerbarkeit von Hochschulen, geraten teilweise ganz andere Mechanismen in den Blick, als wenn man sich z.B. mit der Selbstregulierung wissenschaftlicher Gemeinschaften im Rahmen von Hochschulen beschäftigt.

26 Siehe die Beiträge in Braun/Merrien (1999).

Jeder dieser fünf sektorspezifischen Governance-Mechanismen müsste weiter operationalisiert werden, um seine empirische Ausprägung präzise erfassen zu können. Nur so lässt sich feststellen, ob ein Hochschulsystem in der betreffenden Hinsicht eher dem Selbstverwaltungsmodell oder dem Modell des new public management entspricht, oder von wo nach wo es sich im Zeitverlauf bewegt.[27] So könnte z.B. staatliche Regulierung an haushalts- und personalrechtlichen Vorschriften und deren Handhabung festgemacht werden, oder an den Genehmigungsverfahren bei der Einrichtung neuer Studiengänge; und Konkurrenzdruck ließe sich am Anteil der Drittmittel am Hochschulhaushalt oder daran ablesen, ein wie hoher Anteil der Grundausstattung leistungsorientiert vergeben wird.

In der bisherigen Diskussion über Governance stehen solche bereichsspezifischen Betrachtungen von Governance-Regimen relativ unverbunden neben den abstrakten Typologien von Governance-Mechanismen. Das ist auf Dauer kein erstrebenswerter Zustand, weil die abstrakten Typologien dadurch Gefahr laufen, Glasperlenspiele zu bleiben. Ihre analytische Funktion im Rahmen der Governance-Perspektive besteht aber darin, zum einen die Konstruktion bereichsspezifischer Modelle von Governance-Regimen anzuleiten und zum anderen die Generalisierbarkeit je bereichsspezifischer Erkenntnisse über die betreffenden Bereiche hinaus zu ermöglichen. Man ahnt schon aus der sehr kurzen Benennung der fünf Governance-Mechanismen von Hochschulsystemen, dass dort der abstrakte Mechanismus Hierarchie sowohl in staatlicher Regulierung und Außensteuerung der Hochschulen als auch in deren hierarchischer Selbststeuerung vorkommt oder dass Konkurrenzdruck in und zwischen Hochschulen zwar mit Markt zusammenhängt, allerdings eine deutlich bereichsspezifische Ausprägung dieses abstrakten Mechanismus darstellt. Märkte in der Wirtschaft funktionieren anders als der Drittmittelmarkt des Forschungssektors. Bei der akademischen Selbstorganisation wäre noch genauer zu ergründen, ob sie ein Netzwerk oder eine Gemeinschaft ist; formell stellt sie jedenfalls eine Polyarchie dar. Hier setzt sich also der bereichsspezifische Governance-Mechanismus möglicherweise aus mehreren abstrakten Mechanismen zusammen. Doch trotz solcher hier nicht weiter auszuführenden bereichsspezifischen Ausprägungen der Governance-Mechanismen dürfte es möglich sein, aus der Drittmittelkonkurrenz im Hochschulbereich etwas über die Konkurrenz in der Wirtschaft und umgekehrt zu lernen – sei es, dass es Gemeinsamkeiten über die Bereichsspezifika hinaus gibt, sei es, dass man die differentia specifica eines Bereichs um so klarer erkennt, je deutlicher man den anderen Bereich daneben stellt.

Die Governance-Forschung wäre also auf zwei Ebenen parallel voranzutreiben: als Modellieren und Reflektieren abstrakter Governance-Mechanismen und als empirisch ausgerichtete Erforschung bereichsspezifischer Governance-Regime. Das Schwergewicht sollte bis auf weiteres auf der letztgenannten Ebene liegen, weil noch zu viele Gesellschaftsbereiche kaum hinsichtlich ihrer jeweiligen Governance-Regime aufgearbeitet worden sind und die abstrakten Überlegungen auf der erstgenannten Ebene sich ohne hinreichende Fütterung mit empirisch gesättigten Erkenntnissen schon jetzt im Kreis zu drehen beginnen.

Generalisierung bereichsspezifischer Ergebnisse

---

27 Siehe für die Entwicklung einer entsprechenden Typologie: Braun (2001).

3 Zusammenführung von Integrations- und Governance-Perspektive

Für die Zwecke unserer Einleitung gilt es aber zunächst den Bogen zurück zur gesellschaftlichen Integration zu schlagen. Wer das Thema der gesellschaftlichen Ordnung soziologisch als Integration fasst, betont vor allem das *Ergebnis* handelnden Zusammenwirkens: Welchen Beitrag zur gesellschaftlichen Ordnung leistet bestimmtes Handeln – sei es intentional oder sei es transintentional als Nebeneffekt der Verfolgung ganz anderer Intentionen? Die soziologische Perspektive ist somit funktionalistisch angelegt, insofern sie handelndes Zusammenwirken hinsichtlich seiner Funktionen und Dysfunktionen für gesellschaftliche Ordnung untersucht, spezifiziert als förderlichen oder abträglichen Beitrag zur Integration der Gesellschaft. Die politikwissenschaftliche Fassung desselben Themas als Governance konzentriert sich, sofern man im Rahmen einer reinen Policy-Analyse verbleibt, auf die *Hervorbringung* der Resultate des handelnden Zusammenwirkens[28]: Welche Governance-Mechanismen prägen die Akteurkonstellationen und deren Dynamiken, so dass sich bestimmte Ergebnisse einstellen? Diese Perspektive ist also auf eine genetische Erklärung dessen angelegt, was dann wiederum den Ausgangspunkt der funktionalistischen soziologischen Betrachtung bildet.

Komplementarität von Integrations- und Governance-Perspektive

Damit ist die Komplementarität der beiden disziplinären Herangehensweisen benannt. In geläufiger politikwissenschaftlicher Terminologie ausgedrückt, widmet sich die Governance-Perspektive vorrangig den *politics* und *policies*, also den durch bestehende soziale Strukturen geprägten Prozessen der Abstimmung zwischen Akteuren, während die Integrationsperspektive den *impact* dieser Abstimmungsmuster für die gesellschaftliche Reproduktionsfähigkeit zu ermessen versucht. Durch diese disziplinäre Arbeitsteilung wird die Ordnungsfrage in zwei analytisch trennbare Teilfragen zerlegt, die dann aber wieder zusammengefügt werden können. Die politikwissenschaftliche Perspektive der Policy-Analyse erklärt die Geordnetheit des handelnden Zusammenwirkens, also die *Ordnung der Akteurkonstellationen*, während die Perspektive des soziologischen Funktionalismus die Ordnungswirkungen der durch das handelnde Zusammenwirken hervorgebrachten Strukturen, also die *Ordnung der Gesellschaft* erklärt: Die Ordnung der Gesellschaft geht aus der Ordnung der Akteurkonstellationen hervor; und erstere vermag sich solange und soweit zu reproduzieren, wie sie in letztere eingeprägt ist.[29]

Mikrofundierung der Integrationsfrage

Durch Betrachtung von Governance-Regimen kann man letztlich eine *Mikrofundierung der Integrationsfrage* erreichen: Welche Mechanismen der Abstimmung in Akteurkonstellationen wirken sich funktional oder dysfunktional auf gesellschaftliche In-

---

28 Aus der Polity-Perspektive stellt sich der Politikwissenschaft natürlich das Problem der gesellschaftlichen Integration auf der Makro-Ebene in gleichem Maße wie der Soziologie, wenn auch mit einem anderen analytischen Zugang. Siehe grundlegend zum Zusammenhang von politics, policy und polity: Rohe (1994: 61-67).

29 Eine dritte Perspektive im Rahmen dieser Arbeitsteilung entwirft auf Grundlage normativer Ideen präskriptive Handlungsanleitungen und Strukturmodelle die über good governance eine good society befördern sollen. Diese Perspektive reicht von der klassischen politischen Theorie aristotelischer Ausrichtung oder den amerikanischen Pragmatismus über die Kritische Theorie bis zur soziologischen Theorie der reflexiven Modernisierung; sie verteilt sich gewissermaßen über beide Disziplinen. Des weiteren werden in diesem Kontext Bewertungsmaßstäbe zur Beurteilung der Legitimität von Governance-Regimen entwickelt. Dabei werden sowohl die Beteiligungsstrukturen von Governance (Input-Legitimität) als auch die Problemlösungseffizienz (Output-Legitimität) einer normativen Bewertung unterzogen (vgl. Lange 2004).

tegration aus? Umgekehrt kann die Betrachtung von Integrationseffekten eine *Makrokontextualisierung von Governance-Analysen* leisten: In welchen Hinsichten wirkt sich ein Governance-Regime integrationsförderlich oder -abträglich aus?

Wenn man Governance in diesem Sinne als geordnete Interdependenzbewältigung in Akteurkonstellationen begreift und dann danach fragt, welche Integrationseffekte daraus gesellschaftlich erwachsen, ist allerdings zu bedenken, dass die Art des Governance-Regimes nur eine unter mehreren Determinanten gesellschaftlicher Integration darstellt. Insbesondere ist darauf hinzuweisen, dass die Qualität und Intensität der sich stellenden Integrationsprobleme eine andere und letztlich gewichtigere Determinante dessen ist, was an Integration erreicht wird. Teilweise ergibt sich freilich die Beschaffenheit der Integrationsprobleme i.S. von Pfadabhängigkeit aus dem bestehenden oder einem früheren Governance-Regime; man spricht dann auch von „Policy-Hinterlassenschaften" (Windhoff-Héritier 1994: 79). Wenn z.B. ein Land stark marktgeprägt ist und ökologisch lange Zeit über seine Verhältnisse gelebt hat, können damit ansonsten durchaus für ökologische Integration adäquate Governance-Regime überfordert sein. [*Pfadabhängigkeit*]

An dieser Stelle soll die Governance durch Politik und Recht – genauer: die Rolle staatlicher Akteure in Governance-Regimen – in das Zentrum der Aufmerksamkeit gerückt werden. Anders gesagt, geht es insbesondere um den *Beitrag politischer Gesellschaftssteuerung zur gesellschaftlichen Integration.*[30] Es gilt dabei aber von vornherein eine simple Eins-zu-eins-Kopplung von politischer Steuerung und gesellschaftlicher Integration in zweifacher Hinsicht zu relativieren. Erstens wird, wie schon mehrfach erwähnt, in Rechnung gestellt, dass nur ein kleinerer Teil der gesellschaftlichen Integration intentional erbracht wird. Die quantitativ größere Integrationsleistung lässt sich den transintentionalen Effekten von ungeplanten Handlungsverflechtungen zurechnen. Und selbst unter den intentionalen Integrationsbemühungen stellt politische Gesellschaftssteuerung nur einen Teil dar; „zivilgesellschaftliche" Anstrengungen freiwilliger Initiativen zur Förderung gesellschaftlicher Sozialintegration sind ein Beispiel dafür, dass intentionale Integration auch „am Staat vorbei" (Ronge 1980) erfolgt.[31] [*politische Gesellschafts-steuerung*]

Man kann hinsichtlich der ersten der beiden angesprochenen Relativierungen ein Kontinuum von Governance-Regimen ausmachen. Auf der einen Seite findet man *Etatismus*, also ein eindeutiges Übergewicht staatlicher Steuerung bei der intentionalen Integration der Gesellschaft. Beispiele hierfür könnten in der sozialintegrativen Dimension die Herstellung von Recht und Ordnung durch Polizei und Rechtsprechung sein. Zwar ist auch hierbei nicht zu vergessen, dass ein Großteil der Produktion öffentlicher Sicherheit beiläufig durch jeden einzelnen Bürger geschieht, etwa durch die bloße Anwesenheit in öffentlichen Räumen. Doch dies geschieht eben transintentional; „neigh- [*Etatismus versus Selbstregulierung*]

---

30 Mit politischer Gesellschaftssteuerung ist dabei die „offizielle", von staatlichen Akteuren verantwortete Steuerung gemeint. Steuerungseffekte, die von „inoffiziellen" subpolitischen Akteuren wie sozialen Bewegungen oder Interessenorganisationen ausgehen, klammern wir zunächst einmal aus.

31 Man muss sich auch immer wieder klarmachen, dass Steuerung letztlich nur eine Facette politischen Handelns ist, und nicht unbedingt die im politischen Alltagsgeschäft im Vordergrund stehende. Das Handeln politischer Akteure orientiert sich primär an Erhalt und Steigerung von Amtsmacht, also an Herrschaftssicherung (vgl. Weber 1918: 324-330; Schumpeter 1942: 428; Downs 1957: 296). Nur wenn und insoweit es den politischen Akteuren unter solchen Machtgesichtspunkten zweckdienlich erscheint, werden Steuerungsprogramme aufgelegt, in die öffentliche Diskussion gebracht und teilweise implementiert. Steuerung ist also in der Regel Mittel zum Zweck und nicht etwa die vorrangige Zweckbestimmung politischen Handelns. Dies vergisst allzu leicht, wer sich den von Renate Mayntz (2001) attestierten „Problemlösungsbias" der Steuerungstheorie zu Eigen macht.

bourhood watch" oder „Bürgermilizen" und ähnliche Aktivitäten einer nicht-staatlichen intentionalen Integrationsarbeit bleiben – jedenfalls vorerst – zweitrangig. Auf der anderen Seite stehen Governance-Regime der *gesellschaftlichen Selbstregulierung*, in denen ein klares Übergewicht nicht-staatlicher intentionaler Integration besteht. Hierfür bietet die Binnenintegration von Religion, Sport und anderen gesellschaftlichen Teilsystemen, in denen professionelle oder weltanschaulich geeinte Gemeinschaften vorherrschen, Anschauungsmaterial.[32] Zwischen diesen beiden Polen liegen – für uns besonders interessant – gemischte Governance-Regime, vor allem die „staatsnahen Sektoren" (Mayntz/Scharpf 1995b) wie etwa das Erziehungs- und das Wissenschaftssystem oder auch das Gesundheitswesen. Dort besteht ein gewichtiger, aber nicht übergewichtiger Einfluss staatlicher Steuerungsakteure, die intentionale Integrationspolitiken betreiben.

Abgesehen von der gerade angesprochenen Relativierung ist staatliche Politik noch auf einer Meta-Ebene bedeutsam – und dort nahezu konkurrenzlos: beim *intentionalen Design und Redesign von Governance-Regimen*. Politische Gesellschaftssteuerung vermag in erheblichem Maße selbst zu bestimmen, welches Gewicht ihr bei der gesellschaftlichen Integration zukommt. Dies hat man bspw. in den letzten zwanzig Jahren am so genannten „Neoliberalismus" vorgeführt bekommen. Dabei handelt es sich um eine nicht etwa naturwüchsig über die Gesellschaft hereinbrechende, sondern politisch inszenierte Gewichtsverlagerung vom „Staat" zum „Markt"; attestiertes „Staatsversagen" wird zum Anlass genommen, Marktkräften eine Chance zu geben.[33] Selbst ein radikaler Rückzug des Staates aus den gesellschaftlichen Verhandlungsarenen wäre also in Kategorien politischer Gesellschaftssteuerung zu interpretieren – nicht als unintendierter Verlust an Steuerungsfähigkeit, sondern als intendierte Aufgabe von Steuerung. Auch für solche Arten von Governance und Integration, die „am Staat vorbei" stattfinden, kann daher die Analyseperspektive nicht „am Staat vorbei" denken.

Im Weiteren werden wir nun genauer betrachten, welche Governance-Regime bestimmte Aspekte der drei hier unterschiedenen Integrationsdimensionen tragen. Dabei werden wir ergänzend zu den spezifischen Fällen, die in den Beiträgen dieses Bandes zur Sprache kommen, auch Einsichten skizzieren, die ansonsten in der politikwissenschaftlichen und soziologischen Forschung sowie in breiter angelegten Gegenwartsdiagnosen präsentiert werden.[34]

Design- und Redesign von Governance-Regimen

3.1 Governance und Systemintegration

Unter Zugrundelegung einer differenzierungstheoretischen Perspektive kann man jene Gesellschaften, die dem okzidentalen Rationalisierungspfad gefolgt sind, als funktional differenziert betrachten (vgl. Schimank 1996). In ihnen finden sich etwa ein Dutzend Teilsysteme wie Politik, Recht, Wirtschaft, Kunst, Religion oder Wissenschaft, die sich nach und nach in den vergangenen vier Jahrhunderten als selbstreferentiell geschlossene und in diesem Sinne autonome Sinnhorizonte, jeweils zentriert um einen eigenen binä-

---

32 Allerdings muss man selbst auf diesem Feld mit staatlicher Präsenz rechnen. Der Staat steckt in der Regel den rechtlichen, in Deutschland auch den finanziellen Rahmen ab, innerhalb dessen die „nichtstaatliche", aber staatlich erwünschte „zivilgesellschaftliche" Integrationsarbeit von statten geht.
33 In zahlreichen der in diesem Band versammelten Beiträge wird auf die wachsende Dominanz „neoliberaler" Steuerungsstrategien mit ihren negativ bis ambivalent konnotierten integrativen Wirkungen verwiesen.
34 Siehe zu letzteren Schimank/Volkmann (2000) und Volkmann/Schimank (2002).

ren Code wie „Haben und Soll" in der Wirtschaft oder „Wahrheit und Unwahrheit" in der Wissenschaft, ausdifferenziert haben.

Teilsystemische Autonomie bedeutet keineswegs Autarkie. Gerade aufgrund ihrer hochgradigen funktionalen Spezialisierung und „legitimen Indifferenz" (Tyrell 1978: 183/184) gegenüber allen anderen Belangen sind die Akteure in sämtlichen Teilsystemen in hohem Maße auf Leistungen, insbesondere in Gestalt von Ressourcen, von den Leistungsträgern anderer Teilsysteme angewiesen – und darüber hinaus darauf, dass jene ihnen keine untragbaren negativen Externalitäten auferlegen (vgl. Rosewitz/Schimank 1988). *Leistungsdefizite* und *Externalitäten* sind also die zwei Ausprägungen von Desintegration in der systemintegrativen Dimension. Überintegration liegt demgegenüber dann vor, wenn die Codes bestimmter Teilsysteme dirigistisch in andere hineinregieren und dort *Autonomiegefährdungen* hervorrufen. Wenn das Erziehungssystem z.B. in den Schulen nicht mehr diejenige Allgemeinbildung vermittelt, die Grundlage für die Berufsausbildung ist, stellt dies ein Leistungsdefizit gegenüber den Unternehmen im Wirtschaftssystem dar; und wenn im Schulunterricht in großem Maßstab doktrinäre „antikapitalistische" Weltanschauungen vermittelt werden, weil die Lehrer alle in ihrem Studium einseitig politisiert worden sind und dies dann im Unterricht ausleben, ergeben sich daraus ebenfalls negative Externalitäten für die Wirtschaft. Wenn diese umgekehrt in der Lage ist, durch den Einfluss ihrer Interessengruppen im politischen System den Schul- und Hochschulunterricht bis ins kleinste Detail direkt auf berufliche Qualifikationserfordernisse ausrichten zu lassen, so dass alle weiteren Bildungsaspekte auf der Strecke bleiben, ist die Autonomie des Erziehungssystems nicht länger gegeben.

Die gesellschaftliche Systemintegration beruht also darauf, in den Teilsysteminterdependenzen sowohl die Autonomiewahrung jedes Teilsystems als auch die Leistungserbringung und Problemvermeidung der Teilsysteme untereinander zu gewährleisten – und dies jeweils vermittelt durch die Organisationen bzw. Organisationsabteilungen, die ihre Zwecke im funktionalen Sinnhorizont der jeweiligen Teilsysteme verfolgen. Dass dabei zwischen Autonomie und Leistungserwartungen eine prinzipielle Spannung besteht, machen sowohl Dietmar Braun in seinem Beitrag zum Verhältnis von Wissenschaft, Wirtschaft und Politik als auch Otfried Jarren und Patrick Donges in ihrem Beitrag zu Massenmedien und Medienpolitik deutlich. Autonomiewahrung heißt, dass in den Beziehungen zwischen Akteuren verschiedener Teilsysteme – z.B. Forschern und Entscheidern in Unternehmen – ein *intersystemischer Orientierungsdissens* bestehen bleibt, beide Seiten also völlig anderen evaluativen Orientierungen folgen: Forscher der Wahrheitssuche und Unternehmer der Profitmaximierung. In dem Maße, in dem das in die eine oder andere Richtung nivelliert wird, liegt eine Überintegration der Teilsysteme vor. Dann wird z.B. die Handlungslogik der Wissenschaft oder die der Massenmedien völlig vor den Karren der Wirtschaft gespannt, was auf längere Sicht nicht nur den beiden erstgenannten, sondern auch letzterer schadet, weil ein solcher Vorgang auf Gleichschaltung hinausläuft und die innovativen Möglichkeiten der funktionalen Differenzierung verspielt. Doch trotz dieses generellen Orientierungsdissenses auf der Sinnebene gesellschaftlicher Teilsysteme müssen auf der Ebene von Akteuren (insbesondere korporativen Akteuren wie formalen Organisationen) *spezifische Interessenkonsense* hergestellt werden.[35] Wissenschaftler müssen sich auf Forschungsaufträge aus der Wirtschaft einlassen, damit Anwendungsbezüge realisiert werden, die Unternehmen dort benötigte technologische Innovationen vermitteln. Wenn diese Interessenkonsense zwischen Akteuren verschiedener Teilsysteme schwinden, bewegt sich die betreffende Teilsysteminterdependenz in Richtung Desintegration.

Marginalie rechts: Autonomie und Leistung

Marginalie rechts: Orientierungsdissens und Interessenkonsens

---

35 Siehe grundsätzlich zu dieser Logik gesellschaftlicher Systemintegration: Schimank (1992).

interorganisatorische
Verflechtung

Die Entwicklung der modernen Gesellschaft hat zur Herausbildung zweier grundlegender Koordinationsmechanismen geführt, die eine bilaterale, teilweise aber auch multilaterale Abstimmung zwischen verschiedenen Teilsystemen leisten (vgl. Schimank 1999). Der eine dieser Mechanismen besteht aus den *interorganisatorischen Verflechtungen* zwischen Teilsystemen. Diese Verflechtungen tragen die in der Summe flächendeckend angelegten und von zahllosen Akteuren betriebenen Aktivitäten der Koordination und Kooperation, aus denen zumeist jenseits der zugrunde liegenden Intentionen Systemintegration hervorgeht. Hier geht es um Tausch-, Kooperations- und Aushandlungsbeziehungen mal eher punktueller Art, mal auch in Gestalt von Netzwerken oder gemeinschaftsförmig – etwa über geteilte professionelle Hintergründe.[36] Teils beruht die intersystemische Abstimmung in den betreffenden Akteurkonstellationen nur auf wechselseitiger Beobachtung und den daraus hervorgehenden Anpassungsreaktionen, teils findet auch Beeinflussung über Macht, Geld oder Expertise statt, teils auch Verhandlung.

politische
Gesellschafts-
steuerung

Den anderen, intentional systemintegrativen Mechanismus bilden diejenigen Maßnahmen *politischer Gesellschaftssteuerung*, die dort eingreifen, wo die dezentrale intersystemische Abstimmung über Interorganisationsbeziehungen fehlt, versagt oder nicht ausreicht. Bei diesem politischen Interdependenzmanagement lassen sich drei Ausprägungen unterscheiden:

prozedurale
Steuerung

– „prozedurale Steuerung" (Offe 1975: 264-282): Dies ist die staatliche Initiierung oder Förderung der Selbstbewältigung der intersystemischen Abstimmung durch in den betreffenden Teilsystemen angesiedelte Akteure;

substantielle
Steuerung

– substantielle Vorgaben: Hier wird die von Akteuren innerhalb der betreffenden Teilsysteme geleistete intersystemische Abstimmung durch staatliche Vorgaben dirigiert, wobei diese in Form von Konditionalprogrammen als mehr oder weniger dichte Regulierung oder in Form von Zweckprogrammen nach Art eines aus Organisationen bekannten „management by objectives" wirken können. Der Beitrag von Dietmar Braun zeigt, dass das new public management als neue staatliche Steuerungsdoktrin eine Schwerpunktverlagerung von konditionaler Regulierung zu Zweckprogrammierung darstellt;

Steuerung durch
Intervention

– staatliche Eingriffe: Letztlich kann der Staat auch unmittelbar durch eigene Interventionen die Abstimmung zwischen zwei Teilsystemen herbeiführen. Weil dies zumeist am aufwendigsten ist, kommt es erst dann zum Einsatz, wenn sich die anderen beiden Wege als nicht gangbar erweisen.

„Rute im Fenster"

Politische Gesellschaftssteuerung nimmt somit keineswegs immer eine etatistische Form hierarchischen Durchgriffs an. Vielmehr bedient sich der Staat diverser Arten von polyarchischen Entscheidungsstrukturen und Politiknetzwerken. Allerdings behält er sich auch dann zumeist vor, mit der „Rute im Fenster" (Mayntz/Scharpf 1995b: 29) zu winken, um so die Einigungsbereitschaft zu erhöhen. Genau besehen steckt dahinter oft die Drohung mit dem eigenen Dilletantismus: Wenn die aus den jeweiligen Teilsystemen stammenden korporativen Akteure, die sachlich in der Regel besser informiert sind und sozial mehr Folgebereitschaft ihrer Klientel mobilisieren können als staatliche Akteure, sich verweigern, haben sie mit unsachgemäßen und dadurch schmerzhaften etatistischen Entscheidungen zu rechnen (vgl. Siebel/Ibert/Mayer 2001).

---

36 Letzteres betonen auch Claudia Jauß und Carsten Stark in ihrem Beitrag zur ökologischen Integration als Spezifikum des deutschen Governance-Regimes in der Umweltpolitik.

Die Beiträge von Jarren und Donges zur Medienpolitik, von Braun zur Forschungs-
politik und von Nils C. Bandelow zur Gesundheitspolitik beziehen sich auf die politische Komponente des systemintegrativen Governance-Regimes, also politische Gesellschaftssteuerung – wobei jede der gerade aufgeführten Varianten vorkommt. In allen
drei Fallstudien oszillieren die typischen Governance-Maßnahmen heute zwischen klas- Dominanz
sisch hierarchischer politischer Steuerung und Steuerung durch Verhandlungen mit den ökonomischer
Adressaten des zu gestaltenden Systems. Teilweise, wie im Falle des von Bandelow Steuerungsimperative
skizzierten Gesundheitswesens, sind korporative Selbstregulierung und Governance i.S.
der modischen Verhandlungsdemokratie, insbesondere der „runden Tische" von Experten und Interessenvertretern, die hartnäckigsten Problemerzeuger, die notwendige
gesellschaftliche Anpassungsleistungen des Systems blockieren. Hierarchische politische Steuerung (wenn sie denn möglich wäre), erscheint dann geradezu als rettendes
Schwert, um den gordischen Knoten ineffizienter und von organisierten Interessen in-
strumentalisierter Verflechtungsstrukturen der „Selbstverwaltung" zu durchtrennen.
Alle drei Beiträge geben darüber hinaus der Diagnose Nahrung, dass auf den behandelten Feldern die wachsende Dominanz ökonomischer Imperative – vor allem deren For-
cierung durch eine Politik, die in Form des new public management ihr eigenes
Macht(erhaltungs)interesse mit der opportunistischen Übernahme wirtschaftlicher Gesichtspunkte verkoppelt – die teilsystemische Autonomie der Massenmedien, der Wissenschaft und des Gesundheitswesens potentiell gefährden.

3.2 Governance und Sozialintegration

Lässt man die hier nicht weiter behandelten rechtlichen und polizeilichen Zwangsmaßnahmen als „last resort" (Emerson 1981) gesellschaftlicher Integrationsbemühungen
außer Acht, beruht die Sozialintegration in der Moderne vor allem auf partikularen Gemeinschaften und auf Anspruchsindividualismus.

Die funktionale Differenzierung in den westlichen Gesellschaften hat auf Seiten der Anspruchs-
Personen eine vorherrschende Identitätsform des *Anspruchsindividualismus* hervorge- individualismus
bracht (vgl. Luhmann 1987; Schimank 1998). Die Individuen definieren sich selbst über
Ansprüche, die sie an die Institutionen in den verschiedenen funktionalen Teilsystemen
richten; und diese Ansprüche werden vor allem durch die Inklusion in Publikumsrollen
dieser Teilsysteme und darüber vermittelte Leistungen befriedigt. Wirtschaftlich offe-
rierte Konsum- und Freizeiterlebnisse, Gesundheitsleistungen, Kulturangebote und Unterhaltung durch Kunst und Massenmedien, Bildungschancen, Sporttreiben und -zu-
schauen: Dies sind teilsystemisch bereitgestellte Leistungen, die auf immer höherem
Niveau als individuelle Eigeninteressen eingefordert werden. Der Anspruchsindividualismus fügt sich sehr gut in der modernen Fortschrittssemantik ausgedrückten Stei-
gerungslogik der Teilsysteme, deren binäre Codes keine Stoppregeln für immer weitere
Perfektionierungen und Wachstumsschübe der Leistungsproduktion enthalten. Hinzu
kommt, dass die Träger der teilsystemischen Leistungsrollen – Unternehmer, Ärzte,
Forscher, Richter, Journalisten, Lehrer usw. – allesamt von teilsystemischen Leistungs-
steigerungen profitieren.

Die politische Antwort und seither gleichermaßen der Antriebsmotor des An- Wohlfahrtsstaat
spruchsindividualismus ist der *Wohlfahrtsstaat* (vgl. Luhmann 1981; Offe 1986), wie
Jürgen Mackert in diesem Band anhand der historischen Veränderung der Staatsbürger-
rolle herausarbeitet. Ansprüche werden ja nicht nur durch Fortschrittsversprechungen
hoch getrieben, sondern schaukeln sich auch durch Vergleiche mit besser gestellten Ge-

sellschaftsmitgliedern hoch – also durch aus wechselseitiger Beobachtung erzeugten Neid. Angesichts der modernen Gleichheitssemantik sind Ungleichheiten der Lebenschancen schwer legitimierbar. Sie werden schnell als ungerecht erlebt, was dann auf Seiten der Schlechtergestellten den Ruf nach einer Verbesserung ihrer Lage aufkommen lässt. Für die hieraus im 19. Jahrhundert in Europa erwachsenden massiven sozialintegrativen Probleme in Gestalt permanenter sozialer Unruhen und einer drohenden sozialistischen Revolution ist bekanntermaßen die politische Konzeption und Implementierung des Wohlfahrtsstaates die Standardlösung geworden: Verteilungskonflikte über teilsystemische Leistungen wurden nicht durch Umverteilung von den jeweils Besser- zu den Schlechtergestellten entschärft, sondern mit starker politischer Intervention und Mobilisierung von Ressourcen in teilsystemische Wachstumsdynamiken transformiert, so dass die Schlechtergestellten mehr bekommen, ohne dass die Bessergestellten etwas dafür abgeben müssen – siehe nur den Ausbau des Gesundheits- und des Bildungssystems in Deutschland. Doch gerade in den zurückliegenden zwanzig Jahren musste in vielen Ländern das expansive wohlfahrtsstaatliche Politikverständnis in eine restriktivere Politik der Beschränkung des Wohlfahrtsstaates überführt werden, weil dieser aufgrund sinkender ökonomischer Wachstumsraten und höherer transnationaler Mobilität des Kapitals immer weniger durch Steuern finanziert werden konnte und der exponentiell wachsende Schuldendienst die nationalen Volkswirtschaften zu ersticken drohte.[37] Die von Bandelow analysierten systemintegrativen Probleme im Verhältnis zwischen Gesundheitswesen und Wirtschaft gehen ja in erheblichem Maße auf eine „Anspruchsinflation" (Luhmann 1983) im Bereich der Gesundheitsleistungen zurück, die zunächst einmal ein sozialintegratives Problem darstellt, das dann aber in die Dimension der Systemintegration verschoben wird.

Verteilungskonflikte Die Verteilungskonflikte des Anspruchsindividualismus kehren im 21. Jahrhundert zurück und werden durch die wirtschaftliche Globalisierung sogar auf weltgesellschaftlichen Maßstab transformiert. Zum einen könnte ein Abbau des Wohlfahrtsstaats infolge eines „race to the bottom" stattfinden, in dem sich die Nationalstaaten Standortvorteile durch möglichst geringe Lohnnebenkosten verschaffen wollen. Zum anderen wird in den entwickelten westlichen Nationen die Einwanderung von Menschen zu verhindern versucht, die auf dem Arbeitsmarkt und bei sozialstaatlichen Leistungen als Konkurrenten auftreten könnten. Nicht-EU-Ausländer sind in den europäischen Nationalstaaten verschiedenen Formen und Intensitätsgraden von Fremdenfeindlichkeit und, sofern sie über keinen formellen Aufenthaltsstatus verfügen, der partiellen Exklusion von wohlfahrtsstaatlichen Leistungen ausgesetzt. Die von Mackert analysierten Konflikte über Staatsbürgerschaft sind ein wichtiger Ausschnitt dieser Problematik, ebenso wie die von Sigrid Baringhorst dargestellten politischen Maßnahmen einer Gesellschaftssteuerung durch Inszenierung von Ausländerfreundlichkeit und Weltoffenheit.

Gemeinschaften Der Wohlfahrtsstaat befriedigt vorrangig je individuellen Eigennutz. In *partikularen Gemeinschaften* bestätigen demgegenüber die Individuen einander wechselseitig fortwährend implizit und explizit, dass die gemeinsame Lebensform mit den sie konstituierenden normativen und evaluativen Prinzipien wertvoll und gültig ist. Die kollektive Identität wird über einen substantiellen Gesichtspunkt – Religion, Weltanschauung, Interessenlage, Profession, Ethnie, Lebensstil, Nachbarschaft, Verwandtschaft – begründet, der bestimmte Individuen ein- und andere ausschließt. Oftmals konturiert sich

---

37 Der Wohlfahrtsstaat ist letztlich eine paradoxe politische Konstruktion: „Das System der sozialen Sicherheit ist selbst ungesichert. Das sozialstaatliche Rettungsboot, [...], ist an das Schiff [die Ökonomie], bei dessen Untergang es gegebenenfalls seine Dienste tun soll, mit einer nicht zu kappenden, wenn auch vielleicht langen Leine angekettet" (Offe 1986: 128/129).

die kollektive Identität geradezu über eine Abgrenzung von anderen, die noch dazu nicht zwangsläufig, aber häufig als moralische Herabsetzung gemeint ist: „Die anderen sind schlechtere Menschen als wir." Es mag sich bei den Gemeinschaften um kleine Gruppen in der jeweiligen Population, also z.B. Sekten, handeln, um quantitativ gewichtigere Subkulturen oder auch um regionale oder nationale Mehrheiten, z.B. die Basken im französisch-spanischen Grenzgebiet oder die Schiiten im Iran.

Staatliche Politik kann hinsichtlich derartiger Gemeinschaften zweierlei tun: zum einen selbst Gemeinschaftsangebote bereitstellen, zum anderen bereits existierende Gemeinschaften im Rahmen verschiedener funktionaler Teilsysteme und in der „civic culture" (Almond/Verba 1963) bzw. der „societal community" (Parsons 1971: 13)[38] fördern. Dabei gilt es kulturellen Pluralismus zu gestalten und kulturelle Segmentierung zu verhindern. Politisch gestiftete Gemeinschaften gab und gibt es in manchen Parteien und Interessengruppen. Die klassischen, freilich weitgehend überlebten Beispiele stellen die Gemeinschaftsformen der Arbeiterbewegung sowie die konfessionellen Milieus der bürgerlichen Parteien dar. Das postmaterialistische Milieu um die „Grünen" herum oder das „Ostalgie"-Reservoir, dem die „PDS" seit 1990 ihre Mandate verdankt, wären aktuellere Fälle, die zeigen, dass auch heute noch – trotz aller Individualisierung – kollektive Identitäten gesucht werden und institutionalisierbar sind. Mit den neuen Formen politischen Protests im Rahmen der neuen sozialen Bewegungen sind seit den 1970er Jahren auch „post-traditionale" politische Gemeinschaften aufgekommen (vgl. Hitzler 1998), die sich sowohl in der Gründung lokaler Bürgerinitiativen als auch überregional als transnationale Nichtregierungsorganisationen (NGOs) niedergeschlagen haben. Die weitreichendste und seit dem 19. Jahrhundert bis heute bedeutsamste politische Gemeinschaft stellt die Nation als Gemeinschaft der Patrioten eines Landes dar (vgl. Finlayson 2001). Sie wird aufgrund ihrer Größe in starkem Maße nur als vorgestellte Gemeinschaft durch eine Reihe politischer Rituale und Symbole vergegenwärtigt (vgl. Baringhorst 2001). Ob noch weiter ausgreifende Gemeinschaftsentwürfe wie „Europa", „der Westen" oder „One World"-Visionen jemals eine nennenswerte Identifikation und darüber Sozialintegration über den Level interessierter politischer, ökonomischer und kultureller Eliten hinaus erzeugen werden, bleibt abzuwarten.

Weniger augenfällig, aber viel bedeutsamer dürfte der indirekte Beitrag der Politik zu sozialintegrativen Angeboten kollektiver Identitäten sein. Dies wird heute oft unter dem Stichwort einer Stärkung der „Bürgergesellschaft" diskutiert und empfohlen (vgl. Ray 2001). Hier gibt es zahlreiche Gemeinschaftsbildungen, die politisch gefördert werden können: Religionsgemeinschaften, Sportvereine sowie spitzensportliche Events nationaler Vergemeinschaftung, Familien und Nachbarschaften, Traditions- und Heimatvereine etc.

So wie Systemintegration in Deutschland oft stark etatistisch gedacht wird, gilt für die Sozialintegration durch Gemeinschaften das Gegenteil. Hierbei wird aber der nahezu allgegenwärtige Anteil des Staates leicht und gern übersehen. Um einen Vergleich

Marginalien:
„Societal Community"

Bürgergesellschaft

staatlicher Einfluss in Deutschland und den USA

---

38 Parsons definiert die „gesellschaftliche Gemeinschaft" als ein Kollektiv, das von „diffuse enduring solidarity" geprägt wird. Das gemeinschaftliche Ethos dieses Kollektivs bildet die überlieferte kulturelle Tradition. Das gesellschaftliche Ethos wird von einem stets erneuerungsbedürftigen impliziten Gesellschaftsvertrag getragen, der jenen Bestand an Grundwerten, Konventionen, Institutionen und Verfahren formuliert, dem sich idealiter alle Gesellschaftsmitglieder verpflichtet fühlen (vgl. Parsons 1977; Etzioni 1997: 251-296). Die gesellschaftliche Gemeinschaft ist dann in der Lage, die Gruppenpartikularismen durch eine übergeordnete Solidarität in ihre Schranken zu weisen (vgl. Münch 2002: 445-447).

mit den Vereinigten Staaten zu ziehen:[39] Dort existiert in der Tat nach wie vor ein relativ dichtes Netz an vor allem lokalen Vereinigungen, die gänzlich unabhängig vom Staat wirken – insbesondere die vielfältigen „neighbourhood associations" und kirchlichen Gruppen. Zwar nehmen viele Initiativen und Vereine sowie die Kirchen in Deutschland ebenfalls für sich in Anspruch, autonom von staatlichem Einfluss zu agieren. Nach der „Gleichschaltung" im Nationalsozialismus wurde in der Tat eine deutliche Separierung auch vom nunmehr demokratischen Staat vollzogen. Doch wie sehr z.B. die Sportvereine auf staatliche Alimentierung angewiesen sind, zeigt sich etwa dann, wenn aus Gründen staatlicher Finanzknappheit die Übungsleiterpauschalen für die vielen Tausend freiwilligen Übungsleiter gestrichen werden. Dann wird sogleich der Zusammenbruch des Vereinssports heraufbeschworen – und auch wenn das übertrieben ist, wird klar: Die Mitgliedsbeiträge und das Ethos der „Ehrenamtlichkeit" reichen längst nicht aus, um die Vereine zu tragen. Man stelle sich vor, was es für die Volkskirchen bedeutete, wenn die staatliche Eintreibung der Kirchensteuer eingestellt würde! Und auch Bürgerinitiativen lernen schnell, wie „Staatsknete" zu bekommen ist, und stellen sich auf diese wohlfahrtsstaatliche Anreizstruktur ein. Inwieweit so etwas als „goldener Zügel" wirkt, variiert sicher sehr stark und bedürfte genauerer Untersuchung. Völlig spurlos dürfte diese finanzielle Abhängigkeit aber an den „zivilgesellschaftlichen" Gemeinschaften in keinem Fall vorbeigehen.

unteilbare Konflikte   Die Zweischneidigkeit jeder staatlichen Gemeinschaftsstiftung und -förderung lässt sich überdies nie vollständig ausräumen. Weil partikulare Gemeinschaften eben ihre kollektiven Identitäten oft genug durch Abwertung der jeweils Anderen produzieren und reproduzieren, sind Konflikte nie ausgeschlossen (vgl. Ray 2001: 225) – und zwar ungemütliche Konflikte in dem Sinne, dass es nicht um teilbare Güter mit entsprechenden Kompromissmöglichkeiten geht, sondern um eine polare Konfrontation (vgl. Hirschman 1994). Dies ist insbesondere dann der Fall, wenn es sich um religiöse und ethnische Gemeinschaften handelt. Die Konflikte in Nordirland oder im Baskenland sind nur Extremfälle solcher sozialintegrativ höchst dysfunktionalen Gemeinschaftsbildungen. Es kommt dann letztlich darauf an, ob die gesellschaftliche Gemeinschaft genug Integrationspotential besitzt, um die verschiedenen partikularen Gemeinschaften zur friedlichen Kooperation oder zumindest zur Koexistenz miteinander und mit der politisch-rechtlichen Institutionenordnung zu verpflichten.

Die in diesem Band versammelten Beiträge zu Governance und Sozialintegration widmen sich vor allem der politischen Steuerung von Gemeinschaftsbildungen durch Gesetzgebung (Mackert), Verhandlung (Bogumil/Holtkamp) und Beeinflussung der zivilen Kultur (Baringhorst). Der Anspruchsindividualismus scheint lediglich indirekt durch – etwa als Interesse an restriktiven Zuwanderungsregelungen oder randgruppenfreien Einkaufszonen in den Städten. Sowohl nationale als auch lokale Gemeinschaften werden thematisiert, und von rechtlicher Regulierung über finanzielle Förderung bis zum mediengerechten Marketing reicht die Palette der Maßnahmen, die staatlicherseits eingesetzt werden.

Staatsbürgerschafts-   Jürgen Mackert behandelt mit dem Vergleich von Staatsbürgerschaftsregimen einen
regime   klassischen Bereich hierarchischer politischer Steuerung mit dem dezidierten Zweck der Sozialintegration. Staatsbürgerschaftsregime entscheiden über die Frage der Mitgliedschaft in einer staatlich organisierten Nation und zeichnen so Linien der In- und Exklusion von Individuen in die Gesellschaft ein.

---

39 In der vergleichenden Forschung zur politischen Kultur verkörpern die USA auch den Typus der „konventionalistischen Gesellschaftskultur", während Deutschland und Frankreich zu den „Staatsgesellschaften" zählen (vgl. Rohe 1994: 171-174).

Sigrid Baringhorst befasst sich mit der politischen Steuerungsform der Imagebildung qua Kampagne. Visuelle und semantische Werbestrategien werden dabei durch das relativ weiche Steuerungsmedium der Beeinflussung umgesetzt. Soziale Integration, so Baringhorsts Fazit, wird unter dem Diktat knapper Haushaltsmittel von Ländern und Kommunen nicht länger substantiell hergestellt, sondern symbolisch inszeniert. Je weniger der ausgezehrte Wohlfahrtsstaat zur monetären Anspruchsbefriedigung noch beitragen kann, desto mehr scheint die Politik auf die Symbolik von Gemeinschaftsrhetoriken zu setzen. `Kampagne`

Jörg Bogumil und Lars Holtkamp befassen sich mit einem neuen kommunalen Trend: der local governance. Diese verknüpft im Rahmen der kommunalen Selbstverwaltung ökonomische Konzepte des new public management mit dem politischen Konzept der kooperativen Demokratie. Während dieser Governance-Mix aus hierarchisch verordneter Effizienzsteigerung und stärkerer Bürgerbeteiligung sowohl bei der Systemintegration wie bei der ökologischen Integration Erfolge vorweisen kann, bleibt er gerade im Bereich der Sozialintegration defizitär. In Local-Governance-Regimen lassen sich primär die gut organisierten Bürgerinteressen der Gewerbetreibenden und der Umweltfreunde einbinden, nicht jedoch die in der Regel unorganisierten sozialen Problemgruppen. `„Local Governance"`

3.3 Governance und ökologische Integration

Anfang der 1970er Jahre erwähnte Jürgen Habermas (1973: 61-63) zwar in seiner damaligen Zeitdiagnose ökologische Krisenpotentiale „spätkapitalistischer" Gesellschaften, ging aber noch ganz selbstverständlich davon aus, dass dies jedenfalls nicht die Schicksalsfrage der modernen Gesellschaft sein würde. Das Problem der ökologischen Integration war damals also noch latent.[40] Seitdem ist sowohl hinsichtlich eines gesellschaftlichen Bewusstseins über ökologische Probleme als auch bezüglich daraufhin eingerichteter Governance-Regime Einiges geschehen. Dennoch bleibt diese Dimension gesellschaftlicher Integration noch immer diejenige, zu der nur bruchstückhafte Auskünfte zu geben sind. Das liegt nicht zuletzt daran, dass die jeweiligen Integrationsgrade, die Menschen vom Ökologie-Gesellschaft-Arrangement ihrer Zeit erwarten, weniger von biologischen Notwendigkeiten als von kulturellen Ansprüchen abhängen. Noch weniger als bei den Dimensionen der System- und Sozialintegration lässt sich hier eine goldene Mitte definieren, die ein optimales Integrationsgleichgewicht markieren könnte (vgl. van den Daele 1994: 373).

Immerhin lassen sich zumindest einige Komponenten der auf ökologische Integration hinwirkenden Governance-Regime ausmachen. Eine erste besteht in der Verbreitung eines allgemeinen Bewusstseins über die Notwendigkeit ökologischer Selbstbeschränkungen sowohl der je einzelnen Individuen – etwa in ihrem Konsum- und Mobilitätsverhalten – als auch der teilsystemischen Operationen. „Reflexion" i.S. von Luh- `Reflexion`

---

40 Das heißt selbstverständlich weder, dass es zuvor keine Umweltprobleme gab, noch, dass keinerlei Strukturen existierten, die auf ökologische Integration hinwirkten. Die industrielle Revolution – um nur dieses Beispiel zu nennen – hat in vielen Teilen Europas gravierende Umweltschäden angerichtet, wenn man nur an Wasser- und Luftverschmutzung in den großen Industriestädten denkt. Und in vielen ländlichen Regionen auf der Welt gab es schon im Mittelalter jahrhundertealte Traditionen einer normativen Regulierung der Nutzung der Allmende durch die Dorfgemeinschaft (vgl. Ostrom 1990), so dass die „tragedy of the commons" (Hardin 1968) vermieden werden konnte.

mann (1984: 640, 642), also das Erlangen der Einsicht, dass ökologisch nicht nachhaltiges eigenes Handeln längerfristig über direktere oder indirektere Wirkungsketten auf einen selbst zurückschlägt, soll sich so einstellen. Oft wird dabei in Anlehnung an religiöse Argumentationsstile an ein „Eigenrecht" der Natur appelliert. Solche Appelle haben „suggestive Kraft" und lassen sich „funktional zur Mobilisierung von Umweltschutzmotiven einsetzen" (van den Daele 1994: 368). Beeinflussung durch Überzeugungsarbeit und moralische Appelle von Seiten inner- und zwischenstaatlicher Politik und von Seiten der Ökologiebewegung, vermittelt durch die Massenmedien, greift als Governance-Mechanismus mit wechselseitiger Beobachtung ineinander, wobei letzteres als Orientierung an Vorbildern und diffuse soziale Kontrolle wirkt. Dies wird gegen bisheriges traditionales Handeln, etwa bei der Familienplanung oder der Brennstoff- und Ackergewinnung in der Dritten Welt, vor allem aber auch gegen kurzfristige und partikulare Nutzenmaximierung gesetzt.

Finalisierung des wissenschaftlichen Fortschritts

Eine zweite Komponente des Governance-Regimes ökologischer Integration besteht in einer entsprechenden *Finalisierung des wissenschaftlichen Fortschritts*. Dies ist für Ulrich Beck (1986: 254-299) ein zentrales Moment der „reflexiven Modernisierung" der „Risikogesellschaft". Dabei geht es zunächst darum, dass der Wissenschaft die Aufgabe zugedacht wird, Kriterien für die gesellschaftliche Konstruktion von ökologischen Problemen festzulegen. Wann und ob ein Umwelttatbestand als pathologisch zu betrachten ist, entscheidet nicht die Umwelt, sondern die Wissenschaft (vgl. van den Daele 1996: 427). Gerade die Akteure im Wissenschaftssystem werden von den Protagonisten der Ökologiebewegung aber auch für ökologische Probleme indirekt mitverantwortlich gemacht, weil sie z.B. der Wirtschaft oder dem Militär entsprechende Probleme erzeugende Technologien bereitstellen. Die Wissenschaftler sollen deshalb über die Bestandsaufnahme der Umweltprobleme hinaus mit anders ausgerichteten Forschungen verstärkt die Aufdeckung und Bearbeitung dieser Probleme leisten. Dies geht wiederum nur in Teilsystemgrenzen überschreitender Kooperation, womit das Problem ökologischer Desintegration hier in ein systemintegratives Abstimmungsproblem transformiert wird.

Ökologiebewegung und Subpolitik

Bei der dritten Komponente ökologischer Governance-Regime kommt nochmals die Ökologiebewegung ins Spiel. Den relevanten Großorganisationen und ihren Entscheidern, insbesondere auch den etablierten Parteien und Verbänden im politischen System, wird nicht zugetraut, von sich aus und aus sich heraus etwas Nennenswertes für die ökologische Integration zu tun. Zu sehr bleiben sie auf ihre jeweiligen Eigeninteressen (Wahl und Wiederwahl/ partikulare Interessendurchsetzung und Verbandsegoismus) fixiert. Beck (1986; 1993) spricht denn auch von „*Subpolitik*", um zum Ausdruck zu bringen, dass die Ökologiebewegung zwar einerseits in dem Sinne politisch ist, dass es hier um eine kollektive Gestaltung des gesellschaftlichen Naturverhältnisses geht – andererseits dürfe dies aber nicht einer ansonsten im politischen System etablierten Logik selbstzweckhaft verabsolutierter Machterhaltung und -steigerung folgen. Die Ökologiebewegung soll diese etablierten Akteure in einer Beeinflussungskonstellation massiv unter Druck setzen – und versucht dies ja auch in der Tat inzwischen weltweit. Die organisierten Speerspitzen der Bewegung – NGOs wie Greenpeace, Robin Wood, der WWF oder Friends of the Earth – sind mittlerweile bei wichtigen internationalen Staatenversammlungen im Rahmen des UNCED-Prozesses als Teilnehmer etabliert; und Massenproteste, teilweise verknüpft mit „politischem Konsum" (Beck 1997: 54), also dem gezielten Konsum von als „nachhaltig" oder „fair" deklarierter Produkte gepaart mit dem Boykott umweltgefährdender Produkte oder Firmen, sorgen dafür, dass diesen NGOs auch Gehör geschenkt wird. Einflusskonstellationen werden dabei oft in Verhandlungskonstellationen überführt – ob auf lokaler, nationaler oder internationaler

Ebene. In all diesen Akteurkonstellationen bleiben allerdings die Nationalstaaten zentrale Bezugsgrößen, da nur sie über die Sachkompetenz, die finanziellen Ressourcen, die legitimen Zwangsmittel und die kritischen Öffentlichkeiten verfügen, die es erlauben, Probleme der ökologischen Integration nachhaltig, das heißt über die massenmedial beeinflussten Empörungskonjunkturen hinaus zu bearbeiten (vgl. Jänicke 2003: 11). Auch die inzwischen gestarteten Versuche einer ökologischen Integration mit den Governance-Mechanismen des Marktes, die in „fair buy"- oder „fair trade"-Handelskooperationen sowie im Handel mit Verschmutzungsrechten genutzt werden, bleiben zumindest vorläufig noch auf den langen Schatten der staatlichen Hierarchie angewiesen (vgl. Wolf 2003; Müller 2003).

Frank Biermann und Philipp Pattberg behandeln in ihrem einführenden Beitrag zu diesem Komplex die Probleme und Institutionen der Umweltpolitik. Dabei wird deutlich, dass die Bewahrung von Gemeinschaftsgütern, insbesondere von Naturressourcen, den Rahmen nationaler Zuständigkeit übersteigt und von transnationalen Governance-Regimen wahrgenommen werden muss. Das größte Problem dieser Regime jenseits des Nationalstaats ist freilich die fehlende Möglichkeit, Sanktionen gegebenenfalls auch erzwingen zu können. Der Koordinations- und Steuerungsmechanismus „Hierarchie" kann hier aufgrund fehlender Deckung durch ein entsprechendes legitimes Gewaltpotential nicht zum tragen kommen. In den Netzwerkstrukturen der transnationalen Umweltpolitik dominieren das Element der Gemeinschaft und entsprechende Mechanismen der Einflussnahme – etwa in Form einer öffentlichen moralischen Diskreditierung von „Bremsern" und „Blockierern" (z.B. der USA im UNCED-Prozess oder Japans und Norwegens in der internationalen Walfangkommission) – sowie „horizontales Politiklernen" (Jänicke 2003: 7) durch Mechanismen der einseitigen und wechselseitigen Anpassung an Vorreiter- und Pionierstaaten, die sich durch die Förderung ökologischer Technologien wirtschaftliche Wettbewerbsvorteile („first mover advantages") verschaffen.

> Institutionen der Umweltpolitik

Kai-Uwe Hellmann beschäftigt sich in seinem Beitrag mit zwei Formen der „weichen" Steuerung im Bereich der ökologischen Integration: der politischen Auseinandersetzung über ökologische Probleme in Mediationsverfahren, deren Ergebnisse letztlich keinen bindenden Charakter haben, und, am Beispiel des Nachhaltigkeitsbegriffs, der ambivalenten Symbolkraft modischer Umweltsemantiken. Während man das Mediationsverfahren als Governance-Instrument zur Sozialintegration ökologisch motivierten Protests Anfang der 1990er Jahre offenkundig überbewertet hatte, spielt der am Nachhaltigkeitsbegriff festgemachte Diskurs über ökologische Integration eine wichtige Rolle in der Gesellschaft. Er spielt diese Rolle allerdings nicht etwa in Form einer bestandssichernden substantiellen ökologischen Integration, sondern i.S. der Sozialintegration und moralischen Selbstachtung von Personen, die diese Semantik verwenden.[41] Die Politik hat sich auf diese Dynamik ökologischer Kommunikation eingestellt und verwendet heute Nachhaltigkeit synonym zum Gemeinwohlbegriff. Ähnlich wie bei Baringhorsts Analyse regionaler und städtischer Imagepolitik handelt es sich hierbei um eine Governance-Form auf der Ebene von Beobachtung und Beeinflussung.

> Mediationsverfahren

Claudia Jauß und Carsten Stark runden mit ihrem Beitrag zum Einfluss kulturell-institutioneller Faktoren in umweltpolitischen Governance-Regimen den Themenschwerpunkt der ökologischen Integration ab. In ihrem Ländervergleich zeigen sie auf, wie unterschiedliche nationale Kulturen nicht nur bei der institutionellen Governance

> kulturell-institutionelle Faktoren

---

41 Dieser Personenkreis rekrutiert sich überwiegend aus dem Milieu der „sozio-kulturellen Professionellen", das heißt, jenem Teil der Mittelschicht, der im Bildungs- und Gesundheitswesen sowie in der sozialen Wohlfahrt beschäftigt ist (vgl. Kriesi/Giugni 1996: 328).

des ökologischen Problemfelds, sondern bereits bei der Problemwahrnehmung durch die beteiligten Akteure und Professionen Pfadabhängigkeiten ausbilden. Auch hier ist ökologische Kommunikation der Anlass für eine national sehr unterschiedliche soziale Integration und Selbstwahrnehmung der mit Umweltproblemen beschäftigten Personen und Gruppen.

Bei allen drei Beiträgen wird deutlich, dass ökologische Integration nicht als solche als gesellschaftliches Integrationsphänomen wahrgenommen wird. Sie wird vielmehr über die kommunikative Vermittlung und kulturelle Deutung zu einem Katalysator für integrative Prozesse, die stärker als auf den klassischen Feldern der Sozialintegration (Ungleichheits- und Gerechtigkeitsprobleme) und der Systemintegration (Koordinations- und Verteilungsprobleme) von weichen Strategien der Verhaltensbeeinflussung durch Beobachtung und Beeinflussung getragen werden. Ob man dabei dann überhaupt noch von Governance i.S. eines intentionalen Gestaltens, das Folgenkontrolle beinhalten müsste, sprechen kann, ist eine noch zu beantwortende Frage. Der nachhaltige Steuerungs-„Erfolg" von Social-Advertising-Kampagnen und moralischen Appellen wird bekanntlich nach wie vor sehr kontrovers beurteilt.

4   Ausblick

So wie der Zusammenhang von Governance und gesellschaftlicher Integration hier vorgestellt wird, springt neben einem theoretischen Ertrag auch eine Praxisrelevanz für intentionale Integrationsmaßnahmen heraus. Wie deutlich geworden ist, wird gesellschaftliche Integration in allen drei Dimensionen zwar immer in starkem Maße transintentional produziert und reproduziert. Dennoch kann man sich darum bemühen, Möglichkeiten und Chancen von Intentionalität zu steigern, was insbesondere ein Ziel politischer Steuerung ist.

Vielfalt der Phänomene

Insgesamt decken die folgenden Beiträge zu den drei Integrationsdimensionen keineswegs die gesamte Bandbreite an Themen ab, die in einer umfassenden Betrachtung behandelt werden müssten. Das ist im begrenzten Rahmen dieses Bandes nicht möglich, weshalb statt dessen Wert darauf gelegt wurde, exemplarisch die Vielfalt an Phänomenen vorzuführen und zu analysieren, die in den Blick genommen werden müssen, wenn man sich für die integrativen Wirkungen von Governance-Regimen interessiert. Dabei wurden hier durchgängig solche Beiträge zusammengetragen, die sich mit Governance-Komponenten beschäftigen, in denen der Staat bei der Überwindung von Integrationsproblemen eine gewichtige Rolle spielt.

Pluralität theoretischer Perspektiven

Bei der wissenschaftlichen Durchdringung des Themenfelds „Governance und gesellschaftliche Integration" gibt es letztlich keine monistische Zugangsweise. Ganz abgesehen davon, dass ein Zugang jeweils stärker politikwissenschaftlich oder stärker soziologisch geprägt sein kann, existiert innerhalb der Sozialwissenschaften die bekannte Pluralität theoretischer Perspektiven. Auch dies spiegelt sich in den Beiträgen wieder und repräsentiert letztlich auch den Stand der Forschung. Wie anfangs bereits erläutert wurde, gibt es zwar jeweils separierte Forschungsstränge, die sich mit gesellschaftlicher Integration auf der einen und Governance auf der anderen Seite befassen; doch über eher zufällige Seitenblicke hinaus wird der Zusammenhang beider Themen in der umfassenderen Frage der gesellschaftlichen Ordnung in bisherigen Forschungen noch zu wenig behandelt. Diesen Zusammenhang in seiner Bedeutsamkeit und in seinem Anregungsgehalt für künftige interdisziplinäre Studien aufzuzeigen ist das Hauptanliegen des vorliegenden Buches.

Literatur

Almond, Gabriel A./Sidney Verba, 1963: *The Civic Culture. Political Attitudes and Democracy in Five Nations*, Princeton, NJ.: Princeton University Press.

Ashby, W. Ross, 1956: *Einführung in die Kybernetik.* Frankfurt/M., 1974: Suhrkamp.

Baringhorst, Sigrid, 2001: Political Rituals. In: Kate Nash/Alan Scott (eds.), *The Blackwell Companion to Political Sociology*, Oxford: Blackwell, 291-301.

Beck, Ulrich, 1986: *Risikogesellschaft. Auf dem Weg in eine andere Moderne*, Frankfurt/M.: Suhrkamp.

Beck, Ulrich, 1993: *Die Erfindung des Politischen. Zu einer Theorie reflexiver Modernisierung*, Frankfurt/M.: Suhrkamp.

Beck, Ulrich, 1997: *Weltrisikogesellschaft, Weltöffentlichkeit und globale Subpolitik.* Wien: Picus.

Benz, Arthur, 1994: *Kooperative Verwaltung. Funktionen, Voraussetzungen und Folgen*, Baden-Baden: Nomos.

Benz, Arthur, 2004: Einleitung: Governance – Modebegriff oder nützliches sozialwissenschaftliches Konzept? In: ders. (Hrsg.), *Governance – Regieren in komplexen Regelsystemen. Eine Einführung*, Wiesbaden: VS, 11-28.

Benz, Arthur (Hrsg.), 2004: *Governance – Regieren in komplexen Regelsystemen. Eine Einführung.* Wiesbaden: VS.

Berger, Johannes, 1994: The Economy and the Environment. In: Neil J. Smelser/Richard Swedberg (eds.), *The Handbook of Economic Sociology*, Princeton, NY: Princeton University Press, 766-797.

Berger, Peter L./Thomas Luckmann, 1966: *The Social Construction of Reality: A Treatise in the Sociology of Knowledge*, Harmondsworth 1972: Penguin.

Braun, Dietmar, 2001: Regulierungsmodelle und Machtstrukturen an Universitäten. In: Erhard Stölting/Uwe Schimank (Hrsg.), *Die Krise der Universitäten*, Leviathan Sonderheft 20, Wiesbaden: Westdeutscher Verlag, 243-262.

Braun, Dietmar/François-Xavier Merrien (eds.), 1999: *Towards a New Model of Governance for Universities? A Comparative View*, London: Jessica Kingsley.

Coase, Ronald, 1937: The Nature of the Firm. In: Oliver E. Williamson/Sidney G. Winter (eds.), *The Nature of the Firm. Origins, Evolution and Development*, New York et al. 1991: Oxford University Press, 18-33.

Coleman, James S., 1990: *Foundations of Social Theory.* Cambridge, MA.: The Belknap Press of Harvard University Press.

Crozier, Michel, 1964: *The Bureaucratic Phenomenon.* Chicago, IL.: University of Chicago Press.

Crozier, Michel, 1970: *La Societe Bloquee.* Paris 1984: Du Seuil.

Dahl, Robert A./Charles Lindblom, 1953: *Politics, Economics, and Welfare. Planning and Politico-Economic Systems Resolved into Basic Social Processes.* New York: Harper & Row.

Dahrendorf, Ralf, 1954: Struktur und Funktion. Talcott Parsons und die Entwicklung der soziologischen Theorie. In: ders., *Pfade aus Utopia*, München 1968: Piper, 213-242.

Dahrendorf, Ralf, 1958: Pfade aus Utopia. Zu einer Neuorientierung der soziologischen Analyse. In: ders., *Pfade aus Utopia*, München 1968: Piper, 242-263.

Downs, Anthony, 1957: *An Economic Theory of Democracy.* New York: Harper & Row.

Dubiel, Helmut, 1996: Integration durch Konflikt. In: Jürgen Friedrichs/Wolfgang Jagodzinski (Hrsg.), *Soziale Integration*, Kölner Zeitschrift für Soziologie und Sozialpsychologie Sonderheft 36, Wiesbaden: Westdeutscher Verlag, 132-143.

Durkheim, Emile, 1893: *Über soziale Arbeitsteilung. Studie über die Organisation höherer Gesellschaften.* Frankfurt/M. 1992: Suhrkamp.

Durkheim, Emile, 1897: *Suicide.* London 1975: Routledge.

Easton, David, 1965: *A Systems Analysis of Political Life.* New York et al.: Wiley & Sons.

Elias, Norbert, 1987: Wandlungen der Wir-Ich-Balance. In: ders., *Die Gesellschaft der Individuen*, Frankfurt/M.: Suhrkamp, 207-315.

Emerson, Richard M., 1962: Power Dependence Relations. In: *American Sociological Review* 27, 31-41.

Emerson, Richard M., 1981: On Last Resorts. In: *American Sociological Review* 27, 31-41.

Etzioni, Amitai, 1997: *Die Verantwortungsgesellschaft. Individualismus und Moral in der heutigen Demokratie*, Frankfurt/M./New York: Campus.

Finlayson, Alan, 2001: Imagined Communities. In: Kate Nash/Alan Scott (eds.), *The Blackwell Companion to Political Sociology*, Oxford: Blackwell, 281-290.

Friedrichs, Jürgen/Wolfgang Jagodzinski, 1996: Theorien sozialer Integration. In: dies. (Hrsg.), *Soziale Integration*, Kölner Zeitschrift für Soziologie und Sozialpsychologie Sonderheft 36, Wiesbaden: Westdeutscher Verlag, 9-43.

Fuchs, Dieter, 1996: Soziale Integration und politische Institutionen in modernen Gesellschaften. In: Jürgen Friedrichs/Wolfgang Jagodzinski (Hrsg.), *Soziale Integration*, Kölner Zeitschrift für Soziologie und Sozialpsychologie Sonderheft 36, Wiesbaden: Westdeutscher Verlag, 147-178.

Glaeser, Jochen, 2003: *Produzierende Gemeinschaften. Produktionsweise und soziale Ordnung (nicht nur) in scientific communities*. Unveröffentlichtes Manuskript, Canberra (Australian National University).

Greshoff, Rainer/Georg Kneer/Uwe Schimank (Hrsg.), 2003: *Die Transintentionalität des Sozialen*. Wiesbaden: Westdeutscher Verlag.

Gross, Peter, 1994: *Die Multioptionsgesellschaft*. Frankfurt/M.: Suhrkamp.

Habermas, Jürgen, 1973: *Legitimationsprozesse im Spätkapitalismus*. Frankfurt/M.: Suhrkamp.

Hardin, Garrett, 1968: The Tragedy of the Commons. In: *Science* 162, 1243-1248.

Hasse, Raymund/Georg Krücken, 1999: *Neo-Institutionalismus*. Bielefeld: Transcript.

Heitmeyer, Wilhelm (Hrsg.), 1997a: *Was treibt die Gesellschaft auseinander? Bundesrepublik Deutschland: Auf dem Weg von der Konsens- zur Konfliktgesellschaft*, Bd. 1, Frankfurt/M.: Suhrkamp.

Heitmeyer, Wilhelm (Hrsg.), 1997b: *Was hält die Gesellschaft zusammen? Bundesrepublik Deutschland: Auf dem Weg von der Konsens- zur Konfliktgesellschaft*, Bd. 2, Frankfurt/M.: Suhrkamp.

Hirschman, Albert O., 1970: *Exit, Voice and Loyalty: Responses to Decline in Firms, Organizations, and States*. Cambridge, MA.: Harvard University Press.

Hirschman, Albert O., 1994: Wieviel Gemeinsinn braucht die liberale Gesellschaft? In: *Leviathan* 22, 293-304.

Hitzler, Ronald, 1998: Posttraditionale Vergemeinschaftung. Über neue Formen der Sozialbindung. In: *Berliner Debatte INITIAL* 9/98, 39-56.

Hobbes, Thomas, 1651: *Leviathan*. London 1975: Dent.

Holler, Manfred J./Gerhard Illing, 1991: *Einführung in die Spieltheorie*. Berlin: Springer.

Jänicke, Martin, 2003: Die Rolle des Nationalstaats in der globalen Umweltpolitik. Zehn Thesen. In: *Aus Politik und Zeitgeschichte* B27/03, 6-11.

Jonas, Hans, 1979: *Das Prinzip der Verantwortung. Versuch einer Ethik für die technologische Zivilisation*, Frankfurt/M.: Suhrkamp.

Keller, Rudi, 1994: *Sprachwandel*. 2. Aufl., Tübingen: Francke.

Kersting, Wolfgang, 1996: *Die politische Philosophie des Gesellschaftsvertrags*. Darmstadt: Primus.

Kohler-Koch, Beate/Martin Schmidberger, 1996: Integrationstheorien. In: Beate Kohler-Koch/Wichard Woyke (Hrsg.), *Die Europäische Union*, Lexikon der Politik Bd. 5, München: C.H. Beck, 152-162.

Kriesi, Hanspeter/Marco G. Giugni, 1996: Ökologische Bewegungen im internationalen Vergleich. In: Andreas Diekmann/Carlo C. Jaeger (Hrsg.), *Umweltsoziologie*, Kölner Zeitschrift für Soziologie und Sozialpsychologie Sonderheft 36, Wiesbaden: Westdeutscher Verlag, 324-349.

Lange, Stefan, 2000: Der anomische Schatten der Moderne – gesellschaftliche Desintegration im Fokus der Forschergruppe um Wilhelm Heitmeyer. In: Uwe Schimank/Ute Volkmann (Hrsg.), *Soziologische Gegenwartsdiagnosen I: Eine Bestandsaufnahme*, Opladen: Leske + Budrich, 109-123.

Lange, Stefan, 2002a: Die politische Utopie der Gesellschaftssteuerung. In: Kai-Uwe Hellmann/Rainer Schmalz-Bruns (Hrsg.), *Theorie der Politik. Niklas Luhmanns politische Soziologie*, Frankfurt/M.: Suhrkamp, 171-193.

Lange, Stefan, 2002b: Nationalstaat und Demokratie im Sog der Globalisierung: Politische Gegenwartsdiagnosen. In: Ute Volkmann/Uwe Schimank (Hrsg.), *Soziologische Gegenwartsdiagnosen II: Vergleichende Sekundäranalysen*, Opladen: Leske + Budrich, 115-154.

Lange, Stefan, 2003: *Niklas Luhmanns Theorie der Politik. Eine Abklärung der Staatsgesellschaft*. Wiesbaden: Westdeutscher Verlag.

Lange, Stefan, 2004: Legitimitätsprobleme in der Organisationsgesellschaft. In: Wieland Jäger/Uwe Schimank (Hrsg.), *Facetten der Organisationsgesellschaft*, Wiesbaden: VS, i.E.

Lange, Stefan/Dietmar Braun, 2000: *Politische Steuerung zwischen System und Akteur. Eine Einführung*, Opladen: Leske + Budrich.

Lindblom, Charles E., 1959: The Science of „Muddling Through". In: Amitai Etzioni (ed.), *Readings on Modern Organizations*, 2nd print., Englewood Cliffs, NJ.: Prentice Hall, 154-173.

Lindblom, Charles E., 1965: *The Intelligence of Democracy. Decision Making Through Mutual Adjustment*. New York: Free Press.

Locke, John, 1690: *Two Treatises of Government*. Cambridge 1988: Cambridge University Press.

Lockwood, David, 1964: Soziale Integration und Systemintegration. In: Wolfgang Zapf (Hrsg.), *Theorien des sozialen Wandels*, Köln/Berlin 1969: Kiepenheuer & Witsch, 124-137.

Lütz, Susanne, 2004: Governance in der politischen Ökonomie. In: Arthur Benz (Hrsg.), *Governance – Regieren in komplexen Regelsystemen. Eine Einführung*, Wiesbaden: VS, 147-172.

Luhmann, Niklas, 1981: *Politische Theorie im Wohlfahrtsstaat*. München: Olzog.

Luhmann, Niklas, 1983: Anspruchsinflation im Krankheitssystem. Eine Stellungnahme aus gesellschaftstheoretischer Sicht. In: Philipp Herder-Dorneich/Alexander Schuller (Hrsg.), *Die Anspruchsspirale. Schicksal oder Systemdefekt?*, Stuttgart: Kohlhammer, 28-49.

Luhmann, Niklas, 1984: *Soziale Systeme. Grundriß einer allgemeinen Theorie*, Frankfurt/M.: Suhrkamp.

Luhmann, Niklas, 1987: Die gesellschaftliche Differenzierung und das Individuum. In: ders., *Soziologische Aufklärung 6. Die Soziologie und der Mensch*, Opladen 1995: Westdeutscher Verlag, 125-141.

Luhmann, Niklas, 1997: *Die Gesellschaft der Gesellschaft*. 2 Bde., Frankfurt/M.: Suhrkamp.

Mayntz, Renate, 1993: Policy-Netzwerke und die Logik von Verhandlungssystemen. In: Adrienne Héritier (Hrsg.), *Policy Analyse. Kritik und Neubewertung*, Politische Vierteljahresschrift Sonderheft 24, Opladen: Westdeutscher Verlag, 39-55.

Mayntz, Renate, 2001: Zur Selektivität der steuerungstheoretischen Perspektive. In: Hans-Peter Burth/Axel Görlitz (Hrsg.), *Politische Steuerung in Theorie und Praxis*, Baden-Baden. Nomos, 17-28.

Mayntz, Renate, 2004: Governance im modernen Staat. In: Arthur Benz (Hrsg.), *Governance – Regieren in komplexen Regelsystemen. Eine Einführung*, Wiesbaden: VS, 65-76.

Mayntz, Renate/Fritz W. Scharpf, 1995a: Der Ansatz des akteurzentrierten Institutionalismus. In: dies., Hrsg., *Gesellschaftliche Selbstregelung und politische Steuerung*, Frankfurt/M./New York: Campus, 39-72.

Mayntz, Renate/Fritz W. Scharpf, 1995b: Steuerung und Selbstorganisation in staatsnahen Sektoren. In: dies. (Hrsg.), *Gesellschaftliche Selbstregelung und politische Steuerung*, Frankfurt/M./New York: Campus, 9-38.

Meyer, Thomas, 2001: *Mediokratie. Die Kolonisierung der Politik durch das Mediensystem*, Frankfurt/M.: Suhrkamp.

Mouzelis, Nicos, 1974: Social and Systems Integration. In: *British Journal of Sociology* 25, 395-409.

Mouzelis, Nicos, 1997: Social and System Integration – Lockwood, Habermas, Giddens. In: *Sociology* 31, 111-119.

Müller, Markus M., 2003: Umweltpolitik durch Handel mit Verschmutzungsrechten. Neue Wege in der Politik durch supranationale Anstöße. In: *Gesellschaft – Wirtschaft – Politik* 4, 431-440.

Münch, Richard, 2002: Die Grenzen der zivilgesellschaftlichen Selbstorganisation. Ein modernisierungstheoretischer Blick auf die amerikanische Debatte über Multikulturalismus, Gemeinsinn und Sozialkapital. In: *Berliner Journal für Soziologie* 12, 445-465.

Noelle-Neumann, Elisabeth, 1980: *Die Schweigespirale: Öffentliche Meinung – Unsere soziale Haut.* München: Piper.

Oberreuter, Heinrich, 1986: Konflikt und Konsens im politischen System der Bundesrepublik. In: Albrecht Randelzhofer/Werner Süß (Hrsg.), *Konsens und Konflikt. 35 Jahre Grundgesetz,* Berlin/New York: de Gruyter, 214-235.

Offe, Claus, 1975: *Berufsbildungsreform. Eine Fallstudie über Reformpolitik,* Frankfurt/M.: Suhrkamp.

Offe, Claus, 1986: Sozialstaat und politische Legitimation. In: Albrecht Randelzhofer/Werner Süß (Hrsg.), *Konsens und Konflikt. 35 Jahre Grundgesetz,* Berlin/New York: de Gruyter, 127-132.

Ostrom, Elinor, 1990: *Governing the Commons. The Evolution of Institutions for Collective Action,* Cambridge: Cambridge University Press.

Parsons, Talcott, 1969: On the Concept of Value-Commitments. In: ders., *Politics and Social Structure,* New York: The Free Press, 439-472.

Parsons, Talcott, 1971: *The System of Modern Societies.* Engelwood Cliffs, N.J.: Prentice Hall.

Parsons, Talcott, 1977: Some Theoretical Considerations on the Nature and Trends of Change of Ethnicity. In: ders., *Social Systems and the Evolution of Action Theory,* New York: The Free Press, 381-404.

Parsons, Talcott et al., 1951: Some Fundamental Categories of the Theory of Action: A General Statement. In: Talcott Parsons/Edward Shils (eds.), *Toward a General Theory of Action,* Cambridge, MA.: Harvard University Press, 3-29.

Parsons, Talcott/Gerald M. Platt, 1973: *The American University.* Cambridge, MA.: Harvard University Press.

Peters, Bernhard, 1993: *Die Integration moderner Gesellschaften.* Frankfurt/M.: Suhkamp.

Ray, Larry, 2001: Civil Society and the Public Sphere. In: Kate Nash/Alan Scott (eds.), *The Blackwell Companion to Political Sociology,* Oxford: Blackwell, 219-229.

Reese-Schäfer, Walter, 1996: Zeitdiagnose als wissenschaftliche Aufgabe. In: *Berliner Journal für Soziologie* 6, 377-390.

Renn, Ortwin, 1996: Rolle und Stellenwert der Soziologie in der Umweltforschung. In: Andreas Diekmann/Carlo C. Jaeger (Hrsg.), *Umweltsoziologie,* Kölner Zeitschrift für Soziologie und Sozialpsychologie Sonderheft 36, Wiesbaden: Westdeutscher Verlag, 28-58.

Rohe, Karl, 1994: *Politik. Begriffe und Wirklichkeiten,* 2. völlig überarb. u. erw. Aufl., Stuttgart/Berlin/Köln: Kohlhammer.

Ronge, Volker (Hrsg.), 1980: *Am Staat vorbei. Politik der Selbstregulierung von Kapital und Arbeit,* Frankfurt/M./New York: Campus.

Rosewitz, Bernd/Uwe Schimank, 1988: Verselbständigung und politische Steuerbarkeit gesellschaftlicher Teilsysteme. In: Renate Mayntz et al., *Differenzierung und Verselbständigung. Zur Entwicklung gesellschaftlicher Teilsysteme,* Frankfurt/M./New York: Campus, 295-329.

Scharpf, Fritz W., 1996: Politische Optionen im vollendeten Binnenmarkt. In: Markus Jachtenfuchs/Beate Kohler-Koch (Hrsg.), *Europäische Integration,* Opladen: Leske + Budrich, 109-140.

Scharpf, Fritz W., 2000: *Interaktionsformen. Akteurzentrierter Institutionalismus in der Politikforschung,* Opladen: Leske + Budrich.

Schimank, Uwe, 1992: Spezifische Interessenkonsense trotz generellem Orientierungsdissens: Ein Integrationsmechanismus polyzentrischer Gesellschaften. In: Hans-Joachim Giegel (Hrsg.), *Kommunikation und Konsens in modernen Gesellschaften*, Frankfurt/M.: Suhrkamp, 236-275.

Schimank, Uwe, 1996: *Theorien gesellschaftlicher Differenzierung.* Opladen: Leske + Budrich.

Schimank, Uwe, 1998: Funktionale Differenzierung und soziale Ungleichheit: Die zwei Gesellschaftstheorien und ihre konflikttheoretische Verknüpfung. In: Hans-Joachim Giegel (Hrsg.), *Konflikt in modernen Gesellschaften*, Frankfurt/M.: Suhrkamp, 61-88.

Schimank, Uwe, 1999: Funktionale Differenzierung und Systemintegration der modernen Gesellschaft. In: Jürgen Friedrichs/Wolfgang Jagodzinski (Hrsg.), *Soziale Integration*, Kölner Zeitschrift für Soziologie und Sozialpsychologie Sonderheft 39, Wiesbaden: Westdeutscher Verlag, 47-65.

Schimank, Uwe, 2000a: Gesellschaftliche Integrationsprobleme im Spiegel soziologischer Gegenwartsdiagnosen. In: *Berliner Journal für Soziologie* 10, 449-469.

Schimank, Uwe, 2000b: *Handeln und Strukturen. Einführung in die akteurtheoretische Soziologie*, Weinheim/München: Juventa.

Schimank, Uwe, 2001: Festgefahrene Gemischtwarenläden – Die deutschen Hochschulen als erfolgreich scheiternde Organisationen. In: Erhard Stölting/Uwe Schimank (Hrsg.), *Die Krise der Universitäten*, Leviathan Sonderheft 20, Wiesbaden: Westdeutscher Verlag, 223-242.

Schimank, Uwe/Stefan Lange, 1998: Wissenschaft in Mittel- und Osteuropa: Die Transformation der Akademieforschung. In: *Leviathan* 26, 109-136.

Schimank, Uwe/Stefan Lange, 2001: Gesellschaftsbilder als Leitideen politischer Steuerung. In: Hans-Peter Burth/Axel Görlitz (Hrsg.), *Politische Steuerung in Theorie und Praxis*, Baden-Baden: Nomos, 221-245.

Schimank, Uwe/Stefan Lange, 2003: Politik und gesellschaftliche Integration. In: Armin Nassehi/Markus Schroer (Hrsg.), *Der Begriff des Politischen*, Soziale Welt Sonderheft 14, Baden-Baden: Nomos, 171-186.

Schimank, Uwe/Ute Volkmann (Hrsg.), 2000: *Soziologische Gegenwartsdiagnosen I – Eine Bestandsaufnahme.* Opladen: Leske + Budrich

Schumpeter, Joseph A., 1942: *Kapitalismus, Sozialismus und Demokratie.* 3. Aufl., München 1972: Francke.

Siebel, Walter/Oliver Ibert/Hans-Norbert Mayer, 2001: Staatliche Organisation von Innovation: Die Planung des Unplanbaren unter widrigen Umständen durch einen unbegabten Akteur. In: *Leviathan* 29, 526-543.

Türk, Klaus, 1976: *Grundlagen einer Pathologie der Organisation.* Stuttgart: Enke.

Tyrell, Hartmann, 1978: Anfragen an die Theorie der gesellschaftlichen Differenzierung. In: *Zeitschrift für Soziologie* 7, 175-193.

van den Daele, Wolfgang, 1994: Natur und Verfassung. Zum Versuch, dem Umweltschutz mit einer Staatszielbestimmung auf die Sprünge zu helfen. In: Jürgen Gebhardt/Rainer Schmalz-Bruns (Hrsg.), *Demokratie, Verfassung, Nation. Die politische Integration moderner Gesellschaften*, Baden-Baden: Nomos, 364-384.

van den Daele, Wolfgang, 1996: Soziologische Beobachtung und ökologische Krise. In: Andreas Diekmann/Carlo C. Jaeger (Hrsg.), *Umweltsoziologie*, Kölner Zeitschrift für Soziologie und Sozialpsychologie Sonderheft 36, Wiesbaden: Westdeutscher Verlag, 420-440.

Volkmann, Ute/Uwe Schimank (Hrsg.), *Soziologische Gegenwartsdiagnosen II – Vergleichende Sekundäranalysen.* Opladen: Leske + Budrich.

Weber, Max, 1918: Parlament und Regierung im neugeordneten Deutschland. In: ders., *Gesammelte politische Schriften*, 4. Aufl., Tübingen 1980: Mohr, 306-443.

Weber, Max, 1921: *Wirtschaft und Gesellschaft. Grundriß der verstehenden Soziologie.* 5. Aufl. (Studienausgabe), Tübingen 1980: Mohr.

Williamson, Oliver E., 1985: *The Economic Institutions of Capitalism. Firms, Markets and Relational Contracts*, New York et al.: The Free Press.

Windhoff-Héritier, Adrienne, 1994: Die Veränderung von Staatsaufgaben aus politikwissenschaftlich-institutioneller Sicht. In: Dieter Grimm (Hrsg.) unter Mitw. von Evelyn Hagenah, *Staatsaufgaben*, Baden-Baden: Nomos, 75-91.

Wolf, Klaus Dieter, 2003: *Civil Society and the Legitimacy of Governance Beyond the State. Conceptional Outlines and Empirical Explorations*, Manuskript, Quelle: www.ifs.tu-darmstadt. de/pg/mitarbeiter/civil.pdf.

Teil 1
Governance und Systemintegration

Otfried Jarren/Patrick Donges

Staatliche Medienpolitik und die Politik der Massenmedien: Institutionelle und symbolische Steuerung im Mediensystem

1 Einleitung: Medienpolitik in der Mediengesellschaft

Die Rolle, die Massenmedien in der modernen Gesellschaft einnehmen, rechtfertigt es, diese als eine „Mediengesellschaft" zu bezeichnen. Medien durchdringen immer stärker und engmaschiger alle gesellschaftlichen Bereiche („Mediatisierung") und erlangen aufgrund ihrer hohen Beachtungs- und Nutzungswerte gesamtgesellschaftliche Aufmerksamkeit und Anerkennung. Sie werden mehr und mehr zur Voraussetzung für die Informations- und Kommunikationspraxis aller gesellschaftlichen Akteure. Medien ermöglichen Publizistik, d.h. öffentliche Kommunikation mittels Thematisierung i.S. eines anhaltenden und offenen Selbstverständigungsprozesses innerhalb der Gesellschaft (vgl. Jarren/Donges 2000a: 21; Donges 2000: 18/19). Durch publizistische Kommunikation über die Medien werden die Gesellschaft und ihre Teile mit einem Hintergrundwissen versorgt, das gesellschaftsweite Kommunikation – und damit den Zusammenhang von Gesellschaft überhaupt – erst ermöglicht: „Was wir über unsere Gesellschaft, ja über die Welt, in der wir leben, wissen, wissen wir durch die Massenmedien." (Luhmann 1996: 9). Massenmedien leisten damit einen wesentlichen Beitrag zur Integration der Gesellschaft (vgl. Jarren 2000 sowie die Beiträge in Imhof/Jarren/Blum 2002).

Die Ausdifferenzierung des Mediensystems war zum einen verbunden mit der Entwicklung der Herstellungstechnik und der Infrastruktur, die die massenmediale Verbreitung von Publizistik an alle Gesellschaftsmitglieder – und dies nun partiell auch in einem globalen Sinne – erst ermöglichte. Zum anderen war die Entstehung des Mediensystems insgesamt begleitet von der erfolgreichen Zurückdrängung anderer, systemexterner Einflussfaktoren, etwa seiner Herauslösung aus kirchlicher und politischer Zensur bzw. staatlich-politischer Bevormundung (vgl. Gerhards 1994: 85-87). Ein auf diese Weise funktional differenziertes Mediensystem hat in modernen Gesellschaften die Aufgabe übernommen, gesellschaftliche Kommunikation nach der ihm eigenen Leitdifferenz zu strukturieren und in bearbeitbaren Themen gebündelt der Gesellschaft wieder bereit zu stellen. Von seiner Leistung hängt es wesentlich ab, mit welchen Problemwahrnehmungs-, Problemverarbeitungs- und Problemlösungskapazitäten eine Gesellschaft ausgestattet ist. Es ist jedoch nicht selbstverständlich, dass Medien die relevanten Teile der Gesellschaft beobachten und die Themen und Beiträge so strukturieren, wie es den vielfältigen Anforderungen der Gesellschaft und ihrer Teile an die Problemwahrnehmungs-, Problemverarbeitungs- und Problemlösungskapazitäten öffentlicher Kommunikation entspricht. Publizistische Vielfalt, politische wie kulturelle Pluralität oder publizistische Qualität stellen sich auch in einer mit dem Vorsatz „Informations-" oder „Medien-" bezeichneten Gesellschaft nicht automatisch her, insbesondere dann nicht, wenn Medien als Organisationen sich stärker der ökonomischen als der publizistischen Handlungsorientierung verpflichtet fühlen. Die Funktion der Medien, und damit auch

Ausdifferenzierung des Mediensystems

die Ausdifferenzierung des Mediensystems, müssen durch politische Steuerung gesichert bzw. erst geschaffen werden (vgl. Jarren 1999).

Medienpolitik   Dies verweist auf die Notwendigkeit, auch in Zeiten eines scheinbar breiten publizistischen Angebots in den Medien Medienpolitik zu betreiben. Allerdings bedarf es der Veränderung in der herkömmlichen Medienpolitik hinsichtlich der Steuerungsziele und der Steuerungsformen. Wir betrachten Medienpolitik als ein eigenständiges, in seinen Dimensionen (sozial, zeitlich, sachlich) offenes Handlungssystem, das vorrangig durch Kommunikation konstituiert wird und sich auf die Massenmedien als Regelungsfeld bezieht (vgl. Jarren/Donges 1997: 239). Es war und ist nie allein ein Handlungsfeld von politischen Akteuren gewesen, zumindest nicht in den demokratischen Verfassungsstaaten. Neben den Akteuren des politisch-administrativen Systems sind in diesem Handlungssystem auch Akteure des ökonomischen Systems (vor allem Rundfunkveranstalter, Verlage, aber auch die Werbung und deren Verbände) und des intermediären Systems (etwa Kirchen, Verbände und Gewerkschaften) zu finden, sofern sie eine gemeinsame Orientierung auf den Gegenstand der publizistischen Kommunikation in den Medien aufweisen und sich daher bei ihren Handlungen gegenseitig in Rechnung stellen müssen.

Der Beitrag beleuchtet einige Aspekte, die vor dem Hintergrund der Gesamtfragestellung nach dem Zusammenhang von gesellschaftlicher Integration und Governance von Interesse sind. Zunächst geht es grundlegend um die Frage, ob es sich bei den Medien um ein eigenständiges funktionales Teilsystem der Gesellschaft handelt, wie das Mediensystem mit anderen Teilsystemen der Gesellschaft verbunden ist und welche Integrations- und Steuerungsprobleme daraus entstehen (Abschnitt 2). Dabei wird die These vertreten, dass das Mediensystem aus systemtheoretischer Perspektive einen eher schwachen Grad an Ausdifferenzierung aufweist. Medien als geldabhängige Organisationen sind immer auch eng mit dem ökonomischen System verknüpft, das für die Organisationen eine zweite und immer bedeutsamere Handlungsorientierung bietet. Die vielfältigen unter dem Begriff der „Ökonomisierung" subsummierbaren Phänomene (Abschnitt 3) bilden daher ein zentrales Problemfeld der Medienpolitik. In Abschnitt 4 werden dann die zentralen politischen Steuerungsakteure vorgestellt und deren Verfasstheit diskutiert. Abgerundet wird der Beitrag durch eine Kritik an der traditionellen Medienpolitik, die jedoch an deren grundsätzlicher Notwendigkeit gerade im „Multimedia-Zeitalter" festhält.

2   Medien als nur schwach ausdifferenziertes Teilsystem der Gesellschaft

Nach Luhmann handelt es sich bei den Massenmedien um ein „besonderes Funktionssystem", „noch ohne klaren Begriff [...] und ohne anerkannte Funktionszuweisung" (Luhmann 1997: 1102/1103). Zwar gibt Luhmann (1996: 173-176) als Funktion der Massenmedien das „Dirigieren der Selbstbeobachtung des Gesellschaftssystems" an, mit der die Massenmedien „allen Funktionssystemen eine gesellschaftsweit akzeptierte, auch den Individuen bekannte Gegenwart [garantieren], von der sie ausgehen können". Doch wird diese Funktion von den Massenmedien keinesfalls exklusiv erfüllt: Auch andere gesellschaftliche Teilsysteme, wie etwa die Wissenschaft oder die Kunst, liefern der Gesellschaft eine Beschreibung ihrer selbst und bieten somit – untereinander konkurrierende – Formen der Selbstbeobachtung an (vgl. Marcinkowski 2001: 100). Die Besonderheit der Massenmedien als Funktionssystem liegt somit nicht in ihrer Exklusivität begründet, sondern in ihrer Eigenschaft, „das bei weitem inklusivste Sozialsystem" zu sein (vgl. Marcinkowski 2002: 115). Medien breiten sich in der Gesellschaft immer weiter aus, ihr Angebot an Leistungen erhöht sich sowohl in sachlicher, sozialer als auch in der zeitlichen Dimension (Beschleunigung der Vermittlungsleistung), und die Nachfrage nach diesen Leistungen steigt immer weiter an.

Fehlende Exklusivität kann dem Mediensystem auch dahingehend attestiert werden, dass es den Akteuren in der Leistungsrolle nicht gelingt, ihre ausschließliche Zuständigkeit für die von ihnen erbrachte Leistung gesellschaftsweit durchzusetzen – letzteres ist für Mayntz (1988: 22) ein relevantes Kriterium für den Grad an Ausdifferenzierung eines gesellschaftlichen Teilsystems. Wie in kaum einem anderen Teilbereich der Gesellschaft sind im Medienbereich die Berufe der Leistungsrolle offen, findet eine teilsystemspezifische Zugangskontrolle und Zertifizierung von teilsystemspezifischem Rollenwissen nicht statt. Ein Beleg auf der Mikroebene hierfür ist, dass große Teile der Journalisten keine formalisierte und berufsspezifische Ausbildung durchlaufen haben. Anfang der 1990er Jahre hatte in Deutschland rund ein Zehntel der Journalisten überhaupt keine journalistische Ausbildung, rechnet man auch das Fachstudium (Journalistik oder Publizistikwissenschaft) nicht zur Fachausbildung, ist es sogar ein Viertel (vgl. Weischenberg/Löffelholz/Scholl 1994: 156). Für den privaten Rundfunk in Norddeutschland geben Altmeppen/Donges/Engels (1999: 141) den Anteil der fest angestellten Journalisten ohne berufsbezogene Ausbildung sogar mit 36% an. Und kennzeichnend für das Berufsfeld ist auch, dass selbst die Träger von Leistungsrollen der Existenz eines berufsspezifischen Wissens skeptisch gegenüberstehen und den Beruf des Journalisten vielfach für einen „Begabungsberuf" halten.

Massenmedien als Teilsystem

Auf der Mesoebene der Medienorganisationen ist die Exklusivität des Teilsystems dadurch eingeschränkt, dass es über keine eigene zentrale organisatorische Basis verfügt, wie sie etwa mit Regierungs- und Verwaltungsorganisationen und den Parteien im politischen System gegeben ist. Vielmehr gehen die Medien auf organisatorischer Ebene mit Akteuren anderer Teilsysteme – und hier insbesondere mit Akteuren aus der Ökonomie – organisatorische Koexistenzen ein (vgl. Braun/Schimank 1992). Aktuell ist sogar zu beobachten, dass bspw. mittels der Netztechnik bestimmte ökonomische Akteure, so Banken oder Finanzdienstleister, im Rahmen ihrer „Community-Building"-Geschäftsmodelle in gewissem Umfang auch publizistische Leistungen anbieten: Dies geschieht zum Teil autonom durch diese Akteure oder in Form von Kooperationen mit traditionellen Medienunternehmen. Braun und Schimank (1992: 320) unterscheiden zwei mögliche Arten organisatorischer Koexistenz: die organisatorische Einbettung eines Teilsystems in ein anderes sowie das organisatorische Nebeneinander. Die Differenz besteht darin, dass im ersten Fall eine Handlungsorientierung überwiegt (z.B. bei der Einbettung der Medien in ökonomisch orientierte Unternehmen), während im zweiten Fall die teilsystemischen Handlungsorientierungen nur wechselseitig in Rechnung gestellt werden müssen, ohne dass es ein exklusives Organisationsziel gibt. Auch Luhmann (2000: 398) thematisiert dieses von ihm als „loose coupling" bezeichnete Phänomen, dass sich mehrere Funktionssysteme in einer Organisation „einnisten" können – allerdings bei angenommener Gleichrangigkeit und Selbstreferenz der Systeme. Aus der akteurtheoretischen Perspektive von Braun und Schimank heraus betrachtet gefährden jedoch beide Formen der organisatorischen Koexistenz die Autonomie des betroffenen Teilsystems. Im Fall der organisatorischen Einbettung besteht die Gefahr der Vereinnahmung der untergeordneten teilsystemischen Handlungsorientierung durch die dominante; im Fall des organisatorischen Nebeneinanders droht die Möglichkeit einer wechselseitigen Verdrängung. Im Mediensystem können derartige Phänomene empirisch in vielfältiger Weise beobachtet und festgestellt werden, wie es sich besonders au-

organisatorische Koexistenz

genfällig in der Ökonomisierungsdebatte der Kommunikationswissenschaft wie auch innerhalb der Medien- und Kommunikationswirtschaft zeigt (vgl. Meier/Jarren 2001 sowie die weiteren Beiträge dort).

Leitorientierungen   Das Mediensystem verfügt also, im Gegensatz zu anderen, gefestigteren Systemen, wie der Politik oder der Ökonomie, über mehrere teilsystemische Orientierungshorizonte. Medien sind nicht nur Organisationen der Publizistik mit dem Ziel, durch Anschlusskommunikationen öffentliche Resonanz auszulösen und damit die Selbstbeobachtung der Gesellschaft zu dirigieren (so Marcinkowski 1993: 147; 2001: 101). Einzelne Medien verfügen auch über eine politische Handlungsorientierung, wenngleich die Politik als systemexterner Einflussfaktor in den vergangenen Jahren erfolgreich zurückgedrängt werden konnte (vgl. Gerhards 1994: 85). Dafür konnte die Ökonomie als Handlungsorientierung im Medienbereich zunehmend an Raum gewinnen. Dabei sind unterschiedliche Formen einer ökonomischen Prägung auszumachen, je nach Eigentümerverhältnissen und den vorhandenen oder eben nicht vorhandenen publizistischen Zielen.[42] Mischformen gewinnen, so im Bereich der Online-Kommunikation, an Bedeutung.

3   Ökonomisierung des Mediensystems und Medienkonzentration als Steuerungsproblem

Das theoretische Modell einer organisatorischen Koexistenz, das wir für das Mediensystem annehmen können, verweist auf ein zentrales, auch politisch relevantes Problem des Mediensystems: seine enge Verknüpfung mit dem ökonomischen System. Diese wird in der Publizistik- und Kommunikationswissenschaft unter dem Begriff einer Ökonomisierung bzw. Kommerzialisierung der Medien diskutiert (vgl. als Überblick Meier/Jarren 2001: 145). Ökonomisierung oder Kommerzialisierung lässt sich mit Saxer definieren als „Verstärkung ökonomischer Einflüsse, in erster Linie der Werbewirtschaft, auf die Strukturen und Funktionen von Mediensystemen und deren Konsequenzen für die Medienproduktion, die Medienmitarbeiter, die Prozesse von Medienkommunikation und deren Rezipienten sowie allgemein in kultureller, wirtschaftlicher, politischer und sozialer Hinsicht" (Saxer 1998: 19). Ökonomisierung heißt damit: Die systemexternen Einflussfaktoren aus Staat und Politik, von denen sich die Medien durch den Prozess der Ausdifferenzierung gelöst hatten, wurden durch die Handlungsimperative des ökonomischen Systems ersetzt.

Ökonomisierung   Zur Analyse der Auswirkungen der Ökonomisierung kann auf den Ansatz der Akteur-Struktur-Dynamiken von Schimank (1992: 168; 1996: 247) zurückgegriffen werden. Diesem Ansatz zufolge lässt sich das Handeln von Akteuren nur unter Berücksichtigung von drei Ebenen erklären, die im empirisch beobachtbaren Handeln zusammenwirken und durch dieses in unterschiedlichem Grad verändert werden: dem teilsystemischen Orientierungshorizont („Wollen"), den institutionellen Ordnungen („Sollen") sowie den Akteurkonstellationen, aus denen heraus gehandelt wird („Können"). Als Prozess hat Ökonomisierung Auswirkungen auf alle Ebenen des Mediensystems:

---

42 Für Medien mit ausgeprägter publizistischer Leitorientierung können beispielhaft Tageszeitungen und nationale (öffentlich-rechtliche) Sender genannt werden. Für Medien, bei denen die ökonomische Ausrichtung eine publizistische Leitorientierung nahezu vollständig überlagert, stehen bspw. Börsensender oder Homeshoppingfernsehkanäle.

- Auf der Ebene der Akteurkonstellationen bedeutet Ökonomisierung zunächst, dass Akteure des Mediensystems in ihren Handlungen zunehmend von Akteuren des ökonomischen Systems beeinflusst werden. Ökonomisierung bedeutet auf dieser Ebene, dass die Medienunternehmen die ökonomischen Akteure, ihre Interessen, Ressourcen und Strategien, zunehmend in Rechnung stellen müssen. Der Prozess der Ökonomisierung lässt sich an der Entwicklung von Methoden, der Etablierung von Messinstrumenten und des Einsatzes von spezifischen Indikatoren (wie die „Quote") zur Rezipientenforschung zeigen (vgl. Siegert 2001). Akteurebene

- Auf der Ebene der institutionellen Ordnungen bedeutet Ökonomisierung, dass die institutionellen Verfestigungen der teilsystemischen Orientierungshorizonte stärker auf das ökonomische denn auf das publizistische Teilsystem hin ausgerichtet werden. D.h., dass sich die operationalen Vorgaben für die Situationswahrnehmung der Akteure und ihre Orientierung in Form von Spielregeln oder Regelwerken von der Publizistik zur Ökonomie verschieben. Im Rundfunkbereich ist die Zulassung privater Anbieter letztlich eine solche Ökonomisierung auf der Ebene der institutionellen Ordnungen. Es ist empirisch beobachtbar, dass es in allen Ländern, in denen so genannte „duale Rundfunkordnungen" etabliert wurden, zu Programmveränderungen auch der dominant aus Gebühren finanzierten öffentlich-rechtlichen Rundfunkanbieter gekommen ist (vgl. Siune/Hultén 1998; McKinsey & Co. 1999). Institutionenebene

- Auf der Ebene der teilsystemischen Orientierungshorizonte bedeutet Ökonomisierung schließlich, dass es innerhalb einzelner Bereiche des Mediensystems langfristig zu einer Verschiebung zwischen dem publizistischen und dem ökonomischen Orientierungshorizont zu Gunsten des letzteren kommt. Prozesse der Ökonomisierung deutet Wehmeier als eine Verzerrung der publizistischen Leitdifferenz: „Das Grundprinzip der Leitunterscheidung veröffentlichen versus nicht veröffentlichen wird zunächst nicht verändert, auch die Funktion des Systems bleibt bestehen. Allerdings wird die Leitunterscheidung durch den Code der Wirtschaft unter den Bedingungen fortgesetzter Ökonomisierung [...] verzerrt" (Wehmeier 2001: 316). Dies manifestiert sich empirisch dadurch, dass Entscheidungen zur Veröffentlichung zunehmend nicht auf die Erwartungsstrukturen des Publikums rekurrieren, also nicht anhand der publizistischen Leitdifferenz getroffen werden, sondern auf Basis der Erwartung von Zahlungen, also des ökonomischen Codes, oder umgekehrt eine auf den Erwartungsstrukturen des Publikums aufbauende Veröffentlichung aufgrund der Erwartung von Zahlungen unterbleibt. Oder in Marktbegriffen formuliert: Angebote auf dem publizistischen Markt richten sich nach der Nachfrage auf dem ökonomischen Markt. Systemebene

Insbesondere die jüngere Rundfunkentwicklung – seit der Einführung der sogen. dualen Rundfunkordnung – ist durch die Ökonomisierung geprägt. Im Verlauf der Ausdifferenzierung des Rundfunks als Teilbereich des Mediensystems nimmt der Einfluss der Ökonomie zu, auch weil der Rundfunkmarkt ökonomisch und sozio-kulturell bedeutender ist als bspw. der Pressemarkt. Dabei handelt es sich um eine Entwicklung, die sich über Jahrzehnte vollzieht: Sie kann exemplarisch anhand der Rundfunkentwicklung in Deutschland gezeigt werden, für die sich vier Phasen der Ausdifferenzierung festmachen lassen. Es sind dies die Phasen der Institutionalisierung des Rundfunks in vornehmlich öffentlicher Trägerschaft, der Korrektur der öffentlich institutionalisierten Organisationsform, der Etablierung privaten Rundfunks sowie der Ökonomisierung in der Mediengesellschaft (vgl. Jarren/Donges 2000b: 380; Donges 2000: 116-118). Ausdifferenzierungs phasen des Rundfunks

öffentlich-rechtliche
Institutionalisierung

– In der Institutionalisierungsphase in den späten 1920er Jahren wird das politische System bei Aufkommen der neuen Funktechnik mit dem Problem konfrontiert, entsprechend den formulierten inhaltlichen Zielen Rundfunkveranstalter zu institutionalisieren. In Europa setzt sich weitgehend die Einsicht durch, dass Rundfunk nicht in Form privatwirtschaftlicher Unternehmungen zu betreiben sei, sondern gesellschaftlich kontrolliert werden müsse. Diese gesellschaftliche Kontrolle wird unterschiedlich institutionalisiert: zentral oder dezentral, staatsnah oder in Form des Public Service, für den das britische BBC-Modell eine Leitbildfunktion hatte. Ökonomische Akteure sind in dieser Phase weitaus geringer involviert, ihre Interessen reduzieren sich bspw. auf Forderungen nach Maßnahmen zum Schutz der Presse angesichts des neuen Mediums. Neue ökonomisch-technische Akteure, wie die Nachrichtentechnik, werden durch staatliche Förder- und Subventionsmaßnahmen beteiligt.

Korrektur am
bestehenden
Rundfunkmodell

– Nach erfolgter Institutionalisierung hat der öffentliche Rundfunk auf nationaler Ebene – sieht man einmal von den „Sonderwegen" in einigen europäischen Ländern bzw. der Kriegssituation ab – in den meisten westeuropäischen Ländern zumeist eine Monopolstellung inne. In der Zwischenphase zwischen Institutionalisierung des öffentlichen Rundfunks als Monopolrundfunk und seiner Dualisierung werden dennoch fortlaufend Korrekturen am bestehenden Rundfunkmodell vorgenommen, bspw. durch die Einführung neuer Sender (etwa des ZDF in Deutschland) oder der Einrichtung neuer Gremien zur Kontrolle des öffentlichen Rundfunks (Organisationsreformen). Wiederum sind es aber vor allem Akteure des politischen Systems, deren Interessen- und Einflusskonstellationen hier maßgeblich sind.

Dualisierung durch
Privatisierung

– In der Phase der Dualisierung kehrt sich die Bedeutung der Politik und der Ökonomie als Handlungsorientierung des Rundfunks um. Es sind vorrangig privatwirtschaftliche Unternehmen, die darauf drängen, nationale öffentliche Rundfunkmonopole zu beenden und neben diesen auch private Anbieter zuzulassen. Diese Forderungen werden an das politische System zur Entscheidung herangetragen.

zunehmende
Ökonomisierung

– In der aktuellen Phase einer zunehmenden Ökonomisierung und technischen Veränderungen geht es für die ökonomischen Akteure vor allem darum, durch staatliche Steuerung gute Ausgangsbedingungen für den nationalen und internationalen ökonomischen Wettbewerb zu erhalten, während publizistische Gesichtspunkte eine untergeordnete Rolle spielen. Ökonomische Akteure nehmen dabei zunehmend Einfluss auf das politische System, den Rundfunk in diesem Sinne zu steuern, während Akteure des politischen Systems selbst zum Teil kaum noch eigene Einflussmöglichkeiten sehen.

politischer
Steuerungsverlust

Politik greift also in die vielfältigen Marktbeziehungen des Rundfunksystems zunächst durch die Einrichtung des öffentlich-rechtlichen Rundfunks und dann durch die Zulassung des privat-kommerziellen Rundfunks steuernd ein. Während bezogen auf den öffentlichen Rundfunk die staatlich-politischen Steuerungsmöglichkeiten anhaltend gegeben sind (Gebühren-, Organisations-, Satzungs- und Personalpolitik), verlieren die politischen Akteure mit Beginn der Lizenzierung privater Rundfunkunternehmen an Steuerungsmöglichkeiten i.S. der Gestaltung des laufenden Betriebs. Mit dem öffentlichen Rundfunk wird ein Anbieter unterstützt, dem durch die Strukturierung seiner inneren Ordnung und die Gewährleistung von finanziellen Ressourcen in Form der Rundfunkgebühren oder staatlichen Zuschüssen ein Anreiz gegeben wird, seiner publizistischen Handlungsorientierung zu folgen, anstatt sich allzu stark durch ökonomische Marktbeziehungen beeinflussen zu lassen. Mit Rundfunkgebühren und staatlichen Zuschüssen wird das Ziel verfolgt, den Veranstalter in die Lage zu versetzen, auch solche Programme zu produzieren, die wegen der Höhe ihrer Produktionskosten, der geringen Größe der Zielgruppe etc. nicht marktfähig wären. Der Handlungskoordinationsmodus des Marktes wird durch die Gebühren- und staatliche Finanzierung zwar geschwächt, aber nicht völlig außer Kraft gesetzt, wenn öffentliche Rundfunkveranstalter – wie in den meisten europäischen Ländern – auch auf kommerzielle Aktivitäten in Form von Werbeeinnahmen angewiesen sind.

Die Finanzierung über Rundfunkgebühren oder staatliche Zuschüsse kann für die öffentlichen Rundfunkveranstalter aber nur ein Anreiz sein – wenn auch unterstützt durch regulative Steuerungsinstrumente wie bspw. Leistungsaufträge und Konzessionen oder durch Aufträge, die Mitglieder aus den gesellschaftlichen Aufsichtsgremien durchsetzen – solche Programme auch tatsächlich zu produzieren. In Form regulativer Eingriffe kann das politische System die Programmerstellung wegen der verfassungsrechtlich garantierten Rundfunkfreiheit nicht erzwingen. Es lässt sich festhalten: [margin: Rundfunkfreiheit]

> „Gebührenfinanzierung ermöglicht ein Fernsehangebot, das außer Zuschauermehrheiten auch anderen zu gefallen hat. Ein Umstand, der sowohl positive als auch negative Implikationen hat. Einerseits ermöglicht er die Berücksichtigung auch der Interessen von Zuschauerminderheiten bzw. Programmangeboten, die gesellschaftlich wünschenswert, wenn auch nicht quotenträchtig sind; andererseits ist nicht auszuschließen, dass Programmentscheidungen zumindest auch mit Blick auf die Institutionen getroffen werden, die über Gebührenhöhe und -verteilung entscheiden – wobei als zusätzlicher Faktor mögliche persönliche Kontakte und politische Affinitäten zwischen Programm- und Gebührenentscheidern zu berücksichtigen sind." (Hallenberger 1998: 79).

Eng mit der Ökonomisierung des Mediensektors hängt das Problem der *Medienkonzentration* zusammen, die sich sowohl im Presse- als auch im Rundfunkbereich zeigt. Bei der Tagespresse sind wenige Verlagsgruppen in den wichtigen Wirtschaftsräumen der Republik dominant und verfügen über eine Vielzahl formal unabhängiger publizistischer Einheiten (vgl. zur aktuellen Lage: Schütz 2001; Röper 2000). Der Grad an Titel-, Verlags- und Auflagenkonzentration in Deutschland ist sehr hoch. Gleiches gilt für den Zeitschriftenmarkt, der von wenigen Verlagshäusern dominiert wird (vgl. Vogel 2002). Seit der Studentenbewegung in den ausgehenden 1960er Jahren, in der die Pressekonzentration kritisiert wurde, hat sich dieser Prozess noch deutlich beschleunigt, ohne dass es zu nennenswerten gesellschaftspolitischen Debatten oder gar politischen Gegenmaßnahmen kam. Die damalige sozial-liberale Koalition in der BRD, die zunächst noch Reformmaßnahmen im Zuge der Pressekonzentration vorsah (u.a. Regelungen zur Inneren Pressefreiheit), setzte – mit Ausnahme pressespezifischer Regelungen im Kartellrecht – keine Akzente. Seit den 1970er Jahren wird trotz hoher Konzentration in Deutschland faktisch keine Pressestrukturpolitik mehr betrieben (vgl. Jarren 1994b; Knoche 1996a). Auch im Rundfunkbereich ist die Konzentration hoch – wenige Medienmultis beherrschen den Markt der elektronischen Medien (vgl. Röper 2002; Kommission zur Ermittlung der Konzentration im Medienbereich 2000a). [margin: Medienkonzentration]

Im Allgemeinen werden vier Formen der Medienkonzentration unterschieden:

- die horizontale (oder intramediäre) Konzentration, bei der ein Unternehmen in einem spezifischen Medienmarkt eine dominante Stellung einnimmt;
- die vertikale Konzentration, bei der Unternehmen in vor- oder nachgelagerte Märkte expandieren, etwa in dem sie die Kontrolle aller oder einiger Schritte anstreben oder ausüben, die für die Produktion und Distribution eines Mediums notwendig sind;

– die diagonale Konzentration innerhalb des Medienbereichs, bei der Unternehmen eines bestimmten Mediensektors ihre Aktivitäten auf andere Medienbereiche ausdehnen (auch: Cross-Media- bzw. Cross-Ownership-Konzentration); sowie

– die diagonale Konzentration außerhalb des Medienbereiches, bei der durch Beteiligungen oder Verflechtungen zwischen Unternehmen der Medienbranche und anderen Branchen wirtschaftszweig- oder branchenübergreifende Konzentrationserscheinungen entstehen, die auch als konglomerate Konzentrationen bezeichnet werden (vgl. Meier/Trappel 1998: 41/42; Knoche 1996a: 109).

„Economies of Scale"

Als *Ursachen* der Medienkonzentration werden aus wirtschaftswissenschaftlicher Perspektive im Fall der horizontalen Konzentration vor allem die Größenvorteile aufgeführt (*economies of scale*). Da auf dem publizistischen Markt keine Nutzungsrivalität herrscht, vermindert die Ausweitung des Publikums den Nutzen für den einzelnen Rezipienten nicht. Infolgedessen sind ökonomisch betrachtet die Grenzkosten der Nutzung von Medieninhalten gleich Null, und für den Medienanbieter liegt das Betriebsoptimum bei der höchsten absetzbaren Ausbringungsmenge:

> „Horizontale Konzentration erklärt sich damit primär aus dem Streben nach einer Ausweitung der Ausbringungsmenge (d.h. – je nach Medium – der Auflage oder Einschaltquote) durch die – bei konstant bleibenden Grenzkosten der Nutzung und überproportional steigenden Grenzkosten der Produktion – die (Verkaufs- oder auch Werbe-)Erlöse steigen." (Kops 1999: 3/4).

„Economies of Scope"

Die Hauptursachen der vertikalen und diagonalen Konzentration hingegen liegen aus Sicht der Ökonomie in den sogen. *economies of scope* begründet. Im Fall der vertikalen Konzentration ergeben diese sich dadurch, dass Ressourcen auf mehreren Wertschöpfungsstufen genutzt werden können, ohne dass dadurch höhere Kosten anfallen. Vertikal integrierte Medienunternehmen weisen daher eine günstigere Kostenstruktur auf als diejenigen, die sich auf Aktivitäten innerhalb einer Wertschöpfungsstufe konzentrieren (vgl. Kops 1999: 4/5; Kiefer 2001: 111).

politische Ursachen der Konzentration

Neben diesen ökonomischen Begründungen für die Ursachen der Medienkonzentration wird auch bei politischen Akteuren eine Verantwortung gesehen. So hängt nach Kruse (1996: 50) die Konzentration im Rundfunkbereich „fast ausschließlich mit der konkreten Lizenzierungspolitik [zusammen], und wäre entsprechend vermeidbar gewesen". Die Gründe dafür sieht Kruse in der Zersplitterung der Zuständigkeiten auf Länderebene, dem Missbrauch dieser Länderkompetenz für das Betreiben einer regionalen Standortpolitik, dem fehlenden Mut zu einer konsequenten, wettbewerbsorientierten Ordnungspolitik sowie der engen Verzahnung von wirtschaftlichen und parteipolitischen Interessen bei der Lizenzierung. Konzentration sei somit zum größten Teil ein Ergebnis politischer Entscheidungen und nicht ökonomischer Prozesse (vgl. Kruse 1996: 52). Eine andere Perspektive verfolgt Knoche, der hinter dem „offensichtlichen Fehlen einer effektiven Konzentrationskontrolle" eine bewusste Strategie vermutet, bei der „in der Regel Konzentrationsförderung statt Konzentrationskontrolle im Mittelpunkt des Interesses [steht], wobei der Begriff Konzentrationsförderung aus legitimatorischen Gründen in der Öffentlichkeit meistens nicht explizit benutzt, sondern hinter dem Ziel der Stärkung der wirtschaftlichen Leistungsfähigkeit und der internationalen Wettbewerbsfähigkeit verborgen wird" (Knoche 1996b: 105; vgl. auch Knoche 1999).

Trotz der Relevanz der Medienkonzentration sowohl in der wissenschaftlichen als auch in der politischen Diskussion können über ihre Wirkungen und Folgen nur wenig generalisierbare empirische Aussagen gemacht werden. Nach Jarren mangelt es einerseits an empirischen Langzeit-Studien, mit denen Medienstrukturveränderungen beobachtet werden können, andererseits an einem theoretischen Gerüst, um einzelne empirische Befunde einordnen und bewerten zu können (vgl. Jarren 1994a: 361; ebenso Knoche 1996a: 117-120). Ähnlich pessimistisch bilanzieren Meier und Trappel die Forschung zur Rundfunkkonzentration:

> „The media concentration debate within the scientific community did not present much empirical evidence, but is rather characterized by a confusing discourse." (Meier/Trappel 1998: 39/40).

4 Politische Steuerungsakteure in der Medienpolitik

Auf Seiten der politischen Steuerungsakteure ist Medienpolitik ein nur schwach institutionalisiertes und stark fragmentiertes Politikfeld (vgl. Jarren/Donges 1997: 239). Die *Fragmentierung* liegt zum einen darin begründet, dass mit der Regelung und Organisation des Rundfunks ein wesentlicher Bestandteil der Medienpolitik in Deutschland in der Kompetenz der Bundesländer liegt. Regelungskompetenzen des Bundes bestehen im Bereich der Telekommunikationsdienstleistungen, dem Zivil- und Strafrecht mit Relevanz für den Persönlichkeits- und Jugendschutz, dem Urheberrecht sowie dem allgemeinen Wirtschaftsrecht mit Regelungen gegen Wettbewerbsbeschränkungen und unlauteren Wettbewerb (vgl. Schuler-Harms 2000: 144).

In der Rundfunkpolitik kam es in der Bundesrepublik von Beginn an zu Konflikten um die Zuständigkeit zwischen Bund und Ländern. Für die Entwicklung des Politikfeldes prägend war vor allem der Versuch der Regierung Adenauer, 1959 eine regierungsnahe Rundfunkanstalt des Bundes unter dem Namen „Deutschland-Fernsehen" zu schaffen. Dieses Vorhaben wurde 1961 vom Bundesverfassungsgericht für verfassungswidrig erklärt – die erste Entscheidung in einer Reihe von Urteilen, mit denen das Gericht die Grundzüge der Rundfunkpolitik festlegte. In jüngster Zeit entstanden die Konflikte um die Zuständigkeit zwischen Bund und Ländern vor allem an der Frage, ob neue Mediendienste dem Bereich Rundfunk zuzuordnen sind oder ob sie Individualkommunikation darstellen und daher in den Bereich der Telekommunikation fallen, für die der Bund zuständig ist. So trat im Februar 1997 der „Staatsvertrag über Mediendienste" (Mediendienste-Staatsvertrag) in Kraft, und im Juli des gleichen Jahres wurde vom Bund das „Gesetz zur Regelung der Rahmenbedingungen für Informations- und Kommunikationsdienste" (IuKDG-Gesetz) verabschiedet. In beiden Gesetzen werden letztlich ähnliche Gegenstände reguliert, Bund und Länder bewegten sich im Steuerungsprozess also aufeinander zu (vgl. Held/Schulz 1999: 79). Insbesondere von Seiten der privaten Rundfunkunternehmen ist immer wieder eine Vereinheitlichung der Rundfunkaufsicht eingefordert worden, so etwa in einer „Medienaufsicht der Länder" als erster Schritt hin zu einer Konvergenz der rechtlichen Rahmenbedingungen und Kompetenzen (vgl. Booz Allen & Hamilton 1999: 4/5). In jedem Fall dürfte eine Neuordnung des rechtlichen Rahmens der Rundfunksteuerung in Deutschland zu komplexen Abstimmungs- und Verhandlungsprozessen zwischen den beteiligten politischen Akteuren führen, da sie einen Konsens des Bundes und aller beteiligten Bundesländer voraussetzt. Vorschläge zur Einrichtung entsprechender Verhandlungssysteme liegen vor (vgl. Hoffmann-Riem/Schulz/Held 2000: 199-206).

Fragmentierung der Regelungskompetenz

Neben der Fragmentierung aufgrund der Länderkompetenz ist Medienpolitik als Politikfeld auch durch eine *schwache Institutionalisierung* gekennzeichnet. Auf Bundesebene werden medienpolitische Fragestellungen von unterschiedlichen Ministerien

schwache Institutionalisierung

bearbeitet, wie etwa dem Justizministerium, dem Wirtschaftsministerium sowie unter der Regierung Schröder einem eigenen Beauftragten der Bundesregierung für Angelegenheiten der Kultur und Medien, der direkt an das Bundeskanzleramt angebunden ist. In den Ländern gibt es kein Ministerium oder eine Behörde mit der Zuständigkeit für Medien bzw. Rundfunk, wie dies etwa im europäischen Ausland der Fall ist (z.B. *Ministère de la Culture et de la Communication* in Frankreich, *Department for Culture, Media and Sport* in Großbritannien etc.). Medienpolitik ist in der Regel direkt den Staatskanzleien zugeordnet, so dass hauptsächlich statushohe und parteipolitisch agierende Akteure der Exekutive wie Ministerpräsidenten oder die Leiter der Staatskanzleien an medienpolitischen Entscheidungsprozessen teilnehmen. Dies hat zur Konsequenz, dass sich seitdem „der Ort der rundfunkpolitischen Entscheidung [...] von der parlamentarisch-öffentlichen Debatte zur informell- geheimen Verhandlung" (Wiek 1996: 190) verschoben hat.

Landesmedien-anstalten

Für die Aufsicht über den privaten Rundfunk sind auf Ebene der Länder insgesamt fünfzehn *Landesmedienanstalten* zuständig. Innerhalb dieser Landesmedienanstalten wurden Gremien geschaffen, in denen auch Repräsentanten der Parteien und gesellschaftlich relevanter Gruppen Einsitz nehmen, und die dann den Direktor der jeweiligen Landesmedienanstalt wählen. In Nordrhein-Westfalen war dieses Gremium bspw. die Rundfunkkommission, von deren 45 Mitgliedern 13 vom Landtag und 32 von gesellschaftlichen Gruppen entsandt werden. Diese Gremien haben in wirtschaftsrelevanten Entscheidungen – und um die geht es hier im Wesentlichen – keinen Einfluss. Zudem können sie Lizenz- und Programmentscheidungen nur nachvollziehen, aber nicht wirksam beeinflussen, weil die Verwaltung der Landesmedienanstalten dominiert (vgl. bilanzierend Jarren/Schulz 1999). Die Mehrzahl der Direktoren dieser Behörden war vorher direkt in den Staatskanzleien, zum überwiegenden Teil als Medienreferenten, tätig. Die Steuerungs- und Vollzugsdefizite von derart konstruierten – und durch Personen faktisch staatsnah und zugleich parteipolitisch durchsetzt konstituierten – Behörden sind offenkundig und erheblich.

mangelnde Steuerung des privaten Rundfunks

Die Steuerung des privaten Rundfunks kann als symbolisches Handeln angesehen werden. So fehlen den für die Rundfunkregulierung zuständigen Bundesländern und ihren Landesmedienanstalten wirtschaftsrechtliche Kompetenzen, um mit dem Rundfunk als ökonomischem Gut angemessen umgehen und eine entsprechende Rundfunkordnung entwickeln zu können. Die föderale Struktur der Steuerung erweist sich bei der Problembearbeitung überdies als Hemmnis, da die Länder in Konkurrenz um die Ansiedlung von Medienunternehmen treten (Standortwettbewerb). Verwiesen sei in diesem Zusammenhang auf die enge Allianz der beiden bis 2002 dominierenden Anbieter im privaten Rundfunk – der in Gütersloh ansässigen Bertelsmann AG und (bis zu ihrem Konkurs) der Kirch AG mit Sitz in München – mit ihren jeweiligen Landesregierungen. Die ökonomischen Akteure wirken auch in Form anderer Maßnahmen, so in der Kultur- und Wissenschaftsförderung, auf die in Rundfunkfragen zuständige Landespolitik ein. Ein herausragendes Beispiel dafür stellen die Aktivitäten der in Nordrhein-Westfalen ansässigen und steuerbegünstigt agierenden Bertelsmann Stiftung dar: Durch Gremien, Gutachten, Veranstaltungen und zahllose Publikationen, die übrigens in der Mehrzahl kostenlos bzw. unter den Erstellungskosten abgegeben werden, wirkt die Stiftung im Interesse des Konzerns auf medienpolitische Leitbilder, auf Medienpolitiker wie auch auf Kommunikationswissenschaftler gezielt ein.

Steuerungsakteure der Medienpolitik

Zudem macht die föderale Struktur komplexe Abstimmungsprozesse zwischen den Ländern erforderlich, die relevante rundfunkpolitische Fragen wie die Festlegung der Höhe der Rundfunkgebühren nur mit einem Staatsvertrag aller Länder, der von allen Länderparlamenten ratifiziert werden muss, bearbeiten können. Aufgrund der Koordinations- und Abstimmungsprobleme in diesem Teilbereich des kooperativen Föderalismus wurden daher neue Steuerungsakteure etabliert, in denen die Abstimmungsprozesse zwischen den Ländern koordiniert und optimiert werden sollen:

–   Die 15 Landesmedienanstalten in Deutschland arbeiten zur Wahrnehmung ihrer Aufgaben in grundsätzlichen, länderübergreifenden Angelegenheiten im Rahmen der *Arbeitsgemeinschaft der Landesmedienanstalten* in der Bundesrepublik Deutschland (ALM) zusammen. Organe der ALM sind die Direktorenkonferenz (DLM), bestehend aus den gesetzlichen Vertretern oder Geschäftsführern der Mitgliedsanstalten, die Gremienvorsitzendenkonferenz, bestehend aus den Vorsitzenden der jeweiligen Beschlussgremien der Mitgliedsanstalten, sowie die Gesamtkonferenz aus Direktorenkonferenz und der Gremienvorsitzendenkonferenz (vgl. ALM o.J.). Die Bildung entsprechender Gremien hat allerdings dazu geführt, dass ein bürokratisch-verwaltungspolitischer Interaktionsstil dominiert, der den entsprechenden gesellschaftlichen Gremien die Informations-, Mitwirkungs- und Mitentscheidungsmöglichkeiten weitgehend unmöglich macht.
–   Beschlüsse der Länder über die Höhe der Rundfunkgebühren werden seit 1975 von der *Kommission zur Ermittlung des Finanzbedarfs der Rundfunkanstalten* (KEF) vorbereitet. Die KEF besteht aus 16 Sachverständigen, die jeweils von den Ministerpräsidenten ernannt werden. Die öffentlich-rechtlichen Rundfunkanbieter melden der KEF zunächst ihren Finanzbedarf an, die dann deren Anmeldungen fachlich überprüft und den Finanzbedarf feststellt. Der Gebührenvorschlag der KEF ist Grundlage für die Entscheidung der Landesregierungen und der Landesparlamente (vgl. KEF 1999: 1/2). Durch diese Institutionalisierung ist es gelungen, im gewissen Maße eine „Politisierung" der Gebührenfragen zu vermeiden.
–   Ein weiterer länderübergreifender Steuerungsakteur ist die 1997 gegründete *Kommission zur Ermittlung der Konzentration im Medienbereich* (KEK). Die KEK ist nach den Bestimmungen des 3. Rundfunkänderungsstaatsvertrages als staatsferne Kommission „für die abschließende Beurteilung von Fragestellungen der Sicherung von Meinungsvielfalt im Zusammenhang mit der bundesweiten Veranstaltung von Fernsehprogrammen" (§ 36 Abs. 1 Satz 1 RStV) für die Landesmedienanstalten zuständig. Sie besteht aus sechs Sachverständigen des Rundfunk- und des Wirtschaftsrechts, die von den Ministerpräsidenten der Länder für die Dauer von fünf Jahren einvernehmlich berufen werden. Beurteilungen der KEK sind bindend, eine Abweichung von ihren Feststellungen ist nur dann möglich, wenn eine Mehrheit von drei Viertel der Mitglieder der Konferenz der Direktoren der Landesmedienanstalten einen entsprechenden Beschluss fasst (zit. nach KEK 2000b: 5-8). Ob sich diese Form bewährt, bleibt abzuwarten. Bislang ist es der KEK nicht gelungen, den fortschreitenden Konzentrationsprozess zumindest zu verlangsamen.

Zu einem weiteren wichtigen Steuerungsakteur insbesondere im Rundfunkbereich hat sich schließlich in den vergangenen Jahren die *Europäische Union* entwickelt, obwohl es auf diesem Politikfeld in den europäischen Verträgen keine ausdrückliche Kompetenzzuweisung für die Gemeinschaft gibt (vgl. Dörr 2000: 67). Zum ersten Mal legte 1975 der Europäische Gerichtshof im sogen. Saachi-Urteil fest, dass die Ausstrahlung von Fernsehsendungen als Dienstleistung i.S. des EG-Vertrages anzusehen sei. Zu Beginn der 1980er Jahre rückte Rundfunk, zunächst unter integrationspolitischen Aspekten und auf Initiativen des Europäischen Parlamentes hin, in den Mittelpunkt medienpolitischer Debatten auf europäischer Ebene. Grundlegende Bedeutung erlangte die Europäische Union als Steuerungsakteur im Rundfunkbereich jedoch erst mit der EG-Fernsehrichtlinie von 1989, in der Fernsehen ausdrücklich als Dienstleistung i.S. des

Europäische Union als Steuerungsakteur

EG-Vertrages definiert wurde. In Maastricht wurde dann 1992 ein eigener Artikel zur Kultur in den Vertrag zur Gründung der Europäischen Gemeinschaft aufgenommen. Die Rundfunkpolitik der Europäischen Union war und ist von einer grundsätzlichen Inkohärenz ökonomischer und kultureller Ordnungsziele geprägt. Zwei ordnungspolitische Grundvorstellungen stehen sich hier gegenüber: Das ökonomische Ziel der Eingliederung des Rundfunks in den Binnenmarkt sowie das Leitbild des Rundfunks als Teil und Faktor der Kultur, interpretiert entweder als integrierter europäischer Kultur oder i.S. nationaler Kulturen in Europa (vgl. u.a. Venturelli 1998: 188; Levy 1999: 40). Damit stellt sich die EU als heterogener Steuerungsakteur dar:

> „The lack of any agreement between (and frequently within) the European institutions on the key purposes of intervention has been a major problem." (Levy 1999: 58).

Interessendivergenz der Mitgliedstaaten

Bspw. vertreten innerhalb der Europäischen Kommission die Generaldirektionen Binnenmarkt und Wettbewerb auf der einen und die Generaldirektion Bildung und Kultur auf der anderen Seite unterschiedliche Zielvorstellungen, und innerhalb dieser einzelnen Generaldirektionen lassen die Mitgliedsländer wiederum ihre unterschiedlichen Interessen spielen. Auch wehrt sich eine Mehrheit der Mitgliedsländer dagegen, auf ihre nationalen Steuerungskompetenzen im Rundfunkbereich zu verzichten.

Ein Beispiel hierfür ist der politische Prozess um die Finanzierung des öffentlichen Rundfunks. Aus der ökonomischen, auf den Binnenmarkt bezogenen Perspektive sind Rundfunkgebühren eine aus staatlichen Mitteln gewährte Beihilfe nach Artikel 87 EGV, die durch die Begünstigung bestimmter Unternehmen oder Produktionszweige – sprich des öffentlichen Rundfunks – den Wettbewerb verfälschen oder zu verfälschen drohen und daher mit dem gemeinsamen Markt unvereinbar sind. Von anderen, eher kulturell argumentierenden europäischen Akteuren, bspw. dem Europäischen Parlament, wird hingegen die Bedeutung des öffentlichen Rundfunks herausgestrichen und auf seine Sicherung gedrängt (vgl. Eifert/Hoffmann-Riem 1999: 111/112). Für die Steuerung des Rundfunks auf nationaler Ebene setzt die Europäische Union als Steuerungsakteur gleichwohl wichtige Parameter fest, indem sie auf eine Vereinheitlichung der nationalen Steuerungen unter dem Leitbild eines liberalisierten Binnenmarktes drängt. Der Einfluss der Europäischen Union auf die nationalen rundfunkpolitischen Akteure besteht aber weniger in konkreten Entscheidungen, sondern in der Konstitution von rundfunkpolitischen Arenen (vgl. dazu Donges 2003).

5   Ausblick und Kritik an der traditionellen Medienpolitik

Medienpolitik hat sich in Deutschland traditionell immer sehr stark um die Regulierung bestimmter (v.a. politischer) Medieninhalte bemüht (vgl. Jarren/Donges 2000a). Sie knüpft in ihrer Begründung im Wesentlichen noch an einer angenommenen hohen Wirkung von Medien, insbesondere des Rundfunks, bei der Legitimation politischer Steuerung und der Integration der Gesellschaft an. Dieser Ansatzpunkt der Medienpolitik ist aus mehreren Gründen prekär. Erstens ist es in individualisierten Gesellschaften kaum möglich, die vielfältigen und zum Teil widersprüchlichen Anforderungen einzelner Gruppen an die Medien zu erfassen. Zweitens sind solche Konglomerate von Anforderungen nur schwer in direkte Steuerungsvorgaben, etwa für den öffentlichen Rundfunk, zu übersetzen, oder diese beschränken sich auf ungenaue Anforderungen bezüglich „Vielfalt", „Ausgewogenheit" etc. Drittens bietet die Kompetenz des politischen Systems, Programmanforderungen etwa an den Rundfunk zu formulieren und durchzusetzen, ein Einfallstor für parteipolitisch motivierte Machtinteressen und ist daher aus guten Gründen normativ abzulehnen („Staatsferne" des Rundfunks). Die Regulierung von Programminhalten beim Rundfunk wurde und wird überwiegend durch organisationspolitische Maßnahmen (insbesondere durch die Ausgestaltung des öffentlich-rechtlichen Rundfunks) zu realisieren versucht. Daneben wurde und wird mittels Rechtsetzung Einfluss auf das inhaltliche Spektrum der Medienangebote genommen, dies allerdings nur i.S. einer negativen Grenzziehung (Jugendschutz, Sicherung von Persönlichkeitsrechten).

Positive Anforderungen an Medieninhalte werden nur in Form von allgemeinen Anforderungen (Programme sollen beitragen zu ...) formuliert, die faktisch jedoch kaum zu operationalisieren und anzuwenden sind und damit symbolisch bleiben. Dies gilt erst recht unter Marktbedingungen, wenn der öffentlich-rechtliche Rundfunk zumindest aus legitimatorischen Gründen gezwungen ist, „Quoten" zu erzielen. Auffällig ist generell, dass sich – zumal in Deutschland – die politisch-administrative Medienpolitik weitgehend auf rechtliche Maßnahmen beschränkt und in hohem Maße reaktiv ausgerichtet ist. Vor allem fehlt es, trotz aller anders lautenden Formulierungen in Berichten und Programmen, an strukturpolitischen Konzepten auf Basis ordnungspolitischer Vorstellungen. *(Marginalie: Medieninhalte/Quote)*

Die Notwendigkeit von Steuerung im Medienbereich ist dennoch nicht zu bestreiten. Auch in jenen Fällen, in denen Marktmodelle als adäquat angesehen werden, besteht die Notwendigkeit zur Steuerung der Entwicklung, so um Konzentration zu verhindern, den Zutritt zum Markt für alle Anbieter zu garantieren oder um den Zugang der Rezipienten zu allen publizistisch relevanten Anbietern und Angeboten sicherzustellen. Zugleich können und müssen an diese Medienangebote publizistische Mindestansprüche gestellt werden, auch wenn sie gegenüber privaten Anbietern kaum evaluiert und in hinreichender Weise faktisch durchgesetzt werden können. *(Marginalie: publizistischer Anspruch)*

Generell stellt sich bei der Steuerung im Medienbereich das Problem, dass politische Akteure zur Machtsicherung auf die publizistischen Leistungen der Medien angewiesen und daher bestrebt sind, diese in ihrem Sinne zu beeinflussen. Die Verfolgung dieser Machtziele ist für politische Akteure zumindest kurzfristig rational. Vor allem die Entscheidung über die Finanzierung des öffentlichen Rundfunks sowie die Bestimmung oder Beeinflussung der personellen Besetzung der Leitungsebene des öffentlichen Rundfunks durch politische Akteure bildet ein Einfallstor für parteipolitisch motivierte Personalentscheidungen. Die eigenständigen Machtziele politischer Akteure führen jedoch auch dazu, dass sie für einige Steuerungsfelder gar keinen Gestaltungswillen aufbringen. Prägnant zeigt sich dies – wie aufgezeigt – für das Problemfeld der Medienkonzentration, wo trotz der artikulierten Steuerungsziele wie „publizistische Vielfalt" kein Wille vorhanden ist, dieses Ziel auch gegen ökonomische Interessen durchzusetzen. Aufgrund länderegoistischer Wirtschaftsinteressen und aufgrund parteipolitischer Machtkalküle wird bspw. auf eine stringente De-Konzentrationspolitik verzichtet. *(Marginalie: politische Machtinteressen)*

Auch das Szenario einer möglichen Konvergenz von Rundfunk und Telekommunikation bedeutet weder notwendigerweise einen Regulierungsverzicht noch einen Wechsel von einer spezifischen Medienregulierung hin zu einer rein wettbewerbsrechtlichen Marktregulierung:

> „Eine solche – im politischen Raum vielfach geforderte – Entwicklung bedarf der politischen Entscheidung und ist nicht etwa die eindeutig vorgezeichnete (oder gar logische) Folge der gegenwärtigen Umbruchsituation." (Hoffmann-Riem/Schulz/Held 2000: 26/27).

Im Gegenteil: Im Rundfunkbereich wird der Steuerungsbedarf vor allem dann ansteigen, wenn bspw. digitale Plattformen etabliert werden, die die Abrechnung genutzter *(Marginalie: Wettbewerb/ Konzentration)*

Programme genauso ermöglichen wie die Führung durch Angebote etc. In beiden Fällen werden Wettbewerbsfragen unmittelbar aufgeworfen. Die Entwicklung eines geeigneten Instrumentariums zur Förderung des Wettbewerbs sowie zur Konzentrationskontrolle sind dabei zentrale staatliche Aufgaben (vgl. Stock 1997).

Aufgaben der Politik
  Im Kern sollte das Ziel der Steuerung des Mediensystems Erhaltung und Absicherung von Publizistik, also von medial vermittelter öffentlicher Kommunikation i.S. eines anhaltenden Selbstverständigungsprozesses in der Gesellschaft sein. Publizistik zu ermöglichen und abzusichern wird unter den Bedingungen von multimedialen Vermittlungs- und Angebotsstrukturen, in denen

– immer mehr einzelne Akteure vor allem aus der Wirtschaft und der Gesellschaft eigene Angebote unter Umgehung der Journalisten als herkömmlichen Vermittlern machen können (Werbung, PR),
– in dem neben publizistischen Angeboten auch elektronische Spiele und Verkaufsformen möglich werden, sowie
– aufgrund der Branchenkonvergenz

zur zentralen Aufgabe des politischen Systems. Und diese Aufgabe darf sich nicht auf die Regulierung einzelner Inhalte beschränken, sondern sie impliziert auch die Notwendigkeit ordnungspolitischer Entscheidungen. Der Zugang zu, die Verfügbarkeit und die Qualität von Publizistik sind für die soziale und kulturelle Verständigung in stark mediatisierten Gesellschaften – und damit letztlich für die System- und die Sozialintegration – von immenser Bedeutung.

Literatur

Altmeppen, Klaus-Dieter/Patrick Donges/Kerstin Engels, 1999: *Transformation im Journalismus. Journalistische Qualifikationen im privaten Rundfunk am Beispiel norddeutscher Sender.* Berlin: Vistas.

ALM [Arbeitsgemeinschaft der Landesmedienanstalten], o.J.: *Organe der ALM.* Quelle: http://www.alm.de/organisation/org2.htm.

Booz Allen & Hamilton, 1999: *Aufsicht auf dem Prüfstand. Herausforderungen an die deutsche Medien- und Telekommunikationsaufsicht. Gestaltungsoptionen der Aufsicht von Rundfunk und Telekommunikation.* Eine Studie von Booz Allen & Hamilton, Düsseldorf im Auftrag der Bertelsmann Stiftung, Gütersloh. Gütersloh: Bertelsmann-Stiftung.

Braun, Dietmar/Uwe Schimank, 1992: Organisatorische Koexistenzen des Forschungssystems mit anderen gesellschaftlichen Teilsystemen. Die prekäre Autonomie wissenschaftlicher Forschung. In: *Journal für Sozialforschung* 32, 319-336.

Donges, Patrick, 2000: *Rundfunkpolitik zwischen Sollen, Wollen und Können. Eine theoretische und komparative Analyse der politischen Steuerung des Rundfunks.* Wiesbaden: Westdeutscher Verlag.

Donges, Patrick, 2003: Gibt es eine europäische Rundfunkpolitik? In: Lutz M. Hagen (Hrsg.), *Europäische Union und mediale Öffentlichkeit. Theoretische Perspektiven und Befunde zur Rolle der Medien im europäischen Einigungsprozess,* Köln: Herbert von Halem.

Dörr, Dieter, 2000: Europäische Medienordnung und -politik. In: Hans-Bredow-Institut (Hrsg.), *Internationales Handbuch für Hörfunk und Fernsehen 2000/2001,* Baden-Baden: Nomos, 65-88.

Eifert, Martin/Wolfgang Hoffmann-Riem, 1999: Die Entstehung und Ausgestaltung des dualen Rundfunksystems. In: Dieter Schwarzkopf (Hrsg.), *Rundfunkpolitik in Deutschland. Wettbewerb und Öffentlichkeit,* Band 2. München: dtv, 50-116.

Gerhards, Jürgen, 1994: Politische Öffentlichkeit. Ein system- und akteurstheoretischer Bestimmungsversuch. In: Friedhelm Neidhardt (Hrsg.), *Öffentlichkeit, öffentliche Meinung, soziale Bewegungen*, Kölner Zeitschrift für Soziologie und Sozialpsychologie-Sonderheft 34, Opladen: Westdeutscher Verlag, 77-105.

Hallenberger, Gerd, 1998: Auswirkungen unterschiedlicher Finanzierungsformen auf die Programmgestaltung. In: Rüdiger Pethig/Sofia Blind (Hrsg.), *Fernsehfinanzierung. Ökonomische, rechtliche und ästhetische Perspektiven*, Wiesbaden: Westdeutscher Verlag, 74-95.

Held, Thorsten/Wolfgang Schulz, 1999: Überblick über die Gesetzgebung für elektronische Medien von 1994 bis 1998: Aufbau auf bestehenden Regelungsstrukturen. In: *Rundfunk und Fernsehen* 47, 78-117.

Hoffmann-Riem, Wolfgang/Wolfgang Schulz/Thorsten Held, 2000: *Konvergenz und Regulierung. Optionen für rechtliche Regelungen und Aufsichtsstrukturen im Bereich Information, Kommunikation und Medien*. Baden-Baden: Nomos.

Imhof, Kurt/Otfried Jarren/Roger Blum (Hrsg.), 2002: *Integration und Medien*. Mediensymposium Luzern Band 7, Wiesbaden: Westdeutscher Verlag.

Jarren, Otfried, 1994a: Folgenforschung – ein kommunikationswissenschaftlicher Ansatz zur Steuerung der Rundfunkentwicklung? In: ders. (Hrsg.), *Medienwandel – Gesellschaftswandel? 10 Jahre dualer Rundfunk in Deutschland. Eine Bilanz*, Berlin: Vistas, 355-379.

Jarren, Otfried, 1994b: Medien- und Kommunikationspolitik in Deutschland. Eine Einführung anhand ausgewählter Problembereiche. In: ders. (Hrsg.), *Medien und Journalismus 1. Eine Einführung*. Opladen: Westdeutscher Verlag, 107-143.

Jarren, Otfried, 1999: Medienregulierung in der Informationsgesellschaft? Über die Möglichkeiten zur Ausgestaltung der zukünftigen Medienordnung. In: *Publizistik* 44, 149-164.

Jarren, Otfried, 2000: Gesellschaftliche Integration durch Medien? Zur Begründung normativer Anforderungen an Medien. In: *Medien & Kommunikationswissenschaft* 48, 22-41.

Jarren, Otfried/Patrick Donges, 1997: Ende der Massenkommunikation – Ende der Medienpolitik? In: Hermann Fünfgeld/Claudia Mast (Hrsg.), *Massenkommunikation. Ergebnisse und Perspektiven*, Opladen: Westdeutscher Verlag, 231-252.

Jarren, Otfried/Patrick Donges, 2000a: *Medienregulierung durch die Gesellschaft? Eine steuerungstheoretische und komparative Studie mit Schwerpunkt Schweiz*. Wiesbaden: Westdeutscher Verlag.

Jarren, Otfried/Patrick Donges, 2000b: Die Mediengesellschaft als Herausforderung für die „Berliner Republik". In: Roland Czada/Hellmut Wollmann (Hrsg.), *Von der Bonner zur Berliner Republik. 10 Jahre deutsche Einheit*, Leviathan-Sonderheft 19, Wiesbaden: Westdeutscher Verlag, 363-381.

Jarren, Otfried/Wolfgang Schulz, 1999: Rundfunkaufsicht zwischen Gemeinwohlsicherung und Wirtschaftsförderung. In: Dieter Schwarzkopf (Hrsg.), *Rundfunkpolitik in Deutschland. Wettbewerb und Öffentlichkeit*. Band 2, München: dtv, 117-148.

KEF [Kommission zur Ermittlung des Finanzbedarfs der Rundfunkanstalten], 1999: *12. Bericht der Kommission zur Ermittlung des Finanzbedarfs der Rundfunkanstalten*. Quelle: http://www.kef-online.de/misc/12bericht.pdf.

KEK [Kommission zur Ermittlung der Konzentration im Medienbereich], 2000a: *Fortschreitende Medienkonzentration im Zeichen der Konvergenz. Bericht der Kommission zur Ermittlung der Konzentration im Medienbereich (KEK) über die Entwicklung der Konzentration und über Maßnahmen zur Sicherung der Meinungsvielfalt im privaten Rundfunk*. Berlin: Vistas (siehe auch: http://www.kek-online.de/cgi-bin/esc/publikationen.html).

KEK [Kommission zur Ermittlung der Konzentration im Medienbereich], 2000b: *Jahresbericht der Kommission zur Ermittlung der Konzentration im Medienbereich (KEK). Berichtszeitrum 1. Juli 1999 bis 30. Juni 2000*. Quelle: http://www.kek-online.de/kek/information/publikation/99-00.pdf.

Kiefer, Marie Luise, 2001: *Medienökonomik. Einführung in die Ökonomische Theorie der Medien*. München/Wien: Oldenbourg.

Knoche, Manfred, 1996a: Konzentrationsboom und Forschungsdefizite. Von der Presse- zur Medienkonzentrationsforschung. In: Klaus-Dieter Altmeppen (Hrsg.), *Ökonomie der Medien und des Mediensystems. Grundlagen, Ergebnisse und Perspektiven medienökonomischer Forschung*, Opladen: Westdeutscher Verlag, 101-120.

Knoche, Manfred, 1996b: Konzentrationsförderung statt Konzentrationskontrolle. Die Konkordanz von Medienpolitik und Medienwirtschaft. In: Claudia Mast (Hrsg.), *Markt – Macht – Medien. Publizistik im Spannungsfeld zwischen gesellschaftlicher Verantwortung und ökonomischen Zielen*, Konstanz: UVK, 105-117.

Knoche, Manfred, 1999: Zum Verhältnis von Medienpolitik und Medienökonomie in der globalen Informationsgesellschaft. In: Patrick Donges/Otfried Jarren/Heribert Schatz (Hrsg.), *Globalisierung der Medien? Medienpolitik in der Informationsgesellschaft*, Wiesbaden: Westdeutscher Verlag, 89-106.

Kops, Manfred, 1999: *Nationale Konzentrationsschranken und internationale Wettbewerbsfähigkeit von Fernsehveranstaltern* (Arbeitspapiere, Heft 115) Köln: Institut für Rundfunkökonomie an der Universität zu Köln.

Kruse, Jörg, 1996: Publizistische Vielfalt und Medienkonzentration zwischen Marktkräften und politischen Entscheidungen. In: Klaus-Dieter Altmeppen (Hrsg.), *Ökonomie der Medien und des Mediensystems. Grundlagen. Ergebnisse und Perspektiven medienökonomischer Forschung*, Opladen: Westdeutscher Verlag, 25-52.

Levy, David A., 1999: *Europe's Digital Revolution. Broadcasting Regulation, the EU and the Nation State*. London/New York: Routledge.

Luhmann, Niklas, 1996: *Die Realität der Massenmedien*. 2. erw. Aufl., Opladen: Westdeutscher Verlag.

Luhmann, Niklas, 1997: *Die Gesellschaft der Gesellschaft*. 2. Bde., Frankfurt/M.: Suhrkamp.

Luhmann, Niklas, 2000: *Die Politik der Gesellschaft*. Frankfurt/M.: Suhrkamp.

Marcinkowski, Frank, 1993: *Publizistik als autopoietisches System. Politik und Massenmedien. Eine systemtheoretische Analyse*. Opladen: Westdeutscher Verlag.

Marcinkowski, Frank, 2001: Autopoietische Systemvorstellungen in der Theorie der Massenmedien. Vorschläge und Einwände. In: *Communicatio Socialis* 34, 99-106.

Marcinkowski, Frank, 2002: Massenmedien und die Integration der Gesellschaft aus Sicht der autopoietischen Systemtheorie: Steigern die Medien das Reflexionspotential sozialer Systeme? In: Kurt Imhof/Otfried Jarren/Roger Blum (Hrsg.), *Integration und Medien*. Mediensymposium Luzern Band 7, Wiesbaden: Westdeutscher Verlag, 110-121.

Mayntz, Renate, 1988: Funktionelle Teilsysteme in der Theorie sozialer Differenzierung. In: dies. et al., *Differenzierung und Verselbständigung. Zur Entwicklung gesellschaftlicher Teilsysteme*, Frankfurt/M./New York: Campus, 11-44.

McKinsey & Co., 1999: *Public Service Broadcasters Around the World. A McKinsey Report for the BBC*. Quelle: http://www.bbc.co.uk/info/bbc/pdf/McKinsey.pdf.

Meier, Werner A./Otfried Jarren, 2001: Ökonomisierung und Kommerzialisierung von Medien und Mediensystem. Einleitende Bemerkungen zu einer (notwendigen) Debatte. In: *Medien & Kommunikationswissenschaft* 49, 145-158.

Meier, Werner A./Josef Trappel, 1998: Media Concentration and the Public Interest. In: Denis McQuail/Karen Siune (eds.), *Media Policy. Convergence, Concentration and Commerce*, London/Thousand Oaks/New Delhi: Sage, 38-59.

Röper, Horst, 2000: Zeitungsmarkt 2000: Konsolidierungsphase beendet? Daten zur Konzentration der Tagespresse in der Bundesrepublik Deutschland im I. Quartal 2000. In: *Media Perspektiven*, Heft 7, 297-309.

Röper, Horst, 2002: Formationen deutscher Medienmultis 2002. Entwicklungen und Strategien der größten deutschen Medienunternehmen. In: *Media Perspektiven*, Heft 9, 406-432.

Saxer, Ulrich, 1998: Was heisst Kommerzialisierung? In: *Zoom K&M*, Heft 11, 10-19.

Schimank, Uwe, 1992: Determinanten politischer Steuerung – akteurtheoretisch betrachtet. Ein Themenkatalog. In: Heinrich Bußhoff (Hrsg.), *Politische Steuerung. Steuerbarkeit und Steuerungsfähigkeit. Ein Beitrag zur Grundlagendiskussion*, Baden-Baden: Nomos, 165-191.

Schimank, Uwe, 1996: *Theorien gesellschaftlicher Differenzierung*. Opladen: Leske + Budrich.

Schuler-Harms, Margarete, 2000: Die Rundfunkordnung der Bundesrepublik Deutschland. In: Hans-Bredow-Institut (Hrsg.), *Internationales Handbuch für Hörfunk und Fernsehen 2000/2001*, Baden-Baden: Nomos, 139-159.

Schütz, Walter J., 2001: Deutsche Tagespresse 2001. Trotz Bewegung im Markt keine wesentliche Erweiterung des publizistischen Angebots. In: *Media Perspektiven*, Heft 12, 602-632.

Siegert, Gabriele, 2001: *Medien, Marken, Management. Relevanz, Spezifika und Implikationen einer medienökonomischen Profilierungsstrategie*. München: Reinhard Fischer.

Siune, Karen/Olof Hultén, 1998: Does Public Broadcasting Have a Future? In: Denis McQuail/Karen Siune (eds.), *Media Policy. Convergence, Concentration and Commerce*, London/Thousand Oaks/New Delhi: Sage, 23-37.

Stock, Martin, 1997: Medienpolitik auf neuen Wegen – weg vom Grundgesetz? Das duale Rundfunksystem nach der staatsvertraglichen Neuregelung (1996). In: *Rundfunk und Fernsehen* 45, 141-172.

Venturelli, Shalini, 1998: *Liberalizing the European Media. Politics, Regulation, and the Public Sphere*. Oxford: Clarendon Press.

Vogel, Andreas, 2002: Publikumszeitschriften: Dominanz der Großverlage gestiegen. Daten zum Markt und zur Konzentration der Publikumspresse in Deutschland im I. Quartal 2002. In: *Media Perspektiven*, Heft 10, 433-447.

Wehmeier, Stefan, 2001: Ökonomisierung des Fernsehens. Ein Beitrag zur Verbindung von System und Akteur. In: *Medien & Kommunikationswissenschaft* 49, 306-324.

Weischenberg, Siegfried/Martin Löffelholz/Armin Scholl, 1994: Journalismus in Deutschland II. Merkmale und Einstellungen von Journalisten. In: *Media Perspektiven*, Heft 4, 154-167.

Wiek, Ulrich, 1996: *Politische Kommunikation und Public Relations in der Rundfunkpolitik. Eine politikfeldbezogene Analyse*. Berlin: Vistas.

Dietmar Braun

Wie nützlich darf Wissenschaft sein? Zur Systemintegration von Wissenschaft, Ökonomie und Politik

1 Einleitung

Das Problem der Systemintegration basiert auf der Denkfigur, dass die funktional differenzierten Teilsysteme der Gesellschaft die Neigung zu „operationaler Geschlossenheit" haben und hierdurch notwendige Koordination erschwert wird. Dem Rationalitätsgewinn, der durch Differenzierung entsteht, steht ein Integrationsverlust gegenüber. Je nach Theorie werden unterschiedliche Lösungen für dieses Problem präsentiert, die von der „organischen Solidarität" Durkheims bis zur „strukturellen Kopplung" Luhmanns reichen.

In diesem Beitrag wird dieses Problem für ein bestimmtes Funktionssystem, näm- Funktion des
lich das wissenschaftliche, aufgegriffen. Bekannterweise besitzt das Wissenschaftssys- Wissenschafts-
tem traditionell eine hohe Autonomie. Nicht umsonst sind der „Elfenbeinturm" in der systems
Umgangssprache und das „Glasperlenspiel" (Hermann Hesse) in der Literatur beliebte
Symbole für die Funktionsweise der Wissenschaft bzw. für ein rationales und kontemplatives Leben, das dem „natürlichen" Leben gegenübersteht. Gleichzeitig wächst die
Bedeutung von Wissen und damit von Wissenserzeugung und neuem Wissen ständig.
Dem Wissenschaftssystem kommt damit eine zentrale Bedeutung in der Entwicklung
der Gesellschaft insgesamt und für die Entwicklung der einzelnen Teilsysteme insbesondere zu. Insbesondere dem Zusammenspiel von Wirtschaft und Wissenschaft wird,
aufgrund von Globalisierung und Wachstumsschwäche, immer mehr Aufmerksamkeit
gewidmet, wobei einer der Kritikpunkte die mangelhafte Organisation des Wissenstransfers in industrielle Anwendungen ist. Gleichzeitig wird auch von der Öffentlichkeit eine größere Öffnung des Wissenschaftssystems und mehr Informationen und Erklärungsbereitschaft seitens der Wissenschaftler erwartet (vgl. Nowotny/Scott/Gibbons
2001).

Im Folgenden geht es um diese wachsenden Anforderungen an die Integration der Systemintegration
Wissenschaft, in erster Linie mit der Wirtschaft, die sich in Forderungen nach stärkerer der Wissenschaft
horizontaler Kooperation zwischen beiden Systemen, einem stärkeren gesellschaftlichen und wirtschaftlichen Problembezug der Forscher sowie von mehr Interdisziplinarität in der Forschung ausdrücken.

Der Politik als dem System mit der Autorität, durch kollektiv bindendes Entscheiden gesellschaftliche Ressourcen zu verteilen, die geeignet sind, das Operationsniveau
der anderen Funktionssysteme zu dynamisieren oder mindestens zu erhalten, kommt bei
der Organisation von Systemintegration eine besondere Rolle zu. Die Kopplung von
Wissenschaft und Wirtschaft kann deswegen nur unter Berücksichtigung der Entscheidungstätigkeit des politischen Systems erfolgen. Dies umso mehr, als der Staat der Finanzgeber der meisten Forschungseinrichtungen ist und somit in besonderer Weise Einfluss auf die Rahmenbedingungen wissenschaftlicher Leistungsfähigkeit ausüben kann.

Im folgenden Abschnitt wird konzeptionell ausgeleuchtet, wie Systemintegration der Wissenschaft verstanden werden muss und mit welchen konkreten Problemen man dabei konfrontiert ist. In den weiteren Abschnitten werden „Steuerungsregime" präsentiert, die auf unterschiedliche Art und Weise versuchen, die Wissenschaft an Nutzersysteme anzukoppeln.

2   Das Problem der Systemintegration in Sachen Wissenschaft – konzeptionelle Betrachtungen

Luhmanns Konzept der Selbstreferentialität von Teilsystemen bzw. der operationalen Geschlossenheit wird häufig dahingehend missverstanden, dass hiermit reiner Selbstbezug und Isolierung gemeint ist. Tatsächlich hat Luhmann an unterschiedlichen Stellen – sowohl vor der „autopoietischen Wende" wie danach – deutlich gemacht, dass Teilsysteme selbstverständlich Bezug aufeinander nehmen. Gesellschaft wäre ansonsten gar nicht vorstellbar. In seinen Betrachtungen geht er dabei zwar nicht von „Systemintegration" im emphatischen Sinne aus, also von einer bewussten Koordination zwischen Systemen, wohl aber von einer „strukturellen Kopplung", über die Teilsysteme Umweltbedingungen und -signale in ihre Operationen integrieren. Was dabei verarbeitet wird, hängt von der Selektion der jeweiligen Teilsysteme ab und kann nicht durch Steuerung von außen aufoktroyiert werden. Auf diesen Steuerungsaspekt wird noch zurückzukommen sein. An dieser Stelle ist nur wichtig, dass Teilsysteme über „Medien" wie Steuern, Geld, Recht, wissenschaftliche Expertisen etc. aufeinander einwirken und hierüber aufeinander Bezug nehmen müssen. Dies ist noch keine Koordination, wohl aber eine Kopplung.

Reflexion/Funktion/ Leistung
Spezifischer unterscheidet Luhmann drei „Beziehungsmöglichkeiten" von Teilsystemen: Reflexion, Funktion und Leistung (vgl. Luhmann 1977, 1990). Auf das Wissenschaftssystem bezogen meint *Reflexion* den Bezug der Wissenschaft auf sich selbst, also die Entwicklung von Wissen auf der Grundlage von Theorietraditionen, Methodologien etc. *Funktion* ist der Bezug des Systems auf die Gesellschaft, d.h. in diesem Fall, dass Wissen als ein Bereich der Gesellschaft ausdifferenziert wurde und es darum geht, diesen Bereich unter Wahrnehmung des Codes „wahr/unwahr" fortzuentwickeln. *Leistung* schließlich – und das ist für uns der wichtigste Begriff – ist der Bezug auf die anderen Teilsysteme. Kein Teilsystem kommt darum herum, Leistungen für andere Teilsysteme zu entwickeln. Es sind also diese Leistungen, wie politische Beratung oder anwendungsbezogene Forschung zum Nutzen der Wirtschaft, des Gesundheitswesens oder anderer Teilsysteme, die den Anschluss an andere Systeme herstellen.

Luhmann sieht Reflexion, Funktion und Leistung als untrennbare Einheit, als Komponenten, die nicht voneinander getrennt sein dürfen, will man die Funktionsfähigkeit der Wissenschaft aufrechterhalten:

> „Bei aller unterschiedlichen Akzentuierung konkreter Forschungsvorhaben in Richtung auf Grundlagenforschung, Methodenentwicklung oder anwendungsbezogener Forschung: eine Teilsystembildung oder gar eine organisatorische Differenzierung innerhalb der Wissenschaft läßt sich [..] kaum halten. Sie hat jedenfalls angebbare Gefahren, die in einer zu starken Personenabhängigkeit der Grundlagenforschung, in einer leerlaufenden Perfektion erkenntnistheoretischer oder methodologischer Korrektheitspostulate und in einer zu starken Kundenabhängigkeit der anwendungsbezogenen Forschung liegen und wohl bekannt sind." (Luhmann 1977: 23).

Um die Probleme der Systemintegration zu verstehen, soll hier genauer auf dieses Problem der organisatorischen Binnendifferenzierung eingegangen werden. Aus einer akteursbezogenen und sozialstrukturellen Perspektive ist es offensichtlich, dass das Wissenschaftssystem in vielfältiger Weise differenziert ist (vgl. Mayntz 1988) und auch Luhmann sagt nicht ausdrücklich, dass eine solche Binnendifferenzierung nicht statt findet. Aus Gründen der „Reinhaltung" des wissenschaftlichen Codes ist sie unerwünscht, aber keineswegs unmöglich. Die Gefahr einer „zu starken Kundenabhängigkeit", die Luhmann hier nennt, stellt genau die andere Seite der „Integrationsmedaille" dar: Integration ist nur dann wünschenswert, wenn die *Autonomie* der Teilsysteme nicht verletzt wird.[43] Diese ist notwendige Bedingung funktionaler Differenzierung, weil nur auf diese Weise „Komplexität" reduziert werden kann und nur so der „Zentralwert" (Mayntz 1988: 31) eines Teilsystems verwirklicht werden kann. Integration und Autonomie ist offensichtlich eine *Antinomie*,[44] die nicht gelöst werden kann, mit der die Akteure aber in ihren Entscheidungen konfrontiert werden und die historisch und räumlich unterschiedlich behandelt wird, nämlich i.S. von mehr oder weniger Integration oder Autonomie. Dabei ist nicht ausgemacht, ob es sich – was die Denkfigur der Antinomie impliziert – um einen „trade-off" handelt (also mehr Integration ist weniger Autonomie und vice versa) oder ob sich unterschiedliche Verhältnisse vorstellen lassen (mehr Integration oder Autonomie hat nicht „im gleichen Verhältnis" weniger Autonomie oder Integration zur Folge).

Wie muss man sich eine solche Binnendifferenzierung vorstellen und was bedeutet sie für die Antinomie von Integration und Autonomie?

Die grundlegende Unterscheidung, die das Wissenschaftssystem verwendet, „um sich zur Differenz von Funktionserwartungen und Leistungserwartungen in ein Verhältnis zu setzen" (Luhmann 1990: 640), ist die zwischen Grundlagenforschung und – in der Terminologie Luhmanns – anwendungsbezogener Forschung. Ganz offensichtlich ist Grundlagenforschung auf Funktionserfüllung des Wissenschaftssystems ausgerichtet, d.h. also auf die Erstellung neuen Wissens unter bezug auf die „jeweiligen Problem- und Theorietraditionen" (Luhmann 1977: 21). Dabei orientiert sich die Grundlagenforschung am Schematismus von „Wahrheit/Unwahrheit", wobei sie allerdings eher „Unwahrheiten" (i.S. einer Falsifikation bisheriger Wahrheiten) produziert, um die Kontinuität ihrer Operationen zu gewährleisten, als „neue" Wahrheiten. Dies ist genau entgegengesetzt im Falle der anwendungsbezogenen Forschung: Diese erbringt Leistungen für andere Teilsysteme und muss von daher an die Erwartungen der „Kunden" anschließen. Unwahrheiten lassen sich aber nicht verwerten. Von daher muss die anwendungsbezogene Forschung gesichertes und brauchbares Wissen verschaffen. Dies erfordert eine stärkere Verifikations- und Innovationsorientierung im Rahmen des wissenschaftlichen Codes von Wahrheit und Unwahrheit.[45] Es sollte aber klar sein, dass beide Forschungsarten Teil der Funktionserfüllung des Wissenschaftssystems sind und nicht gegeneinander ausgespielt werden können.

Integration/
Autonomie

Grundlagen-
forschung/
anwendungs-
bezogene Forschung

---

43 Autonomie ist „der Modus" der „gesellschaftlichen Existenz" der Wissenschaft „und heißt so viel wie: Selbst-Beschränkung dadurch zum Ausdruck bringen, daß man nach eigenen Regeln verfährt" (Luhmann 1977: 24).

44 Im engeren Sinne besteht eine Antinomie aus zwei sich widersprechenden Gesetzen, Regeln oder Maximen. Eine Antinomie im weiteren Sinn ist jedes Paar wohlbegründeter Behauptungen, These bzw. Antithese, die einander widersprechen.

45 „Die Grundlagenforschung scheint mehr auf die Produktion von Unwahrheiten hinauszulaufen – man lernt von ‚großartigen Theorien' schließlich, wie man es nicht machen kann! –, die anwendungsbezogene Forschung dagegen mehr auf die Produktion von Wahrheiten, weil nur diese brauchbar sind" (Luhmann 1977: 23).

Kopplungen der
anwendungs-
bezogenen
Forschung

Unter diesem Blickwinkel zählt alle Forschung, die sich dem Schematismus Wahrheit/Unwahrheit unterwirft – und dazu zählt auch die Industrieforschung und die Ressortforschung, weil eine Isolierung vom Funktionszusammenhang Wissenschaft keine Wahrheiten mehr produzieren könnte – zum Wissenschaftssystem. In diesem Punkt wird hier Luhmann und nicht Mayntz gefolgt, die eine Unterscheidung von „sinnhaftem Bezug des Handelns" (nämlich das Forschen) und „sozialer Trägerschaft" (z.B. Wissenschaft, Industrie oder Politik) vorschlägt. Für Mayntz ist Industrieforschung etwas völlig anderes als wissenschaftliche Forschung, weil „die für die Industrieforschung kennzeichnenden Spannungen" nur in den Blick kommen, „wenn man die Divergenz zwischen dem Eigen-Sinn eines Handelns (Forschen) und seinem durch die sozialstrukturelle Einbettung gegebenen systemischen Sinnbezug thematisiert" (Mayntz 1988: 31). Solche Spannungen lassen sich allerdings auch sehr gut aus der Luhmannschen Perspektive beobachten, nämlich dann, wenn „zu große Kundenabhängigkeit" besteht. Dennoch ist man nicht gezwungen, die Industrieforschung praktisch aus dem Wissenschaftssystem auszuklammern und dem Wirtschaftssystem zuzuschlagen. Es ist aber völlig richtig, auf das typische Spannungsverhältnis von Forschung hinzuweisen, die unter anderen institutionellen Bedingungen statt findet als z.B. die anwendungsbezogene Forschung an den Universitäten. Aber auch Industrieforschung bleibt Forschung und muss sich am Code von Wahrheit und Unwahrheit orientieren. Ein weiteres Argument für diese Sichtweise ist, dass der Output des Wissenschaftssystems, also die Leistung, nicht schon Anwendung bedeutet. Es bedarf eines komplizierten Transformationsprozesses, der vom Anwendersystem gesteuert wird, um tatsächlich ein Anwendungsresultat zu erzielen. Aus diesem Grunde spricht Luhmann nicht von „angewandter", sondern von anwendungsbezogener Forschung. Unabhängig von der sozialen Trägerschaft bleibt Forschung also Forschung der Wissenschaft und wird nicht ein Produkt von Anwendersystemen.

Die anwendungsbezogene Forschung hat somit unterschiedliche „institutionelle Kopplungen" mit Anwendersystemen mit weitreichenden Konsequenzen für die Art und Weise, wie geforscht wird, welche Anschlussmöglichkeiten an Reflexion und Funktion der Wissenschaft bleiben etc.

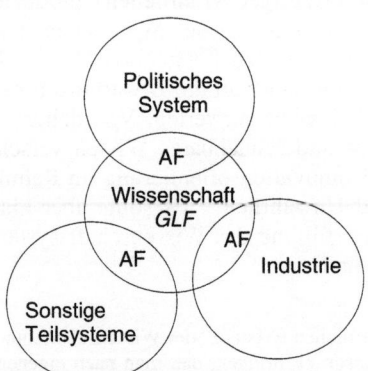

Abb. 1: Wissenschaft und Anwendersysteme

unterschiedliche
Trägerschaften

Die anwendungsbezogene Forschung zwischen dem Wissenschaftssystem und der Industrie kennt ganz unterschiedliche „Trägerschaften", nicht nur Industrielabors, sondern auch spezifische außeruniversitäre und zum Teil öffentlich finanzierte Forschungseinrichtungen wie die Fraunhofer-Institute oder auch Universitäten, die mit eigenen Unternehmen oder in Kooperation mit der Industrie Technologieinnovation betreiben. Es ist diese unterschiedliche institutionelle Einbettung, die ganz andere Verhältnisse von Integration und Autonomie der Forschung erzeugt bzw. unterschiedliche Opportunitäten der Kopplung von Leistung an Reflexion und Funktion erlaubt. Es ist das Ziel dieses Beitrages, diesen Bereich der unterschiedlich institutionalisierten und institutionalisierbaren anwendungsbezogenen Forschung zu erörtern und in bezug auf Probleme der Vereinbarkeit von Integration und Autonomie abzuklopfen.

Gefährdungen für die anwendungsbezogene Forschung entstehen aufgrund von „zu großer Kundenabhängigkeit" wie Luhmann formuliert. Die drei angeführten Beispiele institutioneller Einbettung sind in dieser Hinsicht unterschiedlich gefährdet: Selbstverständlich versucht ein Industrieunternehmen das Maximale an verwertbaren „Wahrheiten" aus seinen Forschern herauszuholen und gefährdet damit durch „Vereinnahmung" die Anschlussmöglichkeiten der anwendungsbezogenen Forschung an den grundlagentheoretischen Falsifikationsprozess.[46] Allerdings kann ein Unternehmen, wenn es denn groß genug ist, durchaus auch Grundlagenforschung betreiben oder die anwendungsbezogene Forschung relativ frei agieren lassen. Dies kann aber immer nur, angesichts des Rentabilitätszwangs, ein kleiner Teil der gesamten Forschung des Betriebes sein. Die Situation ist schon deutlich anders in öffentlich geförderten Einrichtungen. Für den demokratisch verfassten Staat besteht kein Zwang, Forschung einzuvernehmen, was nicht ausschließt, dass er es tut. Die Ressortforschung ist hierfür ein Beispiel. Öffentliche Förderung von Forschung schafft aber offensichtlich ganz andere Bedingungen für das Forschen als privat finanzierte Forschung. Um dies näher zu erläutern, bedarf es einer Diskussion der Ressourcenabhängigkeit des Wissenschaftssystems.

> *Autonomiegefährdungen*

Die Grundlage des Einflusses von Teilsystemen auf wissenschaftliche Leistungen ist, ob es sich nun um die Industrie oder den öffentlichen Sektor handelt, das Geld. Das Medium Wahrheit wird in das Medium Geld konvertiert und vice versa (vgl. Luhmann 1977: 22). Die *Ressourcenabhängigkeit* des Wissenschaftssystems ist die Grundlage dieses Tausches. Derjenige, der über Geld verfügt, hat die Macht, den Entscheidungsspielraum derjenigen, die des Geldes bedürfen, einzuschränken. Mit Geld kann man, so Luhmann (1990: 623), massiven Druck auf die Wissenschaft ausüben, „sich mit bestimmten Themen zu befassen" und somit den Entscheidungsspielraum der Forscher einzuengen.[47] Eine solche Machtausübung ist für Luhmann aber keine Steuerung, sondern – unter Verwendung einer biologischen Metapher – „Irritation" des Wissenschaftssystems, d.h. eine Reizung, auf die der „Körper" Wissenschaft reagiert, allerdings nach seinen eigenen Regeln und Verfahren. Die Einengung des Entscheidungsspielraums durch thematische Fokussierung führt zu einer „Inflationierung des Wahrheitsmediums im entsprechenden Themenbereich" (Luhmann 1990: 623). Dabei kommt es zu „Fiebererscheinungen", weil die „systeminterne Anschlussfähigkeit, die empirische Verifikation, die Genauigkeit der Begriffe vernachlässigt" wird, „um dem verbreiteten Interesse an Forschungsresultaten entgegenzukommen". Fieber ist hier eine Metapher für die Stö-

> *Ressourcenabhängigkeit*

---

46 Den Begriff der Vereinnahmung haben Uwe Schimank und ich in einem früheren Artikel verwendet (vgl. Braun/Schimank 1992), um die Verdrängung von Zeit und die Begrenzung von Aufmerksamkeit für die Herstellung von Anschlussmöglichkeiten der anwendungsbezogenen Forschung in organisatorischen Einbettungen wie z.B. der Ressortforschung festzuhalten.

47 Dabei hat die Industrie in der Industrieforschung und die Politik in der öffentlich finanzierten Forschung das Recht, als Finanzgeber organisatorische Eingriffe und Veränderungen vorzunehmen, in den Entscheidungsorganen oder zumindest in den Aufsichtsgremien von entsprechenden Forschungseinrichtungen zu sitzen und so bei einer Reihe von Themen mitzuentscheiden. Die Ressourcenabhängigkeit koppelt also Finanzgeber und Geldempfänger, und der Finanzgeber besitzt eine bevorzugte Position, um zu irritieren.

rung der untrennbaren Einheit von Reflexion, Funktion und Leistung: Finanzgeber können über das Medium Geld die Wissenschaftler zu Leistungen in bestimmten Bereichen treiben und dabei die Anschlussfähigkeit an die anderen Bezüge der Wissenschaft stören. In dieser Wirkung besteht noch kein Unterschied zwischen einer privaten und einer öffentlichen Finanzierung der Forschung.

Tatsächlich hängt es vom Finanzgeber ab, ob solche Irritationen tatsächlich erfolgen. Der Finanzgeber muss keine Themenforderungen stellen, wenn er oder sie Geld an die Wissenschaft zahlt. Die Konvertierung von Wahrheit in Geld kann ja durchaus ohne Inflationierung des Wahrheitsmediums erfolgen, indem nicht Leistung, sondern ganz einfach nur die Erfüllung der Funktion der Wissenschaft, nämlich Erzeugung neuen Wissens ohne Anwendungsbezug, akzeptiert wird. Der Unterschied zwischen Industrie und Politik ist, dass die Politik hier mehr Spielraum besitzt bei der Entscheidung, ob irritiert werden soll oder nicht. Die Nicht-Abhängigkeit von Rentabilität verschafft diesen Spielraum, obwohl sinkende Steuereinnahmen und leere öffentliche Kassen den gleichen Druck wie Rentabilität in der Wirtschaft erzeugen können und genau dann auch zu ähnlichen höheren Forderungen an die Wissenschaft führen.

Art der Forschungsförderung	Geldvergabe	
	Ohne Auflagen	Mit Auflagen
Institutionelle Förderung	1	2
Projektförderung	3	4

Abb. 2

Modi der Forschungsförderung Prinzipiell besitzt die Politik drei Möglichkeiten, Geld in die Wissenschaft zu investieren. Zum ersten über die organisatorische Einbettung der Forschung in den administrativen Kontext des Staates. Dies erzeugt allerdings ähnliche Tendenzen der Vereinnahmung wie in der Industrieforschung. Zweitens kann sie auch „institutionell fördern", also öffentlich-rechtlichen und privaten Forschungseinrichtungen Geld zufließen lassen, und drittens kann sie auf „Projektbasis" fördern, d.h. individuellen Forschern oder Forschergruppen für bestimmte Forschungsprojekte Geld geben. Der Einsatz des Geldes kann dann entweder mit Machtausübung, also mit der Auflage von „Verhaltenskomponenten" (die Auswahl bestimmter Themen, die Respektierung bestimmter Normen etc.) versehen werden oder aber ohne solche Auflagen. In der folgenden Typologie wird nur die institutionelle Förderung und die Projektförderung abgebildet, weil davon auszugehen ist, dass die Ressortforschung überwiegend mit Auflagen erfolgt.

Im Feld 1 bleiben Irritationen aus, aber bereits in Feld 3 kommt es zu „Zumutungen" an die Wissenschaft, weil sie hier gezwungen ist, Projekte als Arbeitsform zu akzeptieren, Berichte vorzulegen etc. (vgl. Stichweh 1994). Leistungen werden hier aber nicht verlangt. Programmförderung erfolgt vor allem in Feld 4. Dabei können bestimmte Themen von der Wissenschaft generiert sein, aber eben auch politische Forderungen erhalten. In Feld 2 findet man Forschungseinrichtungen mit dem Ziel, bestimmte Leistungen zu vollbringen, wie z.B. einen Wissenstransfer zwischen Grundlagenforschung und anwendungsbezogener Forschung herzustellen oder bei der Technologieinnovation zu helfen.

Steuerungsregime Tatsächlich ist es durchaus möglich, dass auch die Industrie mit Auflagen und ohne Auflagen ansonsten öffentlich finanzierte Forschungseinrichtungen finanziert. Die meisten Gelder fließen aber sicherlich in die eigenen Labors, wobei, wie beschrieben, durchaus auch Grundlagenforschung gefördert werden kann. Das Besondere am Staat im Unterschied zur Industrie ist nun, dass lange Zeit die Felder 1 und 3 die vorherrschenden Felder in der Geldvergabe gewesen sind und damit „Irritationen" der Wissenschaft weitgehend ausblieben. Dies ist aber eine politische, und d.h.: eine reversible Entscheidung. Es hängt von den historischen, gesellschaftlichen und politischen Bedingungen ab, auf welche Felder der Staat bei der Finanzierung der Wissenschaft zurückgreift. „*Steuerungsregime*" im Verhältnis von Politik und Wissenschaft zeichnen sich also durch die Art und Weise aus, wie öffentliche Gelder an die Wissenschaft verteilt werden.

Bekannte Beispiele sind in der Nachkriegsära zum einen das sogen. „*science-push*"-Modell (vgl. Bush 1990; Elzinga/Jamison 1995; Guston/Keniston 1994) und zum anderen das „*demand-pull*"-Modell (vgl. Mayntz 1997a; Salomon 1970; Salomon 1977; Weinberg 1965). Es kann hier nicht das Ziel sein, diese Steuerungsregime näher zu erläutern. Wichtig ist nur, dass es im Fall des „Science-Push"-Modells zu einer Konzentration auf die Felder 1 und 3 gekommen ist, während das „Demand-Pull"-Modell, das in den 1960er Jahren auflebte, stärker Feld 4 betonte. Weiter unten wird noch auf die heutigen Steuerungsregime einzugehen sein. An dieser Stelle kommt es nur darauf an, zu zeigen, dass es im Fall der sozialen Trägerschaft „Staat" bzw. im Fall einer öffentlichen Finanzierung der Forschung unterschiedliche Möglichkeiten der Organisation und der Beeinflussung der Wissenschaft gibt. Die Anerkennung der Autonomie des Wissenschaftssystems zählt ebenso dazu wie die Möglichkeit der Irritation. Und diese Möglichkeit der Irritation wird gerade heute beim Problem der Integration zwischen Wissenschaft und Wirtschaft immer wichtiger.

„Science-Push/ Demand-Pull"

Zur Antinomie „Autonomie der Wissenschaft" und „Integration mit der Wirtschaft" kommt so ein zweites Spannungsverhältnis hinzu, nämlich das zwischen „Autonomie der Wissenschaft" und „Irritation durch die Politik". *Steuerungsregime* bieten Lösungen für diese beiden Spannungsverhältnisse an. Diese können asymmetrisch sein, also zugunsten einer Seite des Spannungsverhältnisses oder nach Gleichgewichtszuständen streben, in denen beide Seiten so berücksichtigt werden, dass eine Veränderung dieser Situation Nachteile für zumindest einen der Akteure erbringen würde. Im Folgenden sollen nun die aktuellen Steuerungsregime diskutiert werden. Meines Erachtens findet man zwei sehr unterschiedliche Steuerungsregime. Im ersten wird eine Politik der „Verdrängung" von Grundlagenforschung betrieben. Verdrängung heißt, dass konkretes Forschungspotential in der Grundlagenforschung zunehmend abgebaut wird, um z.B. der anwendungsbezogenen Forschung Platz zu machen. Im Unterschied zur Vereinnahmung geht es hier also um tatsächliche strukturelle, institutionelle Änderungen im Verhältnis von autonomer und anwendungsorientierter Forschung. Die Auswirkungen von Vereinnahmung und Verdrängung sind allerdings die gleichen: im Gesamtsystem bleibt weniger Zeit und Platz für die Herstellung von produktiver „Unwahrheit". Im zweiten Fall wird dagegen versucht, die Integration von Wissenschaft und Industrie durch die Organisation von Interaktionsbeziehungen herzustellen. Das Ziel ist hier nicht Verdrängung, sondern Koexistenz bei Bewahrung der Autonomie der Wissenschaft, während im ersten Fall die Autonomie bedroht ist.

Verdrängung/ Koexistenz

3 Moderne Steuerungsregime I: Verdrängung

Seit Anfang der 1980er Jahre ist es zu finanzpolitischen und ordnungspolitischen Veränderungen in den politischen Steuerungsregimen von Wissenschaft gekommen. Diese Veränderungen wirken bis heute nach. In beiden Fällen geht es u.a. darum, die Aufmerksamkeit der öffentlich finanzierten Forschung für Ansprüche und Leistungserwartungen anderer Teilsysteme zu erhöhen, wobei der Möglichkeitsraum für nicht-anwendungsbezogene Forschung zunehmend eingeengt wird.

3.1 Finanzpolitische Veränderungen

Die neo-liberale und monetäre Wende in der Haushaltspolitik der OECD-Staaten hat auch zu Konsequenzen für die Finanzierung der Forschung geführt (vgl. Millar/Senker 2000; Senker 1999). Dies hat nicht einfach zu einer Kürzung der vorhandenen Mittel für die Forschung beigetragen, sondern mehr spezifisch zu Kürzungen gerade für die Forschung an den Universitäten, also im Grundlagenbereich. Während solche Kürzungen unspezifisch in ihrer Verhaltenskomponente bleiben, fand gleichzeitig ein Wechsel von reiner institutioneller Finanzierung von Forschungseinrichtungen zu einer Drittmittelfinanzierung statt. Konkret heißt das, dass die Forscher an Grundlageneinrichtungen ihre Mittel in zunehmendem Maße von außen beschaffen mussten. Nun ist dies noch nichts wesentlich Neues, da Drittmitteleinwerbungen immer zum Geschäft des Forschers gezählt haben. Neu war, dass einerseits versucht wurde, die für die Drittmittel zuständigen Förderorganisationen wie etwa die Deutsche Forschungsgemeinschaft (DFG) dazu zu veranlassen, Fördermittel programmgebunden zu vergeben. Erst damit war es möglich, eine Verhaltenskomponente zu etablieren. Da viele Förderorganisationen aber nicht ohne weiteres in diesem Sinne instrumentalisiert werden konnten, wurde zusätzlich darauf gedrängt, dass die Forscher ihre Mittel auch bei Klienten (politische, wirtschaftliche, andere) abholen. Angesichts der steigenden Finanzknappheit war die Notwendigkeit, dies zu tun, für viele Forscher vorhanden. Es fand demnach eine Verschiebung in der Mittelakquisition von Feld 1 oder 3 in der obigen Typologie hin zu Feld 4 statt. Während im „demand-pull"-Steuerungsregime das Feld 4 noch eine Option neben anderen war, so verdrängt „Feld 4-Finanzierung" in zunehmendem Maße „Feld 3-Finanzierung".

Folgen der Konkurrenz

Auf diese Weise kann die Politik zumindest in dem Sinne erfolgreich „irritieren", als sie die „Inflationierung des Wahrheitsmediums" in bestimmten thematischen Bereichen fördern kann oder aber ein bestimmtes Forschungsverhalten fördert, wie z.B. die interdisziplinäre Kooperation, das aus der „Reflexionslogik" des Wissenschaftssystems selbst nicht erzeugt werden würde. Das Wissenschaftssystem reagiert mit „Fieber", d.h. es findet ein „gold rush" statt; ein Rennen, Hauen und Stechen, um möglichst frühzeitig die knappen Ressourcen in bestimmten Fördergebieten zu erobern. Forschungsschwerpunkte und Forschungsverhalten verschieben sich dorthin, wo der höchste (politische) Preis bezahlt wird (vgl. Bourdieu 1975; 2001). Das Fieber macht sich laut eines OECD-Berichts (1991), durch „Unterernährung" und „Erschöpfung" in den Forschungsgebieten bemerkbar, die nicht spezifisch gefördert werden. Die OECD warnt vor diesem Hintergrund vor den ernstzunehmenden Folgen für die innovativen Kapazitäten eines Landes i.S. eines Einbruchs der ungesteuerten Grundlagenforschung. Steuerung geht von berechenbaren Entwicklungen aus, Innovationen sind aber meistens nicht steuerbare Nebenfolgen des wissenschaftlichen Curiositas-Prinzips. Die Verdrängung der Grundlagenforschung durch solche gesteuerte Forschung führe zu einem Verlust an Forschungsinfrastruktur, Know-How und einem möglichen „brain drain", der nur schwer wieder aufzuholen sei. Nach wie vor gilt Luhmanns Diktum, dass auch solche „gesteuerte Forschung" nicht wirklich zweckrational dirigieren kann. Das Fieber führt den Erkenntnisgewinn genau zu dem nachteiligen Effekt der Entkopplung anwendungsbezogener Forschung von Reflexion und Funktion, also zu Ungleichgewichten im Wissenschaftssystem.

Die Folgen des „steady state" (Ziman 1987), der Austerität, setzen sich auch in anderer Weise fort und zeigen, dass das Fieber durchaus zu einer chronischen Krankheit werden kann. Es kann nämlich, je länger die Verdrängung statt findet, zu einer Verschiebung in der sozialen Hierarchie des Wissenschaftssystems sowie in seinen Werten kommen. Die Forscher, die am schnellsten und erfolgreichsten in der Akquisition von Drittmittelgeldern sind, können mittelfristig zu einer neuen Elite heranwachsen, die sich auf der anwendungsbezogenen Forschung gründet und nicht mehr auf der Grundlagenforschung. Luhmann hat gezeigt, dass es bei einer funktionalistischen Betrachtung keine Hierarchie im Wissenschaftssystem zwischen beiden Arten der Forschung geben darf. Aus einer sozialstrukturellen Perspektive betrachtet, etablieren sich aber soziale Hierarchien und Eliten, die lange Zeit auf der Anerkennung der Grundlagenforschung als der höherwertigen Art der Forschung basierten. Diese Verbindung eines Typus von Forschung mit den sozialen Interessen von Grundlagenforschern hat zweifellos zu einem Ungleichgewicht zugunsten der Grundlagenforschung geführt. Wenn dies heute durch systematische Irritation verändert wird, kommt es zu Ungleichgewichten in die andere Richtung. Im einen wie im anderen Fall wird das Zusammenspiel von Reflexion, Funktion und Leistung gestört.

Das Wertesystem beginnt sich, so Ziman (1983) und Rip (1990), ebenfalls zu wandeln. Ständige Irritation zugunsten einer anwendungsbezogenen Forschung verändert nicht nur soziale Hierarchien, sondern auch die Wertvorstellungen, die mit diesen Hierarchien verbunden sind. Merton hatte für ein Wissenschaftssystem, in dem die Grundlagenforschung den Ton angibt, solche Wertvorstellungen in bemerkenswerter Weise zusammengefasst (vgl. Merton 1942).[48] Wenn anwendungsbezogene Forschung wichtiger wird, dann treten auch andere Wertvorstellungen, die mit der Produktion einer solchen Forschung verbunden sind, in den Vordergrund.[49]

Diese Darstellung zeigt nicht nur, wie sich über die politische Verwendung des Mediums Geld die Strukturen, Normen und sozialen Verhältnisse im Wissenschaftssystem verändern können und dabei über Verdrängung eine verminderte Anschlussfähigkeit erzeugen. Sie zeigt auch, dass das Wissenschaftssystem lange Zeit ebenfalls auf einem Ungleichgewicht beruhte, dieses Mal aber zu Ungunsten der anwendungsbezogenen Forschung, wodurch es andere Gefahren für das Wissenschaftssystem gibt, nämlich eine „zu starke Personenabhängigkeit der Grundlagenforschung" und eine leerlaufende „Perfektion erkenntnistheoretischer oder methodologischer Korrektheitspostulate" (Luhmann 1977: 23). Offensichtlich hat so etwas wie eine „Autoimmunerkrankung" stattgefunden: das Wissenschaftssystem stößt aus seiner internen Dynamik heraus einen Teil seiner Bezüge ab oder bildet ihn zumindest ungenügend aus. Vielleicht erklärt sich dieses Ungleichgewicht aber ebenfalls durch „Irritationen" von außen: Lange Zeit lag der „Primat der gesellschaftlichen Funktion" des Wissenschaftssystems „in der Orientierung am Kommunikationsmedium Wahrheit" und eben nicht auf dem Leistungsbezug. Unter dieser Voraussetzung kommt es zu einer „Deflationierung" von Leistung, die sich sozialstrukturell in sozialer Asymmetrie zwischen Forschergruppen äußert. Wie dem auch sei, das neue Steuerungsregime der Austerität führt zu einer systematischen Verschiebung von Aufmerksamkeit im Wissenschaftssystem zur anwendungsbezogenen Forschung. Diese Verschiebung der Aufmerksamkeit ist strukturell bedeutsam, da sie, je

---

48 Dies ist das berühmte CUDOS-System: communalism, universalism, disinterestedness, and organised scepticism.

49 Diese umschreibt Ziman mit dem Terminus technicus PLACE: proprietary, local, authoritarian, commissioned and expert knowledge.

länger sie anhält, zu Verschiebungen in Wertesystemen und sozialen Hierarchien führt, die nur schwer rückgängig gemacht werden können.

3.2   Ordnungspolitische Veränderungen

Irritationen haben sich in Steuerungsregimen lange Zeit durch solche finanziellen Anreize, die direkt an die individuellen Forscher adressiert waren, ausgezeichnet. Dies ändert sich heute. Anstelle einer solchen direkten Steuerung wird in den modernen Steuerungsregimen zunehmend die indirekte Steuerung über *Organisationen* vorgezogen.

Organisationen   Organisationen, hier also Forschungseinrichtungen wie Universitäten oder außeruniversitäre Forschungseinrichtungen, besitzen einen erheblichen Einfluss im Wissenschaftsprozess. Für Luhmann sind „andere Möglichkeiten eines externen Zugriffs auf Funktionssysteme" als durch „Verbesserungen auf der Ebene der Organisation" kaum denkbar (vgl. Luhmann 1990: 672). Zunächst einmal sind Organisationen ganz entscheidend für die ständige Verfügbarkeit von Wissen. Nur Organisationen, nicht Individuen, können Wissen auf Dauer erhalten. Insofern kann eine dauerhafte Orientierung an Anwenderinteressen letztlich nur über Organisationen gesichert werden. Organisationen besitzen aber auch direkten Einfluss auf das Verhalten ihrer Forscher. Dies liegt daran, dass Organisationen „Motivation" bereit stellen. Da sie bestimmen, wer „Mitglied" der Organisation wird oder nicht, besitzen sie auch die Autorität, die Regeln zu definieren, nach denen aufgenommen wird, Karriere erfolgt und entlassen wird. Auch wenn im Wissenschaftssystem Forschungseinrichtungen ständig in Konkurrenz zu den Karriereverfahren der Wissenschaftsgemeinschaft stehen (Publikationen, Preise etc.) und diese sogar nutzen, um Forscher für die „Mitgliedschaft" zu selektieren, so zählt doch auch, welches „Kapital" in der Forschungseinrichtung am höchsten gewertet wird (vgl. Braun 2001). Kein Forscher kann z.B. darüber hinwegsehen, dass ihm institutionelle Mittel gekürzt werden, weil die Universität diese Mittel nach „Leistung" vergibt, d.h. aufgrund von Akquisitionen bei Drittmittelgebern. Er oder sie mag mit weniger Geld zufrieden sein, sowohl die Möglichkeiten, Forschung zu betreiben wie auch der soziale Status an der Universität werden aber abnehmen. Luhmann bringt dies so auf den Punkt, dass Organisationen „die Codewerte wahr/unwahr als Motive weitgehend" ausschalten können:

> „Es kommt darauf an, daß man durch die Ergebnisse, die man vorlegt, die Bedingungen für eine Vertragsverlängerung erfüllt bzw. eine Entlassung vermeidet." (Luhmann 1990: 677).

Diese Fähigkeit von Forschungseinrichtungen macht sie für politische Steuerungsversuche interessant.

Nun funktionierten viele Forschungseinrichtungen im öffentlich finanzierten Forschungssystem im Einklang mit den Reputationszyklen im Wissenschaftssystem, d.h. unter Respektierung der Grundlagenforschung als „höhere" Form der Forschung. Für den Staat kam es also nicht nur darauf an, die Forscher zu beeinflussen, sondern auch ihre Forschungseinrichtungen. Dies war der Zweck der zweiten Strategie im neuen Steuerungsregime.

„New Public   Hilfsmittel war hierbei eine neue Organisationslehre, das „New Public Manage-
Management"   ment" (vgl. Bogumil 1997; Osborne/Gaebler 1992), das zum Ziel hatte, die öffentliche Verwaltung insgesamt zu höherer Effizienz in der Verwendung der Mittel, besserer Leistung und mehr Kundenfreundlichkeit zu motivieren. Dies geschieht vor allem anhand von „Leistungsvereinbarungen" zwischen Auftraggeber – in diesem Fall die Regierung oder das Ministerium – und dem Auftragnehmer, in unserem Fall die Forschungsein-

richtung. Um solche Vereinbarungen bzw. Verträge zu gestalten, bedarf es einer Ab-stimmung von Möglichkeiten des Auftragnehmers und Zielvorstellungen des Auftrag-gebers. Letztere werden dann in den Vertrag hineingeschrieben, es wird ein Zeitraum festgelegt und an den Leistungen orientierte Evaluationsverfahren bestimmt.

Solche Leistungsvereinbarungen sind inzwischen in vielen Ländern sowohl in be- *Leistungs-* zug auf Universitäten wie auf außeruniversitäre Einrichtungen der Normalfall gewor- *vereinbarungen* den. Hierdurch verändert sich zweierlei: Die politischen Finanzgeber müssen sich über ihre Ziele Gedanken machen und sie in Auftrag geben. Dies kann also z.B. eine stärkere Anwendungsorientierung der Organisation sein, die Entwicklung von Patenten, inter-disziplinäre Forschung oder Forschungen in bestimmten Gebieten. Die Auftragnehmer, also die Forschungseinrichtungen sind daraufhin verpflichtet, diese Ziele in einem be-stimmten Zeitraum umzusetzen. Insofern die Ziele operationalisiert werden können, kann sich die Forschungseinrichtung auch nicht der Ex-post-Kontrolle entziehen; sie wird an den Leistungen gemessen werden.

Nun ist es in vielen Fällen sicherlich so, dass die politischen Ziele in solchen Leis- *Leistungsdruck* tungsvereinbarungen relativ weich und dehnbar formuliert sind oder quantitative Be-wertungsmaßstäbe gar nicht entwickelt werden können. Trotzdem entsteht ein gehöriger Druck auf die entsprechenden Institutionen, diesen Leistungsvereinbarungen zu ent-sprechen. Im Tausch für diese Leistungen wird ihnen mehr „Freiheit" versprochen, womit im wesentlichen eine „operative Freiheit" gemeint ist, also die Entlastung von ri-giden administrativen Auflagen und die Verfügung über ein Globalbudget, dessen Ver-teilung sie selbst übernehmen.

Das „Irritieren" von Forschungseinrichtungen über Leistungsvereinbarungen hat *interne* Konsequenzen für die strategischen Ziele solcher Einrichtungen und damit auch für die *Reorganisation* in ihnen arbeitenden Forscher. Ein anderer Effekt ist die interne Reorganisation von Forschungseinrichtungen. Die Umsetzung von Leistungsvereinbarungen bedarf einer starken und in sich geschlossenen Führung innerhalb der Organisation, also eines pro-fessionellen Managements. Ein solches Organisationsmodell entsprach gar nicht dem bisherigen „anarchischen" Organisationsmodus von Universitäten und anderen For-schungseinrichtungen. In vielen Fällen ist so die bisherige horizontale Selbstverwaltung einem stärkeren Top-down-Management zum Opfer gefallen (vgl. Braun/Merrien 1999), mit der Konsequenz, dass stärker als bisher intern strategisch gesteuert werden kann und damit auch stärker selektiv in die Karrieremechanismen und Tätigkeiten der angestellten Forscher eingegriffen werden kann.

Damit ist man beim angekündigten Verdrängungseffekt angelangt: Die Kombinati- *Verdrängungseffekte* on von einerseits Leistungsvereinbarungen und andererseits interner Professionalisie-rung führt zwangsläufig zu einer stärkeren Ausrichtung auf die anwendungsbezogene Forschung und zu einer geringeren Bewertung des aus der Grundlagenforschung stam-menden Kapitals innerhalb dieser Forschungseinrichtungen. Da zudem die öffentlichen Mittel spärlicher fließen, sind solche Forscher hoch im Kurs, die Patente verwirklichen, Drittmittel aus der Industrie einbringen und erfolgreich interdisziplinär forschen. Auch das erzeugt „Fieber" im Wissenschaftssystem, weil bestehende Strukturen sich ändern und die Anschlussfähigkeit der anwendungsbezogenen Forschung an Funktion und Re-flexion bedroht ist.

Die Verdrängung der Grundlagenforschung durch das neue Steuerungsregime voll-zieht sich also über Verknappung der finanziellen Mittel, finanzielle Anreize und orga-nisatorische Veränderungen. Die Verschiebung von sozialen Hierarchien, Wertesyste-men und organisatorischen Präferenzen hin zur anwendungsbezogenen Forschung stärkt zwar die Leistungen und damit die Integration des Wissenschaftssystems in die Gesellschaft, bedroht aber langfristig die für die Autonomie (und damit: die innere Integration) des Wissenschaftssystems notwendige „untrennbare Einheit" von Funktion, Reflexion und Leistung.

4   Moderne Steuerungsregime II: Vernetzung

Das „Verdrängungsregime" ist auch heute noch vorherrschend. Angesichts der offensichtlichen Gefährdungen, die durch dieses Steuerungsregime entstehen, ist es nicht verwunderlich, dass sich alternative, zum Teil komplementäre, zum Teil gegensätzliche, Ideen herausgebildet haben, die hier unter dem Titel *„Vernetzungsregime"* zusammengefasst werden. In diesem Regime geht es nicht um Verdrängung, sondern um Zusammenführung und Bewahrung von Autonomie. Um die Probleme und Problemlösungen in diesem Regime zu verstehen, ist es von Vorteil, noch einmal auf die Systemintegrationsproblematik zwischen Wissenschaft und Wirtschaft zurückzukommen.

nicht-identische Reproduktion

Wie muss eigentlich die Verbindung der Produktion von wissenschaftlichem Wissen und die Anwendung dieses Wissens in der Industrie verstanden werden? Üblicherweise stellt man sich darunter einen Transferprozess vor, bei dem anwendungsbezogene Forscher Grundlagenwissen aufbereiten und dem Produzenten zur Entwicklung übergeben. Tatsächlich ist dieser Prozess jedoch höchst anspruchsvoll. Nichts wäre irrtümlicher als sich unter Wissenstransfer ein simples Input-Output-Schema vorzustellen, bei dem, wie o.a., die Wissenschaft darum bemüht ist, anwendungsbezogenes Wissen zu übergeben und dieses Wissen direkt vom Produzenten verwendet werden kann. Tatsächlich handelt es sich um einen Vorgang, den man als *„nicht-identische Reproduktion"* bezeichnen könnte. Dies heißt ganz einfach, dass Leistungen eines Teilsystems nicht einfach vom Anwendersystem übernommen werden können, sondern im Rahmen der eigenen Strukturen anverwandelt werden müssen. Anwendung ist eine Leistung des Anwendersystems und kann nicht vom Wissenschaftssystem vollzogen werden. In Luhmanns Terminologie: Leistungsabgaben bzw. Outputs bleiben „immer in der Sprache des abgebenden Systems formuliert", werden „also als dessen interne Operation vollzogen", während die „Aufnahme eines Input immer an die Anschlussfähigkeit im aufnehmenden System gebunden" bleibt (Luhmann 1990: 638). Was heißt das konkret?

Vermittlungsproblem

Es bedeutet, dass ein Vermittlungsproblem besteht: Faktisch müssten Anwendersysteme ihre Organisation auf die Aufnahme wissenschaftlicher Informationen hin ausrichten lernen (i.S. einer Szientifizierung der Anwendersysteme) und das Wissenschaftssystem müsste Rollen und Instrumente entwickeln, die in der Lage wären, Schwierigkeiten der Anwendersysteme, wissenschaftliche Informationen zu verarbeiten, zu registrieren und Hilfestellungen zu geben. Dies sind Hilfsmittel, die aber nichts an dem Tatbestand ändern, dass Anwendung nicht in der Wissenschaft vollzogen werden kann.

lineares Innovationsmodell

Im lange Zeit vorherrschenden „linearen Innovationsmodell" wurde der „Transferprozess" von wissenschaftlich erzeugtem Wissen in die Anwendung als relativ problemlos angesehen: Wissen aus der Grundlagenforschung wird von den anwendungsbezogenen Forschern aufgegriffen und auf konkrete Probleme angewandt, mit dem Ziel, Lösungen für dieses Problem zu entwerfen. Die Problemlösungen werden dann im Entwicklungsprozess in der Industrie oder anderen gesellschaftlichen Feldern zu brauchbaren Produkten oder Prozessinnovationen verwandelt. Das Einzige, was sicher gestellt sein muss, ist der Kontakt zwischen den einzelnen Sektoren (Grundlagenforschungssektor, anwendungsbezogener Forschungssektor, Industriesektor) im entscheidenden Augenblick, d.h. dann, wenn Grundlagenwissen oder anwendungsbezogenes Wissen vorliegt.

Diese Vorstellung ist inzwischen obsolet. Donald Stokes (1997) hat dies als einer Interaktion und Reziprozität der ersten deutlich gemacht, indem er darauf hinwies, dass ein zunehmender Bereich der Forschung keineswegs nach diesem linearen Schema verläuft, sondern Grundlagenforschung direkt von technologischen Innovationen beeinflusst sein kann (i.S. eines „technological trajectory") und vice versa; es gilt, auf die wechselseitigen Bezüge zu achten. Die neuen „generischen Technologien" haben zudem deutlich gemacht, dass Innovation zunehmend ein direktes Zusammenspiel von Grundlagenforschung, anwendungsbezogener Forschung und Entwicklung erfordert. Nur in der ständigen Interaktion aller Komponenten ergeben sich rasch neue Gesichtspunkte und lässt sich möglicherweise ein neues Produkt entwickeln. Das Transfermodell wechselt so von Linearität zu Interaktion und Reziprozität (vgl. Kline/Rosenberg 1986). An dieser Vorstellung setzt das Vernetzungsregime an.

Auch in diesem Modell kann die Schwierigkeit einer „nicht-identischen Reproduktion" nicht überwunden werden. Interaktion stellt aber ein anderes Organisationsmodell dar als der lineare Transfer, das möglicherweise eine bessere Anschlussfähigkeit von wissenschaftlicher Leistung und Anwendung garantiert, das sogar einer „Szientifizierung von Anwendersystemen" und der Ausbildung von „Anwenderantennen" der Wissenschaft überlegen sein kann.

Die *„orientierte Grundlagenforschung"* wird jetzt zum Leitbild dieser neuen Kopp- orientierte Grundlagenforschung lung von Wissenschaft und Anwendersystemen, wobei offensichtlich davon ausgegangen wird, dass die Grundlagenforschung mit einer Leistungsorientierung vereinbart werden kann, ohne dass dies zu einem Autonomieverlust der Grundlagenforscher führt.

Tatsächlich wird aber in der Literatur zum „Mode 2", die ja beansprucht, diesen neuen und direkteren Bezug zwischen Wissenschaft und Anwendersystemen zu thematisieren, schon ohne Umschweife von einer „Entdifferenzierung" in der Forschung gesprochen (vgl. Gibbons et al. 1994; Nowotny/Scott/Gibbons 2001). Die erforderliche Öffnung des Wissenschaftssystems für eine engere Kooperation mit Anwenderinteressen scheint keineswegs respektvoll mit der Autonomie des Wissenschaftssystems umzugehen.

Es ist ja auch zunächst einmal nicht ersichtlich, wie sich der Grundlagenforscher in Vereinnahmung einer solchen direkten Interaktion dem Druck entziehen kann, ständig „Wahrheiten" zu liefern, anstatt Zweifel an der Wahrheit zu äußern. Der Kontext, die Zusammenarbeit mit Industrie und anwendungsbezogenen Forschern, zwingt zu einem Minimum an thematischer Kohärenz und erfordert die Bereitschaft zum Austausch. Eine „Vereinnahmung" der Grundlagenforscher wie auch der anwendungsbezogenen Forscher ist in einem solchen Interaktionskontext durchaus realistisch, weil Ansprüche der Anwender in diesem Kontext leichter an die Forscher herangetragen werden können. Dies wird auch dadurch erleichtert, dass diese Art der Forschung gerade nicht mehr rein öffentlich finanziert wird, sondern häufig als „public-private partnership", also in Kooperation mit der Industrie erfolgt. Wie man es auch dreht und wendet, eine direkte Interaktion in einem Kooperationskontext mit der Industrie birgt die Gefahr einer starken „Kundenabhängigkeit" in sich und damit wiederum die Gefahr einer tendenziellen Aushöhlung von Reflexion und Funktion des Wissenschaftssystems.

Die These der „Entdifferenzierung" geht allerdings noch weiter, weil sie konse- These der „Entdifferenzierung" quenterweise annehmen muss, dass Wissenschaftler zu Anwendern werden können und Anwender Wissenschaft betreiben. Es geht hier also nicht nur um die Gefährdung der Anschlussfähigkeit innerhalb des Wissenschaftssystems, sondern auch um die Möglichkeit, unterschiedliche Rollen miteinander zu vereinbaren. In der Konsequenz kann die Erzeugung von Wissen überall stattfinden, nicht nur in den heiligen Tempeln der Wissenschaft wie Universitäten oder Max-Planck-Instituten (vgl. Nowotny 2000).

Wie insbesondere Weingart zeigt, läuft diese Vorstellung allerdings noch der Realität voraus (vgl. Krücken 2002; Weingart 1997). Nach wie vor erfüllen Disziplinen ihre Rolle der Sozialisation von Forschern und der Sicherstellung der Reflexion. Nirgendwo lässt sich zeigen, dass wissenschaftliche Expertise, wie anfechtbar sie auch in vielen Fällen sein mag, an Autorität verliert. Wissenschaftliche Institutionen zeigen sich anpassungsfähiger als man glaubt, ohne dabei ihre Rolle für den Erhalt der Autonomie von Wissenschaft aufzugeben. Die Vorstellung, dass sich ohne weiteres Nützlichkeit neben wissenschaftlicher Qualität als Referenzpunkt wissenschaftlichen Handelns einführen lässt, ist anfechtbar. In vielen Fällen bleibt eine Rangordnung bestehen: Wissenschaftliche Qualität kommt zuerst und dann folgt vielleicht Nützlichkeit. Schließlich lässt sich „Mode 2" nicht als eine allgemeine Erscheinung interpretieren, sondern findet nur in ganz bestimmten Bereichen wie z.B. der Biotechnologie statt. Ein bereichsbegrenztes Phänomen kann aber nur schwer ein ganzes Funktionssystem aus den Angeln heben.

Es ist außerdem nicht glaubwürdig, dass ein Wissen, das im Kontext von Anwendersystemen erzeugt wird, alle drei Bezüge herstellen kann, die für die Funktion Wissen notwendig sind. Die Suche nach „Unwahrheit" und die Produktion von Methoden und Theorien müssen Schaden erleiden. Die Vorstellung einer Entdifferenzierung führt in Wahrheit zu einer amputierten Wissensproduktion, weil sie rein leistungsorientiert sein muss. Reflexion und Funktion der Wissenschaft bleiben so unerfüllt. Nicht einmal Anwender in der Wirtschaft würden aber einer solchen Situation Fürsprache leisten. Der Schutz der Grundlagenforschung wird auch von Unternehmerseite stets als schützenswertes Gut hervorgehoben.

Autonomieschonung   Es lässt sich also daran festhalten, dass jede Organisation des Wissenstransfers, gerade in der direkten Interaktion zwischen Systemen, die Autonomie der Partizipanten und damit die unterschiedlichen Voraussetzungen der Funktionserfüllung respektieren muss. Folgt man dieser Diagnose, dann bedarf es also eines Steuerungsregimes, das Interaktion organisieren kann, dabei aber so „autonomieschonend" wie möglich verfährt. Vernetzung und „Grenzorganisationen" sind hier die beiden Schlüsselbegriffe.

4.1 Netzwerke

Bart Nooteboom (2001) spricht ähnlich wie Luhmann, aber aus der Sicht eines „methodologischen Interaktionismus", von der Notwendigkeit einer „Re-Kontextualisierung", die beim Wissenstransfer im Innovationsprozess stattfinden muss. Die Organisation von Interaktion sei wertvoll und notwendig, sie könne aber nicht kognitive und normative Unterschiede zwischen Bereichen überwinden. Wohl aber können die Akteure aus unterschiedlichen Bereichen es schaffen, sich miteinander zu verständigen („kommunikative Fähigkeiten") und ein Verständnis für die Sprache und das Denken der anderen Seite zu entwickeln („absorbierende Fähigkeiten"). Dies bedeute nicht ein Angleichen kognitiv und normativ unterschiedlicher Welten, führe aber zu einer Interaktion mit befriedigenden Resultaten für beide Seiten. Hinzu kommt, dass in dieser Interaktion vor allem *tacit knowledge* (implizites Wissen) übertragen wird, also intuitives Wissen, das sich nicht in Büchern findet, sondern in der Praxis der einzelnen Bereiche erworben wird. Implizites Wissen ist Wissen und Können zugleich (vgl. Hayek 1945; Polanyi 1985). Zur Überbrückung kognitiver Distanzen kann die Übermittlung eines solchen impliziten Wissens wichtig sein. Da implizites

Wissen aber an Personen gebunden ist, bedarf die Überbrückung der direkten Interaktion.[50]

Organisation als Ordnungsprinzip tritt auch hier in den Vordergrund, dieses Mal aber nicht als Instrument politischer Steuerung, sondern um erfolgreiche Kommunikation zu ermöglichen. Nooteboom (2001: 4) hebt den Vorteil von Organisation in diesem Zusammenhang hervor:

Organisation

> „An important function of organization is to create sufficient focus, i.e. alignment of cognitive categories, for people to achieve a common purpose."

Organisationen sind sinnstiftende Systeme und können erreichen, dass kognitive Distanzen überbrückt werden. Die Kopplung des Erziehungssystems an das Wissenschaftssystem in der Organisation der Universität ist ja ein solches Beispiel des „Aneinanderschaltens" von kognitiven Kategorien, auch wenn damit gehörige Probleme verbunden sind. Nicht umsonst wird häufig abfällig von der „anarchischen Organisation" der Universität gesprochen, obwohl vielleicht nur diese Organisationsform eine solche Kopplung erlaubt.

Das Argument von Nooteboom führt aber noch weiter. Ausgehend von der Unterscheidung, dass sich Organisationen entweder auf die Nutzung oder die Erstellung von Wissen und Kompetenzen konzentrieren, sieht er zwei Möglichkeiten, um zu einer Aneinanderschaltung beider Tätigkeiten zu kommen. Entweder baut man auf *Netzwerke* von Organisationen, in denen die Organisationen jeweils autonom operieren und auf eine der beiden Funktionen spezialisiert bleiben oder man versucht das Problem innerhalb von Organisationen zu lösen, wobei aber eine Fluktuation der Organisationsdynamik zwischen Nutzung und Erstellung erfolgt und mit erheblichem Stress für die Organisation verbunden ist. Dies ist das Thema der Grenzorganisation.

Netzwerke von Organisationen

Netzwerke haben den Vorteil, Kooperationsbeziehungen zwischen einer Vielzahl von Akteuren zu eröffnen, die einerseits auf der Basis von Gleichheit operieren und zum anderen keine feste Mitgliedschaft benötigen.[51] Zwar können Netzwerke lange bestehen, sie sind aber keine Organisationen, die auf Dauerhaftigkeit eingestellt sind. Kooperation basiert auf Gleichheit, aber auch auf Wechselseitigkeit und Anerkennung der Autonomie der Mitglieder des Netzwerkes. Erst hierdurch eignen sie sich für Systemintegration. Da sie mehr als zufällige Begegnungen sind, können sie zudem auch die Interaktion organisieren, die zur Überbrückung – aber nicht zum Abbau – der kognitiven und normativen Unterschiede zwischen Wissenschaftssystem und Anwendersystem beitragen. Netzwerke sind zudem flexibel, weil sie Einstieg und Ausstieg entweder nur vage konkretisieren oder aber von vornherein den Zeithorizont begrenzt halten und so immer wieder eine Neukomposition möglich machen. Autonomie, Gleichheit, Wechselseitigkeit und begrenzte Dauerhaftigkeit sind also die Trümpfe einer netzwerkförmigen Organisation der Wissensproduktion in Interaktionskontexten.

Forschung in der Form von „Public-Private-Partnerships" – z.B. in Form der Verbundforschung in Deutschland (vgl. Lütz 1993) oder der *Leading Technological Institutes* in den Niederlanden (vgl. Braun/Benninghoff/Ramuz 2003) – nutzen solche netz-

„Public-Private-Partnerships"

---

50 Siehe wiederum Nooteboom (2001: 9) zu diesem Thema: „To the extent that cognitive frameworks are tacit, mutual understanding may require a period of shared practice, in a ,community of practice', in order to establish a shared basis of tacit cognitive frameworks, in an ,epistemic community'. Once that has been established, the members can disband to communicate at a distance, but they will probably have to reconvene periodically to maintain and develop their shared cognitive frameworks."

51 Vgl. als Überblick Collins (1988); De Bruijn/ten Heuvelhof (1995); Jordan/Schubert (1992); Marin/Mayntz (1991); Mayntz (1993) sowie Mayntz (1997b).

werkförmigen Strukturen. Wieso aber sollten Netzwerke eigentlich eine Vereinnahmung der Wissenschaft verhindern? Die Einbettung in einen Anwenderkontext, die Finanzierung durch Unternehmen etc. bergen in sich, wie oben dargelegt, die Gefahr einer Vereinnahmung der Wissenschaft, trotz aller guten Absichten der Respektierung von Autonomie. Die Rentabilitätsinteressen der Unternehmen sind in dieser Hinsicht ein starker Druck.

In einer Analyse zur Netzwerkökonomie erörterte eine Kommission im Auftrag des niederländischen Wissenschaftsrates genau diese Frage und kam zu interessanten Schlussfolgerungen (vgl. AWT 2001). Netzwerkförmige Kooperationsformen sind nur dann eine Gefährdung für die Wissenschaft, wenn versucht wird, thematisch zu steuern, von vornherein erwartbare Resultate zu fixieren und dementsprechende Kooperationsverträge aufzusetzen. Auf diese Weise wird den Unternehmen jede Möglichkeit gegeben, ihre konkreten Wünsche und Interessen vorzutragen und die Wissenschaftler auf Leistung zu verpflichten. Will man dies vermeiden und tatsächlich die eigene Dynamik der unterschiedlichen Bereiche respektieren, dann müssen sich sowohl die Politik wie die Industrie, die ein Interesse an ganz bestimmten Themen und Produkten haben, flexibler zeigen, und d.h., auch ganz unvorhergesehene Entwicklungen in der Forschung zuzulassen. Dies ist der entscheidende Punkt: Nur wenn Unternehmen bereit sind, ein solches Risiko unvorhersehbarer Entwicklungen mitzutragen, besteht auch die Möglichkeit autonomieschonenden Verhaltens. D.h. aber, dass die Unternehmen sich stärker als bisher darauf einstellen müssen, langfristig zu investieren, Risikokapital zur Verfügung zu stellen und sich kooperativ zu verhalten. Dies zwingt dann die Politiker gleichermaßen, nicht den kurzfristigen Erfolg in der Forschung zu suchen, der dann als Wahlpfand eingesetzt werden könnte, sondern auch Verluste und Irrwege vor ihrem Publikum zu vertreten.

Flexibilität Eine solche Flexibilität verlangt also von Wirtschaft und Politik zum Teil die Übernahme der Logik der Wissenschaft, weil letztere genau unter diesen Bedingungen weiterhin produktive „Unwahrheiten" produzieren kann und nicht allein auf „Wahrheiten" getrimmt wird. Die Akzeptanz von Unvorhersehbarem beinhaltet genau diese Orientierung an der Unwahrheit. Damit wäre eine conditio sine qua non der Respektierung funktionaler Differenzierung gewährleistet. Dies heißt nun nicht – und das ist die andere Seite –, dass damit ein einseitiger Tausch stattgefunden hätte. Die ständige Interaktion zwischen Anwender- und Wissenschaftlerinteressen dient gerade dazu, *im Prozess* Themen zu entwickeln, die möglicherweise gemeinsam von Nutzen sein können. Dieses „im Prozess" ist wichtig, weil sich erst so tatsächlich die Möglichkeit ergibt, einen Konsens zu finden und Themen zu wählen, die im Interesse beider Seiten stehen. Das ist die Bindung für die Wissenschaft: Sie muss sich irgendwann auf einen Themenrahmen festlegen lassen, den sie allerdings selbst mitwählt. Innerhalb dieses Rahmens sind nach wie vor unvorhersehbare Entwicklungen auf der Grundlage von Grundlagenforschungsergebnissen möglich. Und auch Themenwechsel sind nicht ausgeschlossen.

Vertrauen Dies erfordert natürlich eine hohe Bereitschaft von Unternehmen, langfristig zu planen und dabei auch flexibel in ihren Produktionsstrukturen reagieren zu können. Eine solche Bereitschaft lässt sich nur dann herstellen, wenn eine relativ dauerhafte Kooperation in der Form von Netzwerken gegeben ist und vor allem *Vertrauen* aufgebaut werden kann. Vertrauen meint hier zweierlei (vgl. Nooteboom 2001: 6): Vertrauen in die Kompetenzen der anderen Seite und Vertrauen, dass die andere Seite sich nicht „opportunistisch" verhält, also versucht, Vorteile auf Kosten der anderen zu erzielen oder gegebene Versprechen bricht.

neue Rolle der Politik An dieser Stelle erhält die Politik eine neue Rolle im Vernetzungsregime: Da die Netzwerke zwischen öffentlich finanzierten Produzenten (Forschungseinrichtungen) und Anwendern (Industrie) aufgebaut werden, die Politik aber ein allgemeines Interesse an einem guten Gelingen der Kooperation hat, gleichzeitig aber auch Geld investiert, kann sie sowohl die Rolle eines „go-between" (vgl. Nooteboom 1999), eines Moderators und Schiedsrichters, wie auch die eines Kontrolleurs spielen. Außerdem kann sie ihr Machtmittel einer Ordnungspolitik einsetzen.

D.h. konkret, dass politische Vertreter mithelfen, die Kooperationsbedingungen zwischen den beteiligten Parteien festzulegen, und darauf zu achten, dass diese eingehalten werden. Oder dass sie im Streitfall als Schlichtungsinstanz auftreten, um unnötige Transaktionskosten zu vermeiden, und dafür sorgen, dass rechtliche Schranken so angepasst werden, dass flexible Kooperation möglich wird. Man denke hier nur an die zur Zeit hochaktuelle Diskussion über die Verteilung von „intellektuellen Eigentumsrechten", die ein besonders brisantes Problem in solchen *Public-Private-Partnerships* darstellen (vgl. Caloghirou/Vonortas/Ioannides 2002; Cowan/Harison 2001). Vertrauensbeziehungen können gerade durch einen Dritten gefördert werden, indem dieser z.B. als Garant für eine korrekte Einhaltung der Verträge einsteht oder Fürsprache leistet (vgl. Coleman 1990). Eine solche Vorstellung von politischem Handeln im Vernetzungsregime schließt an Offes Idee der „prozeduralen Steuerung" an (vgl. Offe 1975: 93; Braun/Giraud 2003), bei der auf die Verfahrensmodi eingewirkt wird, mit denen in der Gesellschaft oder zwischen Staat und Gesellschaft Entscheidungen getroffen werden. Die Politik setzt hier auf die „Strukturierung" von Abläufen, anstatt zu regulieren oder Anreize zu setzen. Dies schließt die staatliche Rolle des Kontrolleurs nicht aus. Die Politik hat ein gutes Recht zu verlangen, dass Rechenschaft über die Verwendung von Steuergeldern abgelegt wird. Allerdings kann dies gerade nicht in der Form erfolgen, die im Verdrängungsregime verwendet wird, nämlich über eine ex post Evaluation vereinbarter Ziele. Forschungsnetzwerke, denen Unsicherheit zugestanden wird, können ja nicht daran gemessen werden, inwiefern sie ein bestimmtes Forschungsresultat erzielt haben. Statt dessen muss auf Prozessindikatoren umgeschwenkt werden, etwa auf die Intensität der Netzwerkbildung, den Grad der Kooperation im Netzwerk etc. Nur letzteres darf Gegenstand einer Evaluation sein. Auf diese Weise wird die Autonomie des Netzwerkes gewahrt. Schließlich kann die Politik auch als „go-between" zwischen dem Netzwerk und der Öffentlichkeit auftreten und so eine Art Schutz- und Vermittlungsfunktion einnehmen (vgl. Nooteboom 1999).

Nicht jedes Netzwerk wird also autonomieschonend verfahren. Es bedarf einer ganzen Reihe von Voraussetzungen, die ein erhebliches Engagement von allen drei Seiten verlangen. Dies ist nur, wie die Kommission des niederländischen Wissenschaftsrates darlegt, zu erwarten, wenn alle Beteiligten von dem Sinn einer solchen Kooperation überzeugt sind. Hierfür bedarf es nicht nur eines erheblich langfristigen Denkens und Vertrauens, sondern auch des Mutes, sich in Unsicherheit zu stürzen.

4.2 Grenzorganisationen

Netzwerke von Organisationen sind eine mögliche Lösung für die Systemintegration zwischen Wissenschaft und Wirtschaft. Nooteboom sieht auf der anderen Seite, dass Organisationen, die versuchen, Erstellung und Nutzung von Wissen und Kompetenz intern zu organisieren, erheblichem Stress ausgesetzt sind. Tatsächlich gibt es aber in zunehmendem Maße Organisationen, die genau auf die Kopplung dieser Funktionen spezialisiert sind. Diese Organisationen, die eine weitere Integrationsform darstellen und die in „Vernetzungsregimen" genutzt werden können, sollen hier abschließend behandelt werden.

„Boundary"-Ansatz   Weder bei Luhmann noch in der akteurtheoretischen Differenzierungstheorie von Mayntz findet sich eine Betrachtung dessen, was man „intermediäre" Systeme oder, um einen anderen Diskussionsstrang in der Wissenschaftssoziologie aufzugreifen, „boundary", also die Grenze zwischen Systemen, nennen könnte (vgl. Gieryn 1995). Ganz offensichtlich gibt es an den Grenzen von Systemen systematische „strukturelle Kopplungen", die dauerhaft werden, weil bestimmte Organisationen die Rolle übernehmen, Systeme miteinander zu verbinden.

Als ein Beispiel können hier Förderorganisationen gelten, die, häufig im Auftrag der Politik, die Förderung der Forschung übernehmen und dabei sowohl den Ansprüchen des politischen Systems wie der Wissenschaftler ausgesetzt sind. Letztere sind als Gutachter in solchen Organisationen vertreten, können aber auch an der Leitung beteiligt sein. Die engen Kontakte, die sich zwischen Wissenschaft und Förderorganisationen herausbilden, ermöglichen es oft erst politisch zu „irritieren". Hierarchische Interventionen würden hier das Gegenteil erreichen. Die hohe Kunst besteht für diese Organisationen darin, sich eine Position zu verschaffen, die Distanz zu beiden Seiten hält, gleichzeitig aber deren Ansprüche aufeinander abstimmen kann. Dies habe ich an anderer Stelle „funktionalen Antagonismus" genannt:

funktionaler Antagonismus   „Die in den Förderorganisationen institutionalisierte Ambivalenz von wissenschaftlichen und politischen Interessen schafft ein Interessenvermittlungssystem, das für das Wissenschaftssystem und das politische System gleichermaßen funktional ist und damit einen Beitrag zur Lösung der Interdependenzproblematik in funktional differenzierten Gesellschaften leistet: Indem die egoistischen Interessen beider Seiten ausbalanciert werden, leidet zwar die kurzfristige Interessenrealisierung, mittel- und langfristig stellt sich aber ein kollektives Optimum an Interessenbefriedigung ein." (Braun 1997: 391).

Im Kontext des „boundary"-Ansatzes entwickelt Guston (1998) einen ähnlichen Standpunkt und stellt auf der Basis der Arbeit von Moore (1996) den Begriff der *„boundary organisation"* vor, den man im Deutschen etwa mit „Grenzorganisation" übersetzen kann. Die ursprüngliche Idee beruht auf der Vorstellung, dass es „Grenzobjekte" gibt, die von Akteuren aus unterschiedlichen Bereichen genutzt werden können, sich also unterschiedlichen Gegebenheiten anpassen. Solche Grenzobjekte erlauben eine Zusammenarbeit, ohne dass die Akteure ihre Autonomie aufgeben müssen. Guston (1998: 29) erwähnt das schöne Beispiel des Malteser Falken, der Reichtum und Prestige für den „Fat Man" bedeutet, für Sam Spade aber nur ein Objekt ist, um seine Rechnung zu zahlen. Auf die Wissenschaft bezogen kann man sich hier eine Idee in einem Forschungsartikel vorstellen, die Anlass für den Grundlagenforscher ist, eine neue Theorie zu entwickeln, während sie für den anwendungsbezogenen Forscher ein Anlass ist, sich Gedanken darüber zu machen, wie man ein bestimmtes Problem mit Hilfe dieser Idee lösen kann.

Grenzorganisationen   Grenzorganisationen erfüllen die gleiche Funktion, indem sie eine Brücke zwischen Systemen schlagen können und dabei die Beziehung zwischen den Systemen stabilisieren helfen. Sie bewerkstelligen das, indem sie den provisorischen und unscharfen Charakter der Grenze internalisieren, sich zu eigen machen und auf dieser Grundlage ihre Identität finden:

„Negotiating these elusive qualities becomes the daily work of the boundary organization, which in fact involves the use of boundary objects and standardized packages as a collaboration between the interests of the principal and those of the agent." (Guston 1998: 30).

Die Grenzorganisationen sind zwei *principals* (Herren) ausgesetzt, denen sie dienen und deren Ansprüche sie befriedigen helfen, ohne dabei zugunsten einer bestimmten Seite ihre Rolle des Ausgleichs und der Vermittlung verlieren zu dürfen.

Diese Vorstellung von Grenzorganisationen entspricht dem oben erwähnten „funktionalen Antagonismus". Wichtig ist, dass beide Seiten, in unserem Fall also die Wirtschaft und die Wissenschaft, nicht direkt aufeinander treffen und miteinander zu kommunizieren versuchen, sondern dass dieser Begegnungsprozess über und mit solchen Grenzorganisationen erfolgt. Dies schafft die notwendige Distanz und macht es möglich, dass keine der beiden Seiten dabei tatsächlich ihren Systembereich verlassen muss. Die Grenzorganisationen sind spezialisiert auf die Nutzung von „Grenzobjekten" und können den Parteien helfen, sie zu nutzen.

Eine solche Aufgabe ist selbstverständlich höchst voraussetzungsvoll, weil Vereinnahmungen stattfinden, Missverständnisse auftreten, mangelnde Organisation des Prozesses erfolgt etc. Grenzorganisationen können aber einen wichtigen Beitrag zur Verständigung bei gleichzeitiger Autonomieschonung leisten. Weil sie zwischen beide Seiten treten, verhindern sie Grenzübertritte und halten die Parteien auseinander. Guston nennt als Beispiel u.a. das amerikanische *Office of Technology Assessment* (OTA), wo Spezialisten für Technikfolgenabschätzung und Laborforscher miteinander an Forschungsprojekten arbeiten. Das Besondere an den Grenzorganisationen ist nicht diese Kooperation, sondern dass „Grenzarbeit" ganz offiziell Grundlage der Zusammenarbeit ist, weil die Organisation sich über diese Grenzarbeit definiert. Ein Forscher, der also im Rahmen des OTA forscht, weiß, dass er sich auf diese Grenzarbeit einlassen muss. Die Organisation schafft den Rahmen, sorgt für die organisatorische Abwicklung, stellt das Geld bereit und kann „dolmetschen". *(Beispiel: OTA)*

Selbstverständlich kann ein solcher Grenzprozess auch im Rahmen von Arenen oder Foren stattfinden. Im Grenzbereich zwischen Politik und Wissenschaft lassen sich als Beispiele nicht nur die Förderorganisationen nennen, sondern auch das, was Weingart (1997) als „hybride Foren" bezeichnet, die Politik und Wissenschaft aneinander koppeln. Als Beispiel führt er hier u.a. das *Intergovernmental Panel on Climate Change* (IPCC) an, in dem Wissenschaftler, Nichtregierungsorganisationen (NGOs), supranationale Organisationen und Regierungsvertreter zusammenkommen, um die Folgen der Klimaveränderung zu diskutieren. Im Verlauf dieser Diskussionen zeigt das IPCC seinen Charakter als „Transferagentur", die Wissen in politische Empfehlungen übersetzt, nachdem sie einen internen Konsens hergestellt hat (vgl. Weingart 1997: 599). *(hybride Foren)*

Ein interessantes Beispiel, gerade im Bereich der technologischen Innovation, der Kooperation zwischen Wissenschaft und Wirtschaft, sind die sogenannten *Incubators*: „Brutkästen", die von Universitäten und/oder Unternehmen genutzt werden, um Innovationen zu erzielen (vgl. Etzkowitz 2002). Diese Brutkästen haben zum Ziel, die Entwicklung von Erfindungen bis hin zum kommerziellen Produkt zu fördern: *(„University Incubators")*

> „The sources include inventors seeking to develop their ideas, corporations seeking to spin-off technologies not directly related to their core competences and universities seeking to contribute to the development of their regions." (Etzkowitz 2002: 118).

Als frühes Beispiel wird Edisons „invention factory" genannt, in der er Technologieexperten, Wissenschaftler und technisch-administratives Personal innerhalb einer Organisation zusammenbrachte „to systematically design and patent a series of core technologies and develop spin-off firms to bring them to market" (Etzkowitz 2002: 118/119). *Incubators* sind dafür da, Wissenschaftlern an Universitäten, die Anwendungsideen haben, Gelegenheitsstrukturen bereit zu stellen, mit denen sie – über die Integration von

„hybriden Rollen" aus verschiedenen Bereichen – schließlich Patente entwickeln, die in Form von eigenen *start-ups* genutzt werden können. Innerhalb dieser Universitätsbrutkästen kommt es zur Begegnung zwischen Wissenschaftlern und Anwendern:

> „Thus, the university incubator became a mix of academics and business people starting firms in the same place, with each learning from the other."[52]

Grenzarbeit   Das Argument dürfte damit deutlich sein: Grenzorganisationen sind Begegnungsstätten, die Gelegenheitsstrukturen und Know-How bereit stellen, um Erstellung und Anwendung von Wissen miteinander zu verbinden. Die Teilnehmer an solcher „Grenzarbeit" kennen die Bedingungen, die eine Teilnahme in den Grenzorganisationen verlangt: die Anerkennung der Autonomie der anderen Seite. Vereinnahmung soll explizit im Rahmen solcher Organisationen vermieden werden. Die Handlungslogik und Identität dieser Organisationen definiert sich über das gleichzeitige „Auf-Distanz-Halten" und „Verbinden". Dies ist der funktionale Antagonismus, der in diesem Fall fruchtbar für Verständigung genutzt werden kann. Dabei erfolgt Verständigung, wie Nooteboom dargelegt hat, immer unter der Prämisse, dass kognitive und normative Distanzen überbrückt, aber nicht aufgehoben werden können. Nur so lässt sich die Eigendynamik des Wissenschaftssystems behaupten.

Was bedeutet das für politisches Handeln? Im Grunde nur die Bereitschaft, die richtigen Rahmenbedingungen zur Schaffung von Grenzorganisationen herzustellen und die Arbeit dieser Organisationen zu fördern. Staatlicher Interventionismus ist ebenso wenig erwünscht wie eine direkte Beteiligung politischer Akteure notwendig ist. Systemintegration ist hier das Produkt einer mittels Organisation bewerkstelligten strukturellen Kopplung von Wissenschaft und Wirtschaft.

5   Zusammenfassung

Ziel dieses Beitrags war es, das Problem der Systemintegration zwischen Wissenschaft und Wirtschaft unter dem Blickwinkel von Steuerungsregimen zu erörtern. Es wurden zwei Steuerungsregime vorgestellt, die sich heute realiter herausbilden und die völlig unterschiedliche Implikationen für die Organisation der Systemintegration der Wissenschaft besitzen: Zum einen das „Verdrängungsregime" und zum anderen das „Vernetzungsregime". Ersteres basiert auf einer Verknappung von Ressourcen für ungesteuerte Forschung und der Einführung ordnungspolitischer Strukturen, die Forschungseinrichtungen und damit auch Forscher darauf verpflichten, die Leistungskomponente der Wissenschaft auf Kosten der Funktions- und Reflexionskomponente zu stärken. Dies hat langfristig eine Verdrängung dieser Komponenten zur Folge und bedroht indirekt die Autonomie des Wissenschaftssystems. Es wurde deutlich gemacht, dass nur ein Zusammenspiel aller drei Komponenten zu einem stabilen Gleichgewicht führen kann, das einer permanenten Wissenserzeugung zuträglich ist. Das Vernetzungsregime versucht dagegen, die Übertragung von wissenschaftlichem Wissen in die Anwendung „autonomieschonend" zu organisieren. Zwei mögliche Instrumente wurden vorgestellt: Zum einen Netzwerke von Organisationen und zum anderen „Grenzorganisationen". Unter be-

---

52   Technologietransferagenturen an Universitäten erfüllen eine ganz ähnliche Rolle: „The technology transfer office operates as a dual research mechanism pulling technology out of university research groups, on the one hand, and finding a place for it in industry, on the other." (Etzkowitz 2002: 123).

stimmten Bedingungen – Autonomie, Gleichheit, Wechselseitigkeit und begrenzte Dauerhaftigkeit – lassen sich solche Netzwerke autonomieschonend gestalten. Die Aufgabe der Politik liegt hier im Setzen der richtigen Rahmenbedingungen zur Herausbildung dieser Organisationsformen und im prozeduralen Steuern, um die Abläufe für alle Beteiligten vorteilhaft zu gestalten. Von allen drei Beteiligten verlangt das Netzwerkregime ein hohes Maß an Rücksichtnahme und Kooperationsbereitschaft sowie den Verzicht auf vereinnahmende Strategien zu Lasten der anderen Beteiligten. Damit ist gleichzeitig auch deutlich geworden, dass operationale Geschlossenheit Systemintegration nicht verhindern muss und dass Vereinnahmungs- und Verdrängungstendenzen zur Dysfunktion von Wissenschaft führen. Netzwerke und Grenzorganisationen sind Rezepte, die nicht nur im Falle von Wissenschaft und Wirtschaft anwendbar sind, sondern sich auf viele Konstellationen der Systemintegration in der modernen Gesellschaft übertragen lassen.

Literatur

AWT [Adviesraad voor Wetenschap en Technologie], 2001: *Verlangen naar de eindeloze zee. Rapportage verkenningscommissie „Kennis voor de netwerkeconomie".* Den Haag: Adviesraad voor Wetenschap en Technologie.

Bogumil, Jörg, 1997: Modernisierung des Staates durch Public Management. Stand der aktuellen Diskussion. In: Edgar Grande/Rainer Prätorius (Hrsg.), *Modernisierung des Staates?* Baden-Baden: Nomos, 21-44.

Bourdieu, Pierre, 1975: The Specificity of the Scientific Field and the Social Conditions of the Progress of Reason. In: *Social Science Information* 14, 19-47.

Bourdieu, Pierre, 2001: *Science de la science et réflexivité.* Paris: Editions Raisons d'Agir.

Braun, Dietmar, 1997: *Die forschungspolitische Steuerung der Wissenschaft. Ein Beitrag zum „kooperativen Staat".* Frankfurt/M./New York: Campus.

Braun, Dietmar, 2001: Regulierungsmodelle und Machtstrukturen an Universitäten. In: Erhard Stölting/Uwe Schimank (Hrsg.), *Die Krise der Universitäten,* Leviathan-Sonderheft 20, Wiesbaden: Westdeutscher Verlag, 243-264.

Braun, Dietmar/Martin Benninghoff/Raphael Ramuz, 2003*: Learning Capacities in Research Systems.* Lausanne, Institut d'Etudes Politiques et Internationales – Observatoire de la Science, Politique, Société (EPFL), Forschungsbericht Januar 2003. Quelle: http://www.unil.ch/iepi/pdfs/braun.pdf

Braun, Dietmar/Olivier Giraud, 2003: Steuerungsinstrumente. In: Klaus Schubert/Nils C. Bandelow (Hrsg.), *Lehrbuch der Politikfeldanalyse,* München/Wien: Oldenbourg, 147-174.

Braun, Dietmar/François-Xavier Merrien (eds.), 1999*: Towards a New Model of Governance for Universities? A Comparative View.* London: Jessica Kingsley.

Braun, Dietmar/Uwe Schimank, 1992: Organisatorische Koexistenzen des Forschungssystems mit anderen gesellschaftlichen Teilsystemen: Die prekäre Autonomie wissenschaftlicher Forschung. In: *Journal für Sozialforschung* 32, 319-336.

Bush, Vannevar, 1990: *Science – The Endless Frontier.* Washington: National Science Foundation.

Caloghirou, Yannis/Nicholas S. Vonortas/Stavros Ioannides, 2002: Science and Technology Policies Towards Research Joint Ventures. In: *Science and Public Policy* 29, 82-94.

Coleman, James S., 1990: *Foundations of Social Theory.* Cambridge, MA./London: Belknap Press of Harvard University Press.

Collins, Randall, 1988: Network Theories. In: ders. (ed.), *Theoretical Sociology,* San Diego/ Harcourt Brace: Jovanovich, 411-448.

Cowan, Robin/Elad Harison, 2001: *Intellectual Property Rights in a Knowledge-Based Economy*. Den Haag: AWT.

Cozzens, Susan E. et al. (eds.), 1990: *The Research System in Transition*. Boston/Dordrecht/London: Kluwer.

De Bruijn, Johan A./Ernst F. ten Heuvelhof, 1995: Policy Networks and Governance. In: David L. Weimer (ed.), *Institutional Design*, Boston/Dordrecht/London: Kluwer, 161-180.

Elzinga, Aant/Andrew Jamison, 1995: Changing Policy Agendas in Science and Technology. In: Sheila Jasanoff et al. (eds.), *Handbook of Science, Technology, and Society*, London/Thousand Oaks/New Delhi: Sage, 572-597.

Etzkowitz, Henry, 2002: Incubation of Incubators: Innovation as a Triple Helix of University-Industry-Government Networks. In: *Science and Public Policy* 29, 115-128.

Gibbons, Michael et al., 1994: *The New Production of Knowledge. The Dynamics of Science and Research in Contemporary Societies*. London/Thousand Oaks/New Delhi: Sage.

Gieryn, Thomas F., 1995: Boundaries of Science. In: Sheila Jasanoff et al. (eds.), *Handbook of Science and Technology Studies*, London/Thousand Oaks/New Delhi: Sage, 393-443.

Guston, David, 1998: *Between Politics and Science. The Integrity and Productivity of Research*. Cambridge, MA.: Cambridge University Press.

Guston, David/Kenneth Keniston (eds.), 1994: *The Fragile Contract. University Science and the Federal Government*. Cambridge, MA.: MIT Press.

Hayek, Friedrich August von, 1945: The Use of Knowledge in Society. In: *The American Economic Review* 35, 519-530.

Jordan, A. Grant/Klaus Schubert (eds.), 1992: *Policy Networks*. European Journal of Political Research-Special Issue 21.

Kline, Stephen J./Nathan Rosenberg, 1986: An Overview of Innovation. In: Ralph Landau/Nathan Rosenberg (eds.), *The Positive Sum Strategy: Harnessing Technology for Economic Growth*, Washington, D.C.: National Academy Press, 275-306.

Krücken, Georg, 2002: Panta Rei – Re-Thinking Science, Re-Thinking Society. In: *Science as Culture* 11, 125-130.

Luhmann, Niklas, 1977: Theoretische und praktische Probleme der anwendungsbezogenen Wissenschaft. In: Wissenschaftszentrum Berlin (Hrsg.), *Interaktion von Wissenschaft und Politik*, Frankfurt/M./New York: Campus: 16-39.

Luhmann, Niklas, 1990: *Die Wissenschaft der Gesellschaft*. Frankfurt/M.: Suhrkamp.

Lütz, Susanne, 1993: *Die Steuerung industrieller Forschungskooperation. Funktionsweise und Erfolgsbedingungen des staatlichen Förderinstruments Verbundforschung*. Frankfurt/M./New York: Campus.

Marin, Bernd/Renate Mayntz (eds.), 1991: *Policy Networks. Empirical Evidence and Theoretical Considerations*. Frankfurt/M./New York: Campus.

Mayntz, Renate, 1988: Funktionelle Teilsysteme in der Theorie sozialer Differenzierung. In: dies. et al., *Differenzierung und Verselbständigung. Zur Entwicklung gesellschaftlicher Teilsysteme*, Frankfurt/M./New York: Campus, 11-44.

Mayntz, Renate, 1993: Policy-Netzwerke und die Logik von Verhandlungssystemen. In: Adrienne Héritier (Hrsg.), *Policy-Analyse. Kritik und Neuorientierung*, Politische Vierteljahresschrift-Sonderheft 24, Opladen: Westdeutscher Verlag, 39-56.

Mayntz, Renate, 1997a: Forschung als Dienstleistung? Zur gesellschaftlichen Einbettung der Wissenschaft. Akademievorlesung am 15. April 1996. In: Berlin-Brandenburgische Akademie der Wissenschaften, *Berichte und Abhandlungen*, Bd. 3, Berlin: Akademie-Verlag, 135-154.

Mayntz, Renate, 1997b: Verwaltungsreform und gesellschaftlicher Wandel. In: Edgar Grande/Rainer Prätorius (Hrsg.), *Modernisierung des Staates*? Baden-Baden: Nomos, 65-74.

Merton, Robert K., 1942: The Normative Structure of Science. In: Norman Storer (ed.), *Robert K. Merton. The Sociology of Science*, Chicago, IL. 1973: Chicago University Press, 267-279.

Millar, Jane/Jacqueline Senker, 2000: *International Approaches to Research Policy and Funding: University Research Policy in Different National Contexts.* Higher Education Funding Council for England: University of Sussex.

Moore, Kelly, 1996: Organizing Integrity: American Science and the Creation of Public Interest Organizations, 1955-1975. In: *American Journal of Sociology* 101, 1592-1627.

Nooteboom, Bart, 1999: The Triangle: Roles of the Go-Between. In: Shaul Gabbay/R. Leenders (eds.), *Corporate Social Capital*, Boston/Dordrecht/London: Kluwer, 341-355.

Nooteboom, Bart, 2001: *Problems and Solutions in Knowledge Transfer. The Influence of Co-Operation, Network and Institutions on Regional Innovation Systems.* Discussion Paper No. 135. Erasmus University Rotterdam, Quelle: http://www.ideas.repec.org/s/dgr/eureri.html.

Nowotny, Helga, 2000: Transgressive Competence. The Narrative of Expertise. In: *European Journal of Social Theory* 3, 5-21.

Nowotny, Helga/Peter Scott/Michael Gibbons, 2001: *Re-thinking Science. Knowledge and the Public in an Age of Uncertainty.* Cambridge: Polity Press.

OECD, 1991: *Choosing Priorities in Science and Technology.* Paris: OECD.

Offe, Claus, 1975: *Berufsbildungsreform. Eine Fallstudie über Reformpolitik.* Frankfurt/M.: Suhrkamp.

Osborne, David/Ted Gaebler, 1992: *Reinventing Government. How the Entrepreneurial Spirit is Transforming the Public Sector.* Reading: Addison-Wesley.

Polanyi, Michael, 1985: *Implizites Wissen.* Frankfurt/M.: Suhrkamp.

Rip, Arie, 1990: *The R&D System in Transition: An Exercise in Foresight.* Ms.

Salomon, Jean-Jacques, 1970: *Science et Politique.* Paris: Editions du Seuil.

Salomon, Jean-Jacques, 1977: *Science Policy Studies and the Development of Science.* London/Thousand Oaks/New Delhi: Sage.

Senker, Jacqueline, 1999: *European Comparison of Public Research Systems.* University of Sussex: SPRU.

Stichweh, Rudolf, 1994: *Wissenschaft, Universität, Professionen. Soziologische Analysen.* Frankfurt/M.: Suhrkamp.

Stokes, Donald E., 1997: *Pasteur's Quadrant: Basic Science and Technological Innovation.* Washington, D.C.: Brookings Institution.

Weinberg, Alvin M., 1965: Criteria for Scientific Choice. In: Norman Kaplan (ed.), *Science and Society*, Chicago, IL.: Rand McNally & Co., 365-387.

Weingart, Peter, 1997: From „Finalization" to „Mode 2": Old Wine in New Bottles. In: *Social Science Information* 36, 591-613.

Ziman, John, 1983: The Collectivization of Science. In: *Proclamations of the Royal Society of Science*, B 219, 1-19.

Ziman, John, 1987: *Science in a Steady State. The Research System in Transition.* Working Paper. London: Science Policy Support Group.

Nils C. Bandelow

Governance im Gesundheitswesen: Systemintegration zwischen Verhandlung und hierarchischer Steuerung

1 Einleitung

Die Integration verschiedener Teilsysteme der modernen Gesellschaft (Systemintegration) stand in den letzten Jahrzehnten oft nur am Rande gesellschaftswissenschaftlicher Problemanalysen (vgl. Schimank 2000: 449; Schimank/Lange 2003). Das Gesundheitswesen stellt hier einen Ausnahmefall dar: Die systemintegrativen Schwierigkeiten – vor allem im Verhältnis zum Wirtschaftssystem – werden zunehmend als Kernproblem der deutschen Gesellschaft gesehen, wie im zweiten Abschnitt gezeigt wird. Im dritten Abschnitt werden die Ursachen dieser Integrationsprobleme und mögliche systemtheoretische Therapieoptionen diskutiert. Die Probleme der Systemintegration des Gesundheitswesens hängen eng mit den speziellen Steuerungsmechanismen in diesem Bereich zusammen. Im vierten Abschnitt werden daher die institutionellen Ordnungen der deutschen Gesundheitspolitik vorgestellt und im Hinblick auf ihren Beitrag für die Erklärung der Integrationsprobleme des Gesundheitswesens analysiert. Dabei wird gezeigt, dass die vorherrschenden Verhandlungsstrukturen im Gesundheitswesen aus verschiedenen Gründen zu den besonderen Integrationsproblemen beitragen. Daher werden im fünften Abschnitt die Präferenzgrundlagen und Konstellationen der wichtigsten korporativen Akteure im Hinblick auf die Möglichkeiten einer Problemlösung durch hierarchische Steuerung dargestellt. Der abschließende Ausblick diskutiert die Chancen und Probleme einer grundlegenden Umgestaltung des Gesundheitswesens mit dem Ziel einer langfristigen Reduktion der Integrationsprobleme. Leitfrage des Beitrags ist somit, ob und wie sich die Integrationsprobleme des deutschen Gesundheitswesens in Zukunft lösen (lassen) werden.

2 Integrationsprobleme des Gesundheitswesens

Das wichtigste Problem moderner Gesellschaften im Bereich der Systemintegration ist die Dominanz des Wirtschaftssystems über andere Teilbereiche der Gesellschaft. Insbesondere der Wohlfahrtsstaat wird zunehmend durch ökonomische Zwänge dominiert. Diese Entwicklung hängt in vielen Bereichen des Wohlfahrtsstaates mit Prozessen der Entgrenzung und Globalisierung zusammen. Diese Prozesse sind durch eine Ungleichzeitigkeit gekennzeichnet: Die Globalisierung der Wirtschaft ist mit einem Abbau von Spielräumen anderer Teilsysteme auf nationaler Ebene verbunden, ohne eine zeitgleiche Neugewinnung der Eigenständigkeit dieser Teilsysteme auf transnationaler oder supranationaler Ebene zu ermöglichen (vgl. Schimank/Lange 2003). Besonders eindrucksvoll wurde dieses Problem Mitte der 1980er Jahre durch Fritz Scharpf am Beispiel der Europäischen Integration gezeigt: Die Vollendung des Binnenmarktes durch einen Abbau nationaler Handelsbeschränkungen (negative Integration) konnte durch einfache Entscheidungen supranationaler Institutionen vorangetrieben werden. Die Formulierung neuer supranationaler Regeln (positive Integration) zur Sicherung der Ziele – etwa des Gesundheitswesens – setzte dagegen intergouvernementale Abstimmungen voraus, die in den gegebenen Institutionen an den jeweiligen Interessenkonflikten zwischen den Regierungen scheiterten (vgl. Scharpf 1988).

Erst in den 1990er Jahren werden auch Tendenzen deutlich, die in einzelnen Feldern Maßnahmen positiver Integration ermöglichen und so der Tendenz einer ökonomischen Überintegration der betroffenen Systeme entgegenwirken (vgl. Eichener 1996; Scharpf 1998). Derartige Möglichkeiten, auf EU-Ebene europäische Regelungen der Dominanz ökonomischer Zwänge entgegenzusetzen, sind im Gesundheitswesen aber nach wie vor begrenzt. Vor allem die unterschiedlichen Strukturen der Gesundheitswesen der Mitgliedstaaten stehen hier Einigungen entgegen (vgl. Bandelow 1998: 135-140; Schmid 2002).

ökonomische Überintegration

Gleichzeitig ist gerade in Deutschland das Gesundheitswesen von der Wirtschaft abhängig. Die über 200 Milliarden Euro, die in Deutschland jährlich für gesundheitliche Sachleistungen ausgegeben werden, sind zum größten Teil über Beiträge zur Sozialversicherung finanziert. Das wichtigste Element des deutschen Gesundheitswesens ist die bereits 1883 eingeführte gesetzliche Krankenversicherung (GKV), die etwa 90 Prozent der Bevölkerung als Pflichtmitglieder, mitversicherte Familienangehörige, Rentner oder freiwillige Mitglieder betreut. Die insgesamt knapp 300 gesetzlichen Krankenkassen leiten einen großen Teil der Gesundheitsausgaben von privaten Haushalten und Arbeitgebern an die jeweiligen Leistungserbringer (Ärzte, Krankenhäuser, Apotheker, Pharmaindustrie etc.) weiter. Diese Konstruktion der Finanzierung von Gesundheitsleistungen über Lohnnebenkosten führt zu einer engen Abhängigkeit von Wirtschaft und Gesundheitswesen. Der Beitragssatz der Krankenkassen hängt dadurch nicht nur von den Ausgaben, sondern auch von der Höhe der beitragspflichtigen Einkommen (Grundlöhne) ab.

Diese Überintegration des Gesundheitswesens mit dem Wirtschaftssystem ist einer der wichtigsten Gründe für die Finanzierungsprobleme des ersteren. Zwischen 1980 und 2000 ist der relative Anteil der GKV-Ausgaben am Bruttoinlandsprodukt (BIP) nahezu konstant. Seit 1996 ist dieser Anteil sogar von 7,0 Prozent auf 6,5 Prozent zurückgegangen (vgl. unten Tabelle 1). Dennoch hat sich der durchschnittliche Beitragssatz der Krankenkassen in den letzten Jahrzehnten erhöht (vgl. Übersicht 1).

Finanzierungsprobleme des Gesundheitswesens

Der Anstieg der Krankenkassenbeiträge ist vor allem in den 1980er Jahren wesentlich auf Entwicklungen des Wirtschaftssystems zurückzuführen. Niedrige oder negative wirtschaftliche Wachstumsraten und ein Anstieg der Arbeitslosigkeit erzeugen Finanzierungsprobleme der Krankenkassen. Das Problem der Massenarbeitslosigkeit zeigt sich u.a. in der unbereinigten Lohnquote als Grundlage für die Krankenkasseneinnahmen. So ist zwischen 1982 und 1990 die Lohnquote um mehr als sechs Prozent gefallen (vgl. BMA 2001). Bei einer Lohnquote in Höhe der frühen 1980er Jahre wären die Kassenbeitragssätze heute rechnerisch um etwa zwei Prozent niedriger (vgl. Reiners 1999: 50).

Übersicht 1: Beitragssatzentwicklung der GKV und wichtige
Bestimmungsfaktoren

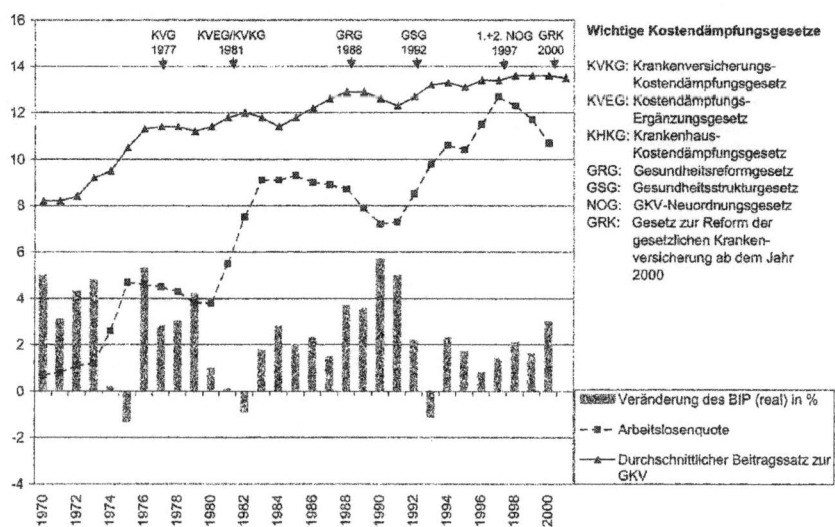

Quelle: Bandelow 2002: 117.

Die Möglichkeiten des Gesundheitswesens, auf sinkende Grundlöhne mit Beitragssatzsteigerungen zu reagieren, sind aber ebenfalls durch das Wirtschaftssystem begrenzt. So wird davon ausgegangen, dass eine Erhöhung der durchschnittlichen GKV-Beitragssätze um einen Prozentpunkt über 60.000 Arbeitsplätze in der gewerblichen Wirtschaft kostet (vgl. SVRKAiG 1996: 242). Finanzierungsprobleme des Gesundheitswesens, die durch das Wirtschaftssystem ausgelöst werden, können daher in den gegebenen Strukturen nicht immer vom Gesundheitswesen an das Wirtschaftssystem zurückverlagert werden, ohne problemverschärfende Rückkopplungsschleifen auszulösen, bei denen höhere Arbeitslosenquoten zu geringeren GKV-Einnahmen führen, diese dann Beitragssatzsteigerungen auslösen und dadurch über erhöhte Lohnnebenkosten wiederum die Arbeitslosenquoten steigen lassen. So können Gesundheitswesen und Wirtschaftssystem sich durch ihre zu enge Verflechtung gegenseitig vor unlösbare Probleme stellen. Bisher war es zwar weitgehend möglich, die Ziele des deutschen Gesundheitswesens (umfassende gesundheitliche Versorgung für die gesamte Bevölkerung) weitgehend zu erfüllen. Die zunehmenden Pleiten einzelner Arztpraxen und insbesondere die drohenden Finanzierungskrisen der Krankenhäuser scheinen aber eine uneingeschränkte Funktion des Gesundheitswesens zunehmend in Frage zu stellen (vgl. Bandelow 2002).

Wechselwirkungen von Gesundheitswesen und Wirtschaftssystem

Diese Probleme drohen sich im Zuge der demographischen Entwicklung noch zu verschärfen. Insbesondere bis zum Jahr 2030 gehen Prognosen von einem deutlichen Anstieg des Anteils älterer Menschen in Deutschland aus. Die Auswirkungen dieser Veränderung für die Ausgabenentwicklung des Gesundheitswesens sind zwar in der Wissenschaft umstritten, da nicht klar ist, ob allein ein höheres Lebensalter auch zu höheren Gesundheitsausgaben führen muss. Dafür sprechen zwar Vergleiche der Gesundheitsausgaben zwischen jüngeren und älteren Menschen. Auf der anderen Seite könnte der technische Fortschritt aber auch dazu führen, dass die Gesundheit älterer Menschen sich wesentlich verbessert und dadurch auch Einsparungen möglich sind. Die Auswirkungen auf die Ausgabenentwicklung hängen daher weniger von der Altersstruktur ab,

demographische Entwicklung

als vielmehr von der Entwicklung der Todesursachen. Ein großer Teil der Gesundheitsausgaben wird in den Jahren vor dem Tod notwendig. Dabei sind bestimmte Sterbeur-
sachen (etwa Krebserkrankungen, insbesondere in Verbindung mit Multimorbidität) besonders kostenintensiv (vgl. dazu detailliert Hof 2001).

Unabhängig von den Auswirkungen des demographischen Wandels auf die Ausga-
benentwicklungen des Gesundheitswesens beeinflusst die Altersstruktur der Bevölkerung aber auch die Finanzierungsgrundlagen der Krankenversicherung: Der Anteil abhängig Beschäftigter ist unter älteren Menschen deutlich geringer als unter jungen Menschen, sodass im Rahmen der gegenwärtigen Finanzierungsstrukturen eine Verschär-
fung der Finanzierungskrise des Gesundheitswesens auch dann zu erwarten ist, wenn
die Ausgaben sich nicht wesentlich erhöhen (vgl. Bandelow 2002).

Neben der allgemeinen Ressourcenabhängigkeit vom Wirtschaftssystem weist das
Gesundheitswesen über Teilbereiche Überlappungen zu anderen Teilsystemen auf (vgl.
Mayntz/Rosewitz 1988: 155-157). Diese Überlappungen betreffen (1) das politisch-
administrative System (über die Gesundheitsämter, die institutionell dem politisch-administrativen System, funktionell aber auch dem Gesundheitswesen zuzuordnen sind),
(2) das Wissenschaftssystem (über die medizinische Forschung) und (3) das Wirtschaftssystem (über die pharmazeutischen und die medizintechnischen Industrien). Die
genannten Überlappungsbereiche bergen jeweils Konflikte, da die unterschiedlichen
Logiken der verschiedenen Systeme integriert werden müssen.

3   Ursachen der Integrationsprobleme und systemtheoretische
        Therapieoptionen

Die bisher skizzierten Integrationsprobleme vor allem zwischen Wirtschaftssystem und
Gesundheitswesen sind Ausgangspunkt einer Vielzahl von Steuerungsversuchen des
politischen Systems. Seit 1977 versuchte der Gesetzgeber mit insgesamt 18 Reformpa-
keten die Strukturen des Krankenversicherungssystems wesentlich zu verändern. Keines
dieser Reformpakete konnte aber bisher die Abhängigkeit des Gesundheitswesens von
wirtschaftlichen Entwicklungen überwinden. Das Gesundheitswesen bietet somit nicht
nur ein klassisches Beispiel für zunehmende systemintegrative Probleme, sondern auch
für die Schwierigkeiten, diese Probleme durch politische Maßnahmen zu beheben. Diese Schwierigkeiten werden in der politikwissenschaftlichen Theorie auf unterschiedliche Zusammenhänge zurückgeführt. Dabei hängt die jeweilige Einschätzung der Möglichkeiten zur Bewältigung dieser Probleme wesentlich mit der gewählten Erklärungs-
perspektive zusammen.

das
Gesundheitswesen
als gesellschaftliches
Teilsystem

Aus systemtheoretischer Perspektive kann sich zunächst ein prinzipieller Pessimis-
mus gegenüber Versuchen der politischen Lösung der Probleme des Gesundheitswesens
ergeben. Danach hat sich Mitte des 19. Jahrhunderts das Gesundheitswesen als auto-
poietisch operierendes Teilsystem ausdifferenziert (vgl. zur historischen Entwicklung:
Mayntz/Rosewitz 1988). Als selbstreferentielles Teilsystem erzeugt es nicht nur seine
Strukturen, sondern auch die Elemente, aus denen es besteht, fortlaufend selbst (vgl.
Luhmann 1997: 65). Da es sich in allen Operationen auf sich selbst bezieht, ist es wie
andere Teilsysteme prinzipiell nicht von außen steuerbar. Das Gesundheitswesen bearbeitet alle Umwelteinflüsse auf Grundlage seines spezifischen Codes „krank/gesund".
Eine Besonderheit des Systems liegt darin, dass nicht der positive Wert „gesund", sondern der negative Wert „krank" das Prozessieren des Systems auslöst (vgl. Hartmann

2002: 26). Der positive Wert ist dagegen unbestimmt und nie endgültig zu erreichen. In dieser Besonderheit des „Krankheitssystems" (genauer: des Krankheitsbehandlungssystems) ist die Möglichkeit einer Verselbständigung angelegt, indem das System unbegrenzt steigende Ressourcen beansprucht:

> „Die Ansprüche auf Hinausschieben des Todes, auf Festhalten der Jugend, auf Heilung von Krankheiten, auf Linderung oder Betäubung von Schmerzen haben einen festen Rückhalt am Körper des Menschen. Sobald ihre Erfüllung möglich ist, läßt sich ihre Nichterfüllung kaum mehr begründen." (Luhmann 1983a: 43).

Aus dieser Sicht ist also nicht die Überintegration, sondern vielmehr die erfolgreiche Ausdifferenzierung des Subsystems das zentrale Problem der Gesundheitspolitik. Das Gesundheitswesen operiert zwar äußerst erfolgreich bei der Erfüllung seines Ziels, kann aber politisch nicht zur Berücksichtigung der negativen Folgewirkungen eines zu hohen Ressourcenverbrauchs für andere Subsysteme gezwungen werden (vgl. Hartmann 2002: 13/14).

Ausdifferenzierung und Verselbständigung

In systemtheoretischen Analysen werden prinzipiell drei Therapievorschläge zur Korrektur der Verselbständigung des Gesundheitswesens diskutiert (vgl. Rosewitz/ Schimank 1988: 301-304). Ein politisch vor allem in den 1990er Jahren genutzter Ansatz ist der Versuch einer Globalsteuerung durch Verknappung der Ressourcen des Gesundheitswesens. Dieser Ansatz liegt den sektoralen und globalen Budgetierungsversuchen der Gesundheitsausgaben zu Grunde, die zwischen 1992 und 2003 in einer Vielzahl von Gesetzentwürfen und Gesetzen Anwendung fanden und finden. Der Erfolg dieser Maßnahmen ist auf den ersten Blick durchaus beachtlich: Es ist zumindest gelungen, den Anstieg des Ressourcenverbrauchs des Gesundheitswesens in den letzten Jahren deutlich zu bremsen. Die Anteile der Gesundheitsausgaben am Bruttoinlandsprodukt sind in den letzten Jahren kaum noch gestiegen. Die Ausgabenanteile der Gesetzlichen Krankenversicherung als wichtigstes Element des Krankheitsbehandlungssystems sind sogar nahezu stabil (vgl. Tabelle 1).

Steuerungsversuche

Tabelle 1: Anteile der GKV-Ausgaben am BIP und Anteile der gesamten Gesundheitsausgaben am BIP in Deutschland

	1980	1990	1991	1992	1993	1994	1995	1996	1997	1998	1999	2000
GKV*	6,1	5,9	6,5	6,7	6,6	6,9	6,9	7,0	6,6	6,7	6,6	6,5
gesamt**	8,8	8,7	9,1	9,9	9,9	10,2	10,6	10,9	10,7	10,6	10.7	10,6

* Anteile der GKV-Ausgaben am BIP (Quelle: Institut der deutschen Wirtschaft, eigene Berechnungen).
** Anteile der gesamten Ausgaben für gesundheitliche Sachleistungen am BIP (Quelle: OECD).

Die Budgetierung führt aber nicht dazu, dass eine präventive Abwägung zwischen den effizientesten, demokratisch gewollten und ethisch gewünschten Verwendungen der verbleibenden Mittel möglich wäre. Das Subsystem Krankheitsbehandlung wird durch begrenzte Mittel lediglich bei seinem unveränderten Streben nach maximaler Gesundheit gebremst und schlimmstenfalls vollständig gelähmt. Eine globale Budgetierung kann daher dazu führen, dass nicht die unerwünschten Wirkungen eines ineffizient strukturierten Gesundheitswesens, sondern die erwünschten Wirkungen der effektiven Heilung von Krankheiten gebremst werden (vgl. Rosewitz/Schimank 1988: 302).

Budgetierung und ihre Folgen

Eine ebenfalls bereits von Luhmann vorgeschlagene und weniger „blinde" Therapie zur Lösung von Verselbständigungsprozessen liegt in der Selbstbeobachtung eines Systems unter Berücksichtigung der möglichen negativen Folgewirkungen des eigenen Operierens für andere Teilsysteme („Reflexion", vgl. Luhmann 1997: 757). Das Krankheitsbehandlungssystem zeigt bisher vor allem aufgrund des unbestimmten Gesundheitsbegriffs kaum erfolgreiche Ansätze einer Anpassung der eigenen Operationen an die Bedürfnisse anderer Subsysteme (vgl. Luhmann 1983b). Mögliche zukünftige Lösungsansätze werden in der jüngeren Literatur vor allem im Hinblick auf die Möglichkeit einer umfassenden Zweitcodierung zur Ergänzung des kaum reflexionsfähigen Gesundheitsbegriffs diskutiert. Dazu könnte das Krankheitsbehandlungssystem gezielt Randbereiche (etwa private „Wellnessbereiche") integrieren. Auf diesem Weg ließe sich ergänzend zum Kriterium der Krankheit etwa das Kriterium der Lebensqualität in die Operationen des Gesundheitswesens integrieren. Die Beurteilung möglicher Anlässe für die Erbringung von Leistungen des Gesundheitswesens könnte stärker differenziert und an gesellschaftliche Bedürfnisse angepasst werden (vgl. Hartmann 2002: 62/63; 254; 259/260).

Verbesserung der Reflexionsmöglichkeiten

Der Vorschlag einer Verbesserung der Reflexionsmöglichkeiten des Gesundheitswesens durch Integration anderer Bereiche ist allerdings gegenwärtig eher abstrakt und müsste vielfältige rechtliche und politische Hindernisse überwinden. Es ist durchaus fraglich, ob eine daraus möglicherweise resultierende Befreiung der Ärzte von der grundsätzlichen Verpflichtung zur Bekämpfung jeder „Krankheit" rechtlich durchsetzbar ist. Eine solche Strategie wäre auch politisch umstritten. U.a. ist sie mit dem Risiko verbunden, dass gesellschaftlich nicht akzeptierte Kriterien (etwa das Alter von Patienten) über die Bereitstellung medizinischer Hilfe entscheiden. Vor allem in Deutschland dürfte die Erfahrung mit dem Missbrauch von Teilen des Gesundheitswesens gegen die Interessen der Patienten während des Nationalsozialismus dazu beitragen, dass die einfache Codierung des Gesundheitswesens in absehbarer Zeit nicht preisgegeben wird. Bei aller Ineffizienz bietet diese einfache Codierung doch zumindest gerade durch die Blindheit gegenüber den Bedürfnissen anderer Teilsysteme einen Schutz vor den möglichen ethischen Problemen einer Zweitcodierung. Diese ethischen Probleme könnten etwa dann entstehen, wenn nicht mehr allein die medizinisch-technischen Möglichkeiten, sondern auch andere Kriterien über einen Ressourcenverbrauch im Gesundheitswesen entscheiden. Dies wird insbesondere dann problematisch, wenn nicht nur eine Verbesserung der Gesundheit, sondern letztlich auch die Dauer des Lebens der Patienten von einer solchen Entscheidung (die dann nicht mehr vom Systemcode vorgegeben, sondern womöglich von Individuen mit größerem Entscheidungsspielraum getroffen werden müsste) abhinge. Mit der Folge einer potentiellen Entscheidung über Leben und Tod wird also ein Spezifikum der Leistungen des Krankheitsbehandlungssystems relevant. Diese ultimative Bedeutung der Entscheidung über eine Leistungserbringung des Gesundheitswesens führt dazu, dass jede Erweiterung von Handlungsspielräumen (die aus einer stärkeren Integration von Subsystemen resultieren können) auf ethische und religiöse Hindernisse stößt. Solange hierzu keine allgemein akzeptierten Lösungen angeboten werden, ist daher eine Verbesserung der Reflexionsmöglichkeiten des Gesundheitswesens politisch nicht durchsetzbar.

Kontextsteuerung

Der dritte Therapievorschlag ist die vor allem von Willke und Teubner empfohlene Strategie der „Kontextsteuerung" (vgl. Rosewitz/Schimank 1988: 303; Hartmann 2002: 61/62). Das Konzept greift die Annahme Luhmanns auf, dass gesellschaftliche Teilsysteme nicht hierarchisch von außen gesteuert werden können. Kontextsteuerung beinhaltet, dass Verhandlungssysteme und -verfahren geschaffen werden, die einen Rahmen für eine autonome Selbstregulation des Subsystems bereitstellen. Der Staat gibt also keine eigenen Kriterien für das Gesundheitswesen vor, sondern schafft etwa Institutionen der Selbstverwaltung, die selbständig eine Berücksichtigung der Bedürfnisse anderer Teilsysteme erfüllen sollen. Durch das Ziel der externen Gestaltung systemischer Selbststeuerungspotentiale integriert das Konzept der Kontextsteuerung eine Ebene unterhalb der teilsystemischen Orientierungshorizonte. Die Potentiale und bisherigen Erfolge der Kontextsteuerung spiegeln sich in den konkreten Entscheidungsstrukturen des Subsystems wider.

Dadurch wird der analytische Fokus von der grundlegenden Codierung des Subsystems (dem „Wollen" der Akteure) auf die jeweils geschaffenen institutionellen Ordnungen (das „Sollen" der Akteure) und auch die spezifischen Akteurkonstellationen (das „Können" der Akteure) erweitert (vgl. Schimank 1996). Dies leitet zu einer empirischen Analyse der Steuerungsprobleme des Gesundheitswesens über, wie sie im Forschungsprogramm des akteurzentrierten Institutionalismus angestrebt wird (vgl. dazu auch Mayntz/Scharpf 1995; Scharpf 2000).

4 Verhandlung als zentrales institutionelles Ordnungselement

Ein verbreiteter Erklärungsansatz – sowohl für die Leistungen als auch für die Probleme des deutschen Gesundheitswesens – basiert auf den spezifischen Institutionen der Entscheidungsfindung in diesem Politikfeld. Diese Institutionen zeichnen sich vor allem dadurch aus, dass ausgewählte Verbände der Interessengruppen in besonderer Weise an der Entscheidungsfindung beteiligt werden. Dazu werden entweder Entscheidungskompetenzen unter staatlicher Aufsicht, aber ohne direkte Beteiligung des Staates, von Verbänden wahrgenommen (Selbstverwaltung) oder Entscheidungen im Rahmen dauerhafter Formen der Einbindung von hierarchisch strukturierten Spitzenverbänden der Interessengruppen in die staatliche Politik getroffen (Korporatismus). In beiden Fällen führen diese Strukturen dazu, dass Entscheidungen auf Verhandlungen basieren.

Im Vergleich zu anderen Idealtypen der Entscheidungsfindung (Hierarchie, Mehrheit und Los) weisen Verhandlungen allgemeine Vorteile und Probleme auf (vgl. Eberlein/Grande 2003). Als wichtigster Vorteil von Verhandlungen wird in der Theorie gesehen, dass Entscheidungen im Konsens getroffen werden können. Solche Entscheidungen sind besonders legitim, da sich niemand gegen seinen Willen unterwerfen muss, und daher besonders gut durchsetzbar. Auf der anderen Seite ist es oft schwierig und aufwendig, in Verhandlungssystemen überhaupt zu Entscheidungen zu kommen. Verhandlungssysteme sind daher selten innovativ. Außerdem sind Verhandlungssysteme nicht geeignet, um Umverteilungsziele zu erreichen (vgl. auch Scharpf 2000). *[Verhandlung als Modus der Entscheidungsfindung]*

Im Gesundheitswesen ist insbesondere das Problem einer Entscheidungsfindung durch Konsens bei Umverteilungsfragen besonders relevant. Außerdem kommt der prinzipielle Vorteil einer besonderen Legitimität von Verhandlungslösungen angesichts der spezifischen Strukturen der Verhandlungsinstitutionen im Gesundheitswesen kaum zum Tragen. Im Folgenden werden die wichtigsten Verhandlungsgremien des deutschen Gesundheitswesens vorgestellt und im Hinblick auf ihre Auswirkungen auf die genannten Probleme der Systemintegration diskutiert. *[Akteure des Verhandlungssystems:]*

Die Selbstverwaltung im deutschen Gesundheitswesen ist zumindest im ambulanten Bereich nicht das Ergebnis einer gezielten Übertragung von Kompetenzen an Verbände, sondern die Folge der historischen Entwicklung des Gesundheitswesens, das bereits im Kaiserreich auch auf privaten Initiativen beruhte (vgl. Hartmann 2002: 70). Heutige Selbstverwaltung im Gesundheitswesen beinhaltet, dass die Krankenkassen und ihre Verbände sowie die Verbände der Leistungsanbieter (insbesondere der Ärzte und Zahnärzte, der Apotheker und der Krankenhausträger) ihre Aufgaben im Rahmen staatlicher Vorgaben und unter staatlicher Aufsicht in Eigenverantwortung erledigen können (vgl. *[– Krankenkassen]* zum Folgenden: Bandelow 1998: 22-26). Die Vertretung der Krankenkassen wird seit 1996 primär durch hauptamtliche Vorstände der Kassen sowie der (nach Kassenarten getrennten) Krankenkassenverbände wahrgenommen. Die Vorstände der Kassen werden durch Verwaltungsräte bestellt, deren Funktion denen von Aufsichtsräten der Aktiengesellschaften ähnelt. Die Verwaltungsräte bestehen aus Vertretern der Versicherten und (in der Regel) der Arbeitgeber. Die faktische demokratische Legitimation der Versichertenvertreter ist aber gering: Sie werden entweder bei geringer Wahlbeteiligung in Sozialwahlen gewählt oder ohne eigentlichen Wahlakt angesichts fehlender Alternativkandidaten bestimmt („Friedenswahlen"). Das Resultat dieser Verfahren ist üblicherweise, dass die Versichertenvertreter von den Gewerkschaften benannt werden und als Gewerkschaftsvertreter auftreten. Die Organe der Kassenselbstverwaltung präsentieren sich somit meist nicht als einheitliche Akteure, sondern umfassen unterschiedliche Interessengruppen: einerseits die in den Verwaltungsräten vertretenen Tarifparteien und andererseits die hauptamtlichen Vertreter der Kassen(arten).

– Verbände der Leistungsanbieter

Diesen heterogenen Selbstverwaltungsorganen der Kassen stehen Verbände der Anbieter von Gesundheitsleistungen gegenüber. Bei den Verbänden der Leistungsanbieter hat sich eine duale Struktur entwickelt: Auf der einen Seite stehen freie Interessenverbände (etwa der Hartmannbund oder der Marburger Bund). Auf der anderen Seite stehen vor allem im ambulanten Bereich intermediäre Verbände der Selbstverwaltung, die neben einer politischen Interessenvertretung auch hoheitliche Aufgaben wahrnehmen (z.B. Kassenärztliche Vereinigungen). Für diese Selbstverwaltungsorgane besteht Pflichtmitgliedschaft. So muss jeder Arzt, der als Vertragsarzt an der ambulanten Versorgung von Kassenpatienten partizipieren will, Mitglied der jeweiligen Kassenärztlichen Landesvereinigung sein. Ähnlich wie die Kassen und die Kassenverbände werden auch die Kassenärztlichen Vereinigungen von Vorständen vertreten, die durch gewählte Vertreterversammlungen bestimmt werden. In den Vertreterversammlungen bestehen ebenfalls interne Interessenkonflikte (etwa zwischen verschiedenen Facharztgruppen). Eine formale Aufteilung (wie zwischen den Vertretern der Tarifparteien der meisten Kassen) findet sich hier aber nicht.

Aufgaben der Selbstverwaltungs-organe

Zu den wichtigsten Aufgaben der Kassenverbände und der Kassenärztlichen Vereinigungen gehört die Aushandlung und Durchführung der Vergütung der niedergelassenen Ärzte. Darüber hinaus wirken die Selbstverwaltungsorgane der Ärzte und Kassen vor allem über die Bundesausschüsse der Ärzte und Krankenkassen (BAK) bzw. der Zahnärzte und Krankenkassen (BZAK) an der Selbststeuerung des Gesundheitssystems mit. Die aus jeweils neun Vertretern der Kassen(zahn-)ärztlichen Bundesvereinigung, neun Vertretern der Spitzenverbände der Krankenkassen und drei unparteiischen Mitgliedern (§ 91 und 92 SGB V) bestehenden Bundesausschüsse haben vor allem in den 1980er Jahren an Einfluss gewonnen (vgl. Döhler/Manow-Borgwardt 1992: 73-75; 91). Die jeweils zuständigen Bundesministerien konnten Widerstände gegen Kostendämpfungsmaßnahmen umgehen, indem sie die Ausarbeitung der detaillierten Maßnahmenkataloge auf die 1955 eingerichteten Bundesausschüsse verlagerten. Die Ausschüsse entscheiden heute über die konkreten Leistungskataloge, die im Rahmen des GKV-Systems abgerechnet werden dürfen. Dazu werden Richtlinien für die Krankenhausbehandlung, die ärztliche Behandlung, die Verordnung von Medikamenten und anderen Heil- und Hilfsmitteln sowie für die häusliche Krankenpflege ausgehandelt. Außerdem bestimmt der Bundesausschuss der Ärzte und Krankenkassen u.a. die Arzneimittelgruppen, für die Festbeträge festgesetzt werden können. Die Bundesgesundheitsministerin kann den Entscheidungen der Ausschüsse innerhalb von zwei Monaten widersprechen. Tut sie das nicht, werden die Entscheidungen der Bundesausschüsse verpflichtend.

Die Bundesausschüsse nehmen damit mittlerweile eine Schlüsselstellung bei der Steuerung des deutschen Gesundheitswesens ein. Die Legitimation dieser öffentlich wenig beachteten und dadurch von den nicht beteiligten Patienten und Versicherten kaum kontrollierbaren Gremien ist gleichzeitig gering. Die Mitglieder werden weder direkt noch indirekt gewählt. Problematisch ist weiterhin, dass die Ausschüsse als Selbstverwaltungsorgane des ambulanten Sektors auch wesentliche Governance-Funktionen für den Arzneimittelbereich übernehmen. Dies führt u.a. dazu, dass die Integrationsprobleme zwischen dem Gesundheitswesen und dem dadurch von den Entscheidungen mitbetroffenen, aber nicht beteiligten Wirtschaftssystem verschärft werden. Der Widerstand der Pharmafirmen, die ihre ökonomischen Interessen nicht berücksichtigt sehen, wird nicht nur im politischen System, sondern auch im Rechtssystem ausgetragen. Zumindest das OLG München folgte dabei der Argumentation der Firmen und erklärte, dass die Arzneimittelrichtlinien des BAK nicht mit dem europäischen Kartellrecht vereinbar seien (AZ: U (K) 4428/99).

> **Bundesausschüsse als zentrale Steuerungsakteure**

Ferner besteht bei der Aushandlung von Honoraren zwischen Ärzten und Kassen die Gefahr, dass die unterlegenen Kassen bzw. wenig einflussreiche Ärztegruppen keine gerechte Belastung bei Einsparungen durchsetzen können. Außerdem können die Interessengruppen in den Selbstverwaltungsorganen ihre vom Staat verliehenen Kompetenzen dazu nutzen, die Umsetzung politischer Ziele zu verzögern, zu verfälschen oder ganz zu verhindern. So haben die Selbstverwaltungsorgane im Anschluss an das Gesundheitsreformgesetz von 1989 die beschlossenen Wirtschaftlichkeitsprüfungen und Richtgrößen ebenso wenig vollständig umgesetzt wie die Transparenzvorschriften des Gesetzes.

Während im ambulanten Bereich das Steuerungsprinzip der Verhandlung eindeutig dominiert, finden sich im stationären Bereich eher Mischformen unterschiedlicher Steuerungsmechanismen, deren jeweiliges Gewicht sich in den letzten Jahren mehrfach verschoben hat. Auch für den stationären Sektor sind viele Entscheidungen des BAK relevant. Dennoch waren im Krankenhausbereich die Voraussetzungen für eine zentralisierte Aushandlung der Finanzierungsfragen mit den Kassen zunächst nicht in demselben Maße gegeben wie im ambulanten Sektor. Die deutschen Krankenhäuser waren vor allem in den ersten Jahren der Bundesrepublik vergleichsweise pluralistisch organisiert. So bestehen mit öffentlichen, freigemeinnützigen und privaten Krankenhäusern drei Typen von Krankenhausträgern nebeneinander, die jeweils eigene historische Grundlagen und Ziele haben. Bis in die 1970er Jahre wurden Pflegesatzverhandlungen meist dezentral, oft für jedes einzelne Krankenhaus, durchgeführt. Da Anfang der 1970er Jahre die Krankenhäuser in eine tiefe Finanzierungskrise gerieten, wurden mit dem Krankenhausfinanzierungsgesetz von 1972 diese Grundlagen wesentlich verändert. Das Gesetz weitete die Rolle des Staates durch eine Übernahme der Investitionskosten durch Bund und Länder und eine Stärkung der Steuerungskompetenzen der Länder aus. Mit dem Krankenhaus-Kostendämpfungsgesetz von 1981 und dem Gesundheitsreformgesetz von 1989 wurde dann zusätzlich die Bedeutung der verbandlichen Selbstverwaltung auf Landesebene im stationären Sektor analog zum ambulanten Sektor gestärkt, ohne aber die dominierende Rolle der Länderaufsicht in diesem Bereich zu schwächen (vgl. Döhler/Manow-Borgwardt 1992: 75-83).

> **Krankenhäuser**

Seit Mitte der 1990er Jahre finden sich unterschiedliche Entwicklungen der Steuerungsformen im stationären Bereich. Auf der einen Seite erhöhte sich die Bedeutung hierarchischer Eingriffe des Staates durch die wiederholte Deckelung der Ausgaben. Zwischen 1993 und 1995 sowie für 1999 wurde gesetzlich eine Anbindung der gesamten Ausgabensteigerungen der gesetzlichen Krankenkassen an den Zuwachs der Arbeitnehmereinkommen vorgegeben. Für das Jahr 2003 beschloss der Gesetzgeber daneben

> **Krankenhausausgaben**

eine weitgehende Nullrunde bei der Steigerung der Krankenhausausgaben. Auf der anderen Seite wurde durch die schrittweise Einführung von Fallpauschalen die Selbstverwaltung gestärkt. Die Ausgestaltung der Fallpauschalen und die Vereinbarung konkreter Budgets auf Landesebene wird (unter staatlicher Aufsicht) von den Selbstverwaltungsorganen vorgenommen.

Probleme der Selbstverwaltung   Institutionen der verbandlichen Selbstverwaltung dominieren also die verschiedenen Bereiche des Gesundheitswesens in unterschiedlicher Form, mit unterschiedlichem historischen Hintergrund und unterschiedlichen Problemen. Im ambulanten Sektor ist die verbandliche Selbstverwaltung als asymmetrische, allein von Kassenärzten und Kassenverbänden dominierte Struktur historisch zum wichtigsten Steuerungselement gewachsen. Im Arzneimittelbereich dominiert dagegen eine Kombination des Marktprinzips bei gleichzeitigen externen Rahmensetzungen durch die Selbstverwaltungsorgane des ambulanten Sektors und staatlicher Vorgaben. Im Krankenhausbereich wurden Selbstverwaltungsstrukturen mit weitgehend analogem Aufbau zum ambulanten Sektor bewusst politisch geschaffen. Hier ist aber die Bedeutung hierarchischer politischer Steuerung gleichzeitig am größten – nicht zuletzt, weil die öffentlichen Krankenhäuser (noch) den größten Anteil umfassen und Länder und Gemeinden daher als Arbeitgeber über zusätzliche Steuerungsmöglichkeiten verfügen. In keinem der Bereiche ist es aber gelungen, die Selbstverwaltungsgremien so zu organisieren, dass sie gleichermaßen (durch Integration aller betroffenen Gruppen) legitim und (durch ausreichende staatliche Kontrolle) handlungsfähig sind. Auch eine staatliche Koordination im Hinblick auf die Bedürfnisse der jeweils anderen Teilbereiche des Gesundheitswesens und den mitbetroffenen übrigen gesellschaftlichen Subsystemen kann von den Selbstverwaltungsorganen nicht geleistet werden.

Konzertierte Aktion   Um diese Probleme zu reduzieren, wurden verschiedene Gremien zur dauerhaften und institutionalisierten Einbindung der meist hierarchisch und zentralistisch strukturierten Verbände in die Formulierung und Umsetzung staatlicher Politik geschaffen. Das bekannteste dieser korporatistischen Gremien ist die Konzertierte Aktion im Gesundheitswesen (KAiG). Die KAiG wurde 1977 mit dem Krankenversicherungs-Kostendämpfungsgesetz auf Bestreben der Leistungsanbieter und der CDU/CSU-Bundestagsfraktion eingeführt. In der Konzertierten Aktion ist neben Bundes- und Landesregierungen eine Vielzahl von Interessengruppen vertreten: Hierzu gehören die Verbände der Krankenkassen, die Körperschaften der Ärzte und Zahnärzte, Vertreter der Pharma- und Apothekerverbände und Verbände der Krankenhausträger. Seit 1993 sind auch weniger einflussreiche Interessengruppen (Behinderten- und Verbraucherverbände, Verbände der Heilmittelerbringer, der Freien Wohlfahrtspflege, der Gesundheitshandwerker, des Kur- und Bäderwesens und der Pflegeberufe) in der KAiG vertreten. Die Konzertierte Aktion dient vor allem dazu, Rahmen- und Orientierungsdaten für das Gesundheitswesen zu entwickeln und zwischen den Beteiligten abzustimmen (§ 141-142 SGB V). Sie tritt meist zweimal im Jahr zusammen. Im Frühjahr werden Empfehlungen zu den Steigerungsraten der gesetzlichen Krankenversicherung im ambulanten Bereich und bei den Arzneimitteln ausgehandelt. Die Herbstsitzungen sollen der Diskussion möglicher Strukturreformen im Gesundheitswesen dienen.

Sachverständigenrat   Während die Konzertierte Aktion ein Verhandlungsgremium der betroffenen Verbände und staatlichen Akteure ist, ist der 1985 eingerichtete Sachverständigenrat für die Konzertierte Aktion im Gesundheitswesen (SVRKAiG) ein Expertengremium. Dem Sachverständigenrat gehören sieben formal unabhängige Wissenschaftler an, die vom zuständigen Minister unter Beteiligung der KAiG für jeweils vier Jahre gewählt werden (vgl. Bandelow 1998: 114). Die bisherigen Erfahrungen zeigen, dass die Zusammensetzung und die jeweiligen Arbeitsaufträge stark vom zuständigen Ministerium bestimmt werden können. Der Sachverständigenrat hat sich daher zunehmend zu einem umstrittenen Beratungsgremium entwickelt, das weniger zur Unterstützung der Konzertierten Aktion als zur Legitimation von Regierungsentwürfen dient.

Neben der Konzertierten Aktion im Gesundheitswesen und dem Sachverständigen-rat wurden in den letzten Jahren wiederholt weitere Verhandlungs- und Beratungsgre-mien geschaffen. Diese unterscheiden sich von der KAiG zunächst durch die fehlende gesetzliche Grundlage: Zusammensetzung, Entscheidungsstrukturen und Ziele können von den jeweiligen Initiatoren relativ beliebig festgelegt werden. Beispiele für solche Gremien sind der durch Gesundheitsministerin Ulla Schmidt im Mai 2001 einberufene Runde Tisch und die Ende 2002 einberufene Rürup-Kommission. Der Runde Tisch ist als Verhandlungsgremium der Verbandsvertreter konstruiert. Die Rürup-Kommission besteht dagegen aus wissenschaftlichen Sachverständigen und Vertretern von Interes-sengruppen. Während der Runde Tisch nur Fragen des Gesundheitswesens behandelt, ist die Rürup-Kommission mit einer umfassenden Diskussion aller sozialen Sicherungs-systeme befasst. In der Rürup-Kommission sind zwar Vertreter der Tarifparteien, der Pharmaindustrie und der Krankenkassen einbezogen. Die in allen anderen Verhandlungs-gremien dominierenden Kassenärzte wurden jedoch nicht eingeladen. *(margin: Rürup-Kommission)*

Die Erwartungen an die verschiedenen Verhandlungsgremien waren ursprünglich hoch. Sie sollten die Möglichkeiten erfolgreicher staatlicher Steuerung erhöhen, indem die Verbände durch die Übernahme staatlicher Aufgaben den Staat entlasten und so ei-ne Überforderung der begrenzten staatlichen Steuerungskapazitäten vermieden werden sollte. Es wurde angenommen, dass Interessenverbände durch die Einbindung in die staatliche Politik „dazu veranlaßt werden könnten – oder sich selbst dazu veranlaßt sä-hen –, die Verfolgung kurzfristiger, begrenzter Sonderinteressen zurückzustellen zu-gunsten der Durchsetzung übergreifender Kollektivziele" (Lehmbruch 1988: 13). Die Verbände würden ihrerseits in der verbandlichen Selbstverwaltung und den korporatis-tischen Institutionen eine Einflussmöglichkeit sehen, die sie nicht durch unkooperatives Verhalten gefährden wollen (vgl. auch Herder-Dorneich 1982: 404-406). Selbst bei Verteilungskonflikten sollten daher grundlegende Reformen auf Basis eines abgestimmten Verhaltens zwischen staatlichen Akteuren und Großverbänden erreicht werden.

Gemessen an diesen Erwartungen sind die Ergebnisse der gesundheitspolitischen Steuerung durch Verhandlung ernüchternd. Bisher wurde noch kein grundlegendes Re-formkonzept von allen wichtigen Interessengruppen gemeinsam erarbeitet. Die Kon-zertierte Aktion im Gesundheitswesen wurde meist primär zur Kritik an bestehenden Reformprojekten genutzt. Auch der Runde Tisch war wenig erfolgreich: In fünf der sechs Arbeitskreise des Gremiums ist es bisher nicht gelungen, sich auf gemeinsame Empfehlungen zu einigen (vgl. Bandelow 2002: 127).

Die Probleme der Verhandlungsgremien können teilweise auf die institutionellen Strukturen zurückgeführt werden (vgl. Wiesenthal 1981; Lehmbruch 1988). So verfü-gen nur die Selbstverwaltungsgremien über verbindliche Steuerungskompetenzen. Die Konzertierte Aktion handelt dagegen wie der Runde Tisch und die Rürup-Kommission lediglich Empfehlungen aus. Ein weiteres Problem aller Verhandlungsgremien liegt in der mangelhaften demokratischen Legitimation, da die Teilnehmer weder demokratisch gewählt noch systematisch auf Grundlage fachlicher Kompetenz ausgewählt werden. *(margin: Probleme der Steuerung: – institutionelle Strukturen)*

Ein spezifisches Problem der Verhandlungsgremien des deutschen Gesundheitswe-sens liegt zudem in dem asymmetrischen Machtverhältnis zwischen den beteiligten Akteuren. Die zentralistisch organisierten und konfliktfähigen Kassenärzte verfügen über strukturelle Vorteile gegenüber den zersplitterten Krankenkassenverbänden. Wei-tere Interessengruppen – insbesondere die Versicherten und Patienten – verfügen nicht einmal über einflussreiche eigene Verbände. Auch diese Asymmetrie der Verhand-lungsgremien schwächt die Legitimation der dort getroffenen Entscheidungen. *(margin: – asymmetrische Machtverhältnisse)*

– Vielfalt der Interessengruppen

Neben der Asymmetrie ist die Vielfalt der betroffenen Interessengruppen des deutschen Gesundheitswesens ein zentrales Problem von Verhandlungslösungen. Da Verhandlungen auf Konsens zielen, wird allen Beteiligten die Möglichkeit geboten, umfassende Maßnahmenbündel zu blockieren. Selbstverwaltung und Korporatismus tragen somit zusammen mit der geringen Machtkonzentration des deutschen politischen Systems infolge des verflochtenen Föderalismus und des Verhältniswahlrechts zur Blockade grundlegender Gesundheitsreformen bei (vgl. Mayntz 1990; Rosewitz/Webber 1990).

Erweiterung korporatistischer Steuerungselemente

Trotz dieser Probleme wurde vor allem in den 1980er Jahren die Bedeutung korporatistischer Steuerungselemente im Gesundheitswesen gezielt erweitert (vgl. Döhler/ Manow-Borgwardt 1992). Seit den 1990er Jahren findet sich gleichzeitig zunehmend eine Ergänzung der weiterhin zentralen Verhandlungsgremien durch eine Vielzahl von wettbewerblichen Steuerungsinstrumenten (vgl. Gerlinger 2002). Auch die gegenwärtig diskutierten Konzepte von Bonussystemen für Gesunde und einer Pluralisierung der Angebote von Gesundheitsleistungen durch Aufhebung des Sicherstellungsauftrags der Kassenärztlichen Vereinigungen zielen auf eine Stärkung des Wettbewerbs.

Die inhaltliche Strategie einer Stärkung von Wettbewerbselementen wird vor allem von Ökonomen unterstützt. Die Politikwissenschaft konzentrierte sich dagegen stärker auf die Frage einer hierarchischen Durchsetzung grundlegender Reformen. Auf die Beobachtung, dass grundlegende Reformmaßnahmen bisher stets gescheitert sind, wurde mit dem wiederholten Ratschlag reagiert, die Politik möge sich auf „graduelle" bzw. „Step-by-Step-Reformen" beschränken (vgl. Naschold 1967; Hartmann 2002). Neuere Arbeiten legen jedoch nahe, dass die Blockadewirkungen der institutionellen Strukturen bei einer differenzierten Betrachtung der Akteurkonstellationen auch überwunden werden können.

5   Akteurkonstellationen und Chancen hierarchischer Steuerung

Akteure im Gesundheitswesen:

Die wiederholten Versuche hierarchischer Steuerung durch Reformen der Gesetzlichen Krankenversicherung können als Versuche interpretiert werden, den Verselbständigungstendenzen des Gesundheitswesens durch strukturelle Veränderungen entgegenzuwirken (vgl. Hartmann 2002: 127/128). Grundlegende Eingriffe in das Gesundheitswesen stehen nicht nur vor den bisher diskutierten Problemen, dass sie die Eigenlogik des ausdifferenzierten Teilsystems bestenfalls begrenzt beeinflussen können und dass die direkten Steuerungskompetenzen der Bundesregierung als Steuerungszentrum in dem durch Verhandlungsstrukturen geprägten deutschen Gesundheitswesen begrenzt sind. Auch die Vielfalt der Interessen und politischen Ziele der Akteure steht Reformbemühungen entgegen.

– Interessenverbände

Im Gesundheitswesen existiert eine große Anzahl von Interessenverbänden, die sich in den letzten Jahrzehnten weiter deutlich erhöht hat (für einen Überblick vgl. Bandelow 1998: 74-124). Neben den Körperschaften (Kassenärztliche Vereinigungen, Ärztekammern, Krankenkassenverbände etc.) finden sich vor allem bei den Leistungsanbietern zahlreiche freie Verbände. Zwischen den Verbänden der verschiedenen Facharztgruppen bestehen oft grundlegende Interessenkonflikte. Daneben existieren mit den etablierten großen Verbänden (Hartmannbund, Verband der Niedergelassenen Ärzte/NAV, Marburger Bund) übergreifende Zusammenschlüsse, die eine Abwanderung ihrer Mitglieder zu den Facharztverbänden vermeiden wollen.

– Pharmaindustrie

Auch die Pharmaindustrie wird durch verschiedene Verbände mit unterschiedlichen Zielen repräsentiert: So sind etwa die großen forschenden Arzneimittelhersteller daran interessiert, dass umfassender Patentschutz gewährt wird und auch nach Ablauf des Patentschutzes Originalprodukte von den Kassen finanziert werden. Diese Interessen der im Verband Forschender Arzneimittelhersteller (VFA) organisierten Unternehmen stehen im Widerspruch zu den Interessen der kleineren Hersteller von Nachahmerpräparaten, die durch den Bundesverband der Pharmazeutischen Industrie (BPI) vertreten werden.

Neben den Ärzteverbänden und der Pharmaindustrie gehören die Krankenkassenverbände, die Verbände der Krankenhausträger, der Dachverband der Apothekerverbände (ABDA) und vor allem die Gewerkschaften und Arbeitgeberverbände zu den wichtigsten Interessengruppen im deutschen Gesundheitswesen. — sonstige

Bei dieser Vielzahl von Gruppen stößt jeder Reformentwurf auf erbitterten Widerstand einer Mehrheit der Betroffenen. Dieser Widerstand der Interessengruppen wurde lange in Politik und Wissenschaft als wichtigste Ursache für die Probleme des deutschen Gesundheitswesens gesehen. Ausgangspunkt dieser Interpretation waren die gescheiterten Reformversuche von Arbeitsminister Blank in den 1960er Jahren. Das Scheitern dieser Reformentwürfe – so die lange vorherrschende Interpretation – war das Ergebnis der Vetomacht vor allem der Kassenärzte, die in ihrer Blockade durch die Gewerkschaften unterstützt wurden. Obwohl dieses Bündnis von Kassenärzten und Gewerkschaften eher ungewöhnlich war, wurde lange davon ausgegangen, dass jeder Reformentwurf durch (wechselnde) Koalitionen von Interessengruppen blockiert werden könnte (vgl. Naschold 1967).

Nach den beiden gescheiterten Entwürfen für ein Krankenversicherungs-Neuregelungsgesetz 1960 und 1964 bemühten sich die zuständigen Bundesminister daher bei den anschließenden Reformentwürfen um eine möglichst frühzeitige und breite Unterstützung durch die Interessenverbände. Die Kostendämpfungsgesetze der 1970er und 1980er Jahre wurden so unter Nutzung der korporatistischen Entscheidungsstrukturen entwickelt. Das Ergebnis waren jeweils kurzfristige Sparmaßnahmen, die überwiegend zu Lasten der in den Gremien nicht vertretenen Patienten konzipiert wurden. Wesentliche strukturelle Reformen konnten dagegen nicht durchgesetzt werden (vgl. Bandelow 1998: 185-197). Reformentwürfe

Erst das 1992 verabschiedete Gesundheitsstrukturgesetz schien einen Rückgewinn staatlicher Steuerungsautonomie zu bewirken. Das Gesetz enthielt u.a. Einstiege in die Krankenkassenorganisationsreform und in die grundlegende Umgestaltung der Krankenhausfinanzierung sowie Einschränkungen der Zulassungsfreiheit für Kassenärzte und zeitlich befristete Sparmaßnahmen in allen zentralen Bereichen. Diese grundlegenden Reformen wurden gegen den Widerstand fast aller Interessengruppen durchgesetzt. Gesundheitsstrukturgesetz

Dieser überraschende Erfolg hierarchischer Steuerung im Gesundheitswesen führte zu verschiedenen sozialwissenschaftlichen Erklärungsversuchen. Dabei dominiert die Interpretation, dass der Erfolg des Gesetzes vor allem auf die veränderte politische Strategie zurückzuführen ist: Ähnlich wie auch in anderen Politikfeldern (etwa bei der Rentenreform 1992 und der Einführung der Pflegeversicherung) wurde das Gesundheitsstrukturgesetz in einer großen Sachkoalition unter Einbindung der damals oppositionellen SPD durchgesetzt. Der besondere Problemdruck dieser Phase – vor allem aufgrund der Kosten der deutschen Vereinigung – hat danach in dieser besonderen Situation die Einigung der politischen Parteien ermöglicht. Durch die Einigkeit von Regierung und Opposition war es für die Verbände nicht mehr möglich, politische Unterstützung für ihren Widerstand zu erhalten (vgl. Bandelow 1998: 204-211). Erfolg der hierarchischen Steuerung

Ergänzend zu dieser situativen Erklärung wurde argumentiert, dass auch langfristige strukturelle Veränderungen dazu beigetragen haben, dass die Vetomacht der Interessengruppen im Gesundheitswesen nachgelassen hat (vgl. dazu Döhler/Manow 1997). nachlassende Vetomacht der Verbände

Danach war bereits die gängige Erklärung für das Scheitern der Blankschen Reformversuche unzureichend, wonach die Politik am Widerstand der Interessengruppen gescheitert wäre. Die Verhinderung umfassender Reformen in der Frühphase der Bundesrepublik basierte vielmehr auf einem Zusammenspiel unterschiedlicher Faktoren. Von großer Bedeutung war insbesondere die geringe „Reife" des Politikfelds Gesundheit in den 1960er Jahren. In der Regierung und insbesondere in der damals führenden Regierungspartei, der CDU, hatten sich noch keine klaren Kompetenzstrukturen für die Entwicklung eigener gesundheitspolitischer Programme herausgebildet. Die Reformentwürfe Blanks fielen in eine Zeit, die durch Kompetenzkonflikte zwischen den Bundesressorts, zwischen Ministern und Bundeskanzler und zwischen Bund und Ländern geprägt waren. Auch die Ärzteverbände verfügten noch nicht über interne Koordinationsstrukturen und standen in starker Konkurrenz zueinander. Letztlich war es daher nicht die Vetomacht der Kassenärzte, sondern die fehlende Unterstützung der Reformentwürfe Blanks durch Bundeskanzler Adenauer und durch den Gewerkschaftsflügel der CDU/CSU-Bundestagsfraktion, die zur Blockade führten.

Entideologisierung der Gesundheitspolitik

Bis Anfang der 1990er Jahre haben sich die Problemlösungsstrukturen im politischen System wesentlich weiter ausdifferenziert. So haben die politischen Parteien pluralistisch besetzte Gremien wie den heute mit Vertretern aller wichtigen gesundheitspolitischen Interessen besetzten CDU-Bundesfachausschuss Gesundheit herausgebildet (vgl. Döhler/Manow 1997: 50). Solche Prozesse der Strukturdifferenzierung haben gemeinsam mit veränderten Akteurinteressen zur Verbesserung der Möglichkeiten hierarchischer Steuerung beigetragen. So orientieren sich die Regierungen der Bundesländer heute nicht mehr primär an den Interessen der von Ländern und Gemeinden getragenen Krankenhäuser. Vielmehr hat sich eine industriepolitische Standortorientierung durchgesetzt, welche die Länder zu einem zentralen Befürworter grundlegender Strukturreformen werden ließ (vgl. Döhler/Manow 1997: 82/83). Die Entwicklung differenzierter innerparteilicher gesundheitspolitischer Entscheidungszirkel ermöglicht es heute, dass die großen Volksparteien eigene abgestimmte gesundheitspolitische Programme entwickeln, die nicht mehr von den Interessen einzelner Verbände abhängig sind. Döhler und Manow (1997: 7) sehen daher eine „deutliche Entideologisierung der Gesundheitspolitik".

Diese hier zusammengefasste Erklärung des relativen Steuerungserfolgs in der Gesundheitspolitik der frühen 1990er Jahre trägt wesentlich dazu bei, falsche Schlussfolgerungen aus den Blankschen Reformversuchen für die Gegenwart zu vermeiden. Allerdings hat sich die Erwartung einer „Entideologisierung" angesichts der Entwicklungen der letzten Jahre als zu optimistisch erwiesen. Nach wie vor prägen nicht nur die Interessen einzelner Verbände in Bezug auf die Verteilung der Gesundheitsausgaben, sondern ideologische Grundsatzfragen die Gesundheitspolitik. Die Standorte der Politiker in diesen Konflikten sind allerdings nicht vollständig entlang der parteipolitischen Grenzen festzulegen. Ein umfassendes Verständnis der Steuerungsprobleme des Gesundheitswesens muss dennoch neben der Konstellation verbandlicher Akteure auch die nicht allein auf materielle Interessen zurückführbaren politischen Konflikte berücksichtigen (vgl. Bandelow 1998: 148-151).

gesundheitspolitische Konflikte

Diese politischen Konflikte wurden in den Governance-Konzepten der Gesundheitspolitikforschung lange Zeit vernachlässigt, u.a. weil man sich z.B. in der Korporatismustheorie den Staat als monolithischen Akteur vorstellte. Zudem werden die gesundheitspolitischen Konflikte immer noch häufig fälschlich als reine Interessenkonflikte innerhalb und zwischen einer Vielzahl von Akteurgruppen interpretiert. Demzufolge streben nicht nur die Interessengruppen nach einer Maximierung festgelegter materieller Ziele. Auch Parteien und Parteipolitiker agieren mit konstanten Zielen, nämlich der Maximierung von Wählerstimmen. Die Ministerialbürokratie orientiert sich dagegen primär am Interesse der Maximierung der Kompetenzen der eigenen politischen Ebene und des eigenen Ressorts. Die Vorteile einer solchen utilitaristischen Perspektive liegen in der Möglichkeit einer klaren und mitunter mathematischen Modellierung der jeweiligen Interessen und Interessenkonflikte sowie in der Tatsache, dass sich viele empirische Entwicklungen so mit einfachen und plausiblen Annahmen erklären lassen.

Ein solches Konzept übersieht aber die inhaltlichen Besonderheiten und Probleme der Gesundheitspolitik. Die politischen Konflikte basieren u.a. auf der Tatsache, dass das Gesundheitswesen in Deutschland zwei Aufgaben miteinander verbindet: Es soll einerseits eine umfassende Sicherung der Bevölkerung auf möglichst hohem Niveau bei der Bekämpfung von Krankheiten leisten. Gleichzeitig ist das Gesundheitswesen in seiner bisherigen Struktur aber auch bewusst als Teil des Umverteilungsstaates konzipiert. Die Finanzierung der gesetzlichen Krankenkassen über Lohnnebenkosten führt nicht nur zu einer gewollten Umverteilung zwischen Gesunden und Kranken, sondern auch zu ebenfalls gewollten Umverteilungen zwischen Kinderlosen und Kinderreichen, zwischen Jungen und Alten, zwischen Reichen und Armen und zwischen Männern und Frauen. Über das Ausmaß, in dem diese Umverteilungen in Zukunft gewollt sind, bestehen (berechtigterweise in einer pluralistischen Demokratie) unterschiedliche Positionen in der politischen Arena. Ein Kernproblem der gesundheitspolitischen Auseinandersetzung liegt darin, dass diese Umverteilungskomponente, mit der gesundheitspolitische Entscheidungen heute stets verbunden sind, nur selten offen dargelegt wird. Die implizite Verbindung von Reformkonzepten zur Sicherung der Gesundheitsversorgung mit den von der jeweiligen Regierung vertretenen Vorstellungen zu den Umverteilungsfragen führt zwangsläufig zum Widerstand der jeweiligen Oppositionsparteien. Diese dienen jeweils den Verbänden als Ansprechpartner zur Durchsetzung ihrer verteilungspolitisch motivierten Blockadewünsche.

(Randnotiz: Ziele der Gesundheitspolitik)

Vereinfacht lassen sich die Positionen der Parteipolitiker daher auf einer Umverteilungsdimension abbilden: Hier reichen die Standpunkte von der Position der FDP, welche staatliche Umverteilung möglichst minimieren möchte, bis zur PDS. Die Positionen der meisten Politiker von Union, SPD und Bündnis 90/Die Grünen liegen zwischen diesen Extremen. Obwohl sich in den politischen Eliten sowohl der Union als auch der Regierungsparteien hier jeweils eine Vielzahl unterschiedlicher Positionen findet, ist bei einer „rot-grünen" Regierung eine stärkere Befürwortung von Umverteilungszielen zu beobachten als bei einer „schwarz-gelben" Regierung (für Überblicke über die wichtigsten gesundheitspolitischen Positionen der Parteien siehe Bandelow 1998: 103-111; Wörz/Wismar 2001: 856/857). Interessanterweise haben die „Reifung" des Gesundheitswesens in der Bundesrepublik und die damit verbundene Pluralisierung der gesundheitspolitischen Gremien der Volksparteien aber dazu geführt, dass bei den konkreten Fragen der Verteilung von Gesundheitsleistungen keine grundsätzlichen Konflikte zwischen den Parteien mehr bestehen. Letztlich orientieren sich alle Parteipolitiker in Deutschland an dem Ziel eines Erhalts des vergleichsweise hochwertigen deutschen Gesundheitswesens und des unbehinderten Zugangs für alle Bevölkerungsgruppen zu diesem.

(Randnotiz: parteipolitische Positionen)

Konkrete Vorschläge für Gesundheitsreformen scheitern daher immer dann, wenn sie Versorgungsfragen (etwa die Finanzierung von Krankenhäusern) mit Umverteilungsfragen (etwa die Gestaltung der Leistungskataloge der GKV) verbinden. Das Problem dieser Entwürfe liegt darin, dass sie sowohl auf den Widerstand von Interessengruppen als auch auf Widerstand aus der Parteienarena stoßen. Angesichts der großen öffentlichen Wirkung des Protestes insbesondere von Ärzten kann eine Regierung nur

(Randnotiz: Reformblockade durch die Verknüpfung von Versorgung und Verteilung)

dann langfristig gegen den Widerstand der Interessengruppen agieren, wenn sie von der Opposition unterstützt wird und somit das Wiederwahlinteresse nicht gefährdet wird. Eine Unterstützung durch die Opposition ist aber nur dann möglich, wenn Versorgungsfragen von Umverteilungsfragen getrennt werden.

Trennung der Arenen

Theoretisch liegen daher die Chancen hierarchischer Steuerung im Gesundheitswesen in einer Trennung der Arenen zur Klärung von Umverteilungsfragen (insbesondere Aspekte der Finanzierung von Gesundheitsleistungen) und Versorgungsfragen. Eine solche Arenentrennung ist in der Gesundheitspolitik nur bei der Formulierung des Gesundheitsstrukturgesetzes ansatzweise gelungen. Die Parteieneinigung war hier u.a. dadurch möglich, dass Umverteilungsfragen bewusst ungeklärt geblieben sind. Das Gesetz hätte sowohl die Basis für eine Stärkung der Eigenverantwortung als auch für einen Ausbau solidarischer Ausgleiche schaffen können. Dies wird bei der Organisationsreform der Krankenkassen deutlich, die mit dem Risikostrukturausgleich einerseits zur Stützung der benachteiligten Ortskrankenkassen geführt hat (und damit den Weg zu einer Einheitsversicherung hätte ebnen können), andererseits aber auch die Möglichkeit für verschärften Wettbewerb zwischen pluralistisch organisierten Kassen hätte bewirken können.

Nach der Verabschiedung des Gesundheitsstrukturgesetzes war die kurze Phase hierarchischer Steuerung des deutschen Gesundheitswesens beendet. Die heutige Gesundheitspolitik wird erneut durch Verhandlungsgremien dominiert, welche die Probleme der Systemintegration nicht lösen können. Im abschließenden Ausblick soll diskutiert werden, ob in Zukunft eine grundlegende Stärkung staatlicher Steuerungskompetenzen durch einen umfassenden Umbau der gesetzlichen Krankenversicherung möglich sein kann.

6 Ausblick

Probleme des Gesundheitswesens:

Die Analyse der Integrationsprobleme und Governancestrukturen des deutschen Gesundheitswesens ist von der verbreiteten These ausgegangen, dass die deutsche Gesundheitspolitik vor besonderen Problemen steht. Diese Probleme manifestieren sich insbesondere im Verhältnis zwischen Gesundheits- und Wirtschaftssystem. Allerdings werden die Probleme in der politischen Diskussion mit Schlagwörtern wie „Kostenexplosion" oft übertrieben. Die Entwicklung der Anteile der Gesundheitsausgaben am BIP als Maßzahl für den Ressourcenverbrauch des Gesundheitswesens zeigt zwar eine möglicherweise problematische Dynamik. Die eher moderaten Anstiege lassen sich aber angesichts der gesellschaftlich gewollten Leistungen des Gesundheitswesens sowohl bei der Bekämpfung von Krankheiten als auch bei der Schaffung von Arbeitsplätzen zumindest teilweise rechtfertigen.

– Kostenexplosion

– geringe politische Steuerbarkeit

Ein grundlegenderes Problem des Gesundheitswesens ist durch die geringe politische Steuerbarkeit entstanden. Das Gesundheitswesen war vor allem in der Frühphase der Bundesrepublik aufgrund spezifischer Rahmenbedingungen weitgehend erfolgreich bei der Abwehr von externen Steuerungsversuchen aus dem politischen System. Die Erfahrungen vor allem der 1990er Jahre haben aber gezeigt, dass unter bestimmten Bedingungen durchaus hierarchische Steuerung möglich ist. Dennoch dominieren sowohl in der täglichen Entscheidungsfindung als auch bei Versuchen grundlegender Umgestaltungen nicht hierarchische politische Eingriffe, sondern auf Konsens angelegte Verhandlungen zwischen staatlichen und gesellschaftlichen Akteuren.

Diese Verhandlungssysteme haben sich zwar im Alltag als weitgehend entscheidungsfähig erwiesen. Sie weisen aber wesentliche demokratische Legitimationsdefizite auf. Außerdem führen sie aufgrund der Blockademöglichkeiten von jeweils wechselnden Bündnissen zwischen verbandlichen und politischen Akteuren zu einer Stabilisierung der bestehenden Finanzierungsstrukturen. — Legitimationsdefizite der Verhandlungssysteme

Die Finanzierung der gesetzlichen Krankenversicherung über Lohnnebenkosten und die in diesem System angelegte Verknüpfung von gesundheitspolitischen und umverteilungspolitischen Zielen ist die wichtigste Herausforderung der zukünftigen Gesundheitspolitik. Es zeichnet sich gegenwärtig ab, dass die dauerhafte Blockade einer grundlegenden Umgestaltung der Finanzierungsstrukturen angesichts der politisch nicht beeinflussbaren Logik des Krankheitsbehandlungssystems zu einem politisch bisher wenig thematisierten Problem führt: Das Krankheitsbehandlungssystem wird gerade im Rahmen der bisherigen Steuerungsstrukturen auch weiterhin sicherstellen können, dass es über ausreichende Ressourcen für eine Sicherstellung einer Versorgung auf dem gesellschaftlich gewünschten Niveau verfügen wird. Gleichzeitig führen aber der demographische Wandel, die Massenarbeitslosigkeit und die nachlassende Bedeutung von Normalarbeitsverhältnissen zu einem Finanzierungsdruck auf das Gesamtsystem, der aufgrund der Überintegration des Systems mit dem Wirtschaftssystem nicht abgebaut werden kann. Die bisherige Logik führt dann stets dazu, dass die Probleme ohne Kompensationen über einen Abbau der Umverteilungsleistungen des Gesundheitswesens gelöst werden. — Verknüpfung von Versorgung und Umverteilung

— Abbau der Umverteilung

Diese Entwicklung ist gesellschaftlich äußerst problematisch: Die Frage nach dem Ausmaß solidarischer Ausgleiche zwischen verschiedenen Bevölkerungsgruppen ist in einer pluralistischen Demokratie eine normative Grundsatzfrage, die von demokratisch legitimierten Gremien immer wieder neu entschieden werden muss. Sie wird aber in den gegenwärtigen Strukturen von für diese Frage ungeeigneten Verhandlungsgremien des Gesundheitswesens ohne gesellschaftliche Legitimation und ohne öffentliche Auseinandersetzung getroffen.

Im letzten Kapitel wurde als mögliche Lösung für dieses Dilemma eine Trennung der Umverteilungsfragen von den Versorgungsfragen des Gesundheitswesens vorgeschlagen. Dieser Vorschlag überträgt eine teilweise analoge Idee von Fritz Scharpf aus den 1980er Jahren, der für eine Trennung von „Problemlösung" und „Verteilung" eingetreten ist (vgl. Scharpf 1988; 2000). Der Vorschlag Scharpfs basierte ursprünglich vor allem auf Analysen des Wirtschaftssystems. Dort ist es bisher nicht gelungen, diesen Vorschlag inhaltlich zu konkretisieren. Dies liegt u.a. wohl daran, dass im volkswirtschaftlichen Kreislauf Produktion und Umverteilung vielfach miteinander verbunden sind.

Im deutschen Gesundheitswesen sind dagegen die Versorgungsziele und die Umverteilungsziele nur aus historischen Gründen verbunden. Sie wären politisch durchaus zu trennen. Dies zeigen nicht nur die Krankheitsbehandlungssysteme anderer Staaten, die nicht auf sozialen Krankenversicherungen basieren. Ein möglicher Schritt zu einer solchen Trennung könnte in einer Verwirkung der unlängst von Bert Rürup formulierten Finanzierungsreform liegen. Danach sollte das Gesundheitswesen nicht mehr über Lohnnebenkosten, sondern über eine Kopfpauschale aller Bundesbürger finanziert werden. Damit wäre die Frage der solidarischen Ausgleiche in andere Felder (etwa die Steuerpolitik oder das Wirtschaftssystem) verlagert. — Kopfpauschale

Ob ein solcher Vorschlag (der bisher nur rudimentär vorliegt und noch auf mögliche rechtliche, sozialpolitische und andere Probleme hin geprüft werden müsste) verwirklicht werden kann, hängt nicht allein von den Governance-Formen des Gesundheitswesens ab. Die auf die Politik übertragbaren Erfahrungen der Organisationsforschung zeigen, dass sich derartige grundlegende Veränderungen nicht systematisch zielgerichtet durchsetzen lassen. Vielmehr muss sich (eher zufällig) ein „Policy Window" öffnen, indem der Problemdruck und die politischen Machtverhältnisse kurzfristig mit einem grundlegenden Reformvorschlag korrespondieren (vgl. Kingdon 1984). Ob sich ein solches Entscheidungsfenster in absehbarer Zeit öffnet und dann auch genutzt wird, ist nicht prognostizierbar.

Literatur

Bandelow, Nils C., 1998: *Gesundheitspolitik – Der Staat in der Hand einzelner Interessengruppen?* Opladen: Leske + Budrich.
Bandelow, Nils C., 2002: Ist das Gesundheitswesen noch bezahlbar? Problemstrukturen und Problemlösungen. In: *Gesellschaft – Wirtschaft – Politik* 51, 109-131.
BMA [Bundesministerium für Arbeit und Sozialordnung], 2001: *Statistisches Taschenbuch 2001.* Quelle: http://www.bma.de/.
Döhler, Marian/Philip Manow-Borgwardt, 1992: Korporatisierung als gesundheitspolitische Strategie. In: *Staatswissenschaften und Staatspraxis* 3, 64-106.
Döhler, Marian/Philip Manow, 1997: *Strukturbildung von Politikfeldern. Das Beispiel bundesdeutscher Gesundheitspolitik seit den fünfziger Jahren.* Opladen: Leske + Budrich.
Eberlein, Burkard/Edgar Grande, 2003: Entscheidungsfindung und Konfliktlösung. In: Klaus Schubert/Nils C. Bandelow (Hrsg.), *Lehrbuch der Politikfeldanalyse*, München/Wien: Oldenbourg, 175-202.
Eichener, Volker, 1996: Die Rückwirkungen der europäischen Integration auf nationale Politikmuster. In: Markus Jachtenfuchs/Beate Kohler-Koch (Hrsg.), *Europäische Integration*, Opladen: Leske + Budrich, 249-280.
Gerlinger, Thomas, 2002: *Zwischen Korporatismus und Wettbewerb: Gesundheitspolitische Steuerung im Wandel.* Wissenschaftszentrum Berlin für Sozialforschung, Working Paper P02-204, Berlin: WZB.
Hartmann, Anja K., 2002: *Zwischen Differenzierung und Integration. Die Entwicklung des Gesundheitssystems in den Niederlanden und der Bundesrepublik.* Opladen: Leske + Budrich.
Herder-Dorneich, Philipp, 1982: Funktionsfähigkeit und ordnungspolitische Einordnung der Konzertierten Aktion im Gesundheitswesen. In: Harald Bogs et al. (Hrsg.), *Gesundheitspolitik zwischen Staat und Selbstverwaltung*, Köln: Deutscher Ärzte-Verlag, 375-413.
Hof, Bernd, 2001: *Auswirkungen und Konsequenzen der demographischen Entwicklung für die gesetzliche Kranken- und Pflegeversicherung.* PKV-Dokumentation 24, Köln: PKV.
Kingdon, John W., 1984: *Agendas, Alternatives, and Public Policies.* Glenview: Scott, Foresman & Co.
Lehmbruch, Gerhard, 1988: Der Neokorporatismus der Bundesrepublik im internationalen Vergleich und die „Konzertierte Aktion im Gesundheitswesen". In: Gérard Gäfgen (Hrsg.), *Neokorporatismus und Gesundheitswesen*, Baden-Baden: Nomos, 11-32.
Luhmann, Niklas, 1983a: Anspruchsinflation im Krankheitssystem. Eine Stellungnahme aus gesellschaftstheoretischer Sicht. In: Philip Herder-Dorneich/Alexander Schuller (Hrsg.), *Die Anspruchsspirale*, Stuttgart: Kohlhammer, 28-49.
Luhmann, Niklas, 1983b: Medizin und Gesellschaftstheorie. In: *Medizin – Mensch – Gesellschaft* 8, 168-175.
Luhmann, Niklas, 1997: *Die Gesellschaft der Gesellschaft.* 2 Bde., Frankfurt/M.: Suhrkamp.
Mayntz, Renate, 1990: Politische Steuerbarkeit und Reformblockaden: Überlegungen am Beispiel des Gesundheitswesens. In: *Staatswissenschaften und Staatspraxis* 1, 283-307.
Mayntz, Renate/Bernd Rosewitz, 1988: Ausdifferenzierung und Strukturwandel des deutschen Gesundheitssystems. In: Renate Mayntz et al., *Differenzierung und Verselbständigung. Zur Entwicklung gesellschaftlicher Teilsysteme*, Frankfurt/M./New York: Campus, 117-179.

Mayntz, Renate/Fritz W. Scharpf, 1995: Der Ansatz des akteurzentrierten Institutionalismus. In: dies. (Hrsg.), *Gesellschaftliche Selbstregelung und politische Steuerung*, Frankfurt/M./New York: Campus, 39-72.

Naschold, Frieder, 1967: *Kassenärzte und Krankenversicherungsreform. Zu einer Theorie der Statuspolitik*. Freiburg: Rombach.

Reiners, Hartmut, 1999: Chronologischer Sanierungsfall? Das Gesundheitswesen in den Neuen Ländern. In: *Dr. med. Mabuse* 122, 48-50.

Rosewitz, Bernd/Uwe Schimank, 1988: Verselbständigung und politische Steuerbarkeit gesellschaftlicher Teilsysteme. In: Renate Mayntz et al., *Differenzierung und Verselbständigung. Zur Entwicklung gesellschaftlicher Teilsysteme*, Frankfurt/M./New York: Campus, 295-329.

Rosewitz, Bernd/Douglas Webber, 1990: *Reformversuche und Reformblockaden im deutschen Gesundheitswesen*. Frankfurt/M./New York: Campus.

Scharpf, Fritz W, 1988: The Joint-Decision Trap: Lessons from German Federalism and European Integration. In: *Public Administration* 66, 239-278.

Scharpf, Fritz W., 1998: Die Problemlösefähigkeit der Mehrebenenpolitik in Europa. In: Beate Kohler-Koch (Hrsg.), *Regieren in entgrenzten Räumen*, Politische Vierteljahresschrift-Sonderheft 29, Wiesbaden: Westdeutscher Verlag, 121-144.

Scharpf, Fritz W., 2000: *Interaktionsformen. Akteurzentrierter Institutionalismus in der Politikforschung*. Opladen: Leske + Budrich.

Schimank, Uwe, 1996: *Theorien gesellschaftlicher Differenzierung*. Opladen: Leske + Budrich.

Schimank, Uwe, 2000: Gesellschaftliche Integrationsprobleme im Spiegel soziologischer Gegenwartsdiagnosen. In: *Berliner Journal für Soziologie* 10, 449-469.

Schimank, Uwe/Stefan Lange, 2003: Politik und gesellschaftliche Integration. In: Armin Nassehi/Markus Schroer (Hrsg.), *Der Begriff des Politischen*, Soziale Welt-Sonderband 14, 171-186.

Schmid, Josef, 2002: *Wohlfahrtsstaaten im Vergleich*. Opladen: Leske + Budrich.

SVRKAiG [Sachverständigenrat für die Konzertierte Aktion im Gesundheitswesen], 1996: *Gesundheitswesen in Deutschland. Kostenfaktor und Zukunftsbranche*. Band I. Baden-Baden: Nomos.

Wiesenthal, Helmut, 1981: *Die Konzertierte Aktion im Gesundheitswesen. Ein Beispiel für Theorie und Politik des modernen Korporatismus*. Frankfurt/M./New York: Campus.

Wörz, Markus/Matthias Wismar, 2001: Green Politics in Germany: What is Green Health Care Policy? In: *International Journal of Health Services* 31, 847-867.

Teil 2
Governance und Sozialintegration

Jürgen Mackert

Die Steuerung staatlicher Inklusion: Staatsbürgerschaftsregime im Vergleich

1 Einleitung

„Keine gesellschaftliche Figur ist dynamischer als der Bürger". Mit dieser apodiktischen Feststellung hat Ralf Dahrendorf (2000: 133) die Erfolgsgeschichte des Bürgers auf den Punkt gebracht. Über Jahrhunderte hinweg war er „Agens und Movens" aufstrebender gesellschaftlicher Gruppen und stand für all jene Pate, die sich von unterschiedlichsten Formen der Abhängigkeit und Unterdrückung befreiten. Vielleicht liegt es an dieser historisch einzigartigen Stellung, dass in jüngerer Vergangenheit der Bürger zur Schlüsselfigur und die Staatsbürgerschaft zum Dreh- und Angelpunkt einer Vielzahl politischer Debatten und gesellschaftlicher Auseinandersetzungen geworden sind. Diese Konjunktur ist nicht auf den politischen Bereich beschränkt geblieben, denn längst gilt den Sozialwissenschaften Staatsbürgerschaft bzw. *Citizenship*[1] als zentraler Begriff der Analyse der Sozialintegration moderner Gesellschaften. Was genau aber ist die Staatsbürgerschaft?

Moderne Staatsbürgerschaft ist ein Bündel von Rechten und Pflichten, das den Bürgern einer Gesellschaft eine formale, legale Identität verleiht (vgl. Turner 1997). Sie entsteht im Zuge der Durchsetzung des Systems moderner Nationalstaaten und ist unmittelbar an deren Basisinstitutionen gebunden (vgl. Turner 2000). Durch die bürgerlichen, politischen und sozialen, später auch durch ökonomische und kulturelle Rechte wurden alle Bürger zu formal Gleichen erklärt (vgl. Marshall 1992; Dahrendorf 1992; Parsons 2000). Die unveräußerlichen Bürgerrechte und die mit ihnen einhergehenden Pflichten regeln sowohl das Verhältnis innerhalb einer politischen – gewöhnlich nationalen – Gemeinschaft als auch das Verhältnis des Bürgers zum Staat, und sie stellen damit die Inklusion der Bürger in ihre Gesellschaft sicher. *(Randglosse: Staatsbürgerschaft als Bündel von Rechten und Pflichten)*

Allerdings ist diese Vorstellung von der Staatsbürgerschaft äußerst voraussetzungsvoll, denn sie beruht, neben der Durchsetzung des administrativen Rahmens des Nationalstaates, auf weiteren spezifisch modernen strukturellen und kulturellen Bedingungen: auf der Herausbildung einer städtischen Kultur, der Säkularisierung, dem Bedeutungsverlust partikularistischer Werte und Loyalitäten sowie der Entstehung der Idee eines öffentlichen Raumes (vgl. Turner 1993: VII). Diese Voraussetzungen entstehen mit der Industriellen und der Französischen Revolution. Im Zuge der Industriellen Revolution untergräbt der sich entwickelnde Kapitalismus die bis dahin gültigen hierarchischen, partikularistischen und religiösen Institutionen und Werte. Durch die Auflösung der *(Randglosse: Nationalstaat)*

---

1 Die Begriffe „Staatsbürgerschaft" und „Citizenship" werden im Folgenden synonym verwandt. Gleichwohl ist sich der Verfasser der Tatsache bewusst, dass Citizenship viel stärker auf die Bürgerrechte und damit die aktive, partizipative Rolle der Bürger an den öffentlichen Angelegenheiten verweist, während der deutsche Begriff der Staatsbürgerschaft die Mitgliedschaft in einem Staat betont.

überkommenen Einbindungen in Über- und Unterordnungsverhältnisse wird auf ökonomischer Ebene überhaupt erst die Voraussetzung dafür geschaffen, dass sich die
Individuen als freie und gleiche Staatsbürger auf dem Markt gegenübertreten können,
um Verträge zu schließen. Mit der Französischen Revolution etabliert sich dann
schließlich ein vollständig neues Verständnis des Bürgers, denn die Durchsetzung
dieser Kennzeichen moderner, nationaler Staatsbürgerschaft forderte von den Staatsbürgern nicht mehr den Glauben an gottgewollte Ungleichheiten und Ehrfurcht vor
weltlichen und religiösen Autoritäten, sondern ein völlig neues Verständnis der Rolle
des Staatsbürgers und seines Verhältnisses gegenüber der rein weltlich gefassten
Herrschaft:

> „[The] recognition of the necessity of an authority which is rational, that is non-arbitrary and
> non-contradictory; loyalty vis-à-vis the ‚universal‘ institutions, as opposed to exclusive
> groups; and an interest in public affairs." (Leca 1992: 17/18).

Inklusionsanspruch
des Staates

Im Umbruch zur Moderne gewinnt der Universalismus gegenüber lokalen und partikularen Werten an Bedeutung, die noch patriarchalen Strukturen der „Alten Gesellschaft"
(Tocqueville 1989) werden hinterfragt, die Rechte und Pflichten des Bürgers mit säku-
laren Werten begründet, und schließlich setzt sich sukzessive die Erkenntnis durch, dass
Bürgerrechte auf Frauen und Kinder ausgedehnt werden müssen. Damit erhebt die moderne nationale Staatsbürgerschaft im Gegensatz zu allen vormodernen Konzeptionen
einen universalistischen Anspruch, der alle Bürger zu formal Gleichen erklärt, und sie
formuliert so einen umfassenden Inklusionsanspruch. Der epochale Wandel, den die
Französische Revolution auslöste, stellt deshalb auch die Idee der Staatsbürgerschaft
auf eine vollständig neue Grundlage:

> „Als bürgerliche Revolution schuf sie einen allgemeinen Mitgliedsstatus auf der Basis der
> Gleichheit vor dem Gesetz. Als eine demokratische Revolution belebte sie die klassische
> Konzeption der aktiven politischen Staatsbürgerschaft neu, wandelte sie aber von einem
> Sonderstatus in einen im Prinzip [...] allgemeinen Status um. Als eine nationale Revolution
> verstärkte sie die Grenzen – und Antagonismen – zwischen den Mitgliedern verschiedener
> Nationalstaaten. Als eine staatsbildende Revolution verlieh sie der Staatsbürgerschaft eine
> neue Unmittelbarkeit und kodifizierte sie. Die nationale Staatsbürgerschaft, wie wir sie ken-
> nen, trägt das Gepräge all dieser Entwicklungen." (Brubaker 1994: 78).

Staatsbürgerschaft als
Konstitutions- und
Regulations-
instrument

Diese Vorstellung von der Staatsbürgerschaft als Konstitutions- und Regulationsinstru-
ment moderner Gesellschaften (vgl. Grawert 1984) galt lange Zeit unhinterfragt. Dass
Citizenship ins Zentrum sozialwissenschaftlicher Analyse gerückt ist, hat deshalb entscheidend damit zu tun, dass sich westliche Demokratien zu Beginn des 21. Jahrhunderts mit einer Situation konfrontiert sehen, in der längst gelöst geglaubte Probleme der
Sozialintegration erneut virulent geworden sind. Im Zuge tiefgreifender struktureller
und kultureller Umbrüche kehren soziale Ungleichheit, Armut und Ausgrenzung in zum
Teil neuer Form zurück (vgl. Procacci 1998; Wilson 1996). Die Frage nach gesellschaftlich gültigen Gerechtigkeitsstandards steht nach dem Ende des „sozialdemokrati-
schen Konsenses" erneut auf der Tagesordnung (vgl. Müller 1995; Müller/Wegener
1995). Auch Probleme entlang neuer Konfliktlinien wie etwa veränderte Formen der
Partizipation (vgl. Crouch 1998; Wiener 1996) sowie Fragen der Zugehörigkeit in einer
von Migration gekennzeichneten, „in Bewegung geratenen Welt" (vgl. Castles/Miller
1993; Mackert 1996) rütteln an den Grundfesten liberaler Demokratien. Und nicht zuletzt ist es die Entstehung supranationaler politischer Einheiten, die die Souveränität des
Nationalstaates und damit die regulativen Fähigkeiten nationaler Staatsbürgerschaft in
Frage stellen (vgl. Mackert/Müller 2000).

Wenn mit diesen Herausforderungen die sozialintegrative Funktion und Kraft von Citizenship problematisch zu werden scheint, so macht es Sinn, sich zunächst des soziologischen Modells nationaler Staatsbürgerschaft zu vergewissern und der Frage nach der mit diesem Modell einhergehenden Vorstellung umfassender Inklusion aller Gesellschaftsmitglieder zur Sicherstellung der Sozialintegration nachzugehen. Vor dem Hintergrund massiver Immigration in westliche Demokratien – einer der tief greifenden strukturellen und kulturellen Umbrüche, die das klassische Modell der Staatsbürgerschaft in Frage stellen – lassen sich dann unterschiedliche *Citizenship Regimes* identifizieren und die mit ihnen einhergehenden „Politics of Citizenship" von Inklusion und Exklusion unterscheiden.

Herausforderungen für „Citizenship"

2 Das klassische soziologische Modell nationaler Staatsbürgerschaft – gesellschaftliche Integration und individuelle Inklusion

Die Tradition einer „Soziologie der Staatsbürgerschaft" ist auf das Engste mit den Namen Emile Durkheim, Thomas H. Marshall und Talcott Parsons verbunden. Emile Durkheim (1991) hat eine frühe Form der Staatsbürgerschaft als staatsbürgerliche Moral entwickelt und dabei die theoretische Perspektive der Soziologie der Staatsbürgerschaft vorgegeben; denn sowohl Marshall als auch Parsons diskutieren Citizenship im Kontext einer Theorie gesellschaftlicher Integration. Sie entwickeln ein soziologisch gehaltvolles, historisch spezifisches Modell der Staatsbürgerschaft, das zur Regulierung krisenhafter Entwicklungen beitragen und die Sozialintegration moderner Gesellschaften sicherstellen soll. Von zentraler Bedeutung hierfür ist, dass mit dem klassisch soziologischen Modell der Staatsbürgerschaft der Anspruch auf umfassende und fortschreitende *Inklusion* aller Gesellschaftsmitglieder einhergeht. Schon Marshalls historische Analyse beinhaltet diese Vorstellung als ein latent im Konzept der Staatsbürgerschaft enthaltenes und zu verwirklichendes Ziel (vgl. Parry 1991). Der Inklusionsgedanke setzt sich dann in Parsons' Analyse fort. Hier wird die durch Citizenship garantierte Inklusionskraft der gesellschaftlichen Gemeinschaft zum Charakteristikum der modernen Gesellschaft.

Inklusion

2.1 Thomas H. Marshall: Staatsbürgerrechte und soziale Klassen

Es ist Marshalls inzwischen klassisch zu nennender Essay „Citizenship and Social Class" aus dem Jahre 1950 (dt. 1992), der den Beginn einer „politischen Soziologie der Staatsbürgerschaft" markiert. Sein Interesse ist auf das Verhältnis zwischen der formalen Gleichheit der Bürger moderner Gesellschaften und den aus dem kapitalistischen Klassensystem resultierenden extremen sozialen Ungleichheiten unter ihnen gerichtet. Marshalls Antwort auf die aus dem Spannungsverhältnis zwischen den beiden Strukturprinzipien moderner Gesellschaften – der kapitalistischen Ökonomie und der politischen Demokratie – resultierenden Probleme für deren Sozialintegration war der Wohlfahrtsstaat. Seine Analyse der Staatsbürgerschaft gründet daher in der Überzeugung, dass jedes Mitglied einer Gesellschaft ein Recht darauf habe, „als volles Mitglied der Gesellschaft anerkannt zu werden, und das ist: als Staatsbürger" (Marshall 1992: 38). Mit dieser Vorstellung geht die Annahme einer, dass immer weitere Bevölkerungsgruppen in ein immer ausgedehnteres Set staatsbürgerlicher Rechte inkludiert werden würden.

bürgerliche, politische und soziale Rechte

Die Bedeutung, die Staatsbürgerrechten für ein Verständnis der Integration moderner Gesellschaften zukommt, und den Beitrag, den sie zur Eindämmung der disruptiven Tendenzen der kapitalistischen Klassengesellschaft leisten, verdeutlicht Marshall anhand einer Analyse ihrer über drei Jahrhunderte sich vollziehenden historischen Entwicklung am Beispiel Großbritanniens. *Bürgerliche Rechte* entstanden im 18. Jahrhundert. Sie umfassen die klassischen negativen Freiheitsrechte wie das Recht der Freiheit der Person, Redefreiheit, Gedanken- und Glaubensfreiheit, Freiheit des Eigentums, die Freiheit, gültige Verträge abzuschließen und das Recht auf ein Gerichtsverfahren. Die mit ihnen verbundenen Institutionen stellen die Gerichtshöfe dar. *Politische Rechte* wurden im 19. Jahrhundert durchgesetzt. Sie sind das Ergebnis der Kämpfe der Arbeiterklasse um politische Gleichberechtigung und sichern die Teilhabe am Gebrauch politischer Macht, d.h. das Wahlrecht sowie das Recht, für ein politisches Amt wählbar zu sein. Die politischen Rechte sind mit den Parlamenten verbunden. Im 20. Jahrhundert werden schließlich die *sozialen Rechte* zum Bestandteil der Staatsbürgerschaft: all jene Rechte, die ein Mindestmaß an wirtschaftlicher Wohlfahrt sowie Ansprüche in Phasen der Arbeitslosigkeit, bei Krankheit und Notlagen verbürgen. Die am engsten mit den sozialen Rechten verbundenen Institutionen sind jene des Wohlfahrtsstaates.

Staatsbürgerrechte und Klassensystem

Für Marshall steht außer Frage, „daß im zwanzigsten Jahrhundert Staatsbürgerrechte und kapitalistisches Klassensystem miteinander im Krieg liegen" (Marshall 1992: 54). Wie also lässt sich das Nebeneinander dieser beiden Strukturprinzipien begreifen? Welchen Einfluss haben die Staatsbürgerrechte auf die zentripetalen Kräfte der kapitalistischen Klassengesellschaft, und wie tragen sie zur Sozialintegration moderner Gesellschaften bei?

2.1.1 Bürgerliche und politische Rechte im 18. und 19. Jahrhundert

Integrationsprozess

Während die bürgerlichen Freiheitsrechte die notwendige Voraussetzung für die Herausbildung des kapitalistischen Systems darstellen, da erst ihre Institutionalisierung negativer Freiheitsrechte es möglich macht, dass sich der Unternehmer und der Lohnarbeiter auf dem Markt begegnen und wechselseitig bindende Verträge schließen können, stellt die Ausdehnung *politischer Rechte* prinzipiell eine große Gefahr für das kapitalistische Wirtschaftssystem dar. Neue Organisationsformen für die politische Durchsetzung der Ansprüche der Arbeiterschaft mussten entwickelt werden, und schließlich erreichte die Gewerkschaftsbewegung in Europa die Anhebung des sozialen und wirtschaftlichen Status der lohnabhängigen Bevölkerungsmehrheit auf der Grundlage bürgerlicher Freiheitsrechte. Die bürgerlichen Rechte als auch die politischen Rechte sind bereits auf dieser frühen Stufe für den Integrationsprozess moderner Gesellschaften unter zwei Aspekten bedeutsam: zum einen eröffnen sie die Perspektive hin zu einer egalitären Politik und der Vorstellung eines gleichen sozialen Wertes aller Individuen; zum anderen sind sie nach dem Zusammenbruch des Feudalismus wichtiger Bestandteil des Integrationsprozesses der entstehenden nationalen Gemeinschaften.

Loyalität gegenüber der Kultur

Denn der „Staatsbürgerstatus setzt eine Bindung anderer Art voraus, ein unmittelbares Gefühl der Mitgliedschaft in einer Gemeinschaft auf der Grundlage von Loyalität gegenüber einer Kultur, die von allen geteilt wird. Es ist die Loyalität freier Menschen, die mit Rechten ausgestattet sind und durch ein gemeinsames Recht geschützt werden." (Marshall 1992: 62).

Diese Loyalität einer Bürgergemeinde, deren Mitglieder als formal Gleiche definiert werden, findet ihren Ausdruck in einem erwachenden Patriotismus, einem zunehmenden Nationalbewusstsein und der Fiktion eines gemeinsamen nationalen Erbes.

Patriotismus

2.1.2 Soziale Rechte im 20. Jahrhundert

Mit der Institutionalisierung *sozialer Rechte* im 20. Jahrhundert stößt man zum Kern des Integrationsproblems vor, denn sie verbürgen Ansprüche auf Umverteilung gesellschaftlicher Güter und verändern grundlegend das Ungleichheitsgefüge kapitalistischer Klassengesellschaften, indem sie illegitime Ungleichheiten beseitigen. Mit dieser Phase der Entwicklung der Staatsbürgerrechte werden jetzt die egalitären Prinzipien des Staatsbürgerstatus durchgesetzt. Die entscheidende Funktion im Prozess sozialer Integration weist Marshall der ökonomischen und sozialen Dimension, d.h. den Institutionen primärer und sekundärer Distribution zu.

Marshall geht es darum, *illegitime* soziale Ungleichheiten zurückzuweisen und durch soziale Rechte aufzuheben. Zugleich verweist er jedoch auf das prinzipiell nicht aufhebbare Spannungsverhältnis zwischen dem *formalen Status der Gleichheit* einerseits und der *Legitimität realer sozialer Ungleichheit* andererseits. Die Aufgabe sozialer Staatsbürgerrechte besteht nicht darin, absolute Gleichheit zwischen den Bürger herzustellen, sondern vielmehr, allen Bürgern die Teilnahme an einem zivilisierten Leben durch Chancengleichheit zu ermöglichen. Dies wird in dem Maße möglich, in dem die Inhaber sozialer Rechte – z.B. durch die individuell unterschiedliche Inanspruchnahme des sozialen Rechts auf Bildung – selbst zu „Architekten sozialer Ungleichheit" werden und so *legitime* soziale Ungleichheiten erzeugen. Auf der Grundlage einer dynamischen Marktwirtschaft verbürgt die Verknüpfung der Bildung mit der Erwerbstätigkeit in modernen Gesellschaften den Anspruch auf eine berufliche Stellung auf entsprechend hohem Niveau (vgl. Marshall 1992: 79). Ein immer differenzierteres und hohe Anforderungen an professionelle Fähigkeiten stellendes Berufssystem erzeugt einen Prozess der Selektion und Mobilität im Bildungswesen und generiert damit soziale Ungleichheit.

Legitimität sozialer Ungleichheit

Die Legitimität, die Marshall diesem Prozess zuspricht, beruht auf zwei grundlegenden Annahmen: der liberalen Überzeugung bestehender Chancengleichheit im Bildungswesen einerseits, der modernisierungstheoretischen Perspektive der Beseitigung vererbbarer Privilegien durch individuell erworbene Bildung andererseits. Es sind also die sozialen Staatsbürgerrechte, und hier vor allem das soziale Recht auf Bildung, denen Marshall die Aufgabe zuweist, die virulenten Kräfte der kapitalistischen Klassengesellschaft durch ihre integrierende Kraft zu bändigen und sie in ein legitime Ungleichheiten erzeugendes System sozialer Schichtung zu überführen.

Recht auf Bildung

Der „Zivilisationsprozess des Kapitalismus" durch die Institutionalisierung des Wohlfahrtsstaates hebt den Widerspruch zwischen Staatsbürgerschaft und sozialer Klasse also letztlich nicht auf. Marshall begreift soziale Integration als stets vorläufig, auf Zeit gestellt und nie vollständig erreichbar. Der Konflikt zwischen den gegensätzlichen Organisationsprinzipien moderner Gesellschaften ist deshalb deren Normalzustand (vgl. Turner 1986; 1988). Marshalls Augenmerk ist auf das Spannungsverhältnis zwischen *formaler Gleichheit versus realer Ungleichheit* gerichtet.

formale Gleichheit versus reale Ungleichheit

2.2 Talcott Parsons: Der Doppelcharakter moderner Staatsbürgerrechte

Im Anschluss an Marshall rückt auch Talcott Parsons in seinen Arbeiten zur Staatsbürgerschaft die Frage der Integration der modernen Gesellschaft zur *societal community* in den Mittelpunkt. Die Lösung dieses Problems wird ungleichheits- bzw. schichtungstheoretisch begründet, womit Parsons seinen Ansatz in den Kontext einer Diskussion um das Verhältnis von Gleichheit und Ungleichheit stellt. Obgleich die grundsätzliche Gleichheit der Gesellschaftsmitglieder in der Verfügung über Staatsbürgerrechte besteht (vgl. Münch 1984: 296), kennzeichnet auch die moderne Gesellschaft, wie alle Gesellschaften vor ihr, ein spezifisches Verhältnis von Gleichheit und Ungleichheit; eine Balance, die eben durch die Institutionalisierung moderner Staatsbürgerrechte erreicht wird, sodass auf ihrer Grundlage „die Institutionalisierung sozialer Schichtung, oder genauer, der Beziehungen von Statusungleichheit, durch die Legitimation notwendiger Ungleichheiten einen entscheidenden Aspekt der Lösung des Problems der Ordnung in sozialen Systemen darstellt" (Parsons 2000: 107).

AGIL- Schema nach Parsons: Wie aber werden Staatsbürgerrechte sowohl zu Faktoren der Institutionalisierung von Gleichheit als auch der Legitimation sozialer Schichtung? Da Staatsbürgerrechte das Subsystem „gesellschaftliche Gemeinschaft" konstituieren und sie damit die Integration des sozialen Systems sicherstellen, lassen sich dem AGIL-Schema entsprechend den einzelnen Formen der Staatsbürgerrechte ihre jeweiligen Funktionen zuweisen: Soziale und ökonomische Rechte[2] erfüllen die adaptive Funktion (A), politische Rechte gewähren Zielerreichung (G), kulturelle Rechte – durch die Parsons Marshalls Dreiteilung der Staatsbürgerrechte erweitert – übernehmen die integrative Funktion (I), während bürgerliche Rechte die Erhaltung latenter Strukturmuster garantieren (L).

– soziale Rechte (A) *Soziale Rechte* (A) stellen als wohlfahrtsstaatlich verbürgte Ansprüche die Basis einer effektiven Ausübung staatsbürgerlicher Rechte dar, und sie verhindern damit, dass Bürger aufgrund gravierender Ungleichheiten diese Rechte nicht wahrnehmen können. Auf der Grundlage dieser Statusgleichheit werden jedoch solche sozialen Ungleichheiten zugelassen und als legitim erachtet, die Folge der individuellen Partizipation am Bildungssystem einer Gesellschaft und der daraus resultierenden Zuweisung der Bürger in eine diversifizierte Berufs- und Beschäftigungsstruktur sind.

– politische Rechte (G) *Politische Rechte* (G) verleihen jedem Bürger das Recht zu wählen und gewählt zu werden, wodurch sie zu formal Gleichen werden. Durch die politische Wahl delegieren die Bürger aber zugleich die Macht an Repräsentanten, die dann legitime Herrschaft über sie ausüben. D.h., es werden Machtunterschiede institutionalisiert, die in mindestens drei Formen von Ungleichheit zum Ausdruck kommen: in politischer Herrschaft, bürokratischer Hierarchie und professioneller Kontrolle.

– kulturelle Rechte (I) *Kulturelle Rechte* (I) sichern als „Bildungsrechte" eine Gleichheit des kulturellen Niveaus aller Gesellschaftsmitglieder, wodurch die Partizipation am Bildungswesen und allgemein an „Kultur" zur Voraussetzung gesellschaftlicher Partizipation und damit für „volle Staatsbürgerschaft" wird. Ungleichheit resultiert hier aus der Kompetenz für spezifische Berufsrollen. Kennzeichnend ist dabei für Parsons, dass sich durch die sukzessive Anhebung der Allgemeinbildung der Bevölkerung in modernen Gesellschaften ein universalistischer Charakter allgemeiner kultureller Muster gegenüber den Partikularismen früherer Gesellschaftsformen durchsetzt.

---

2   Parsons' Gebrauch der Begriffe soziale und ökonomische Rechte ist äußerst irreführend. Er benutzt beide Begriffe, klärt aber nicht, dass sie für ihn eine einzige Dimension staatsbürgerlicher Rechte darstellen. Vgl. Parsons (2000: 115, 118, 120).

Bürgerliche Rechte (L) sichern die individuellen Freiheitsrechte und stellen damit Statusgleichheit sicher. Zugleich werden jedoch auch solche „gleichen Freiheiten" institutionalisiert, die reale Ungleichheiten mit sich bringen, wie etwa jene zwischen Arbeitgebern und Arbeitnehmern. Zwar wird der Arbeitsvertrag zwischen Freien und Gleichen geschlossen, konstitutiv sind jedoch die realen Ungleichheiten zwischen den Vertragschließenden. Allerdings sind in den bürgerlichen Rechten auch „unveräußerliche Rechte" verankert, die das Gleichheitsprinzip im Hinblick auf Kategorien wie Rasse, Geschlecht oder Alter in Form der Nicht-Diskriminierung festschreiben. Ihnen kommt die Funktion der Aufrechterhaltung von Wertmustern zu, und nur durch sie erhält der Staatsbürgerstatus eine Basis, auf der die *absolute Gleichheit* aller Bürger sichergestellt ist.
– bürgerliche Rechte (L)

Staatsbürgerrechte lassen sich so als vier Kontexte begreifen, innerhalb derer das Problem des Verhältnisses von Statusgleichheit und legitimer Ungleichheit virulent wird:

> „Jede dieser vier Kategorien ist zugleich ein Kontext der Institutionalisierung von Komponenten eines Status der Gleichheit als auch der Legitimation von Komponenten der Schichtung." (Parsons 2000: 115).[3]

Es ist dieser *Doppelcharakter moderner Staatsbürgerrechte*, der die von Parsons angenommene Balance von Gleichheit und Ungleichheit in Gesellschaften unter spezifisch modernen Bedingungen ermöglicht. In dem im Kern von Marshall übernommenen und zugleich radikalisierten liberalen Modell eröffnen die einzelnen rechtlichen Dimensionen der Staatsbürgerschaft *Möglichkeitshorizonte*, innerhalb derer Individuen aktiv werden können. Die Partizipation in den verschiedenen Arenen führt – Chancengleichheit zwischen den Individuen vorausgesetzt – jedoch zu differenziellen Ungleichheiten, wobei es Aufgabe des Staates ist, extreme Ungleichheiten zu verhindern.
Doppelcharakter der Staatsbürgerrechte

Auf der Grundlage dieser Funktionsweise der Staatsbürgerrechte stellt für Parsons *die enorme Inklusionskraft der gesellschaftlichen Gemeinschaft* das grundlegende und kennzeichnende Merkmal hochentwickelter Gesellschaften dar:
Inklusion in die „Societal Community"

> „The concept of citizenship [...], refers to full membership in what I shall call the societal community." (Parsons 1966: 709).

In dieser Perspektive lautet Parsons' optimistische These, dass sich aufgrund fortschreitender Systemdifferenzierung die Inklusion zuvor aus der gesellschaftlichen Gemeinschaft ausgeschlossener Gruppen entwicklungslogisch zwingend einstellen muss:

> „The long-run trend, however, is successful inclusion." (Parsons: 1977b: 185).

Den Inklusionsprozess selbst analysiert Parsons in Form eines Gleichgewichtsmodells von Angebot und Nachfrage („supply and demand"). Sowohl seitens noch exkludierter Gruppen als auch der gesellschaftlichen Gemeinschaft bestehen dabei „Nachfrage" nach Inklusion sowie spezifische „Angebote". Auf der *Angebotsseite* müssen exkludierte Gruppen hinsichtlich ihrer kulturellen und sozialen Struktur spezifische Qualifikationen für Mitgliedschaft erbringen, während die Aufnahmegesellschaft strukturelle Voraussetzungen schaffen muss, um institutionelle „Nischen" für die zu inkludierende Gruppe bereitzustellen. Auf der *Nachfrageseite* werden im Inklusionsprozess von beiden Seiten spezifische Forderungen erhoben. Entscheidend werden zum einen die Einstellungen beider Gruppen, ob Inklusion normativ wünschbar ist und befördert werden sollte, zum
Integration als Prozess von „Supply and Demand"

---

3   Zum Verhältnis von Schichtung und Staatsbürgerschaft vgl. außerdem Dahrendorf (1987; 1992) und Lockwood (2000).

anderen die Umsetzung dieser Vorstellungen in spezifische Programme und deren Implementation (vgl. Parsons 1966: 722).

Werte- und Normen-internalisierung

Auf der Grundlage dieses allgemeinen Modells diskutiert Parsons den Inklusionsprozess am historischen Beispiel der „new immigrants" und zeigt, wie Juden und Katholiken in die gesellschaftliche Gemeinschaft der USA integriert wurden. Dieser Inklusionsprozess setzt keine Assimilation voraus. Staatsbürgerschaft – getrennt von allen askriptiven Kriterien – ermöglicht vielmehr zugleich Inklusion und Rollenvielfalt. Parsons plädiert deshalb für die Schaffung der strukturellen Voraussetzungen hinsichtlich bürgerlicher und politischer Rechte sowie einer effektiven Institutionalisierung sozialer Rechte. Die entscheidende Bedeutung in diesem Inklusionsprozess spricht er jedoch den kulturellen Staatsbürgerrechten, und damit der Vermittlung von Werten über das Bildungswesen und der Verinnerlichung von Normen zu:

> „It seems likely that the time will come when the ‚general education' component of higher education will be universalized and become, however redefined, both a prerogative and a requisite of full citizenship for everyone." (Parsons 1977a: 353).

2.3 Charakteristika und Spannungsverhältnisse des klassischen Modells der Staatsbürgerschaft

liberales Modell

Es ist deutlich geworden, dass das klassische Modell der Staatsbürgerschaft in politischer Perspektive an den Nationalstaat und seine Institutionen gebunden ist, in ökonomischer Hinsicht auf einem System der Massenproduktion zur Sicherstellung der Teilhabe aller Bürger an den materiellen Gütern einer Gesellschaft gründet und in kultureller Hinsicht eine grundlegende bildungsvermittelte Homogenität der Staatsbürger bei Gewährung kultureller Partikularitäten voraussetzt. Das von den Klassikern einer Soziologie der Staatsbürgerschaft entworfene Modell ist erstens ein *liberales Konzept*, indem es die bürgerlichen Freiheitsrechte stärkt und zugleich unter Voraussetzung der Chancengleichheit soziale Ungleichheiten legitimiert; es ist zweitens ein *egalitäres Konzept*, durch das alle Staatsbürger zu formal Gleichen werden, während durch Übertragung politischer Macht zugleich Unterschiede zwischen Herrschern und Beherrschten institutionalisiert werden; es ist drittens ein *auf soziale Gerechtigkeit zielendes Konzept*, insofern es über wohlfahrtsstaatlich verbürgte Ansprüche die Grundlage für eine effektive Ausübung staatsbürgerlicher Rechte schafft und nicht zu rechtfertigende Ungleichheiten abfedert, zugleich aber faktische Unterschiede im Lebensstil zulässt; viertens ist es ein *auf kulturelle Einheitlichkeit verpflichtetes Konzept*, insofern es dem Zugang zum Bildungswesen und damit der Vermittlung der Werte einer dominanten Kultur zentralen Stellenwert beimisst, zugleich aber die aus berufsbezogenen Kompetenzen resultierenden Differenzen und gesellschaftlichen Hierarchien rechtfertigt.

Spannungs-verhältnisse:

Versucht man, sich vor dem Hintergrund der Arbeiten von Marshall und Parsons zur Staatsbürgerschaft die Reichweite und den Bedeutungsgehalt nationaler Staatsbürgerschaft unter aktuellen Bedingungen zu vergegenwärtigen, so müssen – neben dem Spannungsverhältnis von *formaler Gleichheit versus realer Ungleichheit*, in dem das liberale Credo der Klassiker zum Ausdruck kommt – für ein vollständiges Verständnis der sozialintegrativen Funktionsweise nationaler Staatsbürgerschaft drei weitere Spannungsverhältnisse berücksichtigt werden, die im klassischen Modell zwar implizit mitgedacht, jedoch nicht explizit gemacht werden.

– Status und Praxis

Das Spannungsverhältnis von *Status versus Praxis* verweist darauf, dass das von Marshall behauptete liberale Verständnis der Staatsbürgerschaft als eines Status, der alle

Bürger zu formal Gleichen macht, nie unumstritten war. Ausgehend von John Stuart Mills (1988) Formulierung der grundlegenden Freiheitsrechte der Person definierte die liberal-individualistische Tradition Citizenship als Status, der allen über diese Rechte verfügenden Individuen zukommt. Das liberale Verständnis der Staatsbürgerschaft betont deren privaten Charakter, fordert keine Übernahme öffentlicher Aufgaben, sondern lediglich die Respektierung der Rechte anderer. Dem so begriffenen *bourgeois* steht im Anschluss an Rousseau (1986) jedoch die republikanische Idee des Bürgers als *citoyen* entgegen, welche die individuelle Praxis, die Involviertheit des Einzelnen in öffentliche Belange und politische Partizipation fordert. Die republikanische Tradition akzentuiert daher nicht die Rechte des Bürgers, sondern dessen Pflichten (vgl. Mackert 1996).

Der Zusammenhang zwischen Staatsbürgerschaft und Nationalstaat verweist nun neben diesem in unterschiedlichen philosophischen Traditionen verankerten Spannungsverhältnis aber ferner auf zwei weitere Begriffspaare, die für ein Verständnis der sozialintegrativen Funktionsweise von Citizenship und der Frage der Inklusion der Gesellschaftsmitglieder in Staatsbürgerrechte angesichts tiefgreifender historischer Umbrüche von entscheidender Bedeutung sind. In dem Maße, in dem Immigration dazu führt, dass westliche demokratische Industriegesellschaften sich in ethnisch und kulturell heterogenere Gesellschaften verwandeln, erhalten die eng miteinander verbundenen und nur analytisch klar zu trennenden Spannungsverhältnisse von Universalismus versus Partikularismus sowie von Inklusion versus Exklusion, einen neuen Stellenwert.

Das Spannungsverhältnis zwischen *Universalismus und Partikularismus* wird im nationalen Modell der Staatsbürgerschaft in zwei Erscheinungsformen manifest. Zum einen institutionalisiert die Französische Revolution mit der Durchsetzung des allgemeinen und gleichen Status Aller eine staatsbürgerliche Idee, mit der zum ersten Mal in der Geschichte demokratischer Gemeinwesen ein universalistischer Anspruch formuliert wird. Ausgehend von einer Differenzierung in Bürger- und Menschenrechte sollen alle Bürger eines Gemeinwesens als Gleiche und Freie anerkannt werden und über die gleichen Rechte und Pflichten verfügen. Der universalistische Anspruch wird damit nur partikularistisch – im Rahmen des Nationalstaates – realisiert und der Bürger so gegenüber dem Nicht-Bürger jenseits territorialer Grenzen privilegiert. Zum anderen wird der universalistische Anspruch in den vergangenen Jahren aber auch innerhalb moderner Gesellschaften selbst zum Problem. Im Zuge der in ihrem Innern sich vollziehenden ethnischen Heterogenisierung und kulturellen Pluralisierung weisen auch hier einzelne Gemeinschaften den universalistischen Anspruch, den nationale Staatsbürgerschaft erhebt, zurück, und fordern zum Schutz partikularer Identitäten Sonderrechte ein.

– Universalismus und Partikularismus

Mit diesen Problemen unmittelbar verbunden ist das Spannungsverhältnis von *Inklusion und Exklusion*, welches zum einen die mit der Französischen Revolution begründete Exklusion gegenüber anderen Gesellschaften bezeichnet, zum anderen auf das Inklusionsgebot im Innern moderner Gesellschaften verweist. Doch auch hier zeigt sich, dass sich die Dinge im Zuge der Nachkriegsmigration verkomplizieren. Längst lebt in westlichen Demokratien eine große Anzahl von Menschen, die nicht über den Status des Staatsbürgers verfügen und mithin als „Bürger zweiter Klasse" bezeichnet werden können. Die Konflikte um die Partizipation von Migranten an den Staatsbürgerrechten ihrer Aufnahmeländer sowie die Anerkennungskämpfe kultureller Gruppen verdeutlichen, dass die Frage der Inklusion und Exklusion auch im Innern liberal-demokratischer Gesellschaften zunehmend an Bedeutung gewinnt. Indem damit über die Frage der Zugehörigkeit von Migranten zur nationalen Gemeinschaft entschieden wird, rückt die Frage nach der Partizipation von Individuen an den bürgerlichen, politischen, sozial-ökonomischen und kulturellen Rechten einer Gesellschaft in den Mittelpunkt (vgl. Mackert 1999).

– Inklusion und Exklusion

Es sind gerade die beiden letztgenannten Spannungsverhältnisse, die das Augenmerk darauf richten, wie hochproblematisch die mit dem klassischen Modell der Staatsbürgerschaft verbundene Idee vollständiger Inklusion für alle Gesellschaftsangehörigen ist. In dieser Vorstellung eines fortgesetzten Inklusionsprozesses liegt das entscheidende Problem des soziologischen Modells: das *inklusionistische Selbstverständnis* hat einen „blinden Fleck". Indem für alle Gruppen innerhalb einer Gesellschaft das Inklusionsgebot gilt, bleibt der Exklusionsaspekt nationaler Staatsbürgerschaft unbeachtet. Entgegen der Annahme, dass sich in modernen Gesellschaften der Prozess der Inklusion einer immer größeren Zahl von Individuen in ein immer größeres Set von Rechten quasi naturwüchsig und notwendig vollzieht, zeigt sich nämlich, dass Citizenship nicht nur inkludierenden Charakter hat, sondern auch ein „mächtiges Instrument sozialer Schließung" (Brubaker 1994: 47) darstellen kann. Es gibt spezifische „Politics of Citizenship", mittels derer Nationalstaaten darüber entscheiden, wer Bürger eines Landes ist oder werden kann (vgl. Nassehi/Schroer 1999; Mackert/Müller 2000). In diesem Sinne haben wir es mit je spezifischen Konkretisierungen des Modells der Staatsbürgerschaft in sogen. Citizenship Regimes zu tun:

„Citizenship Regimes"

„Citizenship regimes exist as the concretisation in a particular place of the general model of citizenship. Each regime is forged out of the political circumstances of a national state. Being a regime, citizenship does not alter quickly or even easily. Nonetheless, it is likely to change at moments of economic and political turbulence that bring disputes about the role of the state, the division of labour between state and market, and between public and ‚private', between civil society and the state. Citizenship regimes come under pressure at such times precisely because they are a crucial component of the model of development." (Jenson 1996: 5).

3   Inklusion durch den Staat in Deutschland und den Vereinigten Staaten

Richtet man den Blick auf die Frage, wie Nationalstaaten darüber entscheiden, wer als Bürger eines Landes gelten darf und wer nicht, so sind zwei Aspekte von zentraler Bedeutung: zum einen die Staatsangehörigkeit als basale Form der Mitgliedschaft in modernen Gesellschaften; zum anderen die jeweiligen „Politics of Citizenship", die vor dem Hintergrund historisch unterschiedlicher struktureller und kultureller Prozesse Ausdruck spezifisch nationaler Traditionen der Herausbildung der Staatsbürgerschaft sind (vgl. Turner 2000).

3.1 Staatsangehörigkeit

Nationalstaaten definieren auf der Grundlage eines Staatsangehörigkeitsrechts die Gesamtheit ihrer Staatsbürger und schließen damit alle Nicht-Staatsbürger vom Status des Staatsangehörigen aus:

Definition von Staatsangehörigkeit

„Der Sache nach ist die Staatsangehörigkeit ein Rechtsverhältnis der Zuordnung von Person und Staat, das staatliche Personalhoheit und individuelle Verbandsmitgliedschaft verbindet. Sie ist, anders gesagt, ein rechtliches Band zwischen Individuum und Institution bzw. zwischen ‚national' und ‚nation'. Für den einzelnen ergibt sich daraus zum einen die völkerrechtlich bedeutsame Zugehörigkeit zu ‚seinem' Staat, zum anderen eine grundlegende, aber näherhin ausformungsbedürftige Rechtsstellung im Staatsverband und in der staatlichen Rechtsordnung." (Grawert 1984: 183).

Wie unterschiedlich die historischen und kulturellen Traditionen der einzelnen Staaten auch sein mögen – drei Aspekte charakterisieren die verfassungsrechtliche Definition des Staatsvolkes: erstens die *Kodifizierung* einer spezifischen rechtlichen Ordnung; zweitens die dahinter stehende *Ideologie* eines bestimmten Verständnisses von Staatsangehörigkeit und drittens die *Legitimation* der daraus resultierenden Differenzierung zwischen Staatsbürgern und Nicht-Staatsbürgern sowie sich hieraus ergebende Konsequenzen.

> Kodifizierung

Die verfassungsrechtliche Kodifizierung der Staatsangehörigkeit legt eine spezifische Ordnung, d.h. eine symbolische Differenzierung zwischen Bürgern und Nicht-Bürgern fest. Die grundsätzliche Trennung von Staatsbürgern und Nicht-Staatsbürgern spricht ersteren spezifische Staatsbürgerrechte zu, von denen letztere ausgeschlossen bleiben. Dadurch werden zugleich die Handlungskorridore sozialer Akteure eingeschränkt, insofern mögliche soziale Handlungsstrategien „diszipliniert" und „normiert" werden.

Der rechtlichen Kodifizierung liegt eine geteilte Auffassung davon zugrunde, wer als Staatsangehöriger gelten soll. Diese *Ideologie der Zugehörigkeit* ist Resultat historischer Entwicklungen:

> Ideologie der Zugehörigkeit

> „States are free in international law to define the circle of their citizens as they see fit. Because of this freedom, citizenship law and naturalization practices vary widely, reflecting differing historical experiences, pragmatic interests, and ideological commitments." (Brubaker 1989b: 99).

In diesem Sinne lassen sich grob drei verschiedene Muster von Staatsbürgerschaft und damit verbundene Ideologien der Zugehörigkeit und Einbürgerungspraxen unterscheiden. Bei klassischen Einwanderungsländern wie den Vereinigten Staaten, Kanada oder Australien hat man es traditionell mit einem weit gefassten Begriff von Staatsbürgerschaft zu tun, in dem das *ius soli* zur Grundlage der Staatsangehörigkeit wird. Dagegen gilt in Ländern wie Deutschland oder Schweden, die sich als homogene Nationen verstehen, das *ius sanguinis*, die gemeinsame Herkunft und das geteilte kulturelle Erbe als Grundlage der Zugehörigkeit. Länder wie etwa Frankreich und Großbritannien, die als Folge des Kolonialismus mit starker Nachkriegsimmigration konfrontiert waren und sind, praktizieren Kombinationen von ius soli und ius sanguinis und damit komplexe Verfahren der Einbürgerung.[4] Die Unterschiede des Selbstverständnisses verdeutlichen, dass die ideologische Dimension, die Frage, ob eine Gesellschaft sich als ethnisch homogene Kulturnation, als politische Nation oder aber als Einwanderungsgesellschaft begreift, Auswirkungen auf die jeweiligen Definitionen von Staatsbürgerschaft und der Kodifizierung von Zugehörigkeit haben. Die Definition der Staatsbürgerschaft ist „Ausdruck eines tief verwurzelten Verständnisses des Nationalen" (Brubaker 1994: 26).

> ius solis/ius sanguinis

---

4   Vgl. zu den USA: Shklar (1991); zu Australien: Castles (1994); zu Kanada: Kymlicka (1995) und Carens (1994); zu Deutschland: Grawert (1984); Hailbronner (1989) und Rittstieg (1994); zu Frankreich: Wihtol de Wenden (1994) sowie zu Großbritannien: Dummett (1994). Zu unterschiedlichen Traditionen und Politiken der Einbürgerung siehe die Beiträge in Brubaker (1989). Unter Zugrundelegung des reinen ius soli wird die Staatsbürgerschaft einem Kind, unabhängig von der Staatsbürgerschaft seiner Eltern, aufgrund seiner Geburt auf dem Staatsgebiet verliehen. Unter Zugrundelegung des reinen ius sanguinis ist die Staatsangehörigkeit der Eltern (mindestens aber eines Elternteils) der einzige Geltungsgrund bei der Frage, welche Staatsangehörigkeit einem Neugeborenen verliehen werden soll.

Legitimation der
politischen Ordnung

Der dritte Aspekt, der mit der verfassungsrechtlichen Definition der Staatsangehörigkeit verbunden ist, besteht in der *Legitimation* der daraus resultierenden Ordnung sowohl im Innern eines Staates als auch im Verhältnis zu anderen Staaten. Die Staatsangehörigkeit entstand deshalb aus zwei Kontexten:

> „[aus] den völkerrechtlich bedeutsamen Beziehungen der Staaten zueinander, die ihren personalen Herrschafts- und Schutzbereich definierten, sowie aus den innerstaatlichen Vorgängen der Immediatisierung, durch die Individuen aus besonderen Korporationen, Ständen oder Stämmen herausgelöst und dem umfassenden Gemeinwesen ‚Staat' zugeordnet wurden." (Grawert 1984: 182/183).

Im Innern eines Staates legitimiert die Definition des Staatsvolkes damit die Trennung von Staatsbürgern und Nicht-Staatsbürgern, woraus sich eine spezifische Ordnung ergibt, die eine Begrenzung von Rechten und Pflichten für das Staatsvolk garantiert (vgl. d'Amato 2002).

3.2 „Politics of Citizenship": Deutschland und die Vereinigten Staaten

Vor dem Hintergrund dieser drei Aspekte der verfassungsrechtlich kodifizierten Differenzierung in Staatsbürger und Nicht-Staatsbürger sollen abschließend mit den Vereinigten Staaten und Deutschland idealtypisch zwei westliche demokratische Gesellschaften im Hinblick auf ihre Idee der Inklusion durch Staatsbürgerschaft verglichen werden. Damit werden die Citizenship Regimes zweier liberaler Gesellschaften in ihren Grundzügen einander gegenübergestellt, die von entgegengesetzten Traditionen der Nation und unterschiedlichen Einwanderungserfahrungen gekennzeichnet sind. Während die Vereinigten Staaten eine politische Nation sind, die sich als Einwanderungsland versteht, lässt sich Deutschland als ethnische Nation begreifen, die die Erfahrung von Arbeitsmigration gemacht hat und mit deren Nebenfolgen konfrontiert ist (vgl. Joppke 1999).

3.2.1 Vereinigte Staaten

USA: „Thin
Citizenship"

Formell etablierten der *Civil Rights Act* von 1866 und der 14. Zusatz zur amerikanischen Verfassung von 1868 das ius soli als das entscheidende Kriterium für den Erwerb der Staatsbürgerschaft. Als solch formeller Status ist die US-Staatsbürgerschaft „thin citizenship" (Heller 1997: 26/27) und „leicht zu erwerben, falls gewisse Niederlassungsbedingungen erfüllt sind, und sie verleiht wenige Privilegien über die hinaus, die bereits den legal Niedergelassenen (*resident aliens*) zukommen" (Joppke 1999: 39).

Inhaltlich ist die amerikanische Staatsbürgerschaft hingegen durch mindestens vier Momente geprägt: erstens durch die Amerikanische Revolution und die radikalen Forderungen nach Freiheit und Gleichheit (vgl. Tocqueville 1987); zweitens durch die Tradition der USA als Einwanderungsland und das Selbstverständnis, eine kulturell und ethnisch heterogene Nation – freilich unter der Dominanz der „white anglo-saxon protestants" (WASP) als Mehrheitskultur – zu sein; drittens durch das Fehlen feudaler Strukturen und die nur schwache Existenz gesellschaftlicher Klassen(schranken); viertens schließlich durch das Erbe der Sklaverei. Als Ausdruck dieser historischen Bedingungen sieht Shklar (1991: 3) das amerikanische Selbstverständnis von Citizenship von vier Überzeugungen geprägt: „[Citizenhip] as social standing [...], citizenship as nationality, as active participation or ‚good' citizenship, and finally, ideal republican citizenship."

Für diese Konzeption der amerikanischen Citizenship spielt Immigration eine entscheidende Rolle:

„Even before American independence, the pressing need for settlers had established naturalization as central to the theory and practice of citizenship." (Brubaker 1989a: 11).

Die Verleihung der Staatsbürgerschaft ist hier im Prinzip die normale Konsequenz, die auf die Berechtigung zur Niederlassung folgt (vgl. Brubaker 1989b: 121). Das traditionell inklusivistische und universalistische Selbstverständnis der Vereinigten Staaten als einer Einwanderungsgesellschaft, die lange Zeit die Idee des „melting pot" – das Zusammenleben einer Vielzahl ethnischer, kultureller und religiöser Gruppen auf der Grundlage universalistischer Werte – propagierte, wurde gleichwohl immer wieder durch Phasen exkludierender „Politics of Citizenship" unterbrochen. So etwa als Abwehr gegen den enormen Anstieg katholischer Einwanderer nach 1830 oder aber in jüngerer Vergangenheit gegen die massive Zunahme asiatischer Einwanderer. Seit den Ereignissen des 11. September 2001 sind erneut restriktive Politiken der Immigrationsbehörden an der Tagesordnung. Deutlich wird dabei, wie stark ein Citizenship Regime von politischen Umbrüchen unter Veränderungsdruck gesetzt wird. Im Hinblick auf die Frage der Sozialintegration und der Inklusion durch Staatsbürgerschaft darf im US-amerikanischen Kontext freilich die Bedeutung von Rasse und Ethnizität nicht vernachlässigt werden. Die ethnisch kodierten Auseinandersetzungen um den Zugang zu Gütern im Kontext von Citizenship hat Neckel (1995) treffend als „Politische Ethnizität" bezeichnet, während Joppke (1999) auf die Konsequenzen von *affirmative action* für die Inklusion rassischer oder ethnischer Minderheiten hinweist.

> „Politics of Citizenship" in den USA

3.2.2 Deutschland

Im Gegensatz zu den Vereinigten Staaten ist der *formelle* Erwerb der deutschen Staatsbürgerschaft schwierig. Bis zum Jahr 2000 fand sich die Grundlage der Definition des deutschen Staatsvolkes im Reichs- und Staatsangehörigkeitsgesetz (RuStaG) vom 22. Juli 1913. In Verbindung mit GG Art. 116, Abs.1 verankerte dieses Gesetz das ius sanguinis als Basis einer sich als homogen begreifenden Kulturnation. Eine solche „thick conception" erlaubt es im Prinzip kaum, durch Immigration und Einbürgerung die Staatsbürgerschaft zu erwerben.

> Deutschland: „Thick Conception of Citizenship"

Inhaltlich privilegiert der Status des Staatsbürgers Deutsche gegenüber Nicht-Deutschen. Der Grund hierfür liegt darin, dass Deutschland als verspätete Nation seine Identität nicht durch die politische Einigung, sondern über die Vorstellung einer gemeinsam geteilten Kultur entwickelte, die deutsche Nation sich somit nicht als politische, sondern als Kulturnation begreift. Die politische Gemeinschaft ist deshalb zugleich Kultur- und Schicksalsgemeinschaft. Es ist gerade dieses Selbstverständnis, homogene Kulturnation zu sein, das das Verhältnis von Staatsbürgerschaft und Immigration charakterisiert und der erst jüngst tendenziell revidierten Vorstellung, kein Einwanderungsland zu sein, zugrunde lag. De facto hat Deutschland längst die höchste Zuwanderungsquote der europäischen Flächenstaaten – seine Geschichte als Einwanderungsland beginnt spätestens mit der Anwerbung der „Gastarbeiter" in den 1950er Jahren angesichts großen Arbeitskräftemangels in der deutschen Industrie der Nachkriegszeit. Zwar wurden Arbeitsmigranten im Laufe der Jahre in einer großen Anzahl von ökonomisch-sozialen Rechten deutschen Staatsbürgern weitgehend gleichgestellt. Die genaue Analyse zeigt jedoch, dass Migranten nicht nur von den im Grundgesetz definierten „Deutschenrechten" ausgeschlossen bleiben, sondern zugleich einer Vielzahl diskriminierender Gesetze und Rechtsvorschriften unterworfen sind, die sie zu „Bürgern zweiter Klasse" machen.[5]

„politics of Citizenship" in Deutschland

Während sich so erweist, dass sich die historische und kulturelle Tradition einer Nation in ihrer Konzeption sowohl von Staatsangehörigkeit als auch von Staatsbürgerschaft ausdrückt und Exklusion das Ziel der „Politics of Citizenship" darstellen kann, erhalten im Zuge der europäischen Harmonisierung zwei Veränderungen entscheidende Bedeutung, die das deutsche „Citizenship Regime" möglicherweise nachhaltig verändern werden: Erstens trat zum 1. Januar 2000 das *Gesetz zur Reform des Staatsangehörigkeitsrechts* in Kraft, das die Möglichkeit der Einbürgerung erleichtert. Das Gesetz nimmt ius soli-Elemente auf, so dass unter der Bedingung, dass gemäß § 4 des Staatsangehörigkeitsgesetzes „one parent must have been habitually resident in Germany for eight years, and must hold a right of residence, or have held an unlimited residence permit for three years", Kinder ausländischer Eltern mit der Geburt in Deutschland automatisch die deutsche Staatsangehörigkeit erwerben. Ferner erhalten nun erwachsene Ausländer bereits nach acht Jahren einen Anspruch auf Einbürgerung:

> „However, according to articles 85 and 86 of the Aliens Act, this applies only if the foreign national is committed to the tenets of the Basic Law, holds a residence permit or right of residence, and has adequate knowledge of the German language. A further requirement is that the foreign national must give up or forfeit his or her foreign nationality and be able to support him- or herself and dependent family without claiming welfare or unemployment benefit." (Maschke 2003: 241).

Zuwanderungsgesetz

Eine zweite grundlegende Veränderung beabsichtigte die rot-grüne Bundesregierung mit dem Gesetz zur Regelung des Aufenthalts und der Integration von Unionsbürgern und Ausländern (Zuwanderungsgesetz), das auf eine umfassende Neuregelung des Ausländerrechts zielt, mit einer Reduktion des vielfältigen Aufenthaltsstatus auf eine (befristete) Aufenthaltserlaubnis und eine (unbefristete) Niederlassungserlaubnis, des Zugangs zum Arbeitsmarkt bzw. der Erwerbstätigkeit und der Integration (vgl. BMI 2002).[6] Obgleich die Begrenzung der Zuwanderung, hier vor allem die Regelung illegaler Einreise und illegalen Aufenthalts, des Familiennachzugs, der Festlegung durch Quoten oder Kontingente sowie Bestimmungen des Asylrechts und der humanitären Aufnahme und die Festlegung eines Mindestrahmens staatlicher Integrationsangebote Dreh- und Angelpunkt des Gesetzes sind (vgl. Hailbronner 2001), wurde das von der rot-grünen Bundesregierung eingebrachte Gesetz mit der Stimmenmehrheit der von der Union regierten Länder im Bundesrat abgelehnt.[7]

---

5   Um nur zwei Beispiele anzuführen: Im Hinblick auf die Beschränkung des Zugangs zum Arbeitsmarkt geht es hierbei um die Frage der Erteilung einer besonderen oder allgemeinen Arbeitserlaubnis; hinsichtlich sozialer Rechte ergeben sich eine Reihe reduzierter Ansprüche auf sozialstaatliche Transfers. Vgl. ausführlich hierzu Mackert (1999).

6   „With the entry into force of the Amsterdam Treaty on 1 May 1999, core areas of asylum and immigration policy have become community responsibilities, which means that the opportunities to control the influx of various migrant groups by means of a new Immigration Act are limited. The new planned Immigration Act therefore primarily aims to control the influx of new economic migrants." (Maschke: 2003: 241).

7   Nachdem Bundesinnenminister Schily das unveränderte Gesetz im Bundesrat noch einmal zur Abstimmung brachte, wurde es erneut abgelehnt. Inzwischen ist zwischen den Regierungs- und Oppositionsparteien ein Kompromiss gefunden worden. Eine abschließende Bewertung ist jedoch zur Zeit noch nicht möglich.

4 Schlussbetrachtung

Der vorliegende Aufsatz hat sich zwei Aufgaben gewidmet. In einem ersten Schritt wurde gezeigt, wie Staatsbürgerschaft zur Sozialintegration moderner Gesellschaften beiträgt. Hierzu wurde das von Marshall und Parsons entwickelte Modell nationaler Staatsbürgerschaft rekonstruiert und dessen zentrale Idee – sein inklusivistisches Selbstverständnis – herausgearbeitet. Die politische Steuerung der Staatsbürgerschaft ist jedoch zugleich ein mächtiges Instrument sozialer Schließung, das immigrierte Individuen von der Staatsangehörigkeit und den Staatsbürgerrechten eines Landes ausschließen kann. In einem zweiten Schritt wurde deshalb gezeigt, dass in kulturell unterschiedlich geprägten „Politics of Citizenship" darüber entschieden wird, wer Bürger eines Landes ist und wer nicht. In dem Maße, in dem man sich der Realisierung des allgemeinen Modells in konkreten Citizenship Regimes zuwendet, zeigt sich, dass eine Einschränkung der Staatsbürgerschaft auf ihren Inklusionsaspekt eine unzureichende Verkürzung ist.

Allerdings bleibt die Staatsbürgerschaft auch in Anbetracht tief greifender struktureller und kultureller Veränderungen westlicher Demokratien deren entscheidendes Integrationsinstrument. Der Hoffnung auf eine fortschreitende und umfassende Inklusion aller Mitglieder einer Gesellschaft muss allerdings mit Skepsis begegnet werden. Citizenship ist in einer „in Bewegung geratenen Welt" zum knappen Gut geworden. Entsprechend umkämpft wird sie in Zukunft sein, und ihr Exklusionscharakter wird dabei nicht weniger deutlich zu erkennen sein als die mit ihr verbundene Idee der Inklusion.

Literatur

BMI [Bundesministerium des Inneren], 2002: *Entwurf des Zuwanderungsgesetzes.* Quelle: http://www.bmi.bund.de.

Brubaker, W. Rogers, (ed.), 1989: *Immigration and the Politics of Citizenship in Europe and North America,* Lanham, Maryland: University of America Press.

Brubaker, W. Rogers, 1989a: Introduction. In: ders. (ed.), *Immigration and the Politics of Citizenship in Europe and North America,* Lanham, Maryland: University of America Press, 1-27.

Brubaker, W. Rogers, 1989b: Citizenship and Naturalization: Policies and Politics. In: ders. (ed.), *Immigration and the Politics of Citizenship in Europe and North America,* Lanham, Maryland: University of America Press, 99-127.

Brubaker, W. Rogers, 1994: *Staats-Bürger. Deutschland und Frankreich im historischen Vergleich.* Hamburg: Junius.

Carens, Joseph H., 1994: Cultural Adaptation and Integration. Is Quebec a Model for Europe? In: Rainer Bauböck (ed.), *From Aliens to Citizens. Redefining the Status of Immigrants in Europe,* Aldershot-Brookfield et al.: Avebury, 149-186.

Castles, Stephen, 1994: Democracy and Multicultural Citizenship. Australian Debates and their Relevance for Western Europe. In: Rainer Bauböck (ed.), *From Aliens to Citizens. Redefining the Status of Immigrants in Europe,* Aldershot-Brookfield et al.: Avebury, 3-27.

Castles, Stephen/Mark J. Miller, 1993: *The Age of Migration. International Populations in the Modern World.* London: MacMillan Press.

Crouch, Colin, 1998: Staatsbürgerschaft und Markt. Das Beispiel der neueren britischen Bildungspolitik. In: *Berliner Journal für Soziologie* 8, 453-472.

Dahrendorf, Ralf, 1987: Soziale Klassen und Klassenkonflikt: ein erledigtes Theoriestück? In: Bernd Giesen/Hans Haferkamp (Hrsg.), *Soziologie der sozialen Ungleichheit,* Opladen: Westdeutscher Verlag, 10-30.

Dahrendorf, Ralf, 1992: *Der moderne soziale Konflikt*. München: dtv.

Dahrendorf, Ralf, 2000: Zu viel des Guten. Über die soziale Dynamik von Staatsbürgerschaft. In: Jürgen Mackert/Hans-Peter Müller (Hrsg.), *Citizenship – Soziologie der Staatsbürgerschaft*, Opladen: Westdeutscher Verlag, 133-155.

D'Amato de, Gianni, 2002: *Vom Ausländer zum Bürger. Der Streit um die politische Integration von Einwanderern in Deutschland, Frankreich und der Schweiz*. Münster/Hamburg/London: LIT.

Dummett, Ann, 1994: The Acquisition of British Citizenship. From Imperial Traditions to National Definitions. In: Rainer Bauböck (ed.), *From Aliens to Citizens. Redefining the Status of Immigrants in Europe*, Aldershot-Brookfield et al.: Avebury, 75-84.

Durkheim, Emile, 1991: *Physik der Sitten und des Rechts. Vorlesungen zur Soziologie der Moral*. Frankfurt/M.: Suhrkamp.

Grawert, Rolf, 1984: Staatsangehörigkeit und Staatsbürgerstatus. In: *Der Staat* 23, 179-204.

Hailbronner, Kay, 1989: Citizenship and Nationhood in Germany. In: W. Rogers Brubaker (ed.), *Immigration and the Politics of Citizenship in Europe and North America*, Lanham, Maryland: University of America Press, 67-79.

Hailbronner, Kay, 2001: *Reform des Zuwanderungsrechts. Konsens und Dissens in der Ausländerpolitik*. Quelle: http://www.bundestag.de/cgi-bin/druck.pl?N=parlament.

Heller, Thomas C., 1997: Modernity, Membership, and Multiculturalism. In: *Stanford Humanities Review* 5, 2-69.

Jenson, Jane, 1996: *Re-Institutionalising Citizenship. Class, Gender and Equality in Fordism and Post-Fordism*. Beitrag zur Konferenz „The World Economy and the Nation State between Globalization and Regionalization", 28./29.6. 1996 in Frankfurt/M., Ms.

Joppke, Christian, 1999: Einwanderung und Staatsbürgerschaft in den USA und Deutschland. In: *Kölner Zeitschrift für Soziologie und Sozialpsychologie* 51, 34-54.

Kymlicka, Will, 1995: *Multicultural Citizenship. A Liberal Theory of Minority Rights*. Oxford: Clarendon Press.

Leca, Jean, 1992: Questions on Citizenship. In: Chantal Mouffe (ed.), *Dimensions of Radical Democracy. Pluralism, Citizenship, Community*, London/New York: Verso, 17-32.

Lockwood, David, 2000: Staatsbürgerliche Integration und Klassenbildung. In: Jürgen Mackert/Hans-Peter Müller (Hrsg.), *Citizenship – Soziologie der Staatsbürgerschaft*, Wiesbaden: Westdeutscher Verlag, 157-180.

Mackert, Jürgen, 1996: Review-Essay: Citizenship und Immigration: Heterogenisierung des Nationalstaates und neue Formen der Zugehörigkeit. Neuere Beiträge zur Diskussion um Staatsbürgerschaft. In: *Berliner Journal für Soziologie* 6, 261-275.

Mackert, Jürgen, 1999: *Kampf um Zugehörigkeit. Nationale Staatsbürgerschaft als Modus sozialer Schließung*. Wiesbaden: Westdeutscher Verlag.

Mackert, Jürgen/Hans-Peter Müller, 2000: Der soziologische Gehalt moderner Staatsbürgerschaft. Probleme und Perspektiven eines umkämpften Konzepts. In: dies. (Hrsg.), *Citizenship – Soziologie der Staatsbürgerschaft*, Wiesbaden: Westdeutscher Verlag, 9-42.

Marshall, Thomas H., 1992: *Bürgerrechte und soziale Klassen. Zur Soziologie des Wohlfahrtsstaates*. Frankfurt/M./New York: Campus.

Maschke, Michael, 2003: Immigrants between Labour Market and Poverty. In: Peter Krause/Gerhard Bäcker/Walter Hanesch (eds.), *Combating Poverty in Europe – The German Welfare Regime in Practice*, Aldershot-Brookfield et al.: Ashgate, 223-245.

Mill, John Stuart, 1988: *On Liberty. With the Subjection of Women and Chapters on Socialism*. Cambridge Texts in the History of Political Thought, Cambridge: Cambridge University Press.

Müller, Hans-Peter, 1995: Citizenship and National Solidarity. In: Kenneth Thompson (ed.), *Durkheim, Europe and Democracy*, Occasional Papers No. 3, Oxford: British Centre for Durkheimian Studies, 42-61.

Müller, Hans-Peter/Bernd Wegener (Hrsg.), 1995: *Soziale Ungleichheit und soziale Gerechtigkeit*. Opladen: Leske + Budrich.

Münch, Richard, 1984: *Die Struktur der Moderne. Grundmuster und differentielle Gestaltung des institutionellen Aufbaus der modernen Gesellschaften.* Frankfurt/M.: Suhrkamp.

Nassehi, Armin/Markus Schroer, 1999: Integration durch Staatsbürgerschaft. In: *Leviathan* 27, 95-112.

Neckel, Sighard, 1995: Politische Ethnizität. Das Beispiel der Vereinigten Staaten. In: Birgitta Nedelmann (Hrsg.), *Politische Institutionen im Wandel*, Kölner Zeitschrift für Soziologie und Sozialpsychologie-Sonderheft 35, Opladen: Westdeutscher Verlag, 217-236.

Parry, Geraint, 1991: Conclusion: Paths to Citizenship. In: Ursula Vogel/Michael Moran (eds.), *The Frontiers of Citizenship*, London: MacMillan Press, 166-201.

Parsons, Talcott, 1966: Full Citizenship for the Negro American? A Sociological Problem. In: ders./Kenneth Clark (eds.), *The Negro American*, Boston: Houghton Mifflin, 709-754.

Parsons, Talcott, 1977a: Equality and Inequality in Modern Societies, or Social Stratification Revisited. In: ders., *Social Systems and the Evolution of Action Theory*, New York: The Free Press, 321-380.

Parsons, Talcott, 1977b: *The Evolution of Societies.* Englewood Cliffs, N.J.: Prentice-Hall.

Parsons, Talcott, 2000: Gleichheit und Ungleichheit in modernen Gesellschaften: Zur Bedeutung sozialer Schichtung. In: Jürgen Mackert/Hans-Peter Müller (Hrsg.), *Citizenship – Soziologie der Staatsbürgerschaft*, Wiesbaden: Westdeutscher Verlag, 103-129.

Procacci, Giovanna, 1998: Arme Bürger. Soziale Staatsbürgerschaft versus Individualisierung von Wohlfahrt. In: *Berliner Journal für Soziologie* 8, 473-488.

Rittstieg, Helmut, 1994: Dual Citizenship: Legal and Political Aspects in the German Context. In: Rainer Bauböck (ed.), *From Aliens to Citizens. Redefining the Status of Immigrants in Europe*, Aldershot-Brookfield et al.: Avebury, 111-120.

Rousseau, Jean Jacques, 1986: *Vom Gesellschaftsvertrag oder Grundsätze des Staatsrechts.* Stuttgart: Reclam.

Shklar, Judith N., 1991: *American Citizenship. The Quest for Inclusion.* Cambridge, MA./London: Harvard University Press.

Tocqueville, Alexis de, 1987: *Über die Demokratie in Amerika.* 2 Bde., Zürich: Manesse.

Tocqueville, Alexis de, 1989: *Der Alte Staat und die Revolution.* München: dtv.

Turner, Bryan S., 1986: *Citizenship and Capitalism.* London: Allen & Unwin.

Turner, Bryan S., 1988: *Status.* Milton Keynes: Open University Press.

Turner, Bryan S., 1993: Preface. In: ders. (ed.), *Citizenship and Social Theory*, London et al.: Sage, VII-XII.

Turner, Bryan S., 1997: Citizenship Studies: A General Theory. In: *Citizenship Studies* 1, 5-18.

Turner, Bryan S., 2000: Grundzüge einer Theorie der Staatsbürgerschaft. In: Jürgen Mackert/Hans-Peter Müller (Hrsg.), *Citizenship – Soziologie der Staatsbürgerschaft*, Wiesbaden: Westdeutscher Verlag, 229-263.

Wiener, Antje, 1996: (Staats)Bürgerschaft ohne Staat. Ortsbezogene Partizipationsmuster am Beispiel der Europäischen Union. In: *Prokla. Zeitschrift für kritische Sozialwissenschaft* 26, 497-513.

Wihtol de Wenden, Cathérine, 1994: Citizenship and Nationality in France. In: Rainer Bauböck (ed.), *From Aliens to Citizens. Redefining the Status of Immigrants in Europe*, Aldershot-Brookfield et al.: Avebury, 85-94.

Wilson, William J., 1996: *When Work Disappears. The World of the New Urban Poor.* New York: Alfred A. Knopf.

Sigrid Baringhorst

Soziale Integration durch politische Kampagnen? Gesellschaftssteuerung durch Inszenierung

1 Einleitung: Kampagnenpolitik – Alltag in der Mediendemokratie

Politische Herrschaft ist in liberalen Demokratien Herrschaft auf Zeit. Die politischen Repräsentanten sind im konkurrenzdemokratischen Wettbewerb um Abgeordnetensitze und Regierungspositionen gezwungen, die Stimmen der Wähler in regelmäßigen Abständen zu mobilisieren und für sich zu gewinnen. Politische Legitimation durch Wahlen setzt unabdingbar politische Vermittlungs- und Kommunikationsleistungen voraus (vgl. Sarcinelli 1998), denn die politischen Akteure sind darauf angewiesen, sich und ihre politischen Ziele und Handlungen öffentlich zu präsentieren, die Wähler über anstehende politische Planungen und Entwicklungen zu informieren und für die eigenen Handlungsprogramme Unterstützung zu generieren. Gesellschaftliche Modernisierungsprozesse haben zur fortschreitenden Auflösung traditioneller Wählermilieus und zur Zunahme von Wechselwählern geführt und damit den Bedarf an kommunikativer Überzeugungsarbeit gesteigert. Systemische Veränderungen, wie die zunehmende Komplexität gesellschaftlicher Problemlagen und die aus vielfältigen Gründen abnehmende Steuerungsfähigkeit des politischen Systems, werden von politischen Akteuren mit einer Flucht in die symbolische Politik und damit einer Aufwertung der Darstellungsebene des Politischen gegenüber der Entscheidungsebene kompensiert.

Da die Massenmedien die „reichweitenstärkste und dauerhafteste Arena politischer Öffentlichkeit" (Tenscher 2000: 8) darstellen und politische Kommunikation in raumzeitlicher Unabhängigkeit von Kommunikatoren und Publikum ermöglichen, haben sie sich zu zentralen Medien der Politikvermittlung entwickelt. Im Zuge der wachsenden Kommunikations- und Medienabhängigkeit der politischen Akteure werden politische Kommunikationsprozesse zunehmend professionell geplant und durchgeführt. Diese Professionalisierung fördert die Herausbildung einer einflussreichen, wachsenden Gruppe von Politikvermittlungsexperten, die „gleichsam als Grenzstellen und Brücken zwischen politischen Organisationen einerseits und deren internen und externen Umwelten andererseits" (Tenscher 2000: 9) agieren. Politische Organisationen arbeiten verstärkt mit professionellen Werbe-, PR-, Medien- und Kommunikationsagenturen zusammen und richten ihre Außenkommunikation an modernen Strategien des Polit-Marketings aus. Dies gilt sowohl für etablierte politische Akteure, wie die politischen Parteien, Parlamente und Regierungen auf allen politischen Entscheidungsebenen als auch für Lobbyverbände und Nichtregierungsorganisationen (vgl. Baringhorst 1998).[1]

Massenmedien als Arena politischer Öffentlichkeit

---

1 Die Anpassung von Inhalten und Formen der Politikvermittlung an die operative Logik des Mediensystems führt zu strukturellen Rückkopplungen im politischen System, die in der Literatur mit unterschiedlichen Etikettierungen wie „Telekratie" (Baudrillard 1993), „Mediokratie" (Meyer 2002), „Mediendemokratie" (Sarcinelli 2002), „Fernsehlegitimität" (Zolo 1997: 200) oder „Kampagnenpolitik" (Greven 1995) versehen und in mehr oder weniger bedrohlichen Szenarien be-

Public Relations PR hat sich von einer Funktion des Wirtschaftssystems gesamtgesellschaftlich ausgeweitet und ist zu einer in allen gesellschaftlichen Subsystemen eingesetzten Technik geworden (vgl. Saxer 1992: 64). Der Übergang von Verkäufer- zu Käufermärkten vergrößerte schon in der ersten Hälfte des 20. Jahrhunderts den Repräsentationsbedarf von Wirtschaftsunternehmen. Zugleich stieg auf Seiten der Konsumenten mit der Durchsetzung des *consumer capitalism* die Akzeptanz für PR-Aktivitäten der Wirtschaft. Der strukturelle Wandel von Politik und Gesellschaft hat inzwischen dazu geführt, dass alle gesellschaftlichen und politischen Akteure gezwungen sind, ihre Kommunikationsanstrengungen zu intensivieren, sofern sie sich in einem zunehmend ausdifferenzierten Mediensystem die knappe Ressource Aufmerksamkeit verschaffen und im öffentlichen Raum Resonanz für ihre Botschaft erhalten wollen. Allein ein Blick auf die deutsche Anzeigenlandschaft illustriert, dass inzwischen nicht nur für wirtschaftliche Produkte und Unternehmen sowie politische Parteien geworben wird: Kampagnen der Bundeswehr betonen den Erlebnischarakter des Militärdienstes; Entwicklungsorganisationen rufen zu Spenden für die Hungernden und Notleidenden der Entwicklungsländer oder zum Kauf von Fair-Trade-Produkten auf; Umweltorganisationen skandalisieren umweltschädliches Fehlverhalten; die Bundesregierung versucht durch Anti-Raucher und Anti-Aids-Kampagnen Einstellungen und Verhalten der Bürger zu ändern. Wie der Trend zum ökologischen und sozialen Marketing in der Privatwirtschaft belegt, nähern sich auf der semantischen Ebene Werbe- und PR-Strategien von Profit- und Non-Profit-Unternehmen an. Umweltengel und andere moralische Gütesiegel die artgerechte Tierhaltung, umweltverträgliche Rohstoffe, schonende Verarbeitung und recyclingfähige Verpackung bestätigen, sind zu wichtigen Erfolgskriterien modernen Produktmarketings geworden (vgl. Baringhorst 1998).

Marketing als Sozialtechnologie Marketing, so meine These, ist über den ökonomischen Wettbewerb hinausgehend zur umfassenden Sozialtechnologie der Erzeugung kollektiver Zustimmung und der Erzeugung kollektiver Identität geworden. Die Kampagne, als zentrales Element von Marketingstrategien, ist zum dominierenden öffentlichen Kommunikationsmodus avanciert, der neben den Bereichen der Wirtschaftskommunikation und der politischen Herrschaftslegitimation auch die Sphären der öffentlichen Vermittlung und Erzeugung von sozialen und moralischen Werten und Normen durchdrungen hat. Je mehr die traditionellen Agenturen politischer und moralischer Sozialisation und Integration, wie die politischen Parteien, Kirchen und Gewerkschaften, Mitglieder und allgemeines Vertrauen verloren haben, desto stärker sind politische und sozial-moralische Kampagnen zu Medien der Erzeugung und Mobilisierung von Gemeinschaftsgefühlen und sozialen Unterstützungsleistungen geworden. Dabei wird mit dem Kampagnenbegriff ein spezifischer Kommunikationstyp gefasst, der sich vor allem durch Planung, Zielsetzung und Adressatenstruktur auszeichnet.

Definition einer Kampagne Eine Kampagne umfasst „eine (a) geplante und vorbereitete Reihe von Kommunikationsaktivitäten (b) zur Erzielung oder Verhinderung eines Wandels von Einstellungen, Verhaltensweisen oder Entscheidungen (c) bestimmter, zu benennender Adressaten" (Lahusen 2002: 40).

---

schrieben werden. Die medienbedingte Transformation des Politischen wird vor allem auf folgende Aspekte bezogen: die Rekrutierung des politischen Führungspersonals – Stichwort: „von Profis zu Promis" (Sarcinelli 2002: 12); die mediengesteuerte Setzung der politischen Agenda; die Anpassung der politischen Prozesslogik an die Medienlogik – nicht nur die Themen-, sondern auch die Dramatisierungs- und Zeitstruktur politischen Entscheidungshandelns werden den Handlungsstrukturen des Mediensystems unterworfen.

Im Folgenden sollen Formen, Möglichkeiten und Grenzen einer Steuerung sozialer Integrations- und Gemeinschaftsbildungsprozesse durch kampagnenförmige Kommunikationsstrategien exemplarisch untersucht werden. Dabei wird ein Schwerpunkt auf orts- bzw. raumbezogene Kampagnen sozialer Aus- und Eingrenzung gelegt. Städtische Toleranz- und regionale Imagekampagnen belegen die zunehmende Bedeutung territorial definierter kollektiver Identitäten und geben Aufschluss über die komplexen ökonomischen, politischen und sozialen Motive, die einer Gesellschaftssteuerung durch politische Kampagnen zugrunde liegen.

2 „Viele Kulturen eine Zukunft" – Zur Inszenierung von Toleranz und Weltoffenheit in städtischen Imagekampagnen

Die Kommunen tragen die Hauptlast der sozialen Folgekosten der Migration in die Bundesrepublik nach 1945 (vgl. Kulbach 1996; Waltz 2000).[2] Die großen Ballungsräume in den alten Bundesländern haben einen mehr als doppelt so hohen Migrantenanteil wie die ländlichen Räume, wobei der Anteil in den Kernstädten fast dreimal so hoch ist. Durchschnittlich beträgt der Ausländeranteil an der Stadtbevölkerung 15%, in einigen Großstädten liegt er jedoch, wie in Frankfurt mit über 30%, Stuttgart und München mit ca. 25%, signifikant darüber (vgl. Beauftragte der Bundesregierung 2000: 20). In ihrer Steuerung der infolge der Einwanderungsprozesse gewachsenen sozialen Probleme und Konflikte wurden die Städte bisher von der Bundesregierung kaum unterstützt. Bis vor wenigen Jahren wurde das Faktum einer Einwanderung regierungsoffiziell hartnäckig bestritten und den lokalen Behörden wurden keine konkreten Richtlinien und Konzepte zur sozialen Integration der Migranten vorgegeben. Erst mit dem Anwachsen rechtsextremistischer Übergriffe nach 1989 wurden auf Bundesebene einige Initiativen zur Unterstützung der Kommunen bei ihrem Einsatz für ethnische und religiöse Toleranz und zur Bekämpfung rassistischer Gewalt entwickelt. Diese Bemühungen richteten sich insbesondere auf die neuen Bundesländer, weil dort zum einen das Potential rassistischer Gewalt am stärksten ausgeprägt war und ist und weil zum anderen die dortigen kommunalen Behörden noch wenig Erfahrung im Umgang mit ethnischen Konflikten besaßen.

Die „Ideen & Handlungshilfen gegen Fremdenfeindlichkeit vor allem in den fünf neuen Ländern" von 1991 geben einen Eindruck von den politischen Reaktionen, die von den lokalen und regionalen Akteuren im Osten, aber auch im Westen der Republik erwartet wurden:

Politik gegen Fremdenfeindlichkeit

> „Die Politik hat die zentralen gesellschaftlichen Rahmenbedingungen zu setzen: Juristisch und materiell. Öffentlichkeitsarbeit ist kein Ersatz für politisches Handeln. Politische Defizite können nicht durch Öffentlichkeitsarbeit kaschiert oder kompensiert werden. Der hier vorgestellte Ansatz für ein Kommunikationsprogramm [...] kann aber Politik unterstützen und positiv verstärken – über den Umweg der gestaltenden Beeinflussung des ‚öffentlichen Meinungsklimas'." (Beauftragte der Bundesregierung 1991:13).

Es wird zwar unterstrichen, dass persuasive Strategien politisches Entscheidungshandeln nicht ersetzen können. Zumal der gesetzliche und fiskale Rahmen lokaler und regionaler Handlungsprogramme nur auf der Bundesebene verändert werde könne, sollten die Akteure unterhalb der Bundesebene sich primär auf kommunikative Mittel der Be-

---

2   Vgl. zum Folgenden: Baringhorst 2002.

einflussung des öffentlichen Meinungsklimas konzentrieren. Die Ziele des den Kommunen empfohlenen Kommunikationsprogramms werden folgendermaßen definiert:

> „Es versucht, Toleranz, Öffnung und Offenheit zu fördern. Es strebt die Veränderung an von Einstellungen (Vorurteile), von Orientierungen (Werte) und von Handlungen (Aggressionen). Es setzt auf Pluralität, Vielfalt und Offenheit." (Beauftragte der Bundesregierung 1991: 13).

In Reaktion auf die zunehmenden Fälle rechtsextremer Gewalt gegen Ausländer haben die deutschen Städte und Kommunen in den 1990er Jahren entsprechend den Bonner und Berliner Empfehlungen eine Fülle kommunikativer und persuasiver Maßnahmen zur Förderung von Toleranz und Integration ergriffen. Eine Analyse der jährlichen Berichte der Ausländerbeauftragten von 20 größeren Städten in Ost- und Westdeutschland – einbezogen sind nur Städte mit mehr als 300.000 Einwohnern – unterstreicht die hohe Bedeutung, die städtische Verwaltungen kommunikativen Mitteln im Rahmen ihrer Integrationsarbeit beimessen. Abgesehen von Bildungsmaßnahmen für Multiplikatoren und die enge Gruppe derjenigen, die schon ein hohes Problembewusstsein mitbringen, legen städtische Kommunen viel Wert auf persuasive Strategien, die eine höhere Sichtbarkeit erzeugen und nicht nur die schon politisch bewusste „aktive Öffentlichkeit" erreichen sollen, sondern auch die „passive Öffentlichkeit", die sogen. schweigende Mehrheit.

Maßnahmen zur Förderung von Toleranz und Integration

Die städtischen Selbstdarstellungen der 1990er Jahre sind voller Bekenntnisse zu kultureller Vielfalt und Toleranz von kulturellen Differenzen. Ausgrenzungen und diskriminierende Praktiken der Vergangenheit werden systematisch aus dem kollektiven Selbstverständnis ausgeblendet. Die Toleranzbekundungen gleichen touristischen Informationsbroschüren, in denen potentiellen Besuchern die Vorzüge eines liberalen Klimas gepriesen und mögliche Zweifel an der Sicherheit von Fremden genommen werden.

Symbolik des Multikulturalismus

Die öffentlichen Bekenntnisse werden in dichten Symbolen visualisiert und in sloganhaften Phrasen kollektiver Identität verbreitet. „Ihre Stadt lässt sie nicht allein", titelt z.B. die beruhigende Kopfzeile einer Broschüre der Landeshauptstadt Stuttgart. Das darunter stehende Bild ist typisch für die Symbolik des Multikulturalismus in Deutschland: Eine simple Schwarz-Weiß-Zeichnung zeigt zwei einander zugewandte Personen im Portrait. Beide geben sich die Hand, die rechte reicht der linken eine Blume, beide lächeln. Insbesondere die Geste der sich berührenden Hände ist eine klassische Ikone werblicher Inszenierungen multikultureller Freundschaft geworden.

Fallstudie Mainz

„Menschen in Mainz" lautete der Slogan einer offiziellen Kampagne der Stadt Mainz. Die oberen zwei Drittel des in Schwarz-weiß gehaltenen Bildes bestehen aus einer fünfzeiligen Botschaft: In jeder Zeile heißt es ganz einfach „Menschen". Die Lettern sind in jeder Zeile gleich gestaltet. Die Aufmerksamkeit des Betrachters erzeugt das Poster nicht nur durch die simple Wiederholung der Ein-Wort-Message, sondern vor allem durch den gezielten Ersatz von je ein bis zwei Buchstaben pro Zeile durch Schwarz-Weiß-Portraits unterschiedlicher Personen. Die Fotografien zeigen Gesichter von Menschen unterschiedlichen Alters, unterschiedlichen Geschlechts, unterschiedlichem professionellen Status und unterschiedlicher ethnischer Zugehörigkeit, erkennbar etwa an den Rastalocken einer jungen schwarzen Frau oder den asiatischen Gesichtszügen einer anderen jungen Frau. Die Gesichter sind durchweg offen, alle lächeln direkt in die Kamera bzw. das Auge des Betrachters. Der geographische Bezug zur Stadt wird hergestellt durch die in der untersten Bildzeile platzierte Verortung der oben gezeigten „Menschen": „in Mainz". Der fröhliche Gesamteindruck wird unterstrichen durch das Portrait eines lachenden weißen Kindes in der letzten Zeile, das den Buchstaben „n" im Städtenamen ersetzt. In einer kleinen, vertikal am rechten Bildrand gedruckten Zeile wird die einfache Kampagnenbotschaft „Menschen in Mainz" in die historische Perspektive der Stadtgeschichte eingeordnet: „Mainz. Multikulturell seit 2000 Jahren". Ungeachtet aller historischen Brüche und Konflikte wird damit eine simple Kontinuität städtischer Multikulturalität in Deutschland behauptet.

Ähnlich symbolisch stark verdichtet wird der Toleranzappell in einer Werbekampagne der Stadt Frankfurt/Main. In der untersten Bildzeile werden die Urheber der Kampagne aufgelistet: „Eine Initiative des Oberbürgermeisters, des Bürgermeisters, des Vorstehers der Stadtverordnetenversammlung und der Fraktionen von SPD, CDU und Grünen im Frankfurter Römer". Die Botschaften dieser Kampagne sind extrem vereinfacht: „Toleranz/Main. Frankfurt gegen Fremdenhaß" oder „Menschlichkeit/Main. Frankfurt gegen Fremdenhass". Das Design der Kampagnenbilder erinnert an offizielle Ortsschilder, wie sie zur Indizierung von Beginn und Ende eines kommunalen Territoriums aufgestellt werden. Nur die Farben sind verändert: statt schwarzer Schrift auf gelbem Grund sind die antirassistischen Appelle der Stadt in schwarzer Schrift auf rotem Grund gehalten. „Toleranz/Main", „Menschlichkeit/Main": In einem Wortspiel wird die Stadtbezeichnung „Frankfurt" ersetzt durch hoch abstrakte moralische Konsensnormen der „Toleranz" und „Menschlichkeit". Das städtische Territorium wird damit nicht nur durch territoriale, sondern primär durch moralische Grenzkriterien markiert. „Frankfurt gegen Fremdenhaß" – der in jeder Anzeige gleichlautende zweite Teil des Slogans wird in Form einer leicht zu erinnernden Alliteration formuliert. Die Appellstruktur ist einfach und eindeutig: Kein demokratisch gesinnter Bürger der Gemeinde würde öffentlich gegen die Kampagnenbotschaft votieren. *Fallstudie Frankfurt/M.*

Abgesehen von Toleranzkampagnen und Resolutionen der Stadtvertreter bilden die jährlich organisierten interkulturellen Wochen die wichtigsten persuasiven Strategien städtischer Initiativen zur Förderung von Toleranz und zur Bekämpfung rassistischer Gewalt. Ursprünglich wurden sie als „Woche der ausländischen Mitbürger" analog zur „Woche der Brüderlichkeit", in der jährlich das harmonische Zusammenleben von Christen und Juden thematisiert wird, von den beiden großen deutschen Kirchen initiiert. Noch immer spielen die christlichen Organisationen, insbesondere deren Wohlfahrtsorganisationen, eine große Rolle bei der Ausgestaltung der interkulturellen Wochen, doch ist bei den Veranstaltungen im Laufe der Jahre der christliche Kontext zunehmend in den Hintergrund getreten. Der ursprüngliche Titel verweist auf den paternalistischen und ausschließenden Charakter der ersten jährlichen Verbrüderungswochen. Der Wandel von „Woche der ausländischen Mitbürger" zu „Interkulturelle Woche" verdeutlicht die starke Bedeutung, die der kulturellen Dimension der Solidarität mit Migranten gegeben wird. Der Terminus „interkulturell" statt „multikulturell" soll das Ziel der kulturellen Begegnung und des Austausches im Gegensatz zu einem bloßen Nebeneinander unterschiedlicher ethnischer Gruppen betonen. *Interkulturelle Wochen*

Oft werden die verschiedenen Events der Stadt unter einem gemeinsamen Slogan oder Motto zusammengefasst, um einerseits die Vielfalt der Veranstaltungen einer Stadt symbolisch zu bündeln und andererseits die Veranstaltungen der eigenen Kommune von denen anderer Städte abzugrenzen.

Die jährlichen Mottos sind den Slogans der erläuterten Toleranzkampagnen recht ähnlich. In der schleswig-holsteinischen Landeshauptstadt Kiel wird z.B. die „Interkulturelle Woche" jährlich seit 1993 durchgeführt. Dabei gibt es ein Motto, dass die Initiativen aller Jahre zusammenfasst und auf allen Veranstaltungsplakaten zu finden ist: „Vielfalt in Kiel". In jedem Jahr wird dieser Slogan mit einer anderen, aber nicht minder unspezifischen Kurzbotschaft verknüpft: „Vielfalt in Kiel – Bunt und gleichberechtigt!", „Gleiche Rechte – Rechte gleich!", „Miteinander Füreinander", „Gemeinsam Zukunft gestalten" oder „150 Kulturen – Unsere Stadt". *Fallstudie Kiel*

minimalistische
Moral der Kampagne

Die Botschaften sind Ausdruck einer minimalistischen Moral, eines kleinsten gemeinsamen moralischen Nenners unter einer auch in moralisch-politischen Fragen heterogener werdenden Stadtbevölkerung. Eine Untersuchung der auf den städtischen An-
kündigungsplakaten und in den Programmbroschüren aufgelisteten Events zeigt deutliche Tendenzen einer Ethnisierung der Veranstaltungen, d.h. eine Repräsentation von
Kulturen als statischen Herkunftskulturen und nicht als Kulturen in dynamischem Wandel. Indem die bunte und exotische Seite der Fremden betont wird, reagieren die An-
kündigungen auf die Erwartungen der bundesdeutschen Mehrheitsbevölkerung. Die
beteiligten ethnischen Organisationen für die von den Repräsentanten der Stadt im
Rahmen ihrer öffentlichen Erklärungen oft beschworene kulturelle Bereicherung durch
die Fremden versuchen einen Beweis zu liefern: sei es durch die Präsentation orientali-
scher Tänze, peruanischer Webstoffe oder islamischer Schriftkunst.

3 Regional Corporate Identities – Regionales Gemeinschaftsbewusstsein als Ziel politischen Marketings

Länder und Regionen

Nicht nur Städte, sondern auch Länder und Regionen haben im letzten Jahrzehnt kampagnenförmige Strategien zur Erzeugung öffentlicher Sichtbarkeit und zur Stärkung eines regionalen Wir-Gefühls unter den Bewohnern entwickelt. Als eine besonders frühe
und erfolgreiche Kampagne gilt die Kampagne „Wir in Nordrhein-Westfalen", mit der
nach dem ökonomischen und sozialen Strukturwandel der 1970er und 1980er Jahre ein
neues, positives Bild des Bundeslandes geschaffen und verbreitet werden sollte (vgl.
Landesentwicklungsbericht 1992).

Fallstudie NRW

Das Image des gesamten Bundeslandes litt insbesondere unter dem Image einer
seiner Kernregionen: Im öffentlichen Bewusstsein wie im Bewusstsein seiner Bürger
wurde NRW oft gleichgesetzt mit dem Ruhrgebiet. Dieses wiederum wurde im allgemeinen assoziiert mit veralteten Industrien der Kohle und Stahlerzeugung, hoher Arbeitslosigkeit und hoher Umweltbelastung. Seit Beginn der 1980er Jahre versuchte die
Landesregierung durch eine langfristig ausgerichtete Strukturpolitik die Tertiarisierung
der regionalen Wirtschaft, den Übergang von der Industriegesellschaft zur Dienstleis-
tungsgesellschaft, insbesondere durch Einrichtung von Technologiezentren und Unterstützung strukturschwacher Regionen sowie Bildungs- und Ausbildungsinvestitionen
zur Verbesserung der Qualifikation der Arbeitskräfte, zu fördern. Diese Strukturpolitik
hatte durchaus positive Impulse gegeben und mit dazu beigetragen, dass ab Mitte der
1990er Jahre mehr als die Hälfte der abhängig Beschäftigten in NRW im Dienstleis-
tungssektor tätig waren. Der ökonomische Strukturwandel, die Erfolge der umweltpolitischen Interventionen sowie die regionale Vielfalt des Bundeslandes hatten jedoch am
weiterhin als negativ empfundenen Selbst- und Fremdimage der Bürger des Landes wenig verändert (vgl. Hebecker 1995: 47).

Imagekampagne

Zur Korrektur des Negativbildes wurde daher 1987 unter dem Motto „Wahrheit gegen Vorurteile" eine Imagekampagne gestartet, die bis 1998 durchgeführt wurde und
den Kampagnenslogan „Wir in Nordrhein-Westfalen" in zahlreichen Anzeigen und
Broschüren, Plakaten, Faltblättern, Messeständen, Events und Internetpräsentationen
sowie dem jährlichen, an Entscheider und Multiplikatoren in Wirtschaft, Verbänden,
Medien und Politik gerichteten „NRW Special", auf Autoaufklebern und anderen Werbeträgern, auch über die Landesgrenzen hinaus bekannt machte. Geprägt wurde der
Slogan im Wahlkampf 1985 vom SPD-Strategen Bodo Hombach als offensive Reaktion

auf die Politisierung des negativen Fremdimages durch die CDU- und CSU-regierten Länder Baden-Württemberg und Bayern (vgl. Bleier 2000: 56). Die in NRW weit verbreiteten Abziehbilder für Autos zeigten nach außen den Slogan plus Landeswappen, auf der innen lesbaren Rückseite der Abziehfläche fand sich ein Zitat aus der Regierungserklärung des ehemaligen Ministerpräsidenten Johannes Rau vom 10.6.1985, auf dem er die Botschaft des in der späteren Kampagne propagierten Regionalstolzes zusammenfasste:

> „Wir in Nordrhein-Westfalen wissen: Wir leben in einem schönen und starken Land. Wir sind fast 17 Millionen Menschen. Unsere Herkunft ist unterschiedlich, unsere Zukunft ist gemeinsam. Wir leben gerne hier. Vielfalt ist unsere Stärke. Wir sind stolz auf unsere Heimat."

Die Kampagne wurde über die Gesellschaft für Wirtschaftsförderung, eine Tochter des Landes, und das Landespresse- und Informationsamt koordiniert. Adressaten waren zum einen die Bürger des Landes. Nach Johannes Rau sollte die Kampagne vor allem die regionale Identitätsbildung stärken „und in Zeiten großer Herausforderungen und Umbrüche das Wir-Gefühl der Bürger zu Nordrhein-Westfalen stabilisieren" sowie den Standort NRW „als starke Region in Europa" international profilieren (Landespresseamt NRW 1990: 6 zit. nach Bleier 2000: 56). Zum anderen wurde der Kampagne eine explizite wirtschaftspolitische Funktion zugewiesen. Sie sollte sich insbesondere an bundesweite Entscheider, Multiplikatoren und Investoren richten, um die Standortvorteile des Landes bekannt zu machen. Um die Glaubwürdigkeit in Unternehmerkreisen zu erhöhen, wurde bei den bundesweit geschalteten, jährlich 14-20 Motive umfassenden Anzeigenkampagnen eine eigene Unternehmenslinie entwickelt, in der sich Firmen unter Nennung ihres Namens als Werbepartner der Landesregierung an den Anzeigen beteiligen konnten.

Über die zwölf Jahre der Kampagnendauer blieb die Struktur der Anzeigenmotive insofern gleich, als stets eine Dialogsituation von zwei Menschen „in einer positiven Miteinandersituation" (Bleier 2000: 56) fotographisch abgebildet wurde, in der möglichst glaubwürdige Argumente für den jeweiligen Themenschwerpunkt der Anzeige formuliert werden sollten. Solche Themenschwerpunkte waren z.B. „Forschung in Nordrhein-Westfalen – der neue Rohstoff für erfolgreiche Wirtschaftsentwicklung"; „Eine alte Industrieregion verändert sich – Nordrhein-Westfalen ist auf gutem Weg"; „Die Harmonie von Natur und Technik – Planung von Biotopen am Computer". Um die Glaubwürdigkeit zu erhöhen, traten immer reale Personen auf, d.h. Personen, deren Namen, Profession und Herkunft in einer Namensleiste unter der Anzeige genannt wurden. Sie sollten möglichst alle Bevölkerungsschichten, Altergruppen und Regionen des Bundeslandes repräsentieren. Zum Teil wurde auch auf die werbewirksame Kraft von prominenten *testimonials* zurückgegriffen und etwa Götz Georges Schimanski-Image und das hochkulturelle Image von Pina Bausch aus Wuppertal zur Aufwertung des nordrhein-westfälischen „Wir" herangezogen.

Die Standortkampagne „Wir in Nordrhein-Westfalen" bildete mit vergleichbaren regionalen Imagekampagnen von Niedersachen und Bayern den Beginn eines allgemeinen, inzwischen alle Bundesländer erfassenden Trends. Dabei sind die Kosten der NRW-Kampagne vergleichsweise gering: So wurden in Düsseldorf „nur" jährlich fünf Millionen, später vier Millionen DM veranschlagt. Im Gegensatz dazu entwickelte das Land Baden-Württemberg als Late-Comer im Bereich der regionalen Imagekampagnen 1999 ein Standortmarketingkonzept, für das im Zeitraum 1999-2001 35 Mio. DM (18 Mio. Euro) allein für Printwerbung und Fernsehspots veranschlagt wurden (vgl. Dalan 1999). Entwickelt und realisiert hat diese Kampagne im Auftrag der Landesregierung

(Marginalien: Struktur und Funktion der Kampagne; Themenschwerpunkte; Fallstudie Baden-Württemberg)

die Berliner Werbeagentur Scholz & Friends. Ähnlich wie in der NRW-Kampagne setzt auch die Imagewerbung des Ländles auf eine Doppelstrategie: Stärkung des Wir-Gefühls unter den Bürger des Landes und zugleich Verbesserung der standortpoliti-schen Positionierung des Landes im Wettbewerb um bundesweite und internationale Investoren.

Entsprechend äußerte sich Christoph Palmer, Minister im Staatsministerium, zur Begründung der Landeskampagne:

> „Wir wollen Baden-Württemberg in den Köpfen der Leute ganz vorne plazieren [....]. Es geht darum, ein gutes Produkt, nämlich unser Land, insgesamt bekannter zu machen und nachhaltig in der Erinnerung von Investoren, Fachkräften, Multiplikatoren und Touristen zu verankern." (zit. nach Dalan 1999).

Weckung positiver Emotionen „Wir können alles – außer Hochdeutsch" lautet der bekannt gewordene Slogan der An-zeigen und Spots. Mit leichter Ironie und Selbstbewusstsein sollen positive Emotionen für das Land geweckt werden. Diente die NRW-Kampagne dazu, das „Loser-Image" des Landes, die Negativbilder von technologischen und strukturellen Modernitätsdefi-ziten, Arbeitslosigkeit und Armut sowie ökologischer Belastung zu korrigieren, so soll die baden-württembergische Kampagne das negative Image des regionalen Modernisie-rungsgewinners, des erfolgreichen, aber humorlosen Strebers im Wettbewerb der Re-gionen aufbessern. Wirtschaftlicher Erfolg, so die Annahme des Kampagnenmachers Sebastian Turner, erzeuge Sozialneid. Einerseits verhelfe die Kampagne den Schwaben zum selbstbewussten Umgang mit einem dialektal bedingten Minderwertigkeitskom-plex, andererseits verschaffe die leichte Ironie der Kampagne den wegen ihres Erfolges, ihres Fleißes und ihrer Sparsamkeit wenig beliebten Menschen im Südwesten Sympa-thiewerte im In- und Ausland:

> „Dass sie [die Baden-Württemberger, S.B.] über sich selbst lachen können, das hätte man ih-nen nicht zugetraut. Sie haben halt Qualitätshumor. Draußen stehen sie bisher aber im Ruf, eher die Karnevalverweigerer zu sein. Zu allem Überfluss sind sie auch noch erfolgreich. Das schafft mächtig Neid. Erinnern Sie sich: Wenn der größte Streber mal eine Vier bekam, freute sich die ganze Klasse. Und bisher haben sich alle gefreut, wenn das Musterländle mal weniger Autos verkauft hat. Da hatte jeder gesagt: Die brauchen das, sonst werden sie über-mütig. Und jetzt sieht man die Schwaben plötzlich mit einem Schuss Selbstironie. Das schafft Sympathien." (zitiert nach Sonntag Aktuell v. 29.04.2001).[3]

4 Politische Kampagnen als Antwort auf politische Steuerungsprobleme

Wie lässt sich die gewachsene Bedeutung persuasiver Strategien, sei es in Form profes-sionell gestalteter städtischer Toleranzkampagnen oder in Form regionaler Imagekam-pagnen erklären? Zwei analytische Erklärungsansätze sind von besonderer Bedeutung: Zum einen lassen sich, vergleichbar dem strukturellen Wandel des nationalen politi-schen Systems, auch auf der regionalen und kommunalen Politikebene strukturelle Ver-

---

3 Durch die Charme-Offensive versucht sich das Land einerseits als Marktführer im Wettbewerb der europäischen Regionen zu präsentieren, und andererseits solle dem Rest der Welt, so Minis-terpräsident Teufel, gezeigt werden, „dass die Baden-Württemberger bei allem Fleiß, Erfolg und ihrer sprichwörtlichen Sparsamkeit sympathisch, bescheiden, fröhlich und keineswegs unnahbar sind." (zitiert nach Behr 1999).

änderungen aufzeigen, die symbolpolitische Inszenierungen als Mittel der Gesellschaftssteuerung plausibel erscheinen lassen. Zum anderen entspricht eine zunehmend spektakulär inszenierte Imagepolitik den ästhetischen Bedürfnissen einer immer stärker fragmentierten städtischen und regionalen Bevölkerung und bietet den Bürgern neue Mittel der kollektiven Identitätsbildung.

Der wachsende Trend zu symbolischen Strategien der sozialen Integration auf regionaler und städtischer Ebene ist vor dem Hintergrund struktureller Veränderungen in der Entwicklung der Regionen und Städte zu sehen. Nicht nur Wirtschaftsunternehmen konkurrieren miteinander. Auch Städte und Regionen befinden sich in einem verschärften Wettbewerb um Investoren, qualifizierte Arbeitskräfte und Touristen. Um im europäischen wie globalen Standortwettbewerb bestehen zu können, sehen sich Städte und Regionen gezwungen, ihr Profil zu schärfen (vgl. Buß 2001: 42). Verglichen mit den 1970er und 1980er Jahren haben sich die Rahmenbedingungen für ihre Bemühungen, Wirtschaftswachstum und soziale Innovationen zu fördern, verschlechtert. Um die Aufmerksamkeit von Investoren aus den USA, Japan oder anderen Ländern auf sich zu ziehen, sind sie bemüht, sich selbst bestmöglich, und d.h. insbesondere zukunftsorientiert und ökonomisch vielversprechend, zu präsentieren. Insofern sind politische Imagekampagnen als Strategien des „ökonomischen Krisenmanagements" (Bleier 2000: 55) zu betrachten. Insbesondere Regionen, die sich wie NRW in einem starken Strukturwandel befinden, sowie allgemein strukturschwache Gebiete wie die Bundesländer Ostdeutschlands setzen auf kostengünstige Imagekorrekturen durch politisches Marketing. Mittlerweile greifen jedoch auch, wie die Kampagne und die spektakulären und aufwendigen 50-Jahrfeiern des Landes Baden-Württemberg im Jahr 2002 belegen, ökonomisch prosperierende Regionen angesichts des globalen Wettbewerbsdrucks aktiv durch symbolpolitische Maßnahmen in die europäische Standortkonkurrenz ein.

Politische Kampagnen sind auch als Antworten auf die mit zunehmender Parteien- und Politikerverdrossenheit einhergehenden Legitimationsverluste der etablierten politischen Akteure zu verstehen. Ein politisches Kollektivbewusstsein, sei es i.S. eines Landesbewusstseins, verstanden als „emotional verankertes Identitätsbewusstsein und Wir-Gefühl der Bewohner eines Landes" (Rohe 1984: 81) oder als Zugehörigkeitsgefühl zu einer städtischen Gemeinschaft, bildet eine wichtige politische Legitimationsressource. Insbesondere strukturpolitische Veränderungen sind leichter politisch durchzusetzen, wenn die Bevölkerung des betroffenen geografischen Raumes sozial integriert ist und mögliche soziale Desintegrationswirkungen durch bestehende soziale Netze aufgefangen bzw. abgemildert werden können.

Die erfolgreiche Inszenierung einer Stadt oder Region als Ort der Weltoffenheit und Toleranz verbessert nicht nur das Image ihrer Bewohner im allgemeinen, sondern auch das Image der regierenden Stadtvertreter im besonderen. Der inszenierte Schein des Besonderen, Erfolgreichen, Weltoffenen fällt zurück auf die Initiatoren, Sponsoren und Unterstützer sowie die werblichen „Macher" der Kampagnen. Vor allem aus diesem Grunde werden regionale oder städtische Imagekampagnen oft vom jeweiligen politischen Gegner als verdeckte und unzulässige Werbung für die jeweiligen Regierungsparteien, Ministerpräsidenten oder Bürgermeister skandalisiert.

Ökonomische Stagnation, schwierige fiskalische Bedingungen und ein wachsender Trend zur Deregulierungspolitik in nahezu allen politischen Parteien setzen Kommunal- und Regionalpolitiker unter großen Druck. Die Mobilisierung endogener Ressourcen durch städtische und regionale Imagepolitiken ist eine Reaktionsstrategie, deren Kosten vergleichsweise gering sind, zumindest geringer als der erwartete Nutzen, auch wenn dieser nur schwierig zu quantifizieren ist.

Marginalien:
- symbolische Strategien sozialer Integration
- Kampagnen als Antwort auf Legitimationsverluste
- Image der „Macher"
- Regionalpolitiker unter Druck

Erosion der sozialen Integration   Insbesondere die wachsenden Probleme der sozialen Integration ethnischer Minderheiten sind mit den bekannten Mitteln regulativer Politik kaum zu lösen. Zugewanderte Minderheiten wollen nicht nur einen gleichen Zugang zu den vorhandenen öffentlichen Dienstleistungen und einen fairen Anteil an der Verteilung öffentlicher Güter. Sie fordern darüber hinaus innovative Strategien einer Politik der Anerkennung ihrer kulturellen, ethnischen und religiösen Differenz. Um diese Forderungen zu erfüllen, müssten sich die Bürokratien grundsätzlich ändern, d.h. in ihrer Politikplanung und -implementation flexibler auf die spezifischen Bedürfnisse der Einwanderergemeinschaften eingehen und ihre Dienstleistungsangebote entsprechend der ethnischen Fragmentierung der Bevölkerung kulturell diversifizieren.

Kostenvorteil der Kampagnenpolitik   Vergleicht man den Kosten- und Planungsaufwand, der mit der Entwicklung einer genuin multikulturell ausgerichteten Stadtpolitik verbunden wäre, mit den Kosten symbolpolitischer Maßnahmen wie der oben erläuterten Kampagnen und Events, so scheinen persuasive Strategien eine äußerst kostengünstige Maßnahme zu sein, um die Stadt in einem kosmopolitanen, zukunftsorientierten, weltoffenen Licht erscheinen zu lassen. Spektakuläre Veranstaltungen und Kampagnen verlangen im Gegensatz zu Investitionen in soziale Netzwerke keine langfristigen Kosten für Verwaltungspersonal oder Büromieten. Wenn die Kampagne oder das Event vorbei sind, kann auch die Unterstützung für beteiligte Selbstorganisationen und andere lokale Initiativen enden.

Sozialpolitik als Politik für marginalisierte Gruppen   Zudem stehen Toleranzkampagnen und vor allem interkulturelle Veranstaltungen nicht unter dem Verdacht, ausschließlich den ethnischen Minderheiten zu nutzen. Für besondere Unterstützungsmaßnahmen für soziale Brennpunkte oder Mitglieder benachteiligter Gruppen bekommen Stadtvertreter kaum die Zustimmung breiter Wählerkreise. Sozialpolitik wird heute kaum noch als universalistische Politik der menschlichen Emanzipation und Chancengleichheit gedeutet; stattdessen wird sie als Politik für marginalisierte Gruppen interpretiert. Sie bezieht ihre Legitimation eher aus einer Mitleidsethik als aus einer Ethik sozialer Gerechtigkeit und universeller Gleichheitsrechte (vgl. Müller 1992).

schwache politische Intervention   Verglichen mit anderen Formen der Beeinflussung kollektiven Verhaltens, wie vor allem gesetzlichen Sanktionen oder finanziellen Anreizen, gelten persuasive Maßnahmen in der Literatur gemeinhin als die schwächste Form politischer Intervention (vgl. Dahme/Grunow 1983). Antidiskriminierungsgesetze könnten die Bürger zu einem zivilen und fairen Umgang mit Angehörigen ethnischer Minderheiten „zwingen", doch werden in liberalen Demokratien solche gesetzlichen Regulierungen oft als illiberale und damit illegitime Interventionen in die individuelle Privatsphäre kritisiert. Eine Politik der sanften Kraft der Persuasion vermeidet Legitimationsprobleme, die vermutlich im Kontext einer wirkungsvollen Antidiskriminierungspolitik entstehen würden. Zugleich vermeidet sie den hohen Ressourcenaufwand, den eine Politik der finanziellen Anreize zur sozialen Integration bedeuten würde. In dieser Hinsicht können kommunikative Mittel der Förderung von Toleranz und sozialer Harmonie wie öffentliche Appelle, Deklarationen, und Festivals aus der Not eine Tugend machen, da den Politikern andere Mittel der politischen Intervention wie Geld oder gesetzliche Sanktionen nicht zur Verfügung stehen bzw. als politisch nicht wünschenswert betrachtet werden.

5   Politische Kampagnen als Medien kollektiver Identitätsstiftung

Erfolg und Verbreitung städtischer und regionaler Imagekampagnen sollten jedoch nicht allein auf dem Hintergrund des strukturellen Wandels der Städte und Regionen und aus den Kosten-Nutzen-Erwägungen urbaner und regionaler Eliten erklärt werden. Die Kampagnenpolitik wäre nicht erfolgreich, wenn sie nicht mit den Bedürfnissen der anvisierten Zielgruppen korrespondieren würde. Das Geheimnis des Erfolgs von politischen Integrationskampagnen besteht darin, dass sie eine Kombination von selbstreflexiven instrumentellen Motiven, Bedürfnissen nach ästhetischer Selbstpräsentation und der Möglichkeit der Identifikation mit einem auch von der Umwelt als positiv gewerteten Kollektiv bieten.

Die identitätsstiftende Funktion kampagnenförmiger Gemeinschaftsinszenierungen ist für die gesellschaftliche Integration in Mediengesellschaften bedeutsam. Sozialbeziehungen werden im Zuge fortschreitender Modernisierung zunehmend abstrakt und medial vermittelt. Zugleich gehen Individualisierungs- und Pluralisierungsprozesse mit gestiegenen individuellen Distinktions- wie sozialen Integrationsbedürfnissen einher. Die Auflösung räumlicher und zeitlicher Stabilität des Alltags bringt nicht nur individuelle Freiheitsgewinne, sondern auch Orientierungslosigkeit, Anomieerscheinungen und soziale Desintegrationsgefahren mit sich (vgl. Beck 1986). „Bowling alone" lautet die bekannte Metapher von Robert Putnam (2000), mit der er seine Diagnose des abnehmenden Sozialkapitals, indiziert durch sinkende Mitgliedschaften in sozialen Vereinen und Assoziationen in den USA, anschaulich auf den Begriff gebracht hat. Entgegen seiner einfachen Ursachendiagnose – „Television is the culprit" – sollte gerade die soziale Integrationskraft der modernen audiovisuellen Medien nicht unterschätzt werden. Die kampagnenförmige Erzeugung von Wir-Gemeinschaften offeriert dem einzelnen vielfältige Chancen der virtuellen Einbindung in Gemeinschaften: seien es als Wertegemeinschaften inszenierte Städte, als traditionsverpflichtet und zugleich zukunftsorientiert dargestellte Regionalgemeinschaften, als in zahlreichen Spendenaufrufen erzeugte moralische Hilfsgemeinschaften benevolenter Spender oder als in kommerziellen Werbekampagnen inszenierte Zugehörigkeiten auf der Basis gleicher Lebensstile und damit verbundener Konsumgewohnheiten (vgl. Baringhorst 1998).

Identitätsstiftung durch Gemeinschaftsinszenierung

Emile Durkheim folgend sind Massenveranstaltungen wie Krönungszeremonien, Inaugurationen von Präsidenten, nationale Erinnerungsrituale und sogar allgemeine Wahlen funktionalistisch als Beiträge zur nationalen kollektiven Identitätsstiftung gedeutet worden. David Kertzer hat die soziale Funktion von Ritualen in modernen Gesellschaften analysiert und ihren besonderen Beitrag zur Gemeinschaftsstiftung hervorgehoben. Diesen sieht er vor allem darin, dass Gemeinschaftsgefühle nicht auf der Basis geteilter Werte oder Überzeugungen erzeugt werden, sondern auf der Grundlage gemeinsamer Handlungen:

soziale Funktion von Ritualen

> „what is important in ritual is our common participation and emotional involvement, not the specific rationalisations by which we account for the rites [...] rituals can promote social solidarity without implying that people share the same values, or even the same interpretation of the ritual." (Kertzer 1988: 67).

Eine dem Ritual vergleichbare Funktion kann auch städtischen und regionalen Imagekampagnen zugewiesen werden. Sie sind Zeichen eines posttraditionalen expressiven Solidarismus, in dem Besonderheit und Vorzüge der Eigengruppe durch Kampagnen, Festivals oder auch die Vermarktung regional produzierter Produkte inszeniert werden. Neben der Erzeugung eines günstigen Investitionsklimas geht es in den oben erläuterten Kampagnen auch um die Inszenierung regionaler oder städtischer Identitäten, die symbolpolitische Erzeugung räumlich definierter Solidargemeinschaften. Im Falle der regionalen Imagekampagnen werden regionale Identifikationsangebote analog betriebswirtschaftlicher Konzepte der *corporate identity* durch *corporate design* wie Landes-Logos, Flaggen und Wappen und *corporate communications* geschaffen. So wie regio-

expressiver Solidarismus

nale Produkte mit raumbezogenen Attributen versehen werden, werden Räume durch Imagemarketing symbolisch aufgeladen (vgl. Bleier 2000: 58).

Kontinuität und Tradition

In der symbolischen Aufladung regionaler Räume geht es zum einen um die Konstruktion einer gemeinsamen Vergangenheit durch Erinnerungsrituale wie die 50-Jahrfeiern in Baden-Württemberg oder rituelle Vergangenheitsinszenierungen in Form von Ritterspielen, Inszenierungen mittelalterlicher Handwerkspraktiken, traditioneller Küche etc. sowie durch Strategien der Musealisierung wie Ausstellungen zur Landesgeschichte, Industriedenkmäler u.ä. Die Erzeugung von räumlicher Kontinuität und Tradition steht dabei, wie die britische Heritage-Bewegung zeigt, in einem direkten Zusammenhang mit Prozessen der Deindustrialisierung und Modernisierung, in denen traditionelle Sozialräume durch Veränderungen in der Beziehung zwischen Zentrum und Peripherie an Bedeutung verlieren. Richard Münch schreibt dazu:

> „So erzeugt der kulturelle Fortschritt auch neues kulturelles Elend, weil die Provinzler der Peripherie ihrer eigenen Kultur beraubt werden und sich die neue doch nur stümperhaft und in Billigangeboten aneignen können. Soweit die Zentren den lokalen Kulturen in ihrem gesteigerten Bedürfnis nach Erfassung der ganzen Welt eine neue Aufmerksamkeit zuwenden, werden diese zu Ausgrabungsstätten und Ausstellungsstücken einer untergegangenen Epoche der Geschichte herabgewürdigt und – soweit möglich – zur Kitschform ungewandelt und vermarktet." (Münch 1995: 26/27).

Verkitschung von Kultur für Imageinszenierungen

In den besprochenen Imagekampagnen wird auf kollektive Erinnerungen referiert, jedoch weniger i.S. der Musealisierung oder Verkitschung von Kultur als in Form der Funktionalisierung der Geschichte für zukunftsorientierte Image-Inszenierungen. Der Ursprung der multikulturellen Gegenwart wird – wie etwa in städtischen Toleranzkampagnen – in die Frühzeit der Stadtgeschichte zurückverlegt. Identitätsverluste, die wie im Falle NRWs durch das Absterben alter Industriezweige entstehen, werden durch Inszenierungen von Modernität, kultureller Vielfalt und Weltoffenheit von Regionen kompensiert.

Verräumlichung der Kultur

Regionale und städtische Imagekampagnen inszenieren eine Verräumlichung von Kultur und sozialem Leben. Jedoch kann diese Verräumlichung unter den gegebenen ökonomischen und kulturellen Bedingungen nur partiell gelingen. Die Architektur des politischen Systems wird zunehmend komplexer, und auch sozialkulturelle Gemeinschaftsgrenzen lassen sich angesichts wachsender Tendenzen zur „Transkulturalität" (Welsch 1994) nur bedingt räumlich definieren. Gefahren einer Essentialisierung von Kultur lassen sich nicht nur bezogen auf regionale Imagekampagnen aufzeigen, sondern auch hinsichtlich der Inszenierung multikultureller Differenzen in städtischen und anderen Toleranzkampagnen. Systembezogene Ziele wie vor allem die Verbesserung des ökonomischen Outputs durch Anwerbung von Kapital und qualifizierten Arbeitskräften stehen in einem Spannungsverhältnis zu den sozialen Integrationszielen der Kampagnen. Die symbolische Selbstdarstellung von städtischen und regionalen Gemeinschaften als weltoffen und tolerant löst dieses Spannungsverhältnis zwischen Öffnung des ökonomischen Systems für überregionale Investoren und kollektiver Identitätsbildung nur scheinbar. Die Erzeugung kollektiver Identitäten funktioniert nur durch Mechanismen der Schließung und Öffnung, in denen kollektive Besonderheiten der Wir-Gruppe so inszeniert werden, dass Differenzen zu anderen Gruppen sichtbar werden. Bekenntnisse zu Weltoffenheit und Toleranz bilden jedoch dann kein hinreichendes Unterscheidungsmerkmal regionaler und städtischer Gemeinschaften, wenn sich die Referenzkollektive zu den gleichen Werten bekennen. Der Rückgriff auf essentialistische Selbstbeschreibungen, und sei es nur in ironischer Brechung wie „Wir können alles – außer Hochdeutsch", erscheint dann als willkommene symbolische Strategie der Inszenierung kollektiver Besonderheiten.

Bindestrich-Bundesländer sind bei der Förderung sozialer Integration durch Entwicklung eines gemeinsamen Landesbewusstseins besonderen Herausforderungen ausgesetzt: Sie sind historisch relativ junge politische Gemeinschaften; die Landesbevölkerung setzt sich aus unterschiedlichen regionalen Provinzen und Sub-Gemeinschaften zusammen, die in der Regel auf eine längere Geschichte als kulturelle und politische Gemeinschaft zurückschauen können als das nach 1945 geschaffene Bundesland (vgl. z.B. Dann 1986). Insbesondere die Konstruktion einer regionalen Identität durch essentialistische symbolpolitische Strategien läuft dann Gefahr, die Vielfalt der kulturellen Binnendifferenzen zugunsten vereinheitlichender Kulturkonstruktionen aufzuheben bzw. zu unterminieren. So richtete sich vor allem die Kritik an der Imagekampagne von Baden-Württemberg zu Beginn gegen die anfänglich ausschließliche Repräsentation von Schwaben als kulturellen Repräsentanten des Landes und die damit implizite symbolpolitische Marginalisierung von Badenern, Franken und Kurpfälzern (vgl. Weisenburger 2001).

Problem der sozialen Integration in Bindestrich-Bundesländern

6 Soziale Integration durch Marketing? Grenzen und Risiken politischer Kampagnen

Die moderne Kampagnenkommunikation wird nach den Marktanalysen moderner Marketingforschung maßgeschneidert und entsprechend der Signalökonomie der Werbung gestaltet. Sie ist in hohem Maße „Politik der Bilder" (Hartley 1992) i.S. einer Politik marktbezogener Images. Bilder, Slogans und Events mit hohem Aufmerksamkeits- und Erinnerungswert werden zur Steigerung der sozialen Akzeptanz und politischen Legitimation der beteiligten Akteure inszeniert. Sie werden eingesetzt als Instrumente moderner Gesellschaftsgestaltung und dienen zugleich der Verbesserung der Wettbewerbsposition ihrer Urheber und Unterstützer in der härter werdenden politischen und ökonomischen Konkurrenz.

Politik der Bilder

Kampagnenkommunikation i.S. zeitlich begrenzter, markt- und mediengerecht auf ein bestimmtes Ziel hin geplanter Persuasionsstrategien ist mittlerweile kennzeichnend für kommerzielle, politische und moralische Vermittlungsprozesse. Die damit verbundene Aufwertung visueller, symbolisch verdichteter und möglichst spektakulärer Zuschauer- bzw. Leser-Mobilisierung hängt nicht nur mit oben beschriebenen strukturellen Veränderungen des politischen und ökonomischen Systems zusammen, sondern ist maßgeblich auch durch Umwälzungen der Medienkommunikation, vor allem die Einführung kommerzieller Rundfunksender bedingt. Handlungslogik und Präsentationsformen ihrer profitorientierten Träger bestimmen zunehmend die gesamte medienvermittelte Kommunikation. Werbung und Gewinnmaximierung durch Maximierung von Zuschauerquoten haben Programminhalte und -formate so verändert, dass der Werbespot zum zentralen Präsentationsformat öffentlicher Kommunikation geworden ist. Die signalökonomischen Gesetze der Kampagnenkommunikation wie Kürze, symbolische Verdichtung, Emotionsgeladenheit, Personenbezug, Unterhaltsamkeit gelten mittlerweile für alle Bereiche der öffentlichen Kommunikation.

Zuschauer- und Lesermobilisierung

Je mehr Spots und Anzeigen zu prägenden Formen öffentlicher Kommunikation geworden sind, desto nachdrücklicher hat sich die Ansicht verbreitet, Kommunikation könne nur gelingen, sofern sie unterhaltsame Anreize der Aufmerksamkeitsgewinnung biete. Die daraus folgende zunehmende Symbiose von Politik und Unterhaltung – von Andreas Dörner (2001) treffend als „Politainment" gekennzeichnet – ist nicht nur negativ zu beurteilen. Sie bietet die Chance, breite Zielgruppen zu erreichen, die sich diskur-

„Politainment"

siven Formen politischer Kommunikation eher verschließen und statt nüchterner politischer Argumentationen und Diskussionen unterhaltsamere Präsentationsformate bevorzugen. „Der Demokrat ist auch Voyeur", konstatiert Claus Leggewie (1991: 158) und weist damit zurecht auf die prinzipielle Berechtigung unterhaltsamer Formate politischer Kommunikation hin.

Verlust der politischen Substanz
Problematisch wird die Mischung von Entertainment und Politik jedoch dann, wenn uns die medialen Inszenierungen von der politischen Substanz eines Themas absehen lassen und das persönliche voyeuristische Vergnügen eine Auseinandersetzung mit der Vielschichtigkeit eines politischen Problems eher verhindert als anregt. Diese Gefahr nimmt angesichts der marktkonformen Handlungslogik vor allem privater Rundfunksender zu. Da deren Finanzierung ausschließlich von den Einnahmen durch Werbung abhängt, werden Fernsehsendungen primär als Werbeumfeld konzipiert. Werbeeinnahmen wiederum hängen ab von Zuschauerquoten und Zuschauerprofilen. Und da die Zuschauer mehrheitlich unterhaltsame Sendeformate bevorzugen, ist die Unterhaltsamkeit politischer Botschaften zentrales Kriterium ihrer Selektion.[4] Die wachsende Bedeutung politischer Kampagnenkommunikation ist eine direkte Folge des allgemeinen Zwangs zur Unterhaltsamkeit und werbeästhetischen Präsentation öffentlicher Botschaften.

Sinnentleerung
Mit der Ausrichtung öffentlicher Kommunikation an den verkaufsästhetischen und image-orientierten Strategien kommerzieller Unternehmen sind Gefahren einer dysfunktionalen Überästhetisierung und Sinnentleerung verbunden. Das Fernsehen prägt unsere Aufnahmebereitschaft und Verarbeitungsweise von Informationen. Seine bildliche Logik formt die Art unserer kulturellen Erfahrungen. Die persuasive Kraft einer Botschaft wird in der Kampagnenkommunikation, unabhängig ob im Fernsehen oder in Printmedien vermittelt, weniger durch den kognitiven Gehalt der Aussagen als durch die Eindringlichkeit der visuellen Eindrücke bestimmt. Georg Ruhrmann hat in einer 1994 durchgeführten Studie 263 Interviewpartnern drei Anzeigenkampagnen gegen Ausländerfeindlichkeit zur Beurteilung vorgelegt. Dabei kam er zu dem auf den ersten Blick erstaunlichen Schluss, dass eine positive Bewertung der Kampagnen „in keinem signifikanten Zusammenhang mit Fremdenfeindlichkeit" stehe. Er führt dieses Ergebnis nicht zuletzt auf die besondere Bedeutung ästhetischer Kriterien bei der Beurteilung von Anzeigenbildern zurück (vgl. Ruhrmann 1994; Ruhrmann et al. 1996). Versuche der Gesellschaftssteuerung durch kampagnenförmige politische Inszenierungen müssen mit einem zunehmend geübten Zuschauer- und Leseverhalten rechnen. Wie die Studie von Ruhrmann belegt, beurteilen Rezipienten nicht nur einzelne Toleranzkampagnen primär nach ästhetischen Gesichtspunkten; auch in der Gesamteinschätzung von Kampagnen gegen Ausländerfeindlichkeit überwogen ästhetische Kriterien vor solchen der inhaltlichen Übereinstimmung mit Kampagnenaussagen:

> „Die plausible Annahme, dass Befragte, die sich durch zu viele Kampagnen gegen Fremdenfeindlichkeit gestört oder etwa provoziert fühlen, auch eher fremdenfeindlich eingestellt sind, kann empirisch nicht belegt werden." (Zentrum für Türkeistudien 1995: 138).

Gefahren einer Selbstreferentialität der Zeichen
Mediensozialisierte Rezipienten dekodieren Medieninformationen entsprechend ihrem kontextuellen Präsentationsformat. Dies führt dazu, dass Mediennutzer etwa Parteienwerbung weitgehend belanglos finden (vgl. Kliment 1994) und Werbung primär unter

---

4   Auch wenn die öffentlich-rechtlichen Sendeanstalten angesichts ihrer primären Finanzierung durch Gebühren hier etwas mehr Freiraum besitzen, zeigt sich auch in ihren Programmen eine Tendenz zur Entertainisierung des Politischen, sei es durch die Präsenz von Politikern in Talk- und Gameshows oder sei es durch die unterhaltsame Präsentation politischer Inhalte in politischen Magazinen und Diskussionsrunden.

ästhetischen und weniger unter inhaltlichen Gesichtspunkten betrachtet wird. Auch die besprochenen Kampagnen der Städte und Regionen unterliegen den Gefahren der Selbstreferentialität der Zeichen[5] und des allgemeinen Glaubwürdigkeitsmangels werblicher Kommunikation.

Häufig versucht man, dem Mangel an Glaubwürdigkeit, der prinzipiell werbeförmigen Kommunikationsstrategien anlastet, durch *testimonials*, d.h. durch die Darstellung von realen Personen als Werbeträgern auszugleichen. Doch die Integration in den vorabendlichen Werbeblock – die Baden-Württemberg-Spots wurden jeweils vor den Abendnachrichten gesendet – sowie die optische Angleichung von politischen und sozialen Kampagnen an die kommerzielle Werbung, erschweren eine differenzierte Wahrnehmung und Verarbeitung der unterschiedlichen Marketingtypen.

Mangel an Glaubwürdigkeit

Gesellschaftssteuerung durch politische Kampagnen läuft aufgrund der Selbstbezüglichkeit der werblichen Inszenierungen auch Gefahr, dass die angestrebte soziale Integration von räumlichen Gemeinschaften auf die symbolische Ebene beschränkt bleibt. Die Abkopplung der Darstellungsebene von der Entscheidungsebene des Politischen äußert sich zum einen in der Abkopplung der Initiatoren und Macher der Kampagnen von den städtischen und regionalen zivilgesellschaftlichen Akteuren. Demokratietheoretisch ist es durchaus bedenklich, dass demokratisch nicht legitimierte Akteure des Mediensystems, wie die wachsende Zahl von PR-Beratern und andere Experten der Öffentlichkeitsarbeit, öffentlichen Einfluss und Kommunikationsmacht gewinnen. Darüber hinaus besteht, wie oben erwähnt, die Gefahr, dass persuasive Strategien der Gesellschaftssteuerung als billiger und schwacher Ersatz einer Politik mit den klassischen Interventionsmitteln Geld und Recht entwickelt und eingesetzt werden.

Die Akzentuierung der inhärenten Gefahren einer sozialen Integrationssteuerung durch Kampagnen sollte jedoch deren möglichen Nutzen für die soziale Integration zunehmend fragmentierter, pluralisierter und individualisierter Gesellschaften nicht verkennen. Gerade im Gesundheits- und Umweltbereich (vgl. z.B. Anti-Raucher-Kampagnen, AIDS-Kampagnen, Energiespar-Appelle) hat sich gezeigt, dass Anreiz- und Überzeugungsprogramme durchaus sinnvolle Strategien der Gesellschaftssteuerung darstellen können. Die Aufklärungskampagnen sind stark abhängig von der freiwilligen Mitwirkung der adressierten Zielgruppen. Da die persuasiven Strategien Verhaltensänderungen nicht mit staatlichem Zwang durchsetzen, sondern durch Information und Überzeugung erzeugen wollen, ist ihre Wirkung dann besonders hoch, wenn ihre Botschaften mit bereits vorhandenen Einstellungen und Überzeugungen übereinstimmen. Da die politische Überzeugungsarbeit grundsätzlich auf der Freiwilligkeit der Verhaltensänderung bei den Zielgruppen basiert, ist sie in dieser Hinsicht sogar demokratischer angelegt als eine Gesellschaftssteuerung durch Recht und Gesetz (vgl. Dahme/Grunow 1983: 139).

Gefahren einer Integrationssteuerung durch Kampagnen

Studien zur Implementationsforschung gehen davon aus, dass sanfte Wege der Politikumsetzung im Laufe der Zeit durch stärkere Maßnahmen ersetzt werden, sofern sie nicht greifen. W.J. Paisley (1981) spricht in dem Zusammenhang von einer „three-,e'-strategy" der Persuasion und des Zwanges. Danach ist es wahrscheinlich, dass anfängliche Strategien der „education" von einer Strategie des „engineering", d.h. der Sozialtechnologie, abgelöst werden und am Ende durch die stärkste Maßnahme politischer Intervention, das „enforcement" – gemeint ist das „law enforcement" – ersetzt werden,

Persuasion und Zwang

---

5   Werbung wirkt vor allem in Form der Rückkopplungsschleife, Aufmerksamkeit zu binden, die wiederum Aufmerksamkeit bindet. „Der Werbespot ist ein Massengenre im Rahmen massenhafter Werbekommunikation." (Kloepfer/Landbeck 1991: 224). Mediale Kommunikationsformen werben letztendlich für mediale Kommunikationsformen. Vor allem in dieser Rückkopplungsschleife liegt die eigentliche Macht der Werbung.

wenn die jeweils schwächere Form des politischen Eingriffs keinen Erfolg zeigt. Vielleicht aber sind diese Annahmen der Implementationsforschung mittlerweile überholt und der gegenwärtige Trend von der Regulierungs- zur Deregulierungspolitik reduziert die Optionen politischer Steuerung dauerhaft. Dann werden symbolpolitische Maßnahmen, wie die beschriebenen, vermutlich häufiger und nachhaltiger das Bild der nationalen wie regionalen und kommunalen Politik prägen.

symbolische Politik   Es besteht die Gefahr, dass Politiker aber auch andere gesellschaftliche Akteure politische PR primär zur Durchsetzung kurzfristiger, taktischer und populistischer Ziele einsetzen. Doch die städtischen Toleranz- und regionalen Imagekampagnen zeigen, dass persuasive Strategien durchaus auch sinnvolle innovative Mittel der sozialen und kulturellen Integrationsförderung sein können. Symbolische Politik muss nicht zwangsläufig auf „Placebo"- oder Alibifunktionen reduziert sein. Massenmediale Kampagnen können und dürfen öffentliche Deliberation, diskursive Entscheidungsfindung und notwendige politische Steuerung durch Recht und Geld nicht ersetzen. Aber demokratische Politik setzt die Existenz integrierter politischer Gemeinschaften sowie Gefühle der Zugehörigkeit der Bürger zu den politischen Gemeinschaften voraus, die der politischen Ordnung zugrunde liegen. In föderalen, dezentralisierten politischen Ordnungen sind auch die politischen Steuerungsebenen unterhalb der Nationalstaatsebene, also Land und Kommune, wichtige politische und soziale Integrationsräume der Bürger. Die oben erläuterten inhärenten Gefahren einer zunehmenden Gesellschaftssteuerung durch die sanfte Macht der politischen Kampagnen sollte nicht darüber hinweg täuschen, dass die Mobilisierung von Zugehörigkeitsgefühlen zu politischen Gemeinschaften, die Erzeugung und Stärkung kollektiver Identitäten, einen wichtigen Bestandteil der demokratischen politischen Kultur darstellt. Gerade in modernen Kommunikations- und Mediengesellschaften ist eine soziale und politische Integration der Bürger ohne Aufmerksamkeit erzeugende Medieninszenierungen und ohne symbolpolitische Strategien kaum denkbar. Auf die Schwächen eines rein am aufklärerischen Postulat diskursiver Konsenserzeugung ausgerichteten Demokratieverständnisses hat Ernest Gellner nachdrücklich hingewiesen:

> „Enlightenment rationalism has a number of weaknesses, from the viewpoint of its use as a practical faith, as the foundation either for individual life or for a social order. It is too thin and ethereal to sustain an individual in crisis, and it is too abstract to be intelligible to any but intellectuals with a penchant for this kind of theorising. Intellectually it is all but inaccessible, and unable to offer real succour in a crisis." (Gellner 1992: 86).

Politische Inszenierungen, so die Schlussfolgerungen, sind wichtige, wenn nicht gar unverzichtbare Mittel der politischen und sozialen Integration der Bevölkerung, doch sollten sie eine Integrationspolitik mit anderen Steuerungsmedien wie z.B. sozialpolitische Unterstützungsleistungen zur Integration sozial schwacher und marginalisierter Gruppen oder gesetzliche Antidiskriminierungsmaßnahmen zum Schutz von ethnischen Minderheiten begleiten, nicht ersetzen.

Literatur

Baringhorst, Sigrid, 1998: *Politik als Kampagne. Zur medialen Erzeugung von Solidarität.* Wiesbaden: Westdeutscher Verlag.

Baringhorst, Sigrid, 2001: Sweet Charity. Zum moralischen Ethos zeitgenössischer Sozialkampagnen. In: Ulrike Röttger (Hrsg.), *PR-Kampagnen. Über die Inszenierung von Öffentlichkeit*, 2. Aufl., Wiesbaden: Westdeutscher Verlag, 233-255.

Baringhorst, Sigrid, 2002: „Viele Kulturen eine Zukunft" – Städte werben für Toleranz und gegen Rassismus. In: Herbert Willems (Hrsg.), *Die Gesellschaft der Werbung*, Wiesbaden: Westdeutscher Verlag, 283-300.

Baudrillard, Jean, 1993: Telekratie. In: Gerd Kaiser et al. (Hrsg.), *Kultur und Technik im 21. Jahrhundert*, Frankfurt/M.: Campus, 255-268.

Beauftragte der Bundesregierung für Ausländerfragen, 2000: *Bericht über die Lage der Ausländer in der Bundesrepublik Deutschland*. Berlin/Bonn: Beauftragte der Bundesregierung.

Beauftragte der Bundesregierung für die Integration der ausländischen Arbeitnehmer und ihrer Familien (Hrsg.), 1991: *Ideen und Handlungshilfen gegen Fremdenfeindlichkeit vor allem in den fünf neuen Bundesländern*. Bonn: Beauftragte der Bundesregierung.

Beck, Ulrich, 1986: *Risikogesellschaft. Auf dem Weg in eine andere Moderne*. Frankfurt/M.: Suhrkamp.

Behr, Alfred, 1999: Schwieriger Nachbar. In: *Frankfurter Allgemeine Zeitung* v. 13.11.1999.

Bleier, Suzanne M., 2000: Regionale Imagekampagnen. Chancen und Risiken für Identität. In: *Forschungsjournal Neue Soziale Bewegungen* 13, 53-61.

Buß, Eugen, 2001: *Regionale Identitätsbildung. Zwischen globaler Dynamik, fortschreitender Europäisierung und regionaler Gegenbewegung*. Münster et al.: LIT.

Dahme, Heinz-Jürgen/Dieter Grunow, 1983: Implementation persuasiver Programme. In: Renate Mayntz (Hrsg.), *Implementation politischer Programme II*, Opladen: Westdeutscher Verlag, 117-141.

Dalan, Marco, 1999: Scholz & Friends poliert Image des Ländles auf. In: *Die Welt* v. 23.12.1999.

Dann, Otto, 1986: Gibt es eine Vorgeschichte von Nordrhein-Westfalen? In: Gerhard Brunn (Hrsg.), *Neuland. Nordrhein-Westfalen und seine Anfänge nach 1945/46*, Essen: Hobbing, 29-38.

Dörner, Andreas, 2001: *Politainment. Politik in der medialen Erlebnisgesellschaft*. Frankfurt/M.: Suhrkamp.

Gellner, Ernest, 1992: *Postmodernism, Reason, and Religion*. London/New York: Routledge.

Greven, Michael Th.,1995: Kampagnenpolitik. In: *Vorgänge* 4, 40-54.

Hartley, John, 1992: *The Politics of Pictures. The Creation of the Public in the Age of Popular Media*. London/New York: Routledge.

Hebecker, Eike, 1995: „Wir in Nordrhein-Westfalen" – Die NRW-Kampagne als alternatives Konzept politischer Steuerung. In: Sigrid Baringhorst et al. (Hrsg.), *Macht der Zeichen – Zeichen der Macht. Neue Strategien politischer Kommunikation*. Frankfurt/M. et al.: Peter Lang, 45-70.

Kertzer, David I., 1988: *Ritual, Politics, and Power*. New Haven, CT.: Yale University Press.

Kliment, Tibor, 1994: Orientierung im Wahlkampf oder nur Propaganda? Wahlwerbespots im Urteil der Bevölkerung – eine Repräsentativumfrage in Hessen. In: *Media Perspektiven*, Heft 8, 419-427.

Kloepfer, Rolf/Hanna Landbeck, 1991: *Ästhetik der Werbung. Der Fernsehspot in Europa als Symptom neuer Macht*. Frankfurt/M.: Fischer.

Kulbach, Roderich, 1996: Ideen für eine integrative Stadtpolitik. In: Forschungsinstitut der Friedrich-Ebert-Stiftung (Hrsg.), *Integration und Konflikt. Kommunale Handlungsfelder der Zuwanderungspolitik,* Bonn: FES, 35-48.

Lahusen, Christian, 2002: Transnationale Kampagnen sozialer Bewegungen. Grundzüge einer Typologie. In: *Forschungsjournal Neue Soziale Bewegungen* 15, 40-46.

Landesentwicklungsbericht Nordrhein-Westfalen – Perspektiven und Initiativen am Beginn der 90er Jahre. Düsseldorf, Februar 1992.

Leggewie, Claus, 1997: Kampagnenpolitik. Eine nicht ganz neue Form politischer Mobilisierung. In: Ulrike Röttger (Hrsg.), *PR-Kampagnen. Über die Inszenierung von Öffentlichkeit*, Wiesbaden: Westdeutscher Verlag, 151-172.

Meyer, Thomas, 2002: Mediokratie – Auf dem Weg in eine andere Demokratie? In: *Aus Politik und Zeitgeschichte* B 15/16, 7-14.

Müller, Hans-Peter, 1992: *Sozialstruktur und Lebensstile. Der neuere theoretische Diskurs über soziale Ungleichheit.* Frankfurt/M.: Suhrkamp.

Münch, Richard, 1995: *Das Projekt Europa. Zwischen Nationalstaat, regionaler Autonomie und Weltgesellschaft.* Frankfurt/M.: Suhrkamp.

Putnam, Robert, 2000: *Bowling Alone: Collapse and Revival of American Community.* New York: Simon & Schuster.

Rohe, Karl, 1984: Politische Traditionen im Rheinland, in Westfalen und Lippe. In: Landeszentrale für politische Bildung NRW (Hrsg.), *Nordrhein-Westfalen. Eine politische Landeskunde.* Düsseldorf: Landeszentrale, 56-84.

Ruhrmann, Georg, 1994: Bewusstseinswandel durch Kampagnen gegen Ausländerfeindlichkeit. Zur Effektivität von Anzeigen und TV-Spots. In: *PR-Magazin,* Heft 12, 35-42.

Ruhrman, Georg et al., 1996: „Fremdverstehen": Medienberichterstattung, Fremdenfeindlichkeit und die Möglichkeiten von Toleranzkampagnen. In: *Publizistik* 41, 32-50.

Sarcinelli, Ulrich, 1998: Repräsentation oder Diskurs? Legitimität oder politische Kommunikation? In: *Zeitschrift für Politikwissenschaft* 8, 546-567.

Sarcinelli, Ulrich, 2002: Politik als „legitimes Theater"? Über die Rolle des Politischen in der Mediendemokratie. In: *Vorgänge* 158, 10-22.

Saxer, Ulrich, 1992: Public Relations als Innovation. Innovationstheorie als Public Relations. Wissenschaftlicher Ansatz. In: Horst Avenarius/Wolfgang Ambrecht (Hrsg.), *Ist Public Relations eine Wissenschaft?* Opladen: Westdeutscher Verlag, 47-76.

Sonntag Aktuell v. 29.04.2001.

Tenscher, Jens, 2000: Politikvermittlungsexperten. Die Schaltzentralen politischer Kommunikation. In: *Forschungsjournal Neue Soziale Bewegungen* 13, 7-16.

Waltz, Victoria, 2000: Migration und Urbanität. In: Bundesbeauftragte für Ausländerfragen (Hrsg.), *Integration in Städten und Gemeinden.* Berlin/Bonn: Bundesbeauftragte, 5-17.

Weisenburger, Elvira, 2001: Karlsruhes Forscher dürfen auf Werbezug des Landes aufspringen. In: *Badische Neueste Nachrichten* v. 27.6.2001.

Welsch, Wolfgang, 1994: Transkulturalität – die veränderte Verfassung heutiger Kulturen. In: Stiftung Weimarer Klassik und DG Bank Frankfurt/M. (Hrsg.), *Sichtweisen. Die Vielheit in der Einheit,* Weimar: Edition Weimarer Klassik, 83-122.

Zentrum für Türkeistudien (Hrsg.), 1995: *Das Bild der Ausländer in der Öffentlichkeit. Eine theoretische und empirische Studie zur Fremdenfeindlichkeit.* Opladen: Leske + Budrich.

Zolo, Danilo, 1997: *Die demokratische Fürstenherrschaft. Für eine realistische Theorie der Politik.* Göttingen: Steidl.

Jörg Bogumil/Lars Holtkamp

Local Governance und gesellschaftliche Integration

1 Einleitung

Die Verstärkung gesellschaftlicher Integrationsprobleme hat in den letzten Jahren dazu geführt, dass die Politikwissenschaft ihren Blick wieder stärker auf die lokale Ebene richtet. Offenbar wird man sich bewusst, dass die Funktionen, die die lokale Ebene für das gesamte politisch-administrative System wahrnimmt, auch zu einer Reduzierung der gesellschaftlichen Integrationsprobleme beitragen können. Drei wichtige politische Funktionen der Kommunen lassen sich unterscheiden: die soziale Integrationsfunktion, die Innovationsfunktion und die Optimierungsfunktion (vgl. Holtkamp 2001).

Die kommunale Ebene ist den Problemen der Bürger am nächsten[1] und die Kommunalpolitik ist auch heute noch die wichtigste Rekrutierungsquelle für politisches Personal höherer föderaler Ebenen. Mit der Globalisierung der Weltmärkte und der Kompetenzverlagerung in Richtung Europäische Union nimmt das Bedürfnis vieler Bürger zu, sich in einem überschaubaren politischen Bereich zu engagieren. Angesichts der bestehenden Politikverdrossenheit und Skepsis gegenüber einer ausschließlich repräsentativen Demokratie bietet nur die kommunale Ebene die Möglichkeit die Bürger direkt in die politische Willensbildung miteinzubeziehen. Damit kann die kommunale Ebene insgesamt zur *Sozialintegration* – verstanden als Integration der Bürger in die Gesellschaft durch das politische Gemeinwesen – beitragen.

Beitrag der kommunalen Ebene zur Sozialintegration

Die kommunale Selbstverwaltung ist als „Experimentierbaustelle" von zentraler Bedeutung (vgl. Andersen 1998b). In den Kommunen können verschiedene Lösungen erprobt werden, die im Erfolgsfall auch zu anderen Regelungen auf Landes- oder Bundesebene führen. So war in den letzten Jahrzehnten gerade die kommunale Umweltpolitik sehr experimentierfreudig (vgl. Lamping/Plaß 1998) und hat damit einen Beitrag zur stärkeren *ökologischen Integration* – verstanden als „nachhaltiges" Verhältnis zur natürlichen Umwelt – geleistet.

die Kommune als „Experimentier- baustelle"

Die Kommune kann in vielen Politikfeldern optimalere Lösungen für den Bürger finden als die Bundes- oder Landesebene. Auf der kommunalen Ebene ist es wegen der Überschaubarkeit der Problemlagen eher möglich, dass relativ zügig die Interessen der Vertreter verschiedener gesellschaftlicher Subsysteme gebündelt werden und im Gegensatz zu den häufig unabgestimmten Fachpolitiken auf Bundes- oder Landesebene eine querschnittsorientierte Steuerung angestrebt wird. Damit kann die kommunale Ebene prinzipiell auch einen Beitrag zur *Systemintegration* – verstanden als die Integration der Subsysteme in die Gesellschaft – leisten.

Überschaubarkeit der Problemlagen

---

1 Vgl. ausführlicher zum Begriff der „Nähe" der kommunalen Ebene in Bezug auf den Bürger: Andersen (1998a: 17/18).

Allerdings hat bereits Hesse in Bezug auf die Sozialintegration darauf hingewiesen, dass die Kommunen keine „Integrationsmaschinen" sind:

Kommunen sind
keine Integrations-
maschinen

Die Kommunen „zur gleichsam zentralen gesellschaftlichen Integrationsebene zu erklären, von ihr jene Integrationsleistungen zu erhoffen, die die dominanten politischen und gesellschaftlichen Institutionen nicht zu erbringen in der Lage sind, verrät eher deren Ratlosigkeit als einen Ansatz zur realitätsnahen Auseinandersetzung mit den erkennbaren Entfremdungsprozessen zwischen Bürgern, Parteien und Staat". (Hesse 1982: 248).

Diese skeptische Einstellung ließe sich problemlos auch auf die anderen Integrationsdimensionen übertragen und verdeutlicht, dass die Integrationsfrage vor allem eine empirische Frage sein sollte und wenig Anlass zu „Vorschusslorbeeren" für Problembewältigungsprozesse auf der kommunalen Ebene gibt.

Wir wollen uns im Folgenden der Frage der gesellschaftlichen Integrationsfunktionen der lokalen Ebene also *empirisch* nähern, indem wir zwei in der kommunalen Praxis dominante Trends untersuchen. Einerseits werden wir den Trend der Ökonomisierung der lokalen Politik skizzieren, der eher im Zusammenhang einer stärkeren Desintegration diskutiert wird. Und anderseits werden wir den Einsatz kooperativer Demokratieelemente untersuchen, von denen sich Teile der Politikwissenschaft eine stärkere ökologische, soziale und systembezogene Integration erhoffen. Anschließend wird gefragt, welche Wirkungen sich in der Summe für die gesellschaftliche Integration ergeben und ob die skizzierten Veränderungen der lokalen Politik zureichend mit dem Begriff „Local Governance" beschrieben werden können. Dazu ist es zunächst nötig, zu präzisieren, was hierunter verstanden werden soll.

2   Zum Begriff des Local Governance

Governance-Begriff

Der Governance-Begriff wird in der aktuellen Diskussion recht unterschiedlich verwendet. Holzschnittartig lassen sich drei Begriffsdimensionen unterscheiden. Erstens steht Governance für einen neuen Blickwinkel der Politikwissenschaft. In die Analyse der politischen Steuerung wird zunehmend der *Beitrag von zivilgesellschaftlichen und privatwirtschaftlichen Akteuren* mit einbezogen und die Politikwissenschaft löst sich damit von ihrer traditionellen „Staatsfixierung". Damit ist aber noch keine Aussage darüber getroffen, ob sich die politische Steuerung im Zeitablauf auch tatsächlich inhaltlich verändert hat. Zweitens werden unter dem Begriff Governance darüber hinaus auch weitgehende *inhaltliche Veränderungen der politischen Steuerung* subsumiert. Gemeint sind damit Tendenzen stärkerer gesellschaftlicher, ökonomischer und politischer Selbststeuerung von komplexen institutionellen Strukturen und die damit verbundene Zunahme von interorganisatorischer Kooperation und Koordination sowie die daraus resultierende neue Kombination von Steuerungsmodi, die im Kern aus Verhandlungen, kombiniert mit Hierarchie und Anreizen bestehen. Bezogen auf Local Governance kann man nun unterscheiden zwischen Governance i.S. einer zunehmenden Pluralität von kommunalen Institutionen und politischen Steuerungsmodi (vgl. Andrew/Goldsmith 1998) und Local Governance als einer Entwicklung, die zu einer größeren Bedeutung der Koordinierung durch Netzwerke führt bis hin zu der Extremposition von Local Governance als ein „autonomous, self-organising network" (Davies 2002: 301). Und schließlich wird unter dem Begriff Governance – hier i.S. von *Good Governance* – darüber diskutiert, wie sich politische Steuerung aus normativer Sicht verändern sollte. Wir werden im Folgenden vor allem auf die zweite Begriffsdeutung von Governance zurückgreifen und fragen, ob mit den zu skizzierenden Veränderungen lokaler Politik eine *neue Form politischer Steuerung* verbunden ist.

3 Ökonomisierung der lokalen Politik

3.1 Dimensionen der Ökonomisierung

Die Ökonomisierung der lokalen Politik ist mittlerweile zu einem geflügelten Wort geworden, ohne jedoch Einigkeit über die Begriffsdefinition zu erzielen. Unter Ökonomisierung soll hier verstanden werden, dass der Code des ökonomischen Subsystems in das politisch-administrative Subsystem der Gesellschaft eindringt. Dies ist auf der lokalen Ebene in folgenden Bereichen zu beobachten:

Durch die Ökonomisierung der *Kommunalverwaltung*, in deren Folge sich in der Verwaltung stärker autonome leistungsorientierte Bereiche herausgebildet haben, wird diese de facto zunehmend einer hierarchischen Kontrolle durch Verwaltungsspitze und Kommunalparlament entzogen. So haben sich im Zuge des *Neuen Steuerungsmodells* größere kommunale Abteilungen mit eigenem Budget gegründet, die sich nicht mehr durch Verhandlungen abstimmen, sondern eher durch quasimarktliche Beziehungen. Leistungen der einen Abteilung werden der anderen in Rechnung gestellt, die sich dann überlegen kann, ob sie tatsächlich dieses Angebot wahrnimmt, lieber selbst die Leistungen erbringt oder auf dem Markt die eventuell günstigeren Leistungen eines privaten Dritten einkauft. Hinzu kommen im wachsenden Maße andere Organisationsformen in der Verwaltung, wie z.B. Regiebetriebe, Eigenbetriebe sowie GmbHs und AGs mit öffentlichen Mehrheitsbeteiligungen (vgl. Wohlfahrt/Zühlke 1999: 15). So weist Klaus König (2000: 9) allein für die Stadt München 32 Beteiligungen an Kapitalgesellschaften aus, neben 36 Regiebetrieben und zehn Eigenbetrieben. Als zweiter Bereich ist die zunehmende materielle *Privatisierung kommunaler Leistungen* zu nennen, die sich derzeit schwerpunktmäßig im Ver- und Entsorgungsbereich vollzieht. Parallel hierzu hat eine *Ökonomisierung der rechtlichen Rahmenbedingungen* stattgefunden. Das Planungs- und Verfahrensrecht wurde seit den 1990er Jahren stärker auf die Bedürfnisse des ökonomischen Systems zugeschnitten. Ein gutes Beispiel für die Privatisierung kommunaler Planungskompetenzen ist das 1996 in Kraft getretene Kreislaufwirtschafts- und Abfallgesetz. Gewerbeabfälle müssen nach diesem Gesetz nur noch dann an die öffentlich-rechtlichen Entsorgungsträger angeliefert werden, wenn es sich um Abfälle zur Beseitigung handelt. Dies hatte zur Folge, dass die Gewerbeabfälle häufig als zur „Verwertung" umdeklariert wurden. Damit entziehen die Gewerbeabfälle sich weitgehend der kommunalen Planung, an deren Stelle der marktliche Wettbewerb zwischen den verschiedenen Entsorgungsanlagen tritt (vgl. Bogumil/Holtkamp 2002). Der vierte Bereich ist die *Ökonomisierung der Stadtentwicklungspolitik*.

> „In erster Linie wird die Stadtplanung der Standortpolitik unterworfen; sie hat für das Ambiente zu sorgen, damit Investitionsentscheidungen, Firmenverlagerungen und Besucherströme der Zahl nach zunehmen." (Dangschat 1999: 35).

Selbst freiwillige Aufgaben im Kulturbereich werden zunehmend mit dem Verweis auf weiche Standortfaktoren gerechtfertigt.

[Marginalie: Neues Steuerungsmodell]

3.2 Ursachen der Ökonomisierung

Für die Ökonomisierung der lokalen Politik lassen sich vor allem drei Ursachen benennen:

Haushaltskrise/
Privatisierung/
Globalisierung

Erstens ist die seit Anfang der 1990er Jahre nicht enden wollende kommunale Haushaltskrise anzuführen, die maßgeblich durch die rechtliche Regulierung höherer Ebenen mitverursacht wurde. Der Konsolidierungsdruck auf der kommunalen Ebene ist erheblich intensiver als auf den höheren föderalen Ebenen, weil die Haushaltskrise mit einer stärkeren hierarchischen Intervention der Aufsichtsbehörden im Haushaltsgenehmigungsprozess und einer Einschränkung der kommunalen Selbstverwaltung durch die höhere Abhängigkeit von zweckgebunden Landeszuweisungen (den sogen. „goldenen Zügeln") einhergeht (vgl. Holtkamp 2000a). Dieser Konsolidierungsdruck hat vor allem zur Ökonomisierung der Verwaltung und zur Privatisierung kommunaler Leistungen beigetragen, von der sich die kommunalen Entscheidungsträger geringere Ausgaben im Verwaltungshaushalt und höhere Vermögenserlöse im Vermögenshaushalt versprechen, um die Defizite im Verwaltungshaushalt zumindest kurzfristig reduzieren zu können (vgl. Bogumil/Holtkamp 2002). Zweitens hat die Liberalisierungspolitik der Europäischen Union (EU) zu einer verstärkten materiellen Privatisierung im Ver- und Entsorgungsbereich geführt. Die dritte Ursache ist in der Globalisierung zu sehen, die es einem Teil der Unternehmen ermöglicht, glaubhaft mit der Exit-Option drohen zu können. Die Globalisierung hat damit einen Beitrag zur Ökonomisierung der rechtlichen Rahmenbedingungen und der Stadtentwicklungspolitik in den Großstädten geleistet.

3.3 Auswirkungen der Ökonomisierung auf die gesellschaftliche Integration

ökonomische
Überintegration

Die Ökonomisierung der lokalen Politik kann nun als ökonomische Überintegration auf der Systemebene interpretiert werden, die zu einer sozialen und einer ökologischen Desintegration beiträgt (vgl. Schimank/Lange 2003). Allerdings lässt sich diese Hypothese aufgrund der Komplexität der Wirkungszusammenhänge nur bedingt empirisch erhärten. Betrachtet man nun die oben dargestellten Tendenzen, ergibt sich folgendes Bild:

soziale
Desintegration

Einiges spricht dafür, dass insbesondere die Ökonomisierung der Verwaltung sowie der Stadtentwicklungspolitik zu einem Abbau von Sozialstandards und damit zu einer sozialen Desintegration beigetragen hat. Die Ökonomisierung der Stadtentwicklungspolitik führt neben anderen Faktoren zu einer räumlichen Polarisierung der deutschen Großstädte in Räume für Gewinner und Verlierer. Einerseits entstehen mit Shopping Malls und Themenparks immer mehr klinisch saubere Einkaufswelten, während in anderen Stadtteilen die soziale Segregation wächst (vgl. Dangschat 1999: 35). Die soziale Segregation geht auch von den auf der grünen Wiese entstehenden Einkaufswelten aus. Dahinter steht eine komplexe Prozesskette, die auch bei den noch folgenden Erörterungen zur kooperativen Demokratie eine herausragende Rolle spielen wird:

Verdrängung von
Randgruppen

> „Die zentralen Innenstadtlagen sind aus ökonomischer Sicht Orte höchster Verwertbarkeit, sehen sich jedoch zunehmend dem Wettbewerb mit Einkaufszentren auf der sogenannten grünen Wiese ausgesetzt. Dort kann, im Gegensatz zu öffentlichen Räumen, aufgrund des Hausrechts mittels privater Sicherheitsdienste für eine irritationsbereinigte Einkaufsatmosphäre gesorgt werden. Um eine Steigerung innerstädtischer Standortqualitäten für kaufkräftige Kunden und Investoren zu erreichen, verschmelzen somit Strategien kommunalen Stadtmarketings mit Strategien öffentlicher Sicherheit und Ordnung. Einzelhandelsverbände,

Banken und Versicherungen vermögen in der Regel gegenüber der Kommunalpolitik ihr Interesse an einer von unästhetischem Elend und irritierender Armut bereinigten Innenstadt durchzusetzen [...]. Die Verdrängung von Randgruppen aus den Innenstadtlagen hat in der Regel deren stärkere Präsenz in sozial schwächeren Stadtteilen zur Folge, wo ihnen aufgrund des geringeren kommunalpolitischen Einflusses der dortigen Bewohner und Gewerbetreibenden keine oder wenige ordnungsrechtliche Maßnahmen drohen. Mit den kommunalen Verdrängungsstrategien gegen Randgruppen geht somit auch eine sozialräumliche Spaltung der Stadt einher." (Bösebeck 2002: 129).

Die Ökonomisierung des Rechts hat u.a. zu einer nachweisbaren Reduzierung von ökologischen Kriterien in Genehmigungsverfahren (z.B. durch die diversen Beschleunigungsgesetze) und damit zu einer ökologischen Desintegration beigetragen. Auch die Ökonomisierung der Stadtentwicklungspolitik und zunehmende interkommunale Konkurrenz hat dazu geführt, dass die Interessen potentieller Investoren nach günstiger Verkehrsanbindung und Gewerbeflächen auf der „grünen Wiese" die Stadtentwicklungspolitik dominieren und somit eine umweltverträgliche Raumordnungspolitik behindern. Die Privatisierung und Liberalisierung ganzer Marktsegmente bringt es darüber hinaus mit sich, dass die kommunalen Stadtwerke immer weniger über den Querverbund den öffentlichen Nahverkehr als umweltverträgliche Verkehrsart subventionieren können (vgl. Wagner/Kristof 2001: 29).

Und auch auf die Systemintegration wirkt die Ökonomisierung eher desintegrierend, denkt man an die mit der Liberalisierung und Privatisierung einhergehenden Steuerungsverluste der kommunalen Entscheidungsträger und der Bürger (vgl. Bogumil/Holtkamp 2002) sowie an die Ökonomisierung der Kommunalverwaltung durch das Neue Steuerungsmodell. In den zugegebenermaßen seltenen Fällen, in denen dezentrale Ressourcenverantwortung bereits weitgehend umgesetzt worden ist, deutet sich angesichts fehlender Instrumente politischen und strategischen Controllings eher ein Steuerungsverlust der Verwaltungsführung und der Fraktionsspitzen an (vgl. Bogumil 2001: 168). Insgesamt spricht damit einiges dafür, dass die Ökonomisierung der lokalen Politik auf verschiedenen Ebenen zu einer *stärkeren gesellschaftlichen Desintegration* führt, während positive Integrationsleistungen eher einen marginalen Charakter haben.

[Randnotiz: stärkere gesellschaftliche Desintegration]

4 Kooperative Demokratie

Seit Mitte der 1990er Jahre kommt es auf der kommunalen Ebene zu einem regelrechten Partizipationsboom, der mittlerweile unter dem Begriff „kooperative Demokratie" firmiert (vgl. Bogumil 2001). Im Zusammenhang der kooperativen Demokratie werden immer mehr Beteiligungsverfahren im Rahmen der Lokalen Agenda, der Sozialen Stadt und des Stadtmarketings in den Kommunen installiert und immer neue Beteiligungsinstrumente (Perspektivenwerkstatt, Mediationsverfahren, Planungszellen etc.) eingesetzt.

Im Gegensatz zur ersten kommunalen Partizipationswelle Anfang der 1970er Jahre handelt es sich bei der kooperativen Demokratie nun nicht um rechtlich vorgeschriebene Beteiligungsverfahren, die wie Bürgerversammlungen im Rahmen der Bauleitplanung kaum einen Dialog zwischen den Bürgern und den kommunalen Entscheidungsträgern zulassen, sondern um *freiwillig* von den Kommunen eingesetzte *dialogorientierte* Verfahren. Dialogorientierte Verfahren beinhalten einen Diskussionsprozess mit Bürgern und/oder Verbänden, häufig unter der Anleitung eines professionellen Moderators, wobei die Teilnehmerzahl in der Regel kleiner ist als bei Bürgerversammlungen. Sie erstrecken sich meist über mehrere Abende.

[Randnotiz: dialogorientierte Verfahren]

kooperative
Demokratie/
Korporatismus

Die kooperative Demokratie lässt sich von anderen Kooperationsstrukturen – wie z.B. Korporatismus oder bipolare Verhandlungen zwischen Anlagenbetreibern und Genehmigungsbehörde – dadurch abgrenzen, dass an ihr relativ viele gesellschaftliche Gruppen und Bürger teilnehmen *können*. Durch diese relativ offene Netzwerkstruktur wird der Diskussions- bzw. Verhandlungsprozess in der Regel für die Öffentlichkeit transparenter als bei anderen Kooperationsformen. Kooperative Demokratie kann damit aus einer theoretischen Perspektive als Koordinierung von Politik und Verwaltung, zivilgesellschaftlichen und privatwirtschaftlichen Akteuren in Netzwerken[2] gedeutet werden, die im Zuge prozeduraler Politik von Politik und Verwaltung in der Regel für einen mittelfristigen Zeitraum „inszeniert" werden.

Netzwerke

„Netzwerke sind locker gekoppelte kollektive Handlungssysteme von solchen Akteuren, die problemspezifisch auf der Sachebene untereinander abhängig sind, aber gleichberechtigt und freiwillig die Kooperation als Modus der Problembearbeitung suchen." (Fürst 2002: 186).

Diskurs/Bargaining

Der Kommunikationsmodus in der kooperativen Demokratie schwankt je nach Teilnehmerspektrum und zu lösenden Problemen zwischen Diskurs und Bargaining. Letzteres wird häufig synonym zu dem Begriff „Verhandeln" verwendet. In manchen Verfahren überwiegt die Diskursorientierung, indem die Teilnehmer anstreben, durch den Austausch von Gründen und Einwänden zu einem gemeinsamen Resultat zu kommen. Dabei wird zumindest angestrebt, dass sich die Akteure von ihren Interessen und Präferenzen zunächst distanzieren, um sie durch den Austausch von Argumenten zu prüfen und weiterzuentwickeln. Ein Konsens soll also durch die Kraft des besseren Arguments erzielt werden. In anderen Foren der kooperativen Demokratie überwiegt eher das Bargaining, in dem die Akteure von ihren Interessen ausgehen, mit Sanktionen und Exit-Option drohen können und ein Konsens vorwiegend durch Tausch – also bspw. durch Kompensationszahlungen und Koppelgeschäfte – zustande kommt. Bei Bargaining und Diskurs handelt es sich um die zwei extremen Pole eines Kontinuums, die in „Reinform" selten anzutreffen sind, wobei die kooperative Demokratie in der Regel näher am Diskurs als am Bargaining liegt.

Moderatorenrolle der
Kommunalpolitik

Die kooperative Demokratie fand schon früh das Interesse einiger Politikwissenschaftler, die hierin sowohl einen Modus der Sozial- und Systemintegration als auch der ökologischen Integration sahen, ohne sich dabei allerdings aufgrund der gerade erst einsetzenden Partizipationswelle auf eine halbwegs solide empirische Basis stützen zu können (vgl. Feindt 1997; Gessenharter 1996). In der Folgezeit verselbständigte sich der politikwissenschaftliche Diskurs soweit, dass teilweise der generelle Verzicht auf hierarchische Steuerung empfohlen wurde und das politisch-administrative System in Adaption zur systemtheoretischen Steuerungstheorie von Helmut Willke (1995) nur noch eine Moderatorenrolle übernehmen sollte:

> „Die künftige Rolle der Kommunalpolitik ist die eines Moderators und Koordinators in einem Geflecht von gleichgestellten, aber autonomen Akteuren. Aufgabe von Politik ist nicht mehr, kollektiv verbindliche Entscheidungen zu treffen, sondern dafür zu sorgen, daß kollektive Entscheidungen getroffen werden. Akteur in einem Verhandlungssystem, das Entscheidungen trifft, kann jeder Netzwerkknoten und damit jeder Einwohner sein." (Götz 2001: 225).

---

2   Netzwerke können auch als freiwillige Verhandlungssysteme eingeordnet werden, während der Einsatz von Zwangsverhandlungssystemen, in denen die Akteure durch einseitiges Handeln ihre Ziele nicht erreichen können, im Zuge der kooperativen Demokratie eher die Ausnahme ist (vgl. Scharpf 2000). Die noch zu behandelnden Mediationsverfahren ähneln als einzige Verfahren eher den Zwangsverhandlungssystemen.

Mittlerweile liegen zu kooperativen Verfahren in Deutschland viele Evaluationsstudien vor, die nur wenig Anlass zu Euphorie geben. Im Folgenden sollen die empirischen Ergebnisse zur kooperativen Demokratie in vier sehr unterschiedlichen Bereichen präsentiert werden. Als erstes wird jeweils der inhaltliche Entstehungskontext, als zweites die Rolle des politisch-administrativen Systems und als drittes das jeweilige Hauptproblem in diesen Beteiligungsverfahren dargestellt.

4.1 Soziale Stadt

Als zunehmendes Problem der kommunalen Sozialpolitik kristallisiert sich, wie bereits kurz angesprochen, die soziale Segregation heraus, d.h. die Ballung von sozialen Problemgruppen in einzelnen Stadtteilen bzw. Stadtquartieren. Als Ursachen für Segregation können die folgenden Entwicklungen angesehen werden (vgl. Friedrichs 1995):

Segregation

1) Besser verdienende Bürger verfügen in der Regel über eine Exit-Option, d.h. sie suchen sich eine Wohnung in einem anderen Stadtteil, wenn ihr Stadtteil aus ihrer Sicht heruntergekommen ist oder von anderen stigmatisiert wird. Ihre Abwanderung führt häufig zu einer noch stärkeren Diskriminierung des Stadtteiles, so dass sich eine Abwärtsspirale andeutet. 2) Auf dem Wohnungsmarkt gibt es eine deutliche Diskriminierung von Minderheiten, so dass sich diese relativ unabhängig von ihrem Einkommen nur bestimmte Stadtquartiere aussuchen können. 3) Die Rückführung der Förderung des sozialen Wohnungsbaus gerade im kommunalen Bereich führt dazu, dass man tendenziell nur noch die „Problemfälle" in diesen Quartieren unterbringen will, während besser verdienende Familien durch die Fehlbelegerabgabe zum Umzug veranlasst werden. Diese Segregation führt bei vielen Bewohnern von Armutsquartieren auch zu einer sozialen Desintegration:

Abwärtsspirale

> „In vielen benachteiligten Quartieren gibt es keine ausgeprägten sozialen Netzwerke mehr. In einigen Gebieten ist die Entstehung einer abweichenden Kultur von Kindern und Jugendlichen zu beobachten, die in einem Umfeld mit nur wenigen positiven Vorbildern und Repräsentanten eines ,normalen' Lebens den Sinn von Schule, Ausbildung und Beruf nicht mehr vermittelt bekommen. Staatliche Transferleistungen und Kleinkriminalität ersetzen in einem durch Arbeitslosigkeit geprägten Umfeld oftmals Arbeit als materielle Basis für Lebensunterhalt und Konsum." (Becker et al. 2002: 7).

Die Bewohner dieser Quartiere werden in mehrfacher Sicht ausgegrenzt:

Ausgrenzung

– in ökonomischer Hinsicht, da ihnen der Zugang zum ersten Arbeitsmarkt häufig dauerhaft verwehrt ist;
– in kultureller Hinsicht, weil der Stadtteil stigmatisiert wird;
– in sozialer Hinsicht, aufgrund der Abkopplung von der gesellschaftlichen Mehrheit und sozialer Isolation und
– in politischer Hinsicht, weil aufgrund der sehr geringen Wahlbeteiligung und der geringen politischen Selbstorganisation diese Stadtteile nur unzureichend in der kommunalpolitischen Diskussion wahrgenommen werden.

Um diese Benachteiligung und soziale Desintegration zu reduzieren, hat die rot-grüne Bundesregierung, aufbauend auf Programmen der Bundesländer Nordrhein-Westfalen, Hamburg, Hessen, Bremen und Berlin, das Programm „Soziale Stadt" aufgelegt. In den Jahren 1999 und 2000 wurden jährlich 100 Mio. DM aus dem Bundeshaushalt und 200 Mio. DM aus Haushaltmitteln der Länder und Kommunen für das Programm zur Ver-

Programm
„Soziale Stadt"

fügung gestellt. Bisher wurden 249 Maßnahmen in 189 Städten gefördert (vgl. Krautz-berger/Richter 2002: 39).

Das Programm „Soziale Stadt" setzt auf einen totalen Umbau der bisherigen Förde-rungspraxis des Bundes: Die bisherige Städtebauförderung wird durch das Programm „Soziale Stadt" ergänzt und mit anderen stadtentwicklungspolitischen relevanten Poli-tikfeldern verbunden. Darüber hinaus sollen verschiedene Förderungsverfahren der EU, des Bundes und der Länder integriert werden, um über ein Programm „aus einer Hand" zu verfügen. Ein zentrales Ziel des Programms „Soziale Stadt" ist es, die Bewohner, die Organisationen und die Institutionen in diesen Stadtteilen zu aktivieren und zu beteili-gen. Die Förderphilosophie des Programms setzt damit stark auf Koordination und Be-teiligung, um die bisher bestehenden Probleme der vertikalen und horizontalen Politik-verflechtung innerhalb der Verwaltungen zu reduzieren und zusätzlich die Ressourcen der gesellschaftlichen Akteure zu mobilisieren.

Programmevaluation   Die bisherige Evaluation der Bundes- und Länderprogramme zeigt, dass es durch-aus gelingt, Vertreter verschiedener Subsysteme – wie insbesondere die Wohnungsbau-unternehmen, die Wohlfahrtsverbände und Teile der Schulen – in die Programme ein-zubinden. So wird insgesamt als ein entscheidender Erfolg dieser Programme hervorge-hoben, dass es zu einer Kommunikation zwischen den gesellschaftlichen Akteuren und der Verwaltung, sowie auch zwischen den verschiedenen Verwaltungsressorts in einem nicht gekannten Ausmaß gekommen ist. Das politisch-administrative System auf kom-munaler Ebene übernimmt hierbei nicht nur die Moderatorenfunktion, sondern ist gleichzeitig in erheblichem Ausmaß Kofinanzierer und Investor im Programm „Soziale Stadt".

Mittelschicht-orientierung der kooperativen Demokratie   Inwieweit es tatsächlich durch diese Programme gelungen ist, viele Bewohner wie-der sozial zu integrieren, lassen die Evaluationsberichte zu den Programmen offen. Es finden sich eher salomonische Formeln, wie z.B., dass es gelungen sei, die Abwärtsspi-rale dieser Stadtteile zu *stoppen*. Deutlicher wird aber in den meisten Evaluationsstudien als Problem angesprochen, dass es bisher kaum gelungen ist, die Bewohner zu aktivie-ren und zu beteiligen (vgl. ILS 2000: 48). Selbst wenn in vielen Städten mittlerweile Stadtteilkonferenzen eingerichtet wurden – auch mit dem Ziel die Bewohner in das Handlungsprogramm stärker einzubinden – dominieren die Vertreter von Organisatio-nen und viele Aktivitäten bleiben „mittelschichtorientierte Veranstaltungen" (Becker et al. 2002: 34). Es gelingt also kaum, die Bewohner mit Angeboten der kooperativen Demokratie in das politische Gemeinwesen zu integrieren. Dies dürfte vielfältige Ursa-chen haben:

Ursachen der mangelnden Repräsentation von Randgruppen
- Die Partizipationsbereitschaft korreliert positiv mit den Faktoren Bildung und Ein-kommen (vgl. Niedermayer 2001: 221).
- Die hohe Fluktuation in den Armutsquartieren führt dazu, dass es schwer ist, gerade die Leistungsträger in diesen Quartieren dauerhaft miteinzubeziehen.
- Verwaltung und Politik konzentrieren sich auf die Realisierung der Großprojekte, die für Kommunalpolitiker aufgrund der hohen „Sichtbarkeit" wichtiger erscheinen als die Beteiligung der Bewohner (vgl. Wermker/Meyer 1997: 35).
- Die erfolgreiche Beteiligung von Bewohnern in benachteiligten Stadtteilen setzt häufig voraus, dass die Ergebnisse der Beteiligung schnell umgesetzt werden. Dies ist aber sehr unwahrscheinlich, weil die Finanzierung und Implementation der meisten größeren Projekte eine langwierige Koordination verschiedener Fachressorts und föderaler Ebenen voraussetzen. Der für dieses Problem häufig empfohlene Ausweg flexible Stadtteilbudgets für schnellere kleine Veränderungen zur Verfügung zu stellen, wird nur sehr zögerlich aufgrund der kommunalen Haushaltskrise und Vor-

behalte der gewählten Stadtteilvertretungen, die Stadteilkonferenzen nicht selten als Konkurrenzveranstaltung deuten, beschritten (vgl. ILS 2000; Becker et al. 2002).
- Die Stadtteilkonferenzen werden nicht selten von den Parteien kontrolliert und zu Wahlkampfplattformen umfunktioniert, was auf die Bewohner abschreckend wirkt (vgl. Herrmann 2002: 220; ILS 2000: 49).

4.2 Mediationsverfahren

Die Zuspitzung der Entsorgungsprobleme in der kommunalen Abfallwirtschaft führte Anfang der 1990er Jahre zu einer kontroversen Debatte über die Probleme und die Potentiale von Bürgerbeteiligung bei abfallwirtschaftlichen Planungsvorhaben. Die damalige Bundesregierung machte die Bürgerbeteiligung für die langen Planfeststellungsverfahren und die daraus resultierenden zu niedrigen Entsorgungskapazitäten verantwortlich und baute die Beteiligungsrechte bei abfallwirtschaftlichen Planungsvorhaben im Zuge des „Investitionserleichterungs- und Wohnungsbaulandgesetzes" ab.

Im Gegensatz zur Position der damaligen Bundesregierung wurde nicht zuletzt aus dem grün-alternativen Lager die Forderung laut, die Bürgerbeteiligung auszubauen, um dadurch die Planungsverfahren zu beschleunigen. Argumentativ wurde das damit unterfüttert, dass die traditionellen Planfeststellungsverfahren nicht zur Konsensfindung und Akzeptanzsteigerung beitragen und die Verfahrensbeteiligten deswegen mit Zeitspielstrategien im Planfeststellungsverfahren und durch anschließende Klagen vor Gericht (vgl. Gaßner/Holznagel/Lahl 1992: 80) die Realisierung von Entsorgungsanlagen verschleppen würden. Eine höhere Akzeptanz durch eine stärkere soziale Integration der Betroffenen war das Ziel der neu eingesetzten Beteiligungsverfahren. *(Bürgerbeteiligung im Planungsverfahren)*

Als Beteiligungsverfahren wurde das in den USA schon vielfach erfolgreich angewandte Mediationsverfahren empfohlen. Ein unparteiischer Mediator versucht hierbei unterschiedliche Konfliktparteien an einen Tisch zu bringen und im Rahmen eines Diskussionsprozesses eine einvernehmliche Lösung zu finden. Schwerpunktmäßig wurden Mediationsverfahren in Deutschland in der kommunalen Umweltpolitik und dort speziell zur Klärung von abfallwirtschaftlichen Standortkonflikten eingesetzt. Von 1990 bis 1997 wurden immerhin ca. 40 Mediationsverfahren bei Planungsvorhaben mit kommunalem Bezug in der deutschen Umweltpolitik durchgeführt (vgl. Jeglitza/Hoyer 1998). In Mediationsverfahren übernehmen die Vertreter des politisch-administrativen Systems in der Regel nicht die Rolle des Mediators, sondern sind selbst Interessenpartei. Sie haben sich häufig informell bereits dafür entschieden, dass eine zusätzliche Abfallentsorgungsanlage gebaut werden soll und wollen durch die Einbeziehung der Bürgerinitiativen lediglich die Akzeptanz für diese bereits getroffene Entscheidung erhöhen. *(Mediation/Mediator)*

Eines der ersten Mediationsverfahren in Deutschland zu einem abfallwirtschaftlichen Planungskonflikt wurde sehr intensiv gemeinsam von Psychologen und Politikwissenschaftlern des Wissenschaftszentrums Berlin (WZB) im Rahmen eines groß angelegten Forschungsvorhabens untersucht (vgl. Holtkamp/Stach 1995: 57-60). Es handelte sich um das Abfallwirtschaftskonzept im Kreis Neuss. Dies war bereits im September 1991 durch den Kreistag beschlossen worden und wies einen zusätzlichen Verbrennungsbedarf aus. Im Vorfeld dieses Beschlusses kam es bereits zu Verhandlungen mit der kreisangehörigen Stadt Grevenbroich über mögliche Standorte der projektierten Müllverbrennungsanlage mit der Folge, dass sich nach diversen Gerüchten eine Bürgerinitiative gegen den MVA-Standort gründete. Parallel hierzu wurde im August 1991 mit dem WZB eine Vereinbarung seitens des Kreises geschlossen, um ein Mediations- *(Fallstudie Neuss)* verfahren durchzuführen. In der Vereinbarung wurde das Ziel des Mediationsverfahrens festgeschrieben: „Das Mediationsverfahren richtet sich auf Planungsverfahren im Rahmen des Abfallwirtschaftskonzeptes, insbesondere zur Errichtung einer Restmüllverbrennungsanlage im Kreis Neuss".

Im März 1992 fand der erste nichtöffentliche Mediationsarbeitskreis statt, an dem rund dreißig Organisationen teilnahmen. Nachdem durch den Mediationsarbeitskreis allein sieben Gutachten vergeben wurden und Expertenhearings stattgefunden hatten, kam es im August 1993 zur neunten und letzten Sitzung des Mediationsarbeitskreises. Die Verwaltung trug vor, dass sie an der Müllverbrennungsanlage am Standort Grevenbroich festhalten würde, während die Grünen, die Bürgerinitiativen und Umweltschutzverbände auf ihrer Forderung nach einer biologisch-mechanischen Anlage beharrten. Im September 1993 verabschiedete der Kreistag mehrheitlich die Standortsicherung für eine thermische Restabfallbehandlungsanlage in Grevenbroich, die aber schließlich aufgrund rückläufiger Abfallmengen doch nicht realisiert wurde. Nach 1 ½ Jahren Verhandlungen, die bei allen Beteiligten erhebliche Ressourcen gebunden hatten, konnte also in den grundlegenden Fragen keine Einigung erzielt werden. Auch trug das Mediationsverfahren nicht zur Konfliktdeeskalation und zur sozialen Integration bei:

Verschlechterung des politischen Klimas

> „Unmittelbar nach der Mediation und den Entscheidungen des Kreistages verschlechterte sich das politische Klima erheblich. Es fanden einige Veranstaltungen der Bürgerinitiativen und auch einige durch Medien organisierte öffentliche Diskussionsveranstaltungen statt, bei denen heftige Vorwürfe geäußert wurden und harte Angriffe erfolgten. Mitglieder der Verwaltung und der Parteien wurden einerseits von Besuchern beschimpft, andererseits kam es aber auch zu persönlichen Beleidigungen zwischen Teilnehmern der Mediation." (Holzinger/Weidner 1997: 32/33).

Allerdings führte das Mediationsverfahren immerhin zu einem sehr stark an Vermeidungs- und Verwertungspostulaten orientiertem Abfallwirtschaftskonzept, so dass von Mediationsverfahren durchaus positive Effekte für die ökologische Integration ausgehen können (vgl. Holzinger/Weidner 1997: 6). Insgesamt hat sich in empirischen Untersuchungen (vgl. Holtkamp/Stach 1995; Jansen 1997) immer wieder gezeigt, dass in Deutschland im Gegensatz zu den Vereinigten Staaten bei Standortkonflikten in vielen Mediationsverfahren keine Einigung auf *einen* Standort gefunden wurde und Mediationsverfahren nur bedingt zu einer sozialen Integration beigetragen haben. Das kann auf drei Gründe zurückgeführt werden:

Standortkonflikte als Nullsummenspiele

Erstens sind aus der Sicht der Bürgerinitiativen Standortkonflikte häufig Nullsummenspiele, die nicht in Win-Win-Situationen transformiert werden können. D.h., entweder verhindert eine Bürgerinitiative bspw. die Müllverbrennungsanlage in ihrer Standortgemeinde und sie gehört damit aus ihrer Sicht zu den Gewinnern, oder die formalen Entscheidungsträger setzen den Standort auf ihre Kosten durch. Die Bürgerinitiativen präferieren nicht zuletzt aufgrund des „Sankt-Florians-Prinzips" klar die sogen. Nullvariante. Kleine Veränderungen an der Müllverbrennungsanlage (z.B. Einbau zusätzlicher Filter) wird an dieser Wahrnehmung nichts grundsätzliches ändern. Verhandlungspakete und Koppelgeschäfte (z.B. MVA-Standort gegen Abfallwirtschaftskonzept mit einem klaren Abfallvermeidungsschwerpunkt) kommen für die meisten Bürgerinitiativen ebenfalls nicht in Frage, weil die Standortfrage absolut dominant ist. Und finanzielle Kompensationsleistungen werden in Deutschland schließlich von allen Akteuren eher skeptisch beurteilt bzw. können noch zur Konfliktverschärfung beitragen:

„Gerade in der Bundesrepublik kollidieren pekuniäre Entschädigungen mit bestehenden Normen und Wertvorstellungen, was mit der – etwa gegenüber den Vereinigten Staaten – relativ geringen gesellschaftlichen Akzeptanz der Preis- und Marktmechanismen im Umweltbereich zusammenhängt." (Karpe 1999: 204).

geringe Akzeptanz des Marktmechanismus in Deutschland

Zweitens setzen Mediationsverfahren wie die älteren korporatistischen Modelle implizit einen hierarchischen Aufbau der verhandelnden Organisationen voraus (vgl. Offe 1984: 245). Die Verhandlungsteilnehmer müssen im gewissen Maße über ein Verpflichtungspotential verfügen, damit sie nicht nur gegenseitig Informationen austauschen, sondern auch konsensuale Lösungsstrategien ausloten können. Insbesondere Bürgerinitiativenvertreter sind aber in der Praxis mit einem imperativen Mandat ausgestattet und jederzeit abberufbar. Kompromisse müssen also in einem mehrstufigen Lernprozess erreicht werden, weil sich die Bürgerinitiativenvertreter immer wieder mit ihrer Basis verständigen müssen (vgl. Benz 1994: 316). Dies verlängert nicht nur den Verhandlungsprozess in erheblichem Maße, sondern kann durch das prozedural bedingte defensive Verhalten der Bürgerinitiativenvertreter („Das muss ich erst mal in meiner Gruppe diskutieren") konsensuales Problemlösen gänzlich unterbinden.

Problem des imperativen Mandats

Drittens können die kommunalen Vertreter des politisch-administrativen Systems nicht glaubhaft mit der einseitigen hierarchischen Koordination drohen, weil nach der Beschlussfassung im Stadtrat oder Kreistag diese Ergebnisse noch in späteren von den Regierungspräsidien durchzuführenden Planfeststellungsverfahren und vor den Verwaltungsgerichten revidiert werden können. Dies kann dazu führen, dass die Bürgerinitiativenvertreter im Mediationsverfahren nur wenig Mühe darauf verwenden, einen Kompromiss zu finden, der immer auch ein Abrücken von Maximalpositionen beinhaltet (vgl. aus theoretischer Perspektive: Scharpf 2000: 331).

Maximalpositionen

4.3 Lokale Agenda

Die Konferenz der Vereinten Nationen für Umwelt und Entwicklung (UNCED) hat im Juni 1992 die Grundlagen für die lokale Agenda 21 geschaffen. 178 Staaten haben hier auf den dringenden Handlungsbedarf für eine nachhaltige Entwicklung hingewiesen. Dies ist eine Entwicklung, die sich an den Grundbedürfnissen der Bevölkerung (z.B. Wohnen, Arbeiten) orientiert, ohne die natürlichen Lebensgrundlagen zu gefährden. Ziel ist eine stärkere ökologische Integration. In Kapitel 28 der internationalen Erklärung wird gefordert, dass jede Kommunalverwaltung in einen Agenda-Dialog mit ihren Bürgern, örtlichen Organisationen und der Privatwirtschaft eintreten soll. Idealtypisch lassen sich drei Dimensionen der Agendaprozesse unterscheiden:

nachhaltige Entwicklung

- Erarbeitung eines Handlungsprogramms durch die Gemeinde für eine nachhaltige Entwicklung mit festgelegten Zielen;
- Initiierung eines Dialogprozesses mit dem Ziel der Konsensfindung zwischen den verschiedenen gesellschaftlichen Akteuren sowie
- systematische Umsetzung der Ziele in konkrete Handlungsschritte und Projekte.

drei Dimensionen

Die Zahl der Städte in Deutschland, die die Lokale Agenda beschlossen haben, ist in den letzten Jahren stark angestiegen. Im Dezember 1997 waren es erst 205 Städte und Gemeinden im Mai 2002 waren es hingegen schon 2297. In Nordrhein-Westfalen, in Hessen und im Saarland haben bereits mehr als 50% der Städte und Gemeinden die Einführung der Lokalen Agenda beschlossen. In der Mehrzahl der Städte folgten auf den

Lokale Agenda

Beschluss auch verschiedene Formen der Bürgerbeteiligung, wobei relativ intensive dialogorientierte Beteiligungsinstrumente dominierten. Damit dürfte die Lokale Agenda das in den letzten Jahren quantitativ bedeutendste Beteiligungsprojekt im Rahmen der kooperativen Demokratie in Deutschland sein.

Empirische Studien zeigen, dass Akademiker und Vertreter von Umwelt- und Eine-Welt-Gruppen bei der Bürgerbeteiligung im Rahmen der Lokalen Agenda dominieren, während es häufig nicht gelingt, Wirtschaftvertreter im gleichen Maße in die Agendaprozesse einzubeziehen (vgl. de Haan et al. 2000). In den Städten mit relativ umfangreicher Bürgerbeteiligung spielt das politisch-administrative System zudem eher die Rolle eines distanzierten Beobachters.

mangelnde
Umsetzung der
Ergebnisse
Dies deutet bereits darauf hin, dass das größte Problem von Beteiligungsprozessen im Rahmen der Lokalen Agenda die mangelnde Umsetzung von Beteiligungsergebnissen ist. Das führt dazu, dass eine stärkere ökologische Integration und eine verstärkte soziale Integration in das politisch-administrative System nur sehr bedingt erreicht werden. Die häufig sehr zeitintensive Beteiligung weckt bei den Bürgern hohe Erwartungen an die Umsetzung von Beteiligungsergebnissen, die gerade bei der Lokalen Agenda enttäuscht werden. Für den Einzelnen kann sich dadurch bestätigen, dass sich Beteiligung nicht „auszahlt", weil Kosten und Nutzen der Teilnahme häufig in keinem angemessenen Verhältnis stehen. Für die bisher geringen Umsetzungserfolge der Lokalen Agenda gibt es mehrere Gründe.

Steuerungs-
optimismus
So geht die Lokale Agenda von einem „ungebrochenen Steuerungsoptimismus" (Brand/Fürst 2002: 98) aus, nachdem man lediglich klare langfristige Ziele und Leitbilder definieren muss, um daraus konkrete Maßnahmen zu entwickeln. Daraus resultieren häufig relativ abstrakte Beteiligungsergebnisse, die kaum in die von Inkrementalismus, kurzfristiger Orientierung und sektoraler Arbeitsteilung geprägte Praxis des politisch-administrativen Systems übersetzt werden können (vgl. Holtkamp 2000b: 42; Bogumil 2001: 236).

geringe Einbindung
der Entscheidungs-
träger
In den Arbeitsgruppen der Lokalen Agenda ist die Verwaltungsspitze und die Kommunalpolitik häufig unterrepräsentiert, auch weil die dominanten Vertreter von Umwelt- und Eine-Welt-Gruppen sehr empfindlich auf politische Einflussnahmen reagieren (vgl. Poppenborg 1999: 80). Diese geringe Einbindung der kommunalen Entscheidungsträger führt aber dazu, dass sie auch nur wenig auf die Umsetzung von Beteiligungsergebnissen verpflichtet werden können. Die Bürger und die Medien nehmen von der Lokalen Agenda nur wenig Notiz, weil der Begriff zu abstrakt ist und sehr unterschiedlich verwendet wird (vgl. de Haan et al. 2000: 183). Damit ist es auch schwer, die Öffentlichkeit zur Umsetzung der Beteiligungsergebnisse zu mobilisieren.

Priorität
ökonomischer
Interessen
Häufig ist die Lokale Agenda und der Agenda-Beauftragte beim Umweltamt angesiedelt. Das Umweltamt ist in der Regel eines der weniger durchsetzungsfähigen Ämter. Damit ist es schwer, diese Querschnittsaufgabe wahrzunehmen, zumal im Zuge der Ökonomisierung der Verwaltung die Zusammenarbeit zwischen den einzelnen Abteilungen immer voraussetzungsvoller wird. Die Kommunalpolitik sieht häufig die Gefahr, dass mit der Lokalen Agenda ein „Nebenparlament" entsteht, dass die Kompetenzen der kommunalen Vertretungskörperschaft schleichend aushöhlt (vgl. Brand et al. 2000: 19). Die kommunale Haushaltskrise führt zudem noch dazu, dass nur wenig Ressourcen für die Umsetzung von Beteiligungsergebnissen zur Verfügung stehen, auch weil die Sicherung bestehender Angebote vor der Schaffung neuer Angebote klare Priorität hat. Ökonomische Interessen und sogen. harte Standortfaktoren haben im Zuge des verschärften Standortwettbewerbs und der zunehmenden Langzeitarbeitslosigkeit für viele kommunale Entscheidungsträger gegenüber ökologischen Interessen eindeutig Vorrang (vgl. Schwarz 2001: 77).

4.4 Stadtmarketing

Seit Mitte der 1990er Jahre werden auch im Rahmen des Stadtmarketings vermehrt Elemente der kooperativen Demokratie eingesetzt. Hintergrund dieses Partizipationsangebotes sind in der Praxis häufig die massiven Absatz- und Attraktivitätsprobleme des Einzelhandels in den Innenstädten. Insbesondere der Einzelhandel wird, wie bereits skizziert, zunehmend bedroht durch periphere Einkaufszentren, mit der Folge, dass sich aus den Innenstädten einige Kaufhäuser zurückziehen und wichtige Fachgeschäfte schließen. Diese Angebotslücken können wiederum zu weiteren Umsatzrückgängen führen. Diese Entwicklung im wirtschaftlichen Subsystem induziert für das politisch-administrative System und für das Ökosystem erhebliche Belastungen (vgl. Bleyer 1999), was sich bspw. am erhöhten Verkehrsaufkommen und an den entstehenden zusätzlichen Kosten zur infrastrukturellen Anbindung der peripheren Standorte festmachen lässt. Für nicht mobile Bürger verschlechtert sich häufig die Angebotsstruktur, weil periphere Standorte in der Regel an den ÖPNV nicht so stark angebunden werden wie die Innenstädte. Insbesondere, wenn die Einkaufszentren alle aus der Innenstadt umsiedeln wird gerade für die Bürger der tägliche Lebensunterhalt teurer, die schon jetzt von Armut betroffen sind und infolgedessen häufig auch nicht so mobil sind. Z.T. fallen auch Vollzeitarbeitsplätze in den Innenstädten weg, ohne dass dementsprechend sozial abgesicherte Beschäftigungsverhältnisse in den peripheren Standorten entstehen.

Die Konkurrenz auf der „grünen Wiese", die für viele Innenstädte zu einer Abwärtsspirale (abnehmende Einzelhandelsumsätze – zunehmende Angebotslücken – weiter nachlassende Umsätze) führt, konnte bisher weder durch landesplanerische Eingriffe noch durch interkommunale Kooperationsformen abgewendet werden. Dementsprechend bleibt eigentlich nur noch die „relativ bescheidene" Entwicklungsoption offen, dass das politisch-administrative System in Kooperation mit dem Einzelhandel und anderen gesellschaftlichen Gruppen versucht, die Innenstadt für die Konsumenten wieder attraktiver zu gestalten – also den Wettbewerb mit den Einkaufszentren vor der Stadt aktiv aufzunehmen. Das ist eine Aufgabe, die Kommunalpolitik und -verwaltung aufgrund mangelnder Steuerungskompetenzen nicht alleine bewältigen können. *„grüne Wiese" versus Innenstädte*

In NRW waren gemeinsame Gremien von Stadt, Einzelhandel und sonstigen Bürgergruppen sogar Voraussetzung dafür, dass die Kommune für Stadtmarketingkonzepte Fördergelder des Landes erhalten konnte. Nicht zuletzt wegen dieser Landesförderung gab es 1999 in jeder achten Kommune in NRW einen Stadtmarketingarbeitskreis. Auch wenn die Landesförderung lediglich als Anlaufhilfe für kooperative Stadtmarketingarbeitskreise gedacht war, die zu einer dauerhaften Einrichtung auch ohne Förderung werden sollten, zeichnen sich, wie die wissenschaftliche Begleitforschung ergab, hier erhebliche Probleme ab. *Stadtmarketing*

Der Einzelhandel ist zwar bereit sich finanziell an konkreten Projekten in nicht unerheblichem Maße zu beteiligen; aber die Koordinations- und Overheadkosten will er im Regelfall nicht mittragen (vgl. Kahnert/Rudowski 1999: 13). Diese müssen die Kommunen und das Land tragen, so dass das politisch-administrative System die Moderations- und Allokationsfunktion übernimmt. Im Gegensatz zur Lokalen Agenda gibt es beim Stadtmarketing – wie eine Evaluationsstudie des Deutschen Instituts für Urbanistik ergab – weniger Konflikte zwischen den beteiligten Bürgern und den Kommunalpolitikern und offensichtlich auch geringe Umsetzungsprobleme hinsichtlich der Beteiligungsergebnisse: *geringe Umsetzungsprobleme*

> „Das Thema der ungenügenden Einbeziehung des Rates war in den Städten nur selten von Bedeutung. Nur in 3 Prozent der Städte gehörte die ungenügende oder zu späte Einbeziehung des Rates zu den großen Problemen. Insgesamt verläuft die Kooperation mit dem Rat

eher zum Nutzen als zum Schaden von Stadtmarketingprozessen. Aus verwaltungs- und demokratietheoretischer Sicht ist die Frage der ‚Nebenregierungen', der demokratischen Legitimation, der exklusiven Entscheidungsfindung bestimmter lokaler Eliten eines der größten Probleme von Stadtmarketing und generell von diskursiven, kooperativen Verfahren. In der kommunalen Praxis wird dies allerdings nicht so gesehen." (Grabow/Holbach-Grömig 1998: 155).

Druckmittel der Beteiligten

Für die geringen Probleme mit der Kommunalpolitik gibt es aus unserer Sicht zwei Gründe: Erstens bringt der Einzelhandel eigene finanzielle Ressourcen ein, was dazu führt, dass seine Wünsche für die Kommunalpolitiker durchweg einen höheren Stellenwert haben. Zweitens sind die Honorationen des Einzelhandels in der Kommunalpolitik stark vertreten und haben als Gewerbesteuerzahler und Arbeitgeber erhebliche Druckmittel (vgl. Naßmacher/Naßmacher 1999: 342). Die Umsetzung von Beteiligungsergebnissen hängt also auch mit der Machtverteilung zwischen gesellschaftlichen Akteuren und dem politisch-administrativen System zusammen.

sozialselektive Teilnahme

Dafür ergeben sich beim Stadtmarketing im Vergleich zur Lokalen Agenda ganz andere Probleme. Die sozialselektive Teilnahme kann zu einer Externalisierung von Kosten auf unbeteiligte Dritte führen. So dominierten die Interessenvertreter des Einzelhandels, mit der Folge, dass ein wesentlicher Schwerpunkt von Stadtmarketingprozessen in der Diskussion über verbesserte Parkmöglichkeiten liegt (vgl. Kahnert/Rudowski 1999: 7). Dies steht im klaren Widerspruch zu den Zielen einer stärkeren ökologischen Integration, weil die Parkraumbewirtschaftung ein zentrales Standbein der kommunalen CO_2-Reduktionspolitik ist.

Kosten-externalisierung

Weiterhin können Kosten auch auf soziale Randgruppen externalisiert werden. Dies zeigt sich bspw. im Rahmen sogen. kommunalpräventiver Räte, die sich häufig unter enger Einbindung des Einzelhandels das Ziel setzen, die Kriminalität in der Innenstadt zu bekämpfen. In diesen Räten sind soziale Randgruppen in der Regel nicht vertreten, während der Einzelhandel seine Interessen in gemeinwohlorientierte Argumente transformiert. Stadtstreicher und Drogenabhängige sollen aus der Innenstadt vertrieben werden, aber vordergründig nicht, weil sie Umsätzen und Einkaufsatmosphäre schaden, sondern weil sie das subjektive Sicherheitsbedürfnis der Bürger stören und möglicherweise Kriminalität nach sich ziehen (vgl. Pütter 2002: 49). Im Namen der Kriminalitätsprävention wurden so in vielen deutschen Großstädten künstliche Einkaufswelten unter Ausschluss sozialer Randgruppen durch Elemente der kooperativen Demokratie legitimiert.

4.5 Auswirkungen der kooperativen Demokratie auf die gesellschaftliche Integration

Integrationsfolgen der kooperativen Demokratie:

Wenn man die Wirkung der kooperativen Demokratie auf die Sozialintegration, die Systemintegration und die ökologische Integration zusammenfasst, ergibt sich folgendes Bild: Durch kooperative Demokratie ist nur schwer eine stärkere *Sozialintegration* in das politische Gemeinwesen zu erreichen. An den vorgestellten Beteiligungsverfahren nahmen nur wenige unorganisierte Bürger teil. Es sind in der Regel die sozial integrierten Verbands- und Vereinsvertreter, die durch diese Partizipationsangebote eine

– sozial schwach

zusätzliche Einflussmöglichkeit erhalten (vgl. Kunz/Gabriel 2000). Darüber hinaus dürfte ein Konsens zwischen Organisationsvertretern aufgrund nachlassender Bindungen nur bedingt zu einer stärkeren Sozialintegration der Mitglieder führen.[3]

---

3 Allerdings gibt es durchaus Partizipationsinstrumente, wie die Planungszelle, die einen stärkeren Beitrag zur Sozialintegration leisten können. Bei der Planungszelle wird aus den Bürgern einer

Hinsichtlich der Leistungen der kooperativen Demokratie für eine verstärkte *ökologische Integration* ergibt sich ein ambivalentes Bild. Je nach dem, wer beteiligt wird, variieren die Politikergebnisse in Bezug auf die ökologische Integration. Insgesamt deutet, wie bei den Mediationsverfahren, einiges darauf hin, dass die Beteiligung vieler unterschiedlicher Akteure durchaus kleinere Beiträge für eine bessere ökologische Integration ergeben kann, sofern die Beteiligungsergebnisse hinterher auch umgesetzt werden. Im Gegensatz hierzu wird bei einseitigem Einbezug ökonomischer Akteure, wie bspw. im Rahmen des Stadtmarketings, die ökologische Integration eher prekär.

Demgegenüber wird deutlich, dass die kooperative Demokratie vor allem einen Beitrag zur stärkeren *Systemintegration* leisten kann. Allein dadurch, dass Vertreter verschiedener Subsysteme und verschiedener Abteilungen in der Verwaltung miteinander regelmäßig kommunizieren, kann dies zu erheblichen Anpassungsleistungen führen. Allerdings ist die kooperative Demokratie nicht in der Lage, einen Konsens bei grundlegenden Konflikten zwischen den Vertretern verschiedener Subsysteme herzustellen. Bei den eher locker organisierten Netzwerken im Rahmen der lokalen Agenda und des Stadtmarketings kommt es allein deswegen schon zu keiner Einigung, weil über die Themen schon eine sozialselektive Teilnehmerstruktur induziert wird. Bei der lokalen Agenda dominieren die Umweltgruppen, weil es hier zumindest aus Sicht der öffentlichen Meinung um Umwelt geht und im Stadtmarketing dominiert die Wirtschaft. Andere Akteure nehmen an diesen Verfahren nach einer gewissen Zeit kaum noch teil, weil sie sehen, dass ihre Position absolut nicht mehrheitsfähig ist und grundlegende Konflikte in der Regel in Netzwerken vermieden werden (vgl. Fürst 2002: 187). Hier führt die Exit-Option zu einer Homogenisierung des Diskurses, die auch den Austausch zwischen verschiedenen Subsystemen erschwert. Aber auch in Verhandlungssituationen, die weniger dem Netzwerktypus, sondern durch die Beschränkung der Exit-Option eher Zwangsverhandlungssystemen gleichen (vgl. Scharpf 2000: 244), wie die Mediationsverfahren, ist zumindest bei grundlegenden Konflikten auf kommunaler Ebene in Deutschland kein Konsens zu erzielen.

– ökologisch ambivalent

5 Local Governance – eine neue Form der politischen Steuerung?

Betrachtet man nun zusammenfassend die Wirkungen der Veränderungstrends, zeigen sich hier gegenläufige Tendenzen. Während die Ökonomisierung eher desintegrierende Wirkungen zeitigt, lassen sich bei der kooperativen Demokratie zumindest für die Systemintegration und partiell die ökologische Integration positive Trends absehen. Denkbar wäre dies auch für den Bereich der Sozialintegration, aber nur bei einer Veränderung der Beteiligungsstrategien in Richtung einer repräsentativeren Einbeziehung von Bevölkerungskreisen. Damit soll nun der Frage nachgegangen werden, ob die hier skiz-

„Local Governance"

Stadt eine Zufallsstichprobe gezogen, und diese Bürger werden zu einem ca. 5 Tage dauernden Diskussionsprozess eingeladen. Eine Planungszelle umfasst in der Regel ca. 15 bis 30 zufällig ausgewählte Teilnehmer, um von der Teilnehmerzahl her überhaupt einen konstruktiven Dialog zu ermöglichen. Peter Dienel (1997), der dieses Verfahren bereits Anfang der 1970er Jahre entwickelt hat, empfiehlt in der Regel mehrere Planungszellen zu einem Thema arbeiten zu lassen. Die beteiligten Bürger sollen von ihren sonstigen Verpflichtungen befreit werden und für Verlust von Frei- und Arbeitszeit entschädigt werden. Dadurch ist insgesamt gewährleistet, dass auch unorganisierte Bürger aus allen sozialen Schichten an kommunalen Planungsprozessen partizipieren können. Insgesamt ist dieses Verfahren finanziell sehr aufwendig und wurde deshalb noch kaum von den Städten und Gemeinden im Zuge der Haushaltskrise eingesetzt.

zierten Trends der Ökonomisierung und kooperativen Demokratie zu einer inhaltlichen
Veränderung der politischen Steuerung auf lokaler Ebene führen, die unter dem Begriff
Local Governance subsumiert werden kann.

neue Kombination   Die beiden skizzierten Trends – Ökonomisierung und der kooperative Demokratie
der Steuerungsmodi   – sprechen zunächst eindeutig für eine Pluralisierung der Institutionen und Steuerungsmodi. Mit dem parallelen Vordringen marktwirtschaftlicher Elemente und von Ele-
menten kooperativer Demokratie (und auch den hier nicht erwähnten, in den Kommu-
nalverfassungen neu geschaffenen Möglichkeiten direkter Demokratie) ergibt sich
durchaus eine *neue Kombination von Steuerungsmodi*, so dass dieser Aspekt des Local
Governance-Begriffs bestätigt werden kann. Allerdings ist diese Kombination *nicht im
Kern durch Netzwerke und Verhandlungen geprägt*, so dass die zweite Konnotation des
Local Governance-Begriffs – die des „self-organizing networks" – empirisch kaum anzutreffen ist. Zwar lässt sich im Rahmen der kooperativen Demokratie beobachten, dass
kommunale inszenierte Netzwerke eine größere Rolle spielen als noch vor zehn Jahren.
Parallel zu dieser bedingten Zunahme von Netzwerken fand aber ein Bedeutungszuwachs des hierarchischen Prinzips bei der vertikalen Politikverflechtung statt. Die
Kommunen sind zunehmend abhängig von den goldenen Zügeln und der Genehmi-
gungspolitik der Bundesländer. Diese zunehmende hierarchische Steuerung bei der vertikalen Politikverflechtung wird weiterhin von einer quasi-marktlichen, internen Koordination der Verwaltungsakteure begleitet. Ein deutlicher Bedeutungszuwachs von
Netzwerken – zumindest wenn man die Bedeutung der Koordinierung durch Netzwerke
in Vergleich zum Stellenwert von Hierarchie- und Marktelementen setzt – lässt sich
mithin nicht konstatieren. Zudem haben diese verschiedenen Trends eine unterschiedliche Prägekraft für die kommunale Praxis. So dürfte die Hierarchisierung im Rahmen
der vertikalen Politikverflechtung eine deutlich größere Bedeutung haben als die quantitative Zunahme von inszenierten Netzwerken, wenn man die Interaktionseffekte zwischen den drei Koordinierungsformen berücksichtigt. Die zunehmende hierarchische
Steuerung im Rahmen der vertikalen Politikverflechtung und die Ökonomisierung und
Privatisierung der Verwaltung reduziert in erheblichem Maße den Nutzen der kooperativen Demokratie für die Input- und Outputlegitimation, weil letztlich immer geringere
kommunale Handlungsspielräume für die Umsetzung von Beteiligungsergebnissen ver-
bleiben.

„Good Governance"   Damit kommen wir zum Schluss auf die *normative* Dimension des Governancebe-
griffs zu sprechen, auf die Frage des „Good Governance". Dazu soll noch einmal auf
die verschiedenen Angebote der kooperativen Demokratie eingegangen werden. Systematisiert man nun die Rolle, die das politisch-administrative System (PAS) im Bereich
der kooperativen Demokratie spielt, ergeben sich erhebliche Variationen in der Empirie.

Kooperative Verfahren im Vergleich

	Problemschwerpunkt	Rolle des PAS	induziertes Hauptproblem
Soziale Stadt	Sozialintegration	Investor	geringe Resonanz der Bewohner
Mediationsverfahren	Sozialintegration	Interessenpartei	kein Konsens/geringe Azeptanz
Lokale Agenda	Ökologische Integration	distanzierter Beobachter	Umsetzungsdefizite
Stadtmarketing	Systemintegration	Moderator	Externalisierung von Kosten

Das politisch-administrative System beschränkt sich teilweise auf eine Moderatoren- Legitimitätsprobleme
rolle, teilweise ist es selbst Interessenpartei, teilweise nur distanzierter Beobachter. Angesichts der im Rahmen der kooperativen Demokratie induzierten Probleme, ist es aus unserer Sicht unzureichend, wenn man sich hier auf die Moderatorenfunktion beschränkt, wie es in jüngster Zeit häufig gefordert wird, wenn es um die Ausübung von Staatstätigkeit geht. Die Tatsache, dass sich die Steuerungsformen ausdifferenzieren, bedeutet noch nicht, dass sich schon ein zufriedenstellender *governance-mix* herausgebildet hat. Ohne die Wahrnehmung der sozialen Ausgleichsfunktion, ohne die Drohung mit einseitig hierarchischer Koordination als „Rute im Fenster" (Kooperation im Schatten der Hierarchie; siehe Mayntz/Scharpf 1995: 29), ohne die Wahrnehmung des Letztentscheidungsrechts der Kommunalpolitik und der Wahrnehmung einer klaren Verantwortlichkeit gegenüber den Wählern,[4] droht eine deutliche Reduzierung der Input-Legitimation des politisch-administrativen Systems.

Allerdings sind diese zusätzlichen Funktionen vom politisch-administrativen Sys- Dilemma der
kooperativen
Demokratie
tem zumindest auf kommunaler Ebene nicht einfach wahrzunehmen. So setzt die einseitige hierarchische Koordination nicht nur die Bereitschaft der kommunalen Entscheidungsträger, sondern auch dementsprechende Steuerungsressourcen voraus, über die das politisch-administrative System zumindest auf kommunaler Ebene aber nur selten verfügt. Besonders deutlich wurde dies bei der kooperativen Demokratie im Rahmen des Stadtmarketings und bei den Mediationsverfahren, in denen die gesellschaftlichen Akteure über erheblichen Einfluss bzw. sogar über Vetoposition verfügten. Weiterhin wurde bei der Analyse der Lokalen Agenda deutlich, dass das politisch-administrative System von der hierarchischen Koordination auch deshalb nicht ständig Gebrauch machen sollte, weil dies ansonsten zu einem nicht nachhaltigen Umgang mit Beteiligungsressourcen und zu einer geringeren Sozialintegration führen kann. Hier zeigt sich ein grundlegendes Dilemma kooperativer Demokratieelemente: *Einerseits ist der nicht mehr handlungsfähige Staat im Zuge der Krise der regulativen Politik häufig der Ausgangspunkt für den verstärkten Einsatz kooperativer Demokratieelemente. Andererseits ist der handlungsfähige Staat, der glaubhaft mit dem Damoklesschwert der einseitigen hierarchischen Koordination drohen kann, nicht selten die Voraussetzung für eine funktionsfähige kooperative Demokratie.*

Darüber hinaus wird zur Realisierung der sozialen Ausgleichsfunktion des poli- assoziative
Demokratie
tisch-administrativen Systems häufig i.S. einer „assoziativen Demokratie" empfohlen, die Teilnahme weniger organisations- und konfliktfähiger Interessen zu fördern (vgl. Eichener et al. 1993). Dies dürfte in den meisten Städten und Gemeinden – insbesondere in den mittleren und unteren Gemeindegrößenklassen – ausgesprochen schwer sein, weil sich viele Interessen auf lokaler Ebene nicht organisieren lassen und weil einzelne sozial benachteiligte Bürger nicht an den Dialogen mit Interessenverbänden teilnehmen wollen. Aber auch, wenn es tatsächlich gelingen sollte, viele unterschiedliche Interessen an einen Tisch zu holen, so bleibt es schwer, einen Konsens zu finden. Denn in der Regel wird die Kommunikation bei großer Teilnehmerzahl „routinisiert und restringiert. Gerade innovative Kooperationsergebnisse sind nach aller Erfahrung fast nur in exklusiven Verhandlungen zu erzielen" (Benz 1994: 319).

---

4   Prägnant spricht Bossong (2001: 157) die durch die kooperative Demokratie induzierte „neue Unübersichtlichkeit" und ihre möglichen Folgen an, indem er auf das Problem „einer überbordenden statt defizitären öffentlichen Diskutierfreudigkeit [hinweist], bei der schlussendlich die zahllosen Gremien, Planungswerkstätten, Stadtteilkonferenzen und dergleichen mehr nur noch völlig unkoordiniert neben- und teilweise gegeneinander arbeiten und die verantwortlichen Stellen bei jeder – endlich doch wohl zu treffenden – Sachentscheidung lahmlegen."

Hier zeigt sich ein zweites Dilemma der kooperativen Demokratie: Einerseits kann man durch den Einbezug vieler Teilnehmer in die kooperative Demokratie die Gefahr der Externalisierung der Kosten auf unbeteiligte Dritte reduzieren. Andererseits steigen mit zunehmender Zahl der Akteure die Einigungskosten. Deutlich wird mithin, dass es keinen Königsweg gibt, wie es die mitunter anzutreffende neue Euphorie in der Governance-Debatte glauben machen will. Zwar ist es gerade auf lokaler Ebene möglich, gesellschaftliche Integrationsprobleme zu reduzieren, aber die aktuellen Modernisierungstendenzen sind sowohl zueinander als auch in sich so widersprüchlich, dass allein das Hoffen auf mehr Netzwerke, Verhandlungen und Kooperation illusionäre Züge trägt.

Literatur

Andersen, Uwe, 1998a: Kommunalpolitik im Umbruch. In: ders. (Hrsg.), *Kommunalpolitik in Nordrhein-Westfalen im Umbruch*, Köln: Kohlhammer, 9-43.

Andersen, Uwe, 1998b: Kommunalpolitik als Experimentierfeld für Reformen – eine Einführung. In: *Politische Bildung* 31: 5-17.

Andrew, Caroline/Michael Goldsmith, 1998: From Local Government to Local Governance – and Beyond? In: *International Political Science Review* 19: 101-117.

Becker, Heide, et al 2002: *Drei Jahre Programm Soziale Stadt – eine ermutigende Zwischenbilanz.* Quelle: http://www.sozialestadt.de/veroeffentlichungen/arbeitspapiere.

Benz, Arthur, 1994: *Kooperative Verwaltung: Funktionen, Voraussetzungen und Folgen.* Baden-Baden: Nomos.

Bleyer, Burkhard, 1999: Standort- und Flächentrends bei Einzelhandelsgroßprojekten. In: *Raumforschung und Raumordnung* 57, 132-142.

Bösebeck, Ulrich, 2002: Stadtluft macht frei – und unsicher. Innere Sicherheit, Randgruppen und Stadtentwicklung. In: Gerald Munier (Hrsg.), *Kriminalität und Sicherheit*, Berlin: Heinrich-Böll-Stiftung, 119-133.

Bogumil, Jörg, 2001: *Modernisierung lokaler Politik. Kommunale Entscheidungsprozesse im Spannungsfeld zwischen Parteienwettbewerb, Verhandlungszwängen und Ökonomisierung.* Baden-Baden: Nomos.

Bogumil, Jörg/Lars Holtkamp, 2002: Liberalisierung und Privatisierung kommunaler Aufgaben – Auswirkungen auf das kommunale Entscheidungssystem. In: Jens Libbe/Jan Hendrik Trapp et al. (Hrsg.), *Liberalisierung und Privatisierung öffentlicher Aufgabenbereiche in Kommunen*, Berlin: Deutsches Institut für Urbanistik, 71-87.

Bossong, Horst, 2001: Der Sozialstaat am runden Tisch – Entrechtlichung durch Verfahren. In: *Die Verwaltung* 34, 145-159.

Brand, Karl-Werner/Eva Christ/Angelika Heimerl, 2000: *Bedingungen institutioneller Stabilisierung lokaler Agenda 21-Prozesse – Zwischenbericht.* Quelle: http://www.econtur.de/LA21/forschung_zwischenbericht.pdf.

Brand, Karl-Werner/Volker Fürst, 2002: Sondierungsstudie – Voraussetzungen und Probleme einer Politik der Nachhaltigkeit – Eine Exploration des Forschungsfelds. In: Karl-Werner Brand (Hrsg.), *Politik der Nachhaltigkeit*, Berlin: Edition Sigma: 15-109.

Dangschat, Jens S., 1999: Wie überlebt die „soziale" Stadt? Stadtplanung und Stadtentwicklung vor neuen Herausforderungen. In: Berthold Dietz/Dieter Eißel/Dirk Naumann (Hrsg.), *Handbuch der kommunalen Sozialpolitik*, Opladen: Leske + Budrich, 31-44.

Davies, Jonathan S., 2002: The Governance of Urban Regeneration: A Critique of the ‚Governing without Government' Thesis. In: *Public Administration* 80: 301-322.

de Haan, Gerhard/Udo Kuckartz/Anke Rheingans-Heitze, 2000: *Bürgerbeteiligung in Lokale Agenda 21-Initiativen – Analysen zu Kommunikations- und Organisationsformen.* Opladen: Leske + Budrich.

Dienel, Peter, 1997: *Die Planungszelle – Eine Alternative zur Establishment-Demokratie*. 4. Aufl., Wiesbaden: Westdeutscher Verlag.

Eichener, Volker, et al. 1993: Techniksteuerung im Spannungsfeld zwischen staatlicher Intervention und verbandlicher Selbstregulierung. In: Rüdiger Voigt (Hrsg.), *Abschied vom Staat – Rückkehr zum Staat?* Baden-Baden: Nomos, 393-415.

Feindt, Peter Henning, 1997: Kommunale Demokratie in der Umweltpolitik – Neue Beteiligungsmodelle. In: *Aus Politik und Zeitgeschichte* B 27, 39-46.

Friedrichs, Jürgen, 1995: *Stadtsoziologie*. Opladen: Leske + Budrich.

Fürst, Dietrich, 2002: Schwierigkeiten der fachübergreifenden Koordination. In: Karl-Werner Brand (Hrsg.), *Politik der Nachhaltigkeit*, Berlin: Edition Sigma, 179-191.

Gaßner, Hartmut/Bernd Holznagel/Uwe Lahl, 1992: *Mediation: Verhandlungen als Mittel der Konsensfindung bei Umweltstreitigkeiten*. Bonn: Economica Verlag.

Gessenharter, Wolfgang, 1996: Warum neue Beteiligungsmodelle auf kommunaler Ebene? Kommunalpolitik zwischen Globalisierung und Demokratisierung. In: *Aus Politik und Zeitgeschichte* B 50, 3-13.

Götz, Markus, 2001: *Politische Steuerung in der Kommune – Die Reform der Kommunalpolitik durch Netzwerke und Verhandlungssysteme*. Düsseldorf: Agenda-Verlag.

Grabow, Busso/Beate Hollbach-Grömig, 1998: *Stadtmarketing – eine kritische Zwischenbilanz*. Difu-Beiträge zur Stadtforschung 25, Berlin: Difu.

Herrmann, Heike, 2002: Initiierte Bürgerforen – Bürgerbeteiligung im Rahmen sozialer Stadtentwicklung in Hamburg. In: Michael Haus (Hrsg.), *Bürgergesellschaft, soziales Kapital und lokale Politik*, Opladen: Leske + Budrich, 211-229.

Hesse, Jens Joachim, 1982: Bürger und Parteien auf lokaler Ebene: Die Kommune als Ort der gesellschaftlichen und politischen Integration? In: Joachim Raschke (Hrsg.), *Bürger und Parteien*, Opladen: Westdeutscher Verlag.

Holtkamp, Lars, 2000a: *Kommunale Haushaltspolitik in NRW – Haushaltslage – Konsolidierungspotentiale – Sparstrategien*. Opladen: Leske + Budrich.

Holtkamp, Lars, 2000b: *Bürgerbeteiligung in Städten und Gemeinden – Praxisleitfaden für die Bürgerkommune*. Berlin: Heinrich-Böll-Stiftung.

Holtkamp, Lars, 2001: Kommunale Beteiligung an Entscheidungsprozessen der Bundesländer. In: *Zeitschrift für Parlamentsfragen* 32, 19-32.

Holtkamp, Lars/Birgit Stach, 1995: *Friede, Freude, Eierkuchen? Mediationsverfahren in der Umweltpolitik*. Marburg: Schüren.

Holzinger, Katharina/Helmut Weidner, 1997: *Das Neusser Mediationsverfahren im politischen Umfeld*. WZB: Schriften zu Mediationsverfahren im Umweltschutz Nr. 17, Berlin: WZB.

Institut für Landes- und Stadtentwicklungsforschung, 2000: *Analyse der Umsetzung des integrierten Handlungsprogramms für Stadtteile mit besonderem Entwicklungsbedarf*. Dortmund: ILS.

Jansen, Dorothea, 1997: Mediationsverfahren in der Umweltpolitik. In: *Politische Vierteljahresschrift* 38, 274-291.

Jeglitza, Matthias/Carsten Hoyer, 1998: Deutsche Verfahren alternativer Konfliktlösung bei Umweltstreitigkeiten. In: Horst Zilleßen (Hrsg.), *Mediation – Kooperatives Konfliktmanagement in der Umweltpolitik*, Opladen: Westdeutscher Verlag, 137-183.

Kahnert, Rainer/Katrin Rudowsky, 1999: *Stadtmarketing in Nordrhein-Westfalen – Bilanzen und Perspektiven*. Düsseldorf: MSWKS NRW [Ministerium für Städtebau und Wohnen, Kultur und Sport].

Karpe, Jan, 1999: Mediation für standortbezogene Umweltkonflikte. In: *Zeitschrift für Umweltpolitik & Umweltrecht* 22, 189-213.

König, Klaus, 2000: Ordnungspolitische Probleme der Privatisierung. In: ders., *Zur Managerialisierung und Ökonomisierung der öffentlichen Verwaltung*, Speyerer Forschungsberichte 209, Speyer: Forschungsinstitut für öffentliche Verwaltung, 1-31.

Krautzberger, Michael/Birgit Richter, 2002: „Die soziale Stadt" – Neuorientierung in der Stadtentwicklungspolitik und in der Sozialarbeit. In: *Theorie und Praxis der Sozialen Arbeit* 53, 36-41.

Kunz, Volker/Oscar W. Gabriel, 2000: Soziale Integration und politische Partizipation. In: Ulrich Druwe/Steffen Kühnel/Volker Kunz (Hrsg.), *Kontext, Akteur und strategische Interaktion*, Opladen: Leske + Budrich, 47-74.

Lamping, Wolfram/Stefan Plaß, 1998: Abfallpolitik zwischen Bund, Ländern und Gemeinden. In: *Gegenwartskunde* 47, 103-136.

Mayntz, Renate/Fritz W. Scharpf, 1995: Steuerung und Selbstorganisation in staatsnahen Sektoren. In: dies. (Hrsg.), *Gesellschaftliche Selbstregulierung und politische Steuerung*, Frankfurt/M.: Campus, 9-38.

Naßmacher, Hiltrud/Karl-Heinz Naßmacher, 1999: *Kommunalpolitik in Deutschland*. Opladen: Leske + Budrich.

Niedermayer, Oskar, 2001: *Bürger und Politik – Politische Orientierungen und Verhaltensweisen der Deutschen*. Wiesbaden: Westdeutscher Verlag.

Offe, Claus, 1984: Korporatismus als System nichtstaatlicher Makrosteuerung? In: *Geschichte und Gesellschaft* 10, 234-256.

Poppenberg, Annika, 1999: *Chancen und Risiken der lokalen Agenda 21 für die kommunale Demokratie*. GMD Report 88, Sankt-Augustin: GMD.

Pütter, Norbert, 2002: Präventionsräte und Sicherheitspartnerschaften – eine Zwischenbilanz. In: Gerald Munier (Hrsg.), *Kriminalität und Sicherheit*, Berlin: Heinrich-Böll-Stiftung, 41-51.

Scharpf, Fritz W., 2000: *Interaktionsformen – Akteurszentrierter Institutionalismus in der Politikforschung*. Opladen: Leske + Budrich.

Schimank, Uwe/Stefan Lange, 2003: Politik und gesellschaftliche Integration. In: Armin Nassehi/Markus Schroer (Hrsg.), *Der Begriff des Politischen,* Soziale Welt-Sonderheft 14, 171-186.

Schwarz, Gudrun, 2001: *Bürgerbeteiligung in Lokalen Agenda 21-Prozessen – eine Bestandsaufnahme*. Unveröffentlichte Diplomarbeit, Bochum: Ruhr-Universität Bochum.

Wagner, Oliver/Cora Kristof, 2001: *Strategieoptionen kommunaler Energieversorger im Wettbewerb*. Wuppertal Papers Nr. 115, Wuppertal: Wuppertaler Institut für Klima, Umwelt, Energie.

Wermker, Klaus/Magarete Meyer, 1997: Städtische Verwaltungsreform und Bewohner/innenbeteiligung. In: Institut für Landes- und Stadtentwicklungsforschung des Landes NRW (Hrsg.), *Die Menschen machen ihren Stadtteil selbst*, Dortmund: ILS, 34-37.

Willke, Helmut, 1995: *Systemtheorie III – Steuerungstheorie*. Stuttgart: G. Fischer.

Wohlfahrt, Norbert/Werner Zühlke, 1999: *Von der Gemeinde zum Konzern Stadt – Auswirkungen von Ausgliederungen und Privatisierung für die politische Steuerung auf kommunaler Ebene*. Dortmund: ILS.

Teil 3
Governance und ökologische Integration

Frank Biermann/Philipp Pattberg

Governance zur Bewahrung von Gemeinschaftsgütern. Grundprobleme und Institutionen der Umweltpolitik

1   Einleitung

Umweltpolitik, einst ein marginalisiertes Themenfeld von lokalem Artenschutz und dem blauen Himmel über der Ruhr, ist aufgrund weltweiter Änderungen der menschlichen Produktion und Konsumption zur „Weltumweltpolitik" geworden; sie ist eines der beherrschenden politischen Themen und eine Governance-Herausforderung des 21. Jahrhunderts. Insbesondere die wachsende Verbrennung fossiler Öl- und Kohlevorkommen verschärft durch die Freisetzung von Kohlendioxid den natürlichen Treibhauseffekt des Erdsystems. Geophysikalische Änderungen werden wahrscheinlich, etwa ein weltweiter Anstieg des Meeresspiegels, regionale Klimaänderungen mit verheerenden Folgen für den Ackerbau und eine Zunahme von Wirbelstürmen und anderen Naturkatastrophen. Drastischere Folgen sind durchaus vorstellbar, etwa der Ausfall des Golfstroms, der Europas mildes Klima bestimmt, oder eine Richtungsänderung des asiatischen Monsuns. Diese weltweiten Umweltveränderungen werden als globalisierte Risiken durch das kollektive Verhalten aller Akteure produziert. Die ökologische Problemdimension wuchs über die reine Umweltverschmutzung und Vernutzung längst hinaus. Heute stehen die komplexen Wechselwirkungen von reflexiver Moderne, Erdsystem und menschlicher Entwicklung zur Debatte. Die Produktion globaler Risiken, so zutreffend Ulrich Beck (1986: 25-31), hat die Produktion gesellschaftlichen Reichtums abgelöst. „Atemlos und zerrissen", so der *Wissenschaftliche Beirat der Bundesregierung Globale Umweltveränderungen*, stürmt die Welt ins neue Jahrhundert (WBGU 2000: 13). I.S. einer ökologischen Integration gilt nun, dass die „Reproduktionsfähigkeit der modernen Gesellschaft [...] entscheidend auch davon ab[hängt], dass sie sich innerhalb der von der Natur gesetzten Grenzen [...] auf einem langfristig bestandssicheren Pfad bewegt" (Schimank 2000: 453).

Doch ein Jahrzehnt nach dem Erdgipfel von Rio de Janeiro und den jüngsten politischen Anstrengungen auf dem Weltgipfel über nachhaltige Entwicklung von Johannesburg hat die Menschheit als Kollektivakteur noch keine befriedigende Antwort auf die massiven Probleme des Globalen Wandels gefunden. Vielmehr wächst die Steuerungslücke zwischen den galoppierenden Umweltveränderungen auf Erdsystemebene und der abnehmenden Problemlösungskompetenz nationaler Gesellschaften. — *Erdgipfel von Rio*

Diese Debatte um die Rückgewinnung von Handlungskompetenz wird auch in der Umweltpolitik unter dem Begriff nationaler und globaler Governance geführt. Ursprünglich oft gleichbedeutend mit *Government* (dt. Regierung), bezieht sich der Begriff *Governance* auf die Entwicklung neuartiger politischer Steuerungsformen, bei denen die Grenze zwischen öffentlichem und privatem Sektor verwischt (vgl. Stoker 1998: 17; Reus-Smit 1998: 3). Der häufige Gebrauch des Governance-Begriffs spiegelt dabei das Interesse der Politikwissenschaft an sich verändernden Mustern politischer — *„Global Governance"*

Steuerung. Vier Aspekte sind besonders hervorzuheben: So bezieht sich Governance (1) auf Institutionen und Akteure aus Staat *und* Zivilgesellschaft, (2) thematisiert den Verlust eindeutiger Zuständigkeiten bei der Lösung sozialer, ökonomischer und ökologischer Probleme, (3) rekurriert oft auf selbstorganisierende Netzwerke und kennzeichnet ferner (4) den Übergang von autoritativen Formen der Steuerung hin zu solchen der Selbstverpflichtung. Governance ergänzt und ersetzt Staat und Markt als vorherrschende Formen kollektiver Problemlösung. Governance kann auf die politischen Institutionen, die Akteure oder den politischen Prozess bezogen sein. „Global Governance" dient dabei zur Bearbeitung solcher Probleme, die der globalisierten Umweltkrise erwachsen, und ist angesichts zunehmender Komplexität und Interdependenz auf alle Ebenen bezogen und umfasst alle Akteure und Akteurskonstellationen (vgl. Enquete-Kommission 2001: 105/106).

Die vorliegende Einführung beginnt mit einer kurzen Darstellung globaler Umweltveränderungen und der daraus resultierenden Steuerungslücke in der Umweltpolitik (Abschnitt 2 und 3). Anschließend werden die nationale (Abschnitt 4) und globale Governance (Abschnitt 5) zur Steuerung des Umweltraumes hinsichtlich ihrer Entstehung und Struktur analysiert. Im Mittelpunkt stehen dabei die Institutionen, verstanden als „systems of rules, decision-making procedures, and programs that give rise to social practices, assign roles to participants in these practices, and guide interactions among the occupants of the relevant roles",[1] sowie die darin agierenden Akteure. Der Darstellung liegt die These zu Grunde, dass sich die mit dem Begriff Governance thematisierten Veränderungen in der Struktur politischer Steuerung auf allen Ebenen des Sozialsystems wieder finden lassen.

2   Welt im Wandel: Eine Einleitung zu lokalen und globalen Umweltproblemen

neue
Gefährdungslagen
Oft sind es Bilder, welche der Wissenschaft neue Forschungsprobleme signalisieren und die Öffentlichkeit auf neue Gefährdungslagen aufmerksam machen. Bilder, die real wenig bedeuten, doch Menschen in ganz besonderer Weise zu fesseln und nachhaltig zu beeinflussen vermögen. Hierzu zählen die ersten Fotografien, die US-amerikanische Raumfahrer von ihren Missionen ins Weltall und auf den Mond heimbrachten – Bilder eines *Blauen Planeten*, die zwar Kontinente, Luftmassen, Ozeane und Höhenzüge erkennen ließen, jedoch keine Staatsgrenzen, keine Streitkräfte, keine Wirtschaftsräume (vgl. Sachs 2002: 118-126). Gleichzeitig wurde deutlich, dass auch Umweltverschmutzung und Naturzerstörung die Grenzen der politischen Landkarte überschritten – die „Luft hat keine Grenzen", so konstatierte ein Sammelband aus den 1980er Jahren (vgl. Mayer-Tasch 1986). Inzwischen weiß man, dass die gesamten biochemischen Kreisläufe der Erde vom Menschen beeinflusst werden, von der Atmosphäre, dem globalen Wasserkreislauf bis hin zu Vegetation und Boden.

Dieses planetarische Zusammenspiel von Atmosphärendynamik, Ozeanströmungen, globalen Stoffkreisläufen und Millionen von Ökosystemen wird durch die menschliche Zivilisation inzwischen so massiv gestört, dass ein Umkippen in andere Betriebsweisen nicht auszuschließen ist und gravierende Schäden für einzelne Länder und Regionen wie für die menschliche Gemeinschaft als Ganzes drohen. Der Mensch

---

1   So der Forschungsplan des Institutional-Dimensions-Projektes des International Human Dimensions Programme on Global Environmental Change (vgl. IHDP 1999).

ist durch die globale Dimension seiner Eingriffe über langlebige Schadstoffe, Landnutzungsänderungen und Ressourcenverbrauch selbst zum Bestandteil des Systems geworden (vgl. Schellnhuber 1998), weswegen manche Experten bereits von einem neuen Erdzeitalter sprechen: dem Anthropozän.

Dieser globale Wandel (*global change*) – „die Verschränkung von globalen Umweltveränderungen, ökonomischer Globalisierung, kultureller Transformation und einem wachsenden Nord-Süd Gefälle" (WBGU 2000: 206) – fordert dabei die staatliche Problemlösungsfähigkeit ganz anders heraus als überkommene industriegesellschaftliche Umweltprobleme. Diese waren bisher relativ einfach zu lösen, da ein Problemtypus vorherrschte, der hohe Wahrnehmbarkeit, gesellschaftliche Betroffenheit und entsprechende Politisierbarkeit wegen klarer Verursacherverhältnisse vereinte, so dass technische Lösungsoptionen zu geringen Kosten verfügbar waren (vgl. Jänicke 2000: 32). Globaler Wandel hingegen schafft eine Steuerungslücke zwischen komplexen globalisierten ökologischen Risiken und der abnehmenden Handlungsfähigkeit der Nationalstaaten, welche die Suche nach neuen Formen von Governance zur Steuerung des Umweltraumes besonders dringlich macht. „Global Change"

Zur Systematisierung globaler Umweltveränderungen bieten sich verschiedene Perspektiven an, je nachdem, ob man die Lösbarkeit eines Umweltproblems, dessen Verlaufsform, seine naturwissenschaftliche und soziale Verortung oder seine Ursachenstruktur in den Vordergrund stellt. Die OECD (2001) unterscheidet z.B. Umweltprobleme nach dem Grad ihrer Bearbeitung: (1) Umweltprobleme, die weitgehend gelöst sind und keine erhebliche Beeinträchtigung von Mensch und Natur befürchten lassen, (2) Umweltprobleme, die durch Gegenmaßnahmen deutlich verringert wurden, aber durch anhaltende Akkumulation oder wachstumsbedingten Wiederanstieg erneut hervortreten, sowie (3) Umweltprobleme, die trotz erkanntem Handlungsbedarf zu keinen angemessenen Maßnahmen und deren Umsetzung geführt haben, also weiterhin ungelöst sind. Typologie von Umweltproblemen

Auch können Umweltprobleme anhand ihrer Verlaufsform systematisiert werden. Koppelt man Umweltindikatoren mit Wohlstandsentwicklung, so zeigen sich drei typische Wandlungsprofile: (1) die lineare Verschlechterung, bei der ein höheres Wohlstandsniveau mit höheren Umweltbelastungen korreliert, (2) die zyklische Veränderung, bei der es im Zuge der Wohlstandsentwicklung zu einem Rückgang der Umweltbelastung kommt sowie (3) das Wiederanstiegsprofil, bei dem ein signifikanter Rückgang der Umweltbeeinträchtigung aufgrund technischer Verbesserungen von einem erneuten, durch Wirtschaftswachstum bedingten Wiederanstieg gefolgt wird (vgl. Jänicke 2000: 33-36). Verlaufsformen von Umweltproblemen

Eine weitere Möglichkeit der Systematisierung ist die Ordnung globaler Umweltveränderungen nach den betroffenen Umweltmedien: Veränderungen der Atmosphäre, die Gefährdung der Weltmeere, die Verknappung von Süßwasser, die Bodendegradation sowie die Gefährdung von Ökosystemen und der Verlust biologischer Vielfalt (vgl. WBGU 2000: 24-50). Umweltmedien

Neben der fortschreitenden Bodendegradation (vgl. dazu WBGU 1994) und der Verknappung von Süßwasservorkommen gibt vor allem die Beeinflussung des Erdsystems in der Atmosphäre Anlass zur Sorge. Menschliches Handeln hat die Konzentration der Treibhausgase Kohlendioxid, Methan und Stickoxid seit Beginn der Industrialisierung signifikant ansteigen lassen, womit der Anstieg der globalen Oberflächentemperatur im Mittel um 0,3 – 0,6 Prozent seit vorindustrieller Zeit korreliert (vgl. IPCC 1999). Im Jahr 2001 betrug die Kohlenstoffkonzentration in der Atmosphäre 370,9 ppm – der höchste Wert seit Beginn der Aufzeichnungen im Jahr 1960 (vgl. WWI 2002: 53). Klimamodelle deuten verstärkt daraufhin, dass sich die globale Durchschnittstemperatur Klimawandel bis zum Jahr 2100 um bis zu 2 Grad erhöhen wird, legt man eine Verdopplung der derzeitigen Treibhausgasemissionen zugrunde. Ein solcher Klimawandel würde sich zu einem gravierenden globalen Umweltproblem entwickeln, da weitreichende ökologische, gesundheitliche und wirtschaftliche Folgen zu befürchten sind (vgl. WBGU 2000: 24).

Verlust der
Biodiversität
Besorgniserregend ist zudem der anhaltende Verlust biologischer Vielfalt in terrestrischen und aquatischen Ökosystemen. Hauptproblem ist nicht nur das Artensterben, sondern auch die genetische Verarmung von Populationen sowie die Umwandlung der Ökosysteme in Kulturland. Nimmt man eine aktuelle Bewertung der Ökosystemzustände nach ihren Leistungen für Mensch und Gesamtsystem vor, dann zeigt sich in allen Systemen – von den Wald-, Agrar-, Küsten- und aquatischen Ökosystemen bis hin zum Grasland – eine signifikante Verschlechterung (vgl. WRI, World Resources Institute 2000: 47). Der Verlust biologischer Vielfalt wirft nicht nur ethische Probleme auf (vgl. WBGU 1999), sondern stellt andere Werte grundlegend in Frage. So gehen mit dem Artensterben biologische Informationen unwiederbringlich verloren, deren materieller und immaterieller Wert unschätzbar ist. Auch die Stabilität von Ökosystemen ist mit abnehmender Artenvielfalt bedroht. Mit anderen Worten: Neben der chemischen Veränderung der Atmosphäre ist die Menschheit auch biologisch zu einem Kollektivakteur ersten Ranges geworden.

Betrachtet man die Umweltveränderungen ursächlich als Interaktionen von Sozial- und Erdsystem, lassen sich bestimmte funktionale Muster identifizieren, welche der WBGU als „Syndrome" des Globalen Wandels – mithin „Krankheitsbilder des Patienten Erde" – definiert (WBGU 1996: 116). Diese Syndrome beschreiben Umweltdegradationsmuster, die durch ihren transsektoralen Charakter, d.h. sektoren- und umweltmedienübergreifende Problemlagen, gekennzeichnet sind. Die Syndrome lassen sich zu drei Gruppen zusammenfassen: Syndrome als Folge nicht-nachhaltiger Nutzung von Naturressourcen als Produktionsfaktoren (Syndromgruppe Nutzung)[2], als Folge nicht-nachhaltiger wirtschaftlicher Entwicklung (Syndromgruppe Entwicklung)[3] sowie als Folge unangepasster zivilisatorischer Entsorgung (Syndromgruppe Senken)[4] (vgl. WBGU 1996: 121). Die interdisziplinäre Querschnittsbetrachtung der Ursachen globaler Umweltprobleme, wie sie im Syndromansatz verwirklicht ist, ermöglicht ein besseres Verständnis der Wechselwirkungen zwischen den Umweltproblemen, die aus sektoraler Perspektive oft übersehen werden.

---

2   Hierzu zählen: Sahel-Syndrom (landwirtschaftliche Übernutzung marginaler Standorte verbunden mit ländlicher Armut), Raubbau-Syndrom (Raubbau an natürlichen Ökosystemen), Landflucht-Syndrom (Umwelt- und Entwicklungsprobleme durch Aufgabe traditioneller Ackerbaumethoden), Dust-Bowl-Syndrom (Umweltdegradation durch industrielle Landwirtschaft), Katanga-Syndrom (Umweltdegradation infolge des Abbaus nicht-erneuerbarer Ressourcen), Massentourismus-Syndrom (Schädigung von Natur durch Tourismus) sowie Verbrannte-Erde-Syndrom (Umweltzerstörung durch Militär).

3   Hierzu zählen: Aralsee-Syndrom (Umwelt- und Entwicklungsprobleme durch großflächige Umgestaltung von Natur), Grüne-Revolution-Syndrom (Umwelt- und Entwicklungsprobleme durch Verbreitung standortfremder landwirtschaftlicher Verfahren), Kleine-Tiger-Syndrom (Vernachlässigung von Umweltstandards im Zuge eines hochdynamischen Wirtschaftswachstums), Favela-Syndrom (Umweltdegradation und Verelendung in Städten durch ungeregelte Verstädterung), Suburbia-Syndrom (Landschaftsschädigung durch geplante Ausweitung von Städten und Infrastrukturen) sowie Havarie-Syndrom (vom Menschen verursachte Umweltkatastrophen als Einzelereignis mit Langzeitwirkungen).

4   Hierzu zählen: Hoher-Schornstein-Syndrom (Umweltdegradation durch weiträumige Verteilung meist langlebiger Stoffe), Müllkippen-Syndrom (Umweltverbrauch durch Abfalldeponierung) sowie Altlasten-Syndrom (Umweltverschmutzung in der Nähe von Industriestandorten).

3   Politik in Zeiten eines globalen Wandels

Globale Umweltveränderungen verlangen nach globaler Politik. Unter diesen Bedingungen stellt sich deshalb die Frage, wie die notwendige politische Steuerung eines Systems erbracht werden soll, das sich bislang im Kompetenzbereich der nationalstaatlichen Politik befindet. Die Begriffe Globalisierung und Denationalisierung thematisieren die Veränderungstendenzen der Gesellschaftssysteme und ihrer Interaktionen als Dynamik grenzüberschreitender Prozesse und globaler Integration sozialer Funktionssysteme. Im Mittelpunkt steht dabei die Frage nach der Problemlösungsfähigkeit der Staaten.[5]

Denn in immer mehr Politikfeldern ist der Staat nicht mehr in der Lage, Probleme selbst in ihren nationalen Grenzen im Alleingang zu lösen und öffentliche Interessen durchzusetzen, da zentrale Steuerungsressourcen jenseits der Grenzen verteilt sind und der Standortwettbewerb die Handlungsoptionen nationaler Regierungen einschränkt (vgl. Messner/Nuscheler 2000: 175). Die Ausweitung, Vertiefung und Beschleunigung aller sozialen Interaktionen (vgl. Held et al. 1999: 2) führt zu Entgrenzungsphänomenen, welche die Kongruenz von Problem und Reichweite nationaler politischer Entscheidungen aufhebt. Die Verdichtung von Beziehungen, die nicht mehr vornehmlich zwischen Staaten, sondern zunehmend zwischen einer Vielzahl neuer Akteure von der lokalen bis zur globalen Ebene ablaufen, verkoppelt die sozialen Funktionssysteme derart, dass die Trennung zwischen Innen und Außen erodiert. Die für die Moderne grundlegende Trennung von Öffentlichkeit und Privatheit, von politischem Raum als Raum der verbindlichen Entscheidungen i.S. des Gemeinwohls und dem wirtschaftlichen Raum als Ort der materiellen Wohlstandsmehrung, wird aufgelöst. Die bisher vornehmlich als internationale Politik verstandene politische Gestaltung grenzüberschreitender Probleme wird damit zur Welt(umwelt)politik, in der dem Staat die Gesellschaftswelt als neuer Akteur gegenüber steht. Diese Privatisierung der Weltpolitik zeigt sich bei globalen Umweltproblemen in der Inkorporation neuer Akteure in die Politikgestaltung, etwa in Form trisektoraler globaler Politiknetzwerke, wie der *World Commission on Dams* (WCD) oder dem *Global Compact* der Vereinten Nationen mit der Privatwirtschaft.

Problemlösungsfähigkeit der Staaten

Der Staat verliert dabei in der Globalisierung den Alleinvertretungsanspruch politischer Entscheidungen gegenüber der Gesellschaft. Trotzdem bleibt seine zentrale Rolle bei der Umsetzung von Verpflichtungen und deren Erfolgskontrolle unter den Bedingungen des globalen Wandels bestehen, selbst wenn staatliche Eingriffe nicht mehr das alleinige Instrument umweltpolitischer Steuerung darstellen. Eine besondere Rolle des Nationalstaates kommt dabei z.B. auch der horizontalen Diffusion ökologischer Politikinnovationen zu, welche durch die Globalisierung begünstigt wird. Der Trend zur Angleichung von Umweltstandards schafft dabei eine Arena, in der auch kleinere Länder mit innovativer Politik eine Pionierrolle einnehmen können (vgl. Jänicke 2002).

Verlust des Alleinvertretungsanspruchs

Insgesamt ergibt sich in Bezug auf die Rolle des Staates bei der Steuerung des Umweltraumes mithin ein differenziertes Bild. Einerseits öffnet sich zwischen den globalisierten ökologischen Risiken und der durch die Tendenz der Denationalisierung geschwächten Problemlösungskompetenz der Staaten eine Steuerungslücke, die nach neuen Formen zur Governance des Umweltraumes verlangt. Andererseits bleibt der Staat,

Denationalisierung

---

5   Vgl. ausführlich zur Debatte über die Rolle des Nationalstaates in der Umweltpolitik unter den Bedingungen des Globalen Wandels die Beiträge in Biermann/Brohm/Dingwerth (2002).

neben der erstarkten Gesellschaftswelt, ein zentraler Akteur bei der Lösung der Umweltprobleme.

4 Nationale Governance zur Steuerung von Mensch-Umwelt-Beziehungen

4.1 Entwicklung der nationalen Umweltpolitik

Zur Periodisierung der nationalen Umweltpolitik bieten sich mehrere Perspektiven an, je nachdem, wo der Resonanzraum des sozio-politischen Systems für die Wahrnehmung ökologischer Gefährdungen verortet wird. In der Bundesrepublik Deutschland war es das politische System, von dem die ersten Initiativen als Reaktion auf die fortschreitende Belastung von Luft, Wasser und Böden ausgingen (vgl. Jänicke/Kunig/Stitzl 1999: 30). Mit dem Sofortprogramm zum Umweltschutz von 1970 und dem Umweltprogramm der Bundesregierung von 1971 wurden in enger Anlehnung an die frühe Umweltgesetzgebung der USA erste wichtige Schritte zur Begrenzung industriegesellschaftlicher Umweltzerstörung unternommen. Im Zuge der ersten Ölkrise verlangsamte sich ab 1973 die deutsche Umweltpolitik. Erst unter dem Druck zivilgesellschaftlicher Kräfte und nach der Etablierung der Grünen im Parteienspektrum gewann staatliche Umweltpolitik erneut an Fahrt. So entwickelte das politische System im Zeichen des Waldsterbens durch eine strikte Luftreinhaltungspolitik erfolgreiche Antworten auf zentrale ökologische Gefahren. Nach dem Reaktorunfall von Tschernobyl 1986 kam es mit der Gründung des Umweltministeriums zu einer Institutionalisierung staatlicher Umweltpolitik auf höchster Ebene. Seit Beginn der 1990er Jahre ist Ökologie als Politikfeld fest im politisch-administrativen System der Bundesrepublik verankert. Auch ein internationaler Vergleich belegt die anhaltende Tendenz zur Institutionalisierung der Umweltpolitik in der OECD bis Mitte der 1990er Jahre. So haben fast alle Länder Umweltministerien, nationale Umweltämter, Umweltberichte und Umweltpläne etabliert (vgl. Jörgens 1996: 78).

neue soziale Bewegungen

Eine anders gewichtete Periodisierung ergibt sich, wenn die neuen sozialen Bewegungen in der Umweltpolitik in den Mittelpunkt gestellt werden. Am Beginn der bundesdeutschen Umweltbewegung stand eine durch Pionierpersonen und Basisgruppen getragene Emergenzphase, die bis 1972 andauerte. Darauf folgte eine Phase des thematischen und institutionellen Aufbaus in Opposition und häufig Konfrontation mit dem politischen System. 1982 setzte eine Phase verstärkter Kooperation mit dem System ein, welche als Übergangsphase zum Stadium der Reife und der damit einhergehenden Assimilation der Umweltbewegung in der gesellschaftlichen Breite ab 1990 interpretiert werden kann (vgl. Huber 2001: 258). Beide Periodisierungen zeigen nach einer ersten konfliktiven Phase der Umweltpolitik den Übergang zu stärker konsens- und kooperationsbasierten Formen politischer Steuerung und verweisen damit auf die Entstehung neuer Governance-Formen.

4.2 Institutionen und Akteure

Ein Merkmal der institutionalisierten bundesdeutschen Umweltpolitik ist ihre föderale Struktur, von der Kommunalebene bis zur Bundesebene und darüber hinaus die Einbindung in ein „ausdifferenziertes Mehrebenensystem" (Jänicke/Kunig/Stitzl 1999: 38) im

Rahmen der Europäischen Union und internationaler Regime. Den dabei entstehenden Handlungsoptionen des politischen Systems stehen oft erhebliche Koordinierungsaufgaben gegenüber. Nicht nur vertikal – also zwischen den verschiedenen Ebenen –, sondern auch horizontal zwischen einer Vielzahl von beteiligten Akteuren und Politikfeldern müssen Interessen ausgeglichen und Verteilungskonflikte bewältigt werden.[6]

Es gibt im Wesentlichen vier Gruppen von Akteuren. An erster Stelle stehen wie in anderen Industrienationen staatliche Umweltschutzinstitutionen: das *Bundesministerium für Umwelt, Naturschutz und Reaktorsicherheit* (BMU), das *Umweltbundesamt* (UBA) sowie das *Bundesamt für Naturschutz* (BfN). Zusammen mit den übergeordneten europäischen Institutionen und den Landes- und Kommunaleinrichtungen des Umwelt- und Naturschutzes bilden sie das institutionelle Rückgrat bundesdeutscher Umweltpolitik. Hinzu kommen Umweltfachabteilungen in anderen Ministerien und Behörden für die Querschnittskoordination umweltpolitischer Entscheidungen sowie einige Expertengremien mit beratender Funktion, etwa der *Wissenschaftliche Beirat der Bundesregierung Globale Umweltveränderungen* oder mit ökologischen Fragen beschäftigte Enquete-Kommissionen des Deutschen Bundestages.

vier Gruppen von Akteuren:

– staatliche Institutionen

Die zweite wichtige Akteursgruppe als institutionalisierter Träger von Umweltbelangen sind die Umweltverbände. Mit ihrem hohen Organisationsgrad und ihrer Mobilisierungsfähigkeit sind sie für die Thematisierung politischer Probleme (*agenda setting*) und zunehmend auch für die Politikgestaltung zentrale Akteure bundesdeutscher Umweltpolitik. Drittens spielen ökologisch orientierte Wirtschaftsakteure als Motor umweltgerechter Produkt- und Prozessentwicklung eine wachsende Rolle. Bereits 1995 beliefen sich die durch Umweltschutz angeregten öffentlichen und privaten Ausgaben auf 22 Mio. Euro, etwa 1,4% des Bruttoinlandsproduktes (vgl. Jänicke/Kunig/Stitzl 1999: 37). Auch die Zahl der Beschäftigen in ökologisch orientierten Branchen stieg seit Mitte der 1990er Jahre kontinuierlich an. Immer einflussreicher werden auch die Medien als Multiplikatoren ökologischer Einstellungen wie auch die Fachwissenschaften.[7] Neben der ökologischen Institutionenbildung gehören zu den Erfolgsbedingungen von Umweltpolitik auch die materielle Ausstattung und organisatorische Stärke der Umweltakteure, ihre subjektive Entschlossenheit und Fähigkeit zur Wahrnehmung von Handlungsoptionen sowie die spezifische Akteurskonfiguration, vorrangig also die Kommunikations- und Bündnisfähigkeit ökologischer Akteure (vgl. Jänicke 1996: 15).

– Umweltverbände
– Wirtschaftsakteure
– Medien

Am Wandel der Akteurskonstellationen können Veränderungstendenzen umweltpolitischer Steuerungsformen abgelesen werden. Überwog in der Bundesrepublik anfangs noch das konflikthafte Muster Staat *gegen* Industrie, so überwiegen heute kooperative Konstellationen, bei denen alle gesellschaftlichen Akteure einbezogen werden. Besonders im komplexen Mehrebenensystem zwischen bundesdeutschem Föderalismus und Europäischer Union gewinnen solche flexibleren Kooperationsformen an Bedeutung.

Wandel der Akteurskonstellationen

4.3 Prinzipien, Instrumente und Politikmuster

Die Handlungen der Akteure in einer politischen Arena basieren auf bestimmten normativen Grundsätzen, wie etwa dem Verursacherprinzip, dem Gemeinlastenprinzip und dem Vorsorgeprinzip. Das *Verursacherprinzip* besagt, dass die Kosten für Beseitigung

Verursacherprinzip/ Gemeinlastenprinzip/ Vorsorgeprinzip

---

6   Vgl. ausführlich zu den konkurrierenden Rechtsebenen zwischen lokaler Ebene und Europäischer Union: Jänicke/Kunig/Stitzl (1999: 173-178).
7   Vgl. zur Rolle der Politikwissenschaft unter den Bedingungen des Globalen Wandels: Biermann/Dingwerth (2001).

von Umweltschäden oder deren finanzielle Kompensation von ihrem Verursacher getragen werden sollen. Dadurch kommt es zu einer Internalisierung von Umweltkosten, was mittelfristig zur Reduktion der Kostenvorteile umweltintensiver Produktion und Produkte beiträgt (vgl. Altmann 1997: 118). Oft ist aber eine eindeutige Identifizierung der Verursacher nur schwer möglich, da kumulative Umweltschäden, also solche, die über einen längeren Zeitraum nahezu unbemerkt anwachsen, nicht eindeutig zugeordnet werden können. In solchen Fällen greift das *Gemeinlastenprinzip*, welches besagt, dass die öffentliche Hand anstelle des Verursachers mit öffentlichen Mitteln einspringt. Würde dieses Prinzip allerdings vorrangig angewendet, bestände kein Anreiz zur Vermeidung von Umweltschäden. Das Gemeinlastenprinzip ist aus diesem Grunde als ergänzende Strategie zu betrachten. Stellen das Verursacher- und das Gemeinlastenprinzip nachsorgende Ansätze dar, so betont das *Vorsorgeprinzip* die Notwendigkeit vorausschauenden Umweltschutzes. Demnach sollen Maßnahmen so getroffen werden, dass Umweltschädigungen erst gar nicht entstehen (vgl. Altmann 1997: 120).

Zwang/Freiwilligkeit Insgesamt umfasst umweltpolitische Governance alle Regeln, Instrumente und Politikmuster, die zur Bearbeitung eines Problems notwendig sind. Als umweltpolitisches Instrumentarium im engeren Sinne wird hier „die Gesamtheit aller eingeführten generellen Handlungsoptionen umweltpolitischer Akteure zur Verwirklichung umweltpolitischer Ziele" bezeichnet (Jänicke/Kunig/Stitzl 1999: 99). Systematisieren lassen sich die unterschiedlichen Instrumente nach dem Grad der staatlichen Verhaltensdeterminierung zwischen den Polen Zwang und Freiwilligkeit (vgl. Carius/Schneller 1992: 175-181). Eine solche Unterscheidung nach dem Grad der Freiwilligkeit ist sinnvoll, weil auf diese Weise nicht nur das politische System mit seinem Verwaltungshandeln, sondern die Summe aller gesellschaftlichen Aktivitäten zum Schutz der Umwelt ins Blickfeld rücken. In diesem Sinne lassen sich fünf Instrumentengruppen nach dem Grad ihrer Verhaltensdeterminierung unterscheiden: (1) Ordnungsrechtliche Instrumente, wie Grenzwertsetzungen und Ge- und Verbote mit einem hohen Zwangsgrad, (2) planerische Instrumente im Rahmen der Land-, Raum-, Bau-, Wasser- und Abfallplanung mit einem mittleren bis hohen Grad an Determinierung, (3) marktwirtschaftliche Instrumente, die zur umweltgerechten Kosteninternalisierung beitragen und damit strukturpolitisch lenken, z.B. die ökologische Steuerreform, (4) kooperative Instrumente wie Absprachen, Verhandlungen und Selbstverpflichtungen der betroffenen Akteure, (5) informative Instrumente mit niedriger Zwangswirkung, z.B. Umweltkennzeichen und besondere ökologische Produktlabel.

Governance statt Government In den letzten Jahren ist es zu einer Aufwertung freiwilliger Instrumente gekommen. Besonders die Inkorporation neuer zivilgesellschaftlicher Akteure unterstreicht die Änderung zu mehr *Governance* statt *Government*. Neben der verstärkt institutionalisierten Kommunikation zwischen Umweltverbänden, Regierung und Verwaltung machen sich zunehmend direkte Kooperationen zwischen Umwelt- und Verbraucherverbänden und den Verursachern bemerkbar. Die Leistungsfähigkeit solcher freiwilliger Absprachen lässt sich am Beispiel der Kooperation zwischen dem Hertie-Konzern und dem BUND veranschaulichen, in deren Rahmen über 3.500 Produkte des Unternehmens nach ökologischen und sozialen Gesichtspunkten überprüft und gegebenenfalls modifiziert wurden (vgl. Conrad 1998).

Änderung von Politikmustern Die Veränderung in der Wahl der umweltpolitischen Instrumente lässt sich auch als grundlegende Änderung von Politikmustern analysieren. War bis in die späten 1980er Jahre ein ordnungsrechtlich geprägter *command-and-control*-Ansatz dominierend, so zeichnet sich seither ein Übergang zu stärker dialogorientierten Politikformen ab. Neben Staat und Markt tritt nun – ergänzend, nicht ausschließend – Governance als Politikmuster. Besonders die gestiegene Zahl von Politik-Netzwerken (policy networks), als die „Gesamtheit der an der Durchführung einer bestimmten Policy tatsächlich und regelmäßig beteiligten Akteure sowie ihrer gegenseitigen Beziehungen" (Jänicke/Kunig/Stitzl 1999: 66) bestätigt diese Einschätzung. Korrespondierend mit dem vorherrschenden Politikmuster und den darin eingebetteten Instrumenten hat sich auch die Wirkungstiefe (vgl. Prittwitz 1994) von Umweltpolitik seit ihrer politischen Institutionalisierung in der Bundesrepublik in den späten 1960er Jahren grundlegend verändert. Die kompensatorisch geprägte Strategie der Nachsorge mit ihrem Schwerpunkt auf Reparatur und Entsorgung wurde durch eine differenziertere Vorsorgestrategie abgelöst. Heute stehen unter dem Leitbegriff der nachhaltigen Entwicklung ökologische Strukturveränderungen im Mittelpunkt des Interesses. Dabei geht es um einen ökologisch angepassten Strukturwandel, weg von den traditionellen industriegesellschaftlichen Risikobranchen, hin zu hoher monetärer Wertschöpfung bei geringem materiellen Ressourcenverbrauch und Naturnutzung.

Insgesamt ist nationale Governance zur Steuerung des Umweltraumes ein differenziertes Gebilde staatlicher und nicht-staatlicher Institutionen und Akteure, welche über ein weitreichendes umweltpolitisches Instrumentarium verfügen. Trotz aller Erfolge, die der Umweltpolitik in Industrieländern in den letzten dreißig Jahren beschieden waren, lässt der rapide globale Wandel jedoch keinen Zweifel daran, dass ein Übergang zu langfristig bestandssicheren Wirtschafts- und Lebensweisen auch ganz entscheidend von der globalen Ebene abhängt. Diese steht deshalb im Mittelpunkt des folgenden Abschnitts.

5   Globale Governance zur Steuerung von Mensch-Umwelt-Beziehungen

5.1   Entwicklung der internationalen Umweltpolitik

Die erste Phase der internationalen Umweltpolitik begann bereits im 19. Jahrhundert mit bilateralen Abkommen zum Schutz von Fischbeständen und setzte sich nach Gründung der Vereinten Nationen 1945 mit der Institutionalisierung umweltrelevanter Abkommen und Organisationen bis zur Stockholmer Konferenz über die menschliche Umwelt (UNCHE) im Jahr 1972 fort. Die Stockholmer Konferenz war ein Wendepunkt in der Geschichte internationaler Umweltpolitik, da hier zum ersten Mal die gesamte menschliche Umwelt und nicht nur einzelne Bereiche wie etwa Ressourcenschutz oder Luftreinhaltung im Mittelpunkt standen. Die zweite Phase der internationalen Umweltpolitik endete 1992 mit der Rio-Konferenz über Umwelt und Entwicklung (UNCED). Während dieser Phase waren die Vereinten Nationen damit beschäftigt, eine Reihe regionaler und globaler Verträge zu verabschieden, und diese Verstetigung auf hohem Niveau führte erstmalig zum Verbot der Produktion, Verbrauch und Handel bestimmter umweltgefährdender Stoffe. Die Konferenz von Rio wurde 1992 nicht nur wegen ihres Symbolgehalts als *Erdgipfel* zum wichtigsten umweltpolitischen Ereignis der letzten Dekade, sondern auch weil sie eine Reihe von Beschlüssen produzierte, welche die drängendsten Umweltprobleme in Angriff nahmen. Die Agenda 21 – das weltweite Aktionsprogramm für eine nachhaltige Entwicklung im 21. Jahrhundert – identifiziert auf mehreren hundert Seiten die wichtigsten Schritte auf dem Weg zur nachhaltigen Entwicklung und forderte die Staaten zur Verabschiedung und Umsetzung nationaler Aktionspläne auf.

Die dritte Phase internationaler Umweltpolitik wurde von den Ergebnissen des Erdgipfels von Rio und dem Leitbild der Nachhaltigkeit geprägt und kulminierte in der vorerst letzten Weltkonferenz, dem Gipfel über nachhaltige Entwicklung von Johannesburg, im Spätsommer 2002. Die prinzipielle Gültigkeit der Lösungsansätze der Agenda 21 wurde im Umsetzungsplan von Johannesburg bestätigt (vgl. UN 2002: 1).

[Marginalien: Stockholmer Konferenz / Rio-Gipfel/Konferenz von Johannesburg]

Leitbild
Nachhaltigkeit

Wie in der innerstaatlichen Politik, haben sich zwischenstaatlich eine Reihe von Grundsätzen herausgebildet, die als normatives Gerüst einer entstehenden globalen Umweltordnung gewertet werden können (vgl. Sands 1995: 183-220). Als deren wichtigster Baustein gilt der 21. Grundsatz der Stockholmer Erklärung über die menschliche Umwelt von 1972 (wiederholt im 2. Grundsatz der Erklärung von Rio de Janeiro von 1992): Demnach haben Staaten das souveräne Recht, ihre nationalen Ressourcen in Übereinstimmung mit ihrer nationalen Umweltgesetzgebung zu nutzen, gleichzeitig aber die Pflicht, sicherzustellen, dass Aktivitäten innerhalb der eigenen Grenzen sich nicht auf andere Staaten oder Gebiete außerhalb der nationalen Souveränität auswirken (vgl. UN 1972 und UN 1993). Weitere Kernnormen der Weltumweltordnung sind das Vorsorgeprinzip und das Verursacherprinzip, das Prinzip der guten Nachbarschaft und Kooperation sowie das der gemeinsamen aber unterschiedlichen Verantwortung aller Staaten bei globalen Umweltproblemen. Letzteres bedeutet, dass der Erhalt globaler Ressourcen wie des Klimas oder der biologischen Vielfalt in der Verantwortung aller Nationen liegt, aber der unterschiedliche Beitrag zur Problementstehung unterschiedliche Pflichten zur Abhilfe nach sich zieht. So differenziert z.B. das Kioto-Protokoll zum UN-Rahmenübereinkommen über Klimaänderungen die Pflichten zwischen Industrieländern und Entwicklungsländern. Das Prinzip der Nachhaltigkeit schließlich bildet – mit seiner Dreisäulenstruktur ökologischer, ökonomischer und sozialer Nachhaltigkeit – als Querschnittsprinzip das Paradigma der heutigen umweltpolitischen Debatte schlechthin.

5.2 Institutionen

Im Rahmen einer entstehenden Weltumweltordnung regeln heute bald neunhundert multilaterale und bilaterale Regime das Verhalten der Staaten. Als Regime bezeichnet die Politikwissenschaft problemfeldbezogene internationale oder transnationale Institutionen, die sich durch zugrundeliegende Prinzipien, Normen, Regeln und Verfahren auszeichnen und die Erwartungen der (meist staatlichen) Akteure in Übereinstimmung bringen (vgl. Krasner 1983).

„Umweltvölkerrecht"

Fast jede Regierung ist heute einer Vielzahl internationaler Regeln unterworfen, vom Schutz von Fischen und Fledermäusen bis hin zu Emissionsverboten bei Fluorchlorkohlenwasserstoffen und Pflanzenschutzmitteln. Das „Umweltvölkerrecht" hat sich dabei in den letzten 25 Jahren zu einem eigenständigen Spezialgebiet des Völkerrechts entwickelt. Hierzu zählen alle Normen, von denen sich Staaten und internationale Organisationen bei ihrem umweltrelevanten Handeln leiten lassen. Die Quellen des Umweltvölkerrechts sind internationale Verträge, die Beschlüsse internationaler Organisationen, Konferenzdeklarationen und das Völkergewohnheitsrecht. Hierbei lassen sich bindende Beschlüsse von nicht-bindenden Beschlüssen, dem so genannten *soft law*, unterscheiden. Oft führt die Etablierung solcher unverbindlichen, aber trotzdem allgemein akzeptierten Normen durch ihren konsensbildenden Effekt zur späteren Kodifikation als verbindliches Recht.

bi- und multilaterale
Verträge

Die Anzahl der heute gültigen bi- und multilateralen Verträge und der Beschlüsse internationaler Organisationen und Vertragsstaatenkonferenzen ist kaum mehr zu überblicken – die von Rüster und Simma herausgegebene Sammlung umweltvölkerrechtlicher Dokumente umfasst allein bis 1990 dreißig Bände (vgl. Rüster/Simma, 1975ff.). An dieser Stelle seien deshalb nur einige der wichtigsten globalen Regime genannt. Der Schutz der Hydrosphäre, insbesondere der grenzüberschreitenden Binnengewässer, gehört zu den älteren Kernbereichen der internationalen Umweltpolitik. Für viele grenz-überschreitende Flüsse gelten seit langem bi- oder multilaterale Regime, wie etwa das Grenzgewässerabkommen zwischen den USA und Kanada von 1909, in dem sich beide Staaten auf die Verwaltung der Großen Seen durch eine Gemeinsame Kommission ei-nigten. Auch die Meere unterliegen einem komplexen Regime, das sich über Jahrhun-derte gebildet hat. Das 1994 in Kraft getretene Seerechtsübereinkommen der Vereinten Nationen gliedert die Meere in Zonen mit unterschiedlicher zwischenstaatlicher Kom-petenzverteilung, von denen die „ausschließlichen Wirtschaftszonen", die ein Staat bis zu zweihundert Seemeilen vor seiner Küste beanspruchen kann, am wichtigsten sind. Da etwa neunzig Prozent der Fische in diesen 200-Meilen-Zonen leben, wurde das tra-ditionelle Allgemeineigentum an den marinen Lebendressourcen durch das Seerechts-übereinkommen faktisch in den Privatbesitz der Küstenstaaten übertragen, denen nun auch der Schutz der marinen Biodiversität vor ihren Küsten obliegt. Gegen die Meeres-verschmutzung durch Schiffe – sei es durch Unfälle, sei es durch sogen. betriebsbe-dingte Einleitungen – war 1954 ein internationaler Vertrag vereinbart worden,[8] der im Rahmen der Internationalen Seeschiffahrtsorganisation verschärft und 1973 neu gefasst wurde.[9] Siebzig bis achtzig Prozent der Meeresverschmutzung werden jedoch durch Emissionsquellen auf dem Land verursacht, die über weiträumige Luftverschmutzung, die Flusssysteme oder Direkteinleitungen die marinen Ökosysteme erreichen. Hier wur-den zwar weltweit regionale Abkommen und Aktionsprogramme beschlossen; diese blieben jedoch weitgehend unwirksam.

Einem eigenständigen Regime unterliegt der antarktische Kontinent. Hier hatten ei-nige Staaten schon früh bestimmte Teilgebiete für sich in Besitz nehmen wollen, wobei sich diese Ansprüche oft überlappten, während andere Staaten den Erwerb von Souve-ränitätsrechten in der Antarktis grundsätzlich nicht anerkannten. Da diese widersprüch-lichen Ansprüche, Gegenansprüche und Vorbehalte zu einer eskalierenden Militarisie-rung des weißen Kontinents zu führen drohten, schlossen die beteiligten Staaten 1959 den Antarktisvertrag.[10] Nachdem lange die Erkundung und Ausbeutung der antarkti-schen Bodenschätze debattiert und hierfür in den 1980er Jahren ein Rahmenvertrag un-terzeichnet worden war, erklärte das 1991 in Madrid vereinbarte Umweltschutzproto-koll die Antarktis zu einem dem Frieden und der Wissenschaft gewidmeten Naturreser-vat und verbietet kommerziellen Bergbau für fünfzig Jahre.[11] Auch darf kein Müll in die Antarktis verbracht werden, und für alle Nutzungsformen – von der Forschung bis zum Tourismus – müssen die Antarktisvertragsstaaten über detaillierte Umweltstan-dards verfügen.

Mit Blick auf den Schutz der Atmosphäre stand am Anfang der Saure Regen, der in den 1970er Jahren über Europa niederging und u.a. zum Waldsterben führte. Nach mehrjährigen Verhandlungen wurde hierzu 1979 ein erstes Rahmenübereinkommen mit allgemeinen Pflichten und Verfahrensregeln vereinbart.[12] Konkrete Umweltbestimmun-gen finden sich in nachfolgend unterzeichneten Zusatzprotokollen über die Reduktion grenzüberschreitender Schwefeldioxidemissionen, das Einfrieren der Stickoxidemissio-nen und die Kontrolle der Emission flüchtiger Kohlenstoffverbindungen. Weit fortge-schritten ist auch der Schutz der Ozonschicht (vgl. Benedick 1998): Hier bestimmt das Wiener Rahmenübereinkommen von 1985 allgemeine Pflichten und Verfahrenswei-

globale Regime

---

8   International Convention for the Prevention of Pollution of the Sea by Oil (OILPOL), 1954.
9   International Convention for the Prevention of Pollution from Ships (MARPOL), 1973.
10 Antarctic Treaty, 1959.
11 Protocol of Environmental Protection to the Antarctic Treaty, 1991.
12 Convention on Long-Range Transboundary Air Pollution, 1979.

sen,[13] die durch das Montrealer Protokoll von 1987 konkretisiert wurden,[14] u.a. für die Industrieländer in einem rechtsverbindlichen Ausstiegsplan für ozonabbauende Stoffe, der über die Jahre verschärft wurde. Entwicklungsländer erhielten zahlreiche Sonderrechte; u.a. können sie die allgemeinen Reduktionspflichten jeweils um zehn Jahre verzögern. Für den Schutz des Klimas wurde 1992 auf der Rio-Konferenz ein Rahmenübereinkommen unterzeichnet,[15] für das 1997 in Kioto ein noch nicht rechtskräftiges Zusatzprotokoll mit detailliertem Reduktionszeitplan vereinbart wurde. Auch hier wurden die Pflichten zwischen Industrieländern und Entwicklungsländern differenziert.

Hinsichtlich des Schutzes der Biodiversität ist entscheidend, dass direkte grenzüberschreitende Auswirkungen, wie etwa Schadstoffemissionen, fehlen. Das allgemeine Governance-Prinzip ist daher, dass jeder Staat einzigartige Arten und Ökosysteme unter seiner Souveränität zu schützen hat, um die globale Vielfalt von Arten und Ökosystemen zu bewahren. Zur Konkretisierung wurde eine Vielzahl internationaler Regime etabliert: Manche sollen nur eine bestimmte Art schützen, wie etwa das Übereinkommen zum Schutze der Fledermäuse; andere sollen bestimmte Ökosysteme schützen, wie etwa Feuchtgebiete;[16] wieder andere behandeln spezifische Aspekte, wie etwa das Washingtoner Artenschutzübereinkommen von 1973 (CITES), das den Handel mit gefährdeten Arten beschränkt.[17] Wegen der inhärenten Mängel sektoraler Ansätze wurde von 1990 bis 1992 ein gänzlich neuer, globaler Rahmenvertrag ausgehandelt: das Übereinkommen zur biologischen Vielfalt.[18] U.a. wird in diesem Vertrag den Staaten das Recht – einschließlich des Verkaufsrechts – am Genmaterial auf ihrem Territorium zugestanden (genetische Ressourcen), welches bislang de facto Gemeineigentum war. Das Cartagena-Protokoll zum Biodiversitätsübereinkommen von 2000 bemüht sich um eine Regelung des grenzüberschreitenden Handels mit genetisch veränderten Lebewesen (hierzu ausführlich Gupta 2000). Zwei weitere wichtige, nach 1992 vereinbarte Verträge sind die Übereinkommen zur Bekämpfung der Wüstenbildung[19] sowie das Übereinkommen über die Kontrolle der Emission langlebiger organischer Verbindungen (*persistent organic pollutants*, POP).[20]

schwache Sanktions-mechanismen   Dieses in Recht gegossene Normengerüst sollte nicht überbewertet werden. Die meisten Verträge sehen nur schwache Sanktionierungsmechanismen vor, enthalten oft nur schlecht überprüfbare Pflichten oder legen internationale Standards fest, welche die meisten Staaten ohne Anstrengung erfüllen können. Auch wo klare Pflichten und Kontrollverfahren existieren, bleiben häufig deutliche Umsetzungsdefizite. Andererseits darf die Wirksamkeit des Umweltvölkerrechts auch nicht unterbewertet werden. Viele globale Umweltregime funktionieren auch ohne spektakuläre Sanktionen etwa durch nichtrechtliche Prozesse. Wichtige Leistungen der Regime sind z.B. der Aufbau umweltpolitischer Handlungskapazität in Entwicklungsländern, die Erleichterung des Informationsaustausches und damit verbunden die Etablierung gegenseitigen Vertrauens – politische Wirkungen also, die sich nicht sofort in messbaren Emissionsreduktionen und Ressourcenschonung niederschlagen, aber doch langfristig den Umweltschutz voranbringen.

---

13 Convention on the Protection of the Ozone Layer, 1985.
14 Montreal Protocol on Substances that Deplete the Ozone Layer, 1987.
15 United Nations Framework Convention on Climate Change, 1992.
16 Ramsar Convention on Wetlands of International Importance, Especially as Waterfowl Habitat, 1971.
17 Convention on International Trade in Endangered Species of Wild Fauna and Flora, 1973.
18 Convention on Biological Diversity, 1992.
19 United Nations Convention to Combat Desertification in those Countries Experiencing Serious Drought and/or Desertification, particularly in Africa, 1994.
20 Stockholm Convention on Persistent Organic Pollutants, 2001.

Insgesamt bleiben bi- und multilaterale Umweltverträge aber das Grundgerüst einer entstehenden Weltumweltordnung (global environmental governance), welches den Regierungen einen immer umfassenderen Verhaltensstandard vorgibt, dem sie sich nur selten entziehen können. In gewisser Weise ließe sich vom Entstehen eines internationalen Umweltgesetzbuches sprechen, das alle Akteure gleichermaßen verpflichtet und das in kollektiven Verhandlungen der Regierungen weiter fortgeschrieben wird. Die 1648 begründete Westfälische Ordnung einer Staatenwelt wird hiermit nicht abgeschafft, gleichwohl sind in das Staatensystem umweltrechtliche Streben eingezogen worden, die den Aktionsradius seiner Akteure einschränken. Dieser Trend einer immer komplexeren Institutionalisierung innerhalb politischer Mehrebenensysteme wird mit fortschreitender Entgrenzung und Denationalisierung (vgl. Beisheim et al. 1999: 213-235) sowie wachsendem ökologischen Problemdruck anhalten.

„Global Environmental Governance"

Zunehmend führt die Institutionalisierung von Umweltpolitik in Form internationaler Regime zum Konflikt mit anderen Regelungsbereichen globaler Governance. Zwar war Umweltpolitik nie unabhängig von anderen Politikbereichen, etwa der Wirtschafts- oder Sozialpolitik. Doch nehmen die Interdependenzen zwischen Politikfeldern derart zu, dass von einem qualitativ neuen globalen Problem gesprochen werden kann, das erheblichen politischen Regulierungs- und damit Handlungsbedarf zur Folge hat.

Interdependenz zwischen Politikfeldern

Hierzu zählt bspw. die Gefahr von sicherheitspolitischen Auswirkungen der Umweltveränderungen. „Die immer krasser zutage tretende Umweltkrise", so schrieb die Weltkommission zu Umwelt und Entwicklung, „stellt für die nationale Sicherheit – ja für das nationale Überleben – unter Umständen eine größere Bedrohung dar, als ein gut bewaffneter, übel wollender Nachbar oder feindliche Militärbündnisse. Bereits heute ist in Teilen Lateinamerikas, Asiens, des Mittleren Ostens und Afrikas die Krise der Umwelt zu einer Quelle politischer Unruhen und internationaler Spannungen geworden" (Hauff [Hrsg.] 1987: 8). Weitere wichtige Interdependenzen bestehen zwischen der Weltumweltpolitik und der globalen Finanz-, Sozial- und Investitionspolitik, etwa in Gestalt der positiven wie negativen Beschäftigungswirkungen eines umfassenden Umwelt- und Naturschutzes oder den möglicherweise negativen ökologischen Wirkungen des zwischenstaatlichen Wettbewerbs um Investitionen.

Am meisten Aufmerksamkeit findet derzeit jedoch das Spannungsverhältnis zwischen den Erfordernissen globaler Umweltpolitik und dem in der Welthandelsorganisation (WTO) verkörperten Regelwerk, zwischen Weltumweltordnung und Weltwirtschaftsordnung. In den Industrieländern wird häufig befürchtet, dass der teilliberalisierte Weltmarkt Investitionen und damit Arbeitsplätze in Länder mit geringeren Umweltstandards verlagern könnte. International würde dies einen „Wettlauf nach unten" bewirken, der alle Staaten zwänge, ihre Umweltstandards abzusenken, um der Mobilität des Kapitals Rechnung zu tragen. Empirisch ist diese These bislang noch nicht gestützt (vgl. Althammer et al. 2001), was zukünftige Entwicklungen dieser Art – etwa bei einer schärferen Klimapolitik – jedoch nicht ausschließt.

Weltumweltordnung versus Weltwirtschaftsordnung

Zu verzeichnen ist hingegen eine Zunahme handelspolitischer Konflikte zwischen Staaten, bei denen Umweltstandards mit Handelswirkung im Mittelpunkt standen. Bspw. verweigerten die Vereinigten Staaten die Einfuhr von mexikanischem Thunfisch, der mit Methoden gefangen worden war, durch die „übermäßig" viele Delphine als Beifang getötet wurden. Ein neuerer Konflikt betraf Meeresschildkröten, die beim Garnelenfang in Südasien als Beifang verendeten, was die USA zu Handelsverboten veranlasste. Die Europäische Union versuchte ihrerseits, den Import des Fleisches von Rindern, die mit bestimmten Hormonen behandelt wurden, zu verhindern, wie auch die Einfuhr von mit bestimmten Methoden gefangenen Pelzen. Zwischen den USA und Eu-

handelspolitische Konflikte

Frank Biermann/Philipp Pattberg

ropa gab es zudem umweltpolitisch motivierte Konflikte um den Handel mit Kraftfahrzeugen und mit Asbestprodukten (vgl. hierzu Biermann 2001).

„Umwelt-kolonialismus"   Angesichts des wachsenden Konfliktpotentials, auch gedrängt von ihren Umweltverbänden, versuchen die Regierungen der Industrieländer inzwischen, umweltpolitische Standards im WTO-Regime zu verankern. Die Regierungen der meisten Entwicklungsländer wollen dieses jedoch verhindern. Diese Staatengruppe sieht sich vom „Umweltkolonialismus" des Nordens bedroht und betrachtet das Handelsregime als ihre Chance, das Recht auf eigenständige Entwicklung und Festlegung der eigenen Umweltstandards zu wahren. Entwicklungsländer verweisen dabei darauf, dass internationale Umweltverträge bislang noch nie vom Welthandelsrecht verhindert worden seien. Tatsächlich lässt das WTO-Recht bestimmte umweltpolitisch motivierte Importverbote schon heute ausdrücklich zu. So berühren eine Reihe von Umweltschutzabkommen Handelsfragen, ohne dass es einen Konflikt gegeben hat. Das Montrealer Protokoll von 1987 beschränkt z.B. den Handel mit Nichtvertragsstaaten: U.a. müssen die Vertragsstaaten die Einfuhr von Gütern verbieten, die in Nichtvertragsstaaten mit Hilfe bestimmter ozonabbauender Stoffe hergestellt worden sind, diese aber nicht enthalten. Werden solche Importverbote von breit anerkannten internationalen Umweltverträgen vorgeschrieben, ist dies wohl vom GATT erlaubt, da dann auch die meisten WTO-Mitglieder diese Verträge unterzeichnet haben. Internationaler Umweltschutz und das WTO-Recht stehen hier nicht in Widerspruch.

einseitige Importverbote   Anders jedoch bei einseitigen Importverboten, die nicht von internationalen Verträgen vorgeschrieben sind, wie etwa im Delphin-Thunfisch- oder dem Garnelen-Schildkröten-Fall, in denen jeweils Entwicklungsländer die Vereinigten Staaten vor den GATT- bzw. WTO-Streitbeilegungsgremien verklagten. Diese Gremien haben allerdings ihre Auslegung der Handelsverträge in den letzten Jahren erheblich geändert, und zwar eher zu Ungunsten des Südens. So hat das WTO-Berufungsgremium im Garnelen-Schildkröten-Fall im Oktober 1998 zum ersten Mal anerkannt, dass umweltpolitisch motivierte Importverbote *auch gegen Herstellungsverfahren im Ausland* vom GATT legitimiert sein können. Dies bleibt zwar unter dem Vorbehalt, dass die Anwendung dieser Importverbote nicht willkürlich und ungerechtfertigt sein darf – und diesen Vorbehalt hatten die USA nach Ansicht des Berufungsgremiums verletzt. Aber nur wegen dieser Diskriminierung in der *Anwendung* des US-Importverbotes erhielten die klageführenden Entwicklungsländer am Ende noch einmal Recht. Manche Völkerrechtler aus dem Süden sehen hierin deshalb durchaus einen Pyrrhussieg.

5.3 Akteure

internationale Organisationen   Neben den Staaten sind internationale Organisationen wichtige Akteure im System der globalen Umweltordnung. Dabei werden ihnen vorrangig zwei Aufgaben zugeschrieben: (1) durch ihre Funktion als Kommunikationsarena für ihre Mitglieder tragen sie zur Entstehung neuer Institutionen bei, (2) als Instrument zur Durchsetzung von Regeln und deren Verifikation tragen sie zur Steigerung der Effektivität umweltpolitischer Regelungsmechanismen bei. Zur Systematisierung internationaler Organisationen innerhalb der globalen Umweltordnung bietet sich eine Unterscheidung nach Reichweite und Umweltbezug an. Vier Kategorien internationaler Organisationen lassen sich unterscheiden:

1. Globale Organisationen mit primär umweltpolitischem Bezug, so vor allem die UN-Spezialorgane wie das Umweltprogramm der Vereinten Nationen (UNEP,

United Nations Environment Programme) oder die UN-Kommission für nachhaltige Entwicklung (CSD, Commission on Sustainable Development), welche von der UN-Generalversammlung eingesetzt wurden und ihr, vermittelt über den UN-Wirtschafts- und Sozialrat (ECOSOC), rechenschaftspflichtig sind (vgl. WBGU 2000: 64) sowie die Sekretariate globaler Konventionen.

2. Globale Organisationen mit sekundärem Umweltbezug, vor allem die UN Sonderorganisationen, die durch Regierungsabkommen begründet sind und im Rahmen der UN-Charta entsprechende Aufgaben erfüllen (vgl. WBGU 2000: 63). Bezogen auf die Umwelt sind dabei die Ernährungs- und Landwirtschaftsorganisation der Vereinten Nationen (FAO), die Internationale Seeschifffahrtsorganisation (IMO) und die Weltgesundheitsorganisation (WHO) besonders bedeutsam.

3. Regional zuständige Organisationen mit primärem Umweltbezug, wie die Internationale Rheinkommission des Rheinschutzabkommens von 1963 oder Sekretariate regionaler Verträge zum Schutz von Meeresressourcen (vgl. Sands 1995: 94).

4. Regionale Organisationen mit sekundärem Umweltbezug, wie die außerhalb des UN-Systems stehende Organisation für wirtschaftliche Zusammenarbeit und Entwicklung (OECD) oder die Organisation erdölexportierender Länder (OPEC).

Weltumweltorganisationen Angesichts dieser funktionalen Differenzierungen und inhaltlichen Zersplitterung stellt sich zunehmend die Frage nach der Effektivität internationaler Organisationen, denn ohne starke globale Institutionen kann die politische Steuerung des globalen Wandels unmöglich gelingen, genauso wie der Aufbau funktions- und leistungsfähiger Nationalstaaten im 17. und 18. Jahrhundert nicht ohne den Aufbau einer professionellen staatlichen Verwaltung gelang. Eine funktionierende Weltumweltordnung verlangt nach einer Stärkung globaler Organisationen. Deshalb wird diskutiert, das schwache Umweltprogramm der Vereinten Nationen durch eine schlagkräftige Weltumweltorganisation zu ersetzen (vgl. Biermann 2000). Seit Jahrzehnten gibt es globale Organisationen für fast alle Probleme der Weltpolitik, von der Internationalen Arbeitsorganisation ILO bis hin zur Weltgesundheitsorganisation WHO. Schon während der Stockholmer Weltumweltkonferenz 1972 hatte die Staatengemeinschaft diskutiert, diesem Ensemble von Spezialbehörden eine Organisation für Umweltfragen hinzuzufügen, um die innerstaatliche Einrichtung spezialisierter Umweltministerien international nachzuvollziehen. Ob eine solche Institutionalisierung auf höchster Ebene aber die Steuerungsdefizite bestehender Organisationen beheben kann, oder nicht viel eher ausufernde und teure Bürokratien schafft ohne die Umweltqualität nachhaltig zu verbessern, ist eine offene Frage (vgl. Gehring/Oberthür 2001: 207).

Pluralisierung der Akteursstruktur Neben internationalen Organisationen und den Staaten, die bi- und multilaterale Verträge aushandeln, neue Institutionen schaffen und deren Regelwerke in nationales Recht umwandeln, gibt es viele andere Akteure auf globaler Ebene – die Pluralisierung der Akteursstruktur kann gar als ein Kerntrend der Weltumweltpolitik aufgefasst werden. So wird die politikgestaltende Rolle transnational agierender privater Akteure, insbesondere die der großen Umweltverbände, welche seit dem Gipfel von Rio de Janeiro einen erheblichen Bedeutungszuwachs erfahren haben, immer wichtiger (vgl. Heins 2002; Take 2002). Auch ist ein wachsender globaler Einfluss privatwirtschaftlicher Akteure und ihrer Lobbyverbände zu konstatieren. Stand dabei in den 1970er Jahren eine internationale Regulierung *gegen* die Konzerne im Vordergrund, so wird heute oft versucht *Win-win-Lösungen* zu finden und *mit* den Konzernen Umweltpolitik zu betreiben. *Public-private-partnerships* zählen damit zu den Trendbegriffen der Debatte. Auch die Umweltverbände, besonders aus dem angelsächsischen Raum, bemühen sich um neue, als *Private-private-co-operation* bezeichnete Interaktionsformen mit den weltweit operierenden Konzernen.

transnationale
Kooperationsformen

Solche neuartigen transnationalen Kooperationsformen, wie z.B. das Marine Stewardship Council, ein vom World Wide Fund for Nature (WWF) und Unilever initiiertes Umweltkennzeichnungsprogramm, transformieren die Bedeutung öffentlicher und privater Räume, allerdings ohne dass ihre ökologische Effektivität oder ihre demokratische Verfasstheit bislang ausreichend erforscht wäre.[21]

Umweltwissenschaft

Neben Wirtschaft und Umweltverbänden spielt die Wissenschaft eine zentrale Rolle bei der Gestaltung ökologischer Weltordnungspolitik. Fundierte Entscheidungen über nachhaltige Politikansätze können kaum getroffen oder demokratisch legitimiert werden, wenn sie nicht von einem ausreichenden wissenschaftlichen Erkenntnisschatz über die Existenz des Problems, dessen wahrscheinliche Ursachen und mögliche negativen wie positiven Folgen gestützt werden. Globale Umweltpolitik bedarf daher einer ausreichenden informativen Grundlage, die angesichts der Komplexität der Probleme nicht mehr von den politischen Entscheidungsträgern beschafft werden kann, sondern von Experten bereitgestellt werden muss. Dies bewirkt eine erhebliche Verantwortung von Wissenschaftlern und Experten, denen eine zentrale Rolle in globalen politischen Entscheidungsprozessen zufällt (vgl. Mitchell 1998). Die wachsende Institutionalisierung der Umweltwissenschaften, z.B. in Form des Zwischenstaatlichen Ausschusses zu Klimaänderungen (IPCC) mit seinen 3.000 führenden Klimawissenschaftlern (vgl. Siebenhüner 2002a; 2002b) macht deutlich, welche entscheidende Rolle Expertenwissen heute bei der Bearbeitung komplexer Umweltprobleme spielt. Im Anschluss daran stellt sich allerdings die Frage, wie die Legitimität wissenschaftlicher Einflussnahme hergestellt und deren demokratische Kontrolle gewährleistet werden kann. Erste Schritte in diese Richtung sind jüngst vom IPCC mit der Einführung eines Quotensystems zur Gleichstellung von Wissenschaftlern aus Nord und Süd gemacht worden (vgl. Biermann 2002).

6   Fazit

Die zunehmende Institutionalisierung in komplexen Mehrebenensystemen, die Entwicklung neuer, weicher Instrumente und die räumliche und inhaltliche Pluralisierung der Akteursstruktur beschreiben das im Werden begriffene System ökologischer Governance, ohne indes eine befriedigende Antwort auf die Frage zu geben, ob die entstehende Weltumweltordnung von der nationalen zur globalen Ebene Effizienz und Effektivität i.S. einer nachhaltigen Entwicklung bereitstellen kann. Es bedarf weiterer politischer Diskussionen und Entscheidungen, um den Übergang hin zu einer ökologischen Weltordnung auch nachhaltig sicherzustellen. Zwar hat es in den letzten dreißig Jahren, besonders auf der nationalstaatlichen Ebene, zahlreiche Erfolge bei der Bekämpfung gravierender Umweltschäden gegeben und einige Umweltprobleme, wie Bleiemissionen oder DDT-Produktion, können für die Industrieländer sogar als gelöst gelten. Grundsätzlich aber hat der beschleunigte globale Wandel im Zusammenspiel mit politischer Entgrenzung zu einer deutlichen Zuspitzung der Umweltkrise geführt, welche von bestehenden Institutionen und Organisationen zur Zeit nur unzureichend abgefangen wird. Von einer Integration der Gesellschaft mit ihrer ökologischen Umwelt kann also

---

21   Zum Thema globale Demokratie und private Akteure in der Weltumweltpolitik vgl. die laufende Forschung der Forschungsgruppe GLODEM des Global Governance Project des Potsdam-Instituts für Klimafolgenforschung, der Freien Universität Berlin und der Universität Oldenburg (www.glogov.org).

trotz aller Fortschritte der inter- und transnationalen Governance in diesem Bereich noch nicht gesprochen werden.

Literatur

Althammer, Wilhelm et al., 2001: *Handelsliberalisierung kontra Umweltschutz? Ansätze für eine Stärkung der umweltpolitischen Ziele in der Welthandelsordnung.* Berlin: Analytica.

Altmann, Jörn, 1997: *Umweltpolitik.* Stuttgart: Lucius & Lucius.

Beck, Ulrich, 1986: *Die Risikogesellschaft. Auf dem Weg in eine andere Moderne.* Frankfurt/M.: Suhrkamp.

Beisheim, Marianne et al., 1999: *Im Zeitalter der Globalisierung? Thesen und Daten zur gesellschaftlichen und politischen Denationalisierung.* Baden-Baden: Nomos.

Benedick, Richard, 1998: *Ozone Diplomacy. New Directions in Safeguarding the Planet.* 2. erw. Aufl., Cambridge, MA.: Harvard University Press.

Biermann, Frank, 2000: The Case for a World Environmental Organization. In: *Environment* 9, 22-31.

Biermann, Frank, 2001: The Rising Tide of Green Unilateralism in World Trade Law: Options for Reconciling the Emerging North-South Conflict. In: *Journal of World Trade* 3, 421-448.

Biermann, Frank, 2002: Institutions for Scientific Advice: Global Environmental Assessments and their Influence in Developing Countries. In: *Global Governance* 2, 195-219.

Biermann, Frank/Klaus Dingwerth, 2001: *Weltumweltpolitik: Global Change als Herausforderung für die deutsche Politikwissenschaft.* PIK Report No. 74, Potsdam: Potsdam-Institut für Klimafolgenforschung.

Biermann, Frank/Rainer Brohm/Klaus Dingwerth (Hrsg.), 2002: *Proceedings of the 2001 Berlin Conference on the Human Dimensions of Global Environmental Change: Global Environmental Change and the Nation State.* Potsdam: Potsdam-Institut für Klimafolgenforschung.

Carius, Alexander/Markus Schneller, 1992: Instrumente der Umweltpolitik. In: Franz Joseph Dreyhaupt/Franz Joseph Peine/Gerhard W. Wittkämper (Hrsg.), *Umwelt – Handwörterbuch,* Berlin: Walhalla, 175-181.

Conrad, Jobst (Hrsg.), 1998: *Environmental Management in European Companies. Success Stories and Evaluation,* London: Routledge.

Enquete-Kommission Globalisierung der Weltwirtschaft – Herausforderungen und Antworten, *Zwischenbericht 2001,* Bundesdrucksache 14/6910.

Gehring, Thomas/Sebastian Oberthür, 2001: Was bringt eine Weltumweltorganisation? Kooperationstheoretische Anmerkungen zur institutionellen Neuordnung der internationalen Umweltpolitik. In: *Zeitschrift für Internationale Beziehungen* 1, 185-211.

Gupta, Aarti, 2000: Governing Trade in Genetically Modified Organisms. The Cartagena Protocol on Biosafety. In: *Environment* 42, 22-33.

Hauff, Volker (Hrsg.), 1987: *Weltkommission für Umwelt und Entwicklung. Unsere gemeinsame Zukunft* [sogen. Brundtland-Bericht]. Greven: Eggenkamp.

Heins, Volker, 2002: *Weltbürger und lokale Patrioten. Eine Einführung in das Thema Nichtregierungsorganisationen.* Opladen: Leske + Budrich.

Held, David et al., 1999: *Global Transformation. Politics, Economics and Culture.* Cambridge: Polity Press.

Huber, Joseph, 2001: *Allgemeine Umweltsoziologie.* Wiesbaden: Westdeutscher Verlag.

IHDP [International Human Dimensions Programme on Global Environmental Change], 1999: *Institutional Dimensions of Global Environmental Change. Science Plan* (= IHDP Report Nr. 9). Bonn: IHDP.

IPCC [Intergovernmental Panel on Climate Change], 1999: *Aviation and the Global Atmosphere.* Special Report of IPCC Working Group I and III. Cambridge: Cambridge University Press.

Jänicke, Martin, 1996: Erfolgsbedingungen von Umweltpolitik. In: ders. (Hrsg.), *Umweltpolitik der Industrieländer. Entwicklung – Bilanz – Erfolgsbedingungen*, Berlin: Edition Sigma, 9-28.

Jänicke, Martin, 2000: Profile globaler Umweltveränderungen. In: Rolf Kreibich/Udo E. Simonis (Hrsg.), *Global Change – Globaler Wandel. Ursachenkomplexe und Lösungsansätze*, Berlin: Berlin Verlag, 31-39.

Jänicke, Martin, 2002: No Withering Away of the Nation State. Ten Theses on Environmental Policy. In: Frank Biermann/Rainer Brohm/Klaus Dingwerth (Hrsg.), *Proceedings of the 2001 Berlin Conference on the Human Dimensions of Global Environmental Change: Global Environmental Change and the Nation State*, Potsdam: Potsdam Institute for Climate Impact Research, 134-138.

Jänicke, Martin/Philip Kunig/Michael Stitzl, 1999: *Umweltpolitik. Politik, Recht und Management des Umweltschutzes in Staat und Unternehmen*. Bonn: Dietz.

Jörgens, Helge, 1996: Institutionalisierung von Umweltpolitik im internationalen Vergleich. In: Martin Jänicke (Hrsg.), *Umweltpolitik der Industrieländer. Entwicklung – Bilanz – Erfolgsbedingungen*, Berlin: Edition Sigma, 59-112.

Krasner, Stephen D. (ed.), 1983: *International Regimes*. Ithaca: Cornell University Press.

Mayer-Tasch, Peter Cornelius (Hrsg.), 1986: *Die Luft hat keine Grenzen. Internationale Umweltpolitik – Fakten und Trends*. Frankfurt/M.: Suhrkamp.

Messner, Dirk/Franz Nuscheler, 2000: Politik in der Global-Governance-Architektur. In: Rolf Kreibich/Udo E. Simonis (Hrsg.), *Global Change – Globaler Wandel. Ursachenkomplexe und Lösungsansätze*, Berlin: Berlin Verlag, 171-188.

Mitchell, Ronald B., 1998: Sources of Transparency. Information Systems in International Regimes. In: *International Studies Quarterly* 42, 109-130.

OECD [Organisation for Economic Co-operation and Development], 2001: *Environmental Outlook*. Paris: OECD.

Prittwitz, Volker von, 1994: *Politikanalyse*. Opladen: Leske + Budrich.

Reus-Smit, Christian, 1998: Changing Patterns of Governance: From Absolutism to Global Multilateralism. In: Albert J. Paolini et al. (eds.), *Between Sovereignty and Global Governance. The United Nations, the State and Civil Society*, New York: St. Martin's Press, 3-28.

Rüster, Bernd/Simma, Bruno, 1975ff.: *International Protection of the Environment. Treaties and Related Documents*, Bd. I-XXX, Dobbs Ferry 1975-1982, Second Series: 1990ff.

Sachs, Wolfgang, 2002: *Nach uns die Zukunft. Der globale Konflikt um Gerechtigkeit und Ökologie*. Frankfurt/M.: Brandes & Apsel.

Sands, Philippe, 1995: *Principles of International Environmental Law. Frameworks, Standards and Implementation*. Manchester: Manchester University Press.

Schellnhuber, Hans-Joachim, 1998: Earth Systems Analysis – The Scope of the Challenge. In: ders./Volker Wenzel (eds.), *Earth Systems Analysis. Integrating Science for Sustainability*, Berlin: Springer, 3-195.

Schimank, Uwe, 2000: Gesellschaftliche Integrationsprobleme im Spiegel soziologischer Gegenwartsdiagnosen. In: *Berliner Journal für Soziologie* 10, 449-469.

Siebenhüner, Bernd, 2002a: How Do Scientific Assessments Learn? Part 1: Conceptual Framework and Case Study of the IPCC. In: *Environmental Science and Policy* 5, 411-420.

Siebenhüner, Bernd, 2002b: How Do Scientific Assessments Learn? Part 2: Case Study of the LRTAP Assessments and Comparative Conclusions. In: *Environmental Science and Policy* 5, 421-427.

Stoker, Gerry, 1998: Governance as Theory: Five Propositions. In: *International Social Science Journal* 155, 17-28.

Take, Ingo, 2002: *NGOs im Wandel. Von der Graswurzel auf das diplomatische Parkett*. Wiesbaden: Westdeutscher Verlag.

UN [United Nations], 1972: *Report of the U.N. Conference on the Human Environment*. A/CONF.48/14, New York: UN.

UN, 1993: *Report of the U.N. Conference on Environment and Development*. A/CONF. 151/26/Rev.1, New York: UN.

WBGU [Wissenschaftlicher Beirat der Bundesregierung Globale Umweltveränderungen], 1994: *Welt im Wandel: Die Gefährdung der Böden*. Bonn: Economica.

WBGU, 1996: *Welt im Wandel. Herausforderungen für die deutsche Wissenschaft*. Berlin: Springer.

WBGU, 1999: *Welt im Wandel: Umwelt und Ethik*. Marburg: Metropolis.

WBGU, 2000: *Welt im Wandel: Neue Strukturen globaler Umweltpolitik*. Berlin: Springer.

WRI [World Resources Institute], 2000: *World Resources 2000-2001*. People and Ecosystems: *The Fraying Web of Life*. Washington DC: WRI.

WWI [Worldwatch Institute], 2002: *Vital Signs 2002/2003. The Trends that are Shaping our Future*. London: Earthscan.

Kai-Uwe Hellmann

Mediation und Nachhaltigkeit. Zur politischen Integration ökologischer Kommunikation

1 Einleitung

Politik hat in der modernen Gesellschaft die Funktion, durch kollektiv bindendes Entscheiden Probleme, die von allgemeiner Bedeutung sind, zu lösen bzw. zu deren Lösung beizutragen. Kurz gefasst: Politische Systeme besitzen die universale Zuständigkeit zur Entscheidung von Problemen, die das Gemeinwohl betreffen. Dies gilt insbesondere für die heutigen Demokratien, deren Souverän nach offizieller Lesart das Volk ist. Es stellt sich allerdings die Frage, wie sich angesichts der Komplexität dessen, was politisch entschieden werden soll, herausfinden lässt, welche Probleme das Gemeinwohl betreffen. Und wodurch wird gewährleistet, dass sich auch die endgültige Problemlösung am Gemeinwohl orientiert? Wie also wird sichergestellt, dass die Selektion und Integration[1] dessen, worüber letztlich entschieden wird, mehrheitlich als legitim erscheint?

Zweifelsohne tragen das demokratische Wahlverfahren, die Filterfunktion der öffentlichen Meinung und der Parteienwettbewerb maßgeblich dazu bei, dass eine möglichst große Anzahl von Anliegen Gehör findet und in den Entscheidungsprozess einbezogen wird, während der aufwendige Verfahrensablauf, der bei der Gesetzgebung durch Bundestag und Bundesrat zum Zuge kommt, seinerseits dafür sorgt, dass der politische Prozess breite Legitimität erfährt. Dennoch gilt: Je vielschichtiger ein Sachverhalt ist, desto unwahrscheinlicher wird es, allen gerecht zu werden. Dies trifft vor allem dann zu, wenn ganz unterschiedliche Interessen betroffen sind, die sich nicht ohne weiteres auf einen kleinsten gemeinsamen Nenner bringen lassen. Hier drohen selbst die etablierten Verfahren zu versagen, auf die sonst Verlass ist, wenn es darum geht, die virulente Protest- und Konfliktbereitschaft der Bevölkerung durch frühzeitiges Aufnehmen und systematisches Abarbeiten ihrer Anliegen zu absorbieren und der Politik dadurch Konsens, also das Ausbleiben von Dissens, und d.h.: Legitimität zu verschaffen.

politische Legitimität

Die Wahrscheinlichkeit eines Versagens der etablierten Verfahren besteht nun insbesondere bei der ökologischen Problematik, wie „Ozonabbau, Treibhauseffekt, Dürre- und Hochwasserkatastrophen, Trinkwassermangel und Bodenerosion, Tropenwaldbrände und Artensterben – die Liste der Schlagwörter, die jedermann mit globalen Umweltproblemen verbindet, ließe sich fortsetzen"[2], weil hierbei sehr viele unterschiedliche

ökologische Problematik

---

1   Unter dem Begriff der politischen Integration soll in diesem Beitrag folgendes verstanden werden: *Integration bezeichnet die Beschränkung von Beliebigkeit, die Einschränkung von Freiheitsgraden, die Negation von Optionen* (vgl. Luhmann 1997: 603). *Politische Integration bedeutet demnach die Einschränkung von Möglichkeiten der Kommunikation über politische Themen.*

2   So die Enquete-Kommission „Schutz des Menschen und der Umwelt. Ziele und Rahmenbedingungen einer nachhaltig zukunftsverträglichen Entwicklung" (vgl. Der Bundestag 2000: 5). Siehe

und unverträgliche Interessen- und Betroffenheitslagen aufeinanderprallen. Außerdem betrifft die ökologische Problematik nicht nur die Gesellschaft, sondern die Umwelt als solche. Die Interdependenz von Gesellschaft und Umwelt ist aber äußerst komplex und das Wissen darüber ausgesprochen unzuverlässig. Was heute noch als Lösung erscheint, kann schon morgen zum Problem werden.[3] Deshalb stellt sich gerade bei der ökologischen Problematik die Frage, wie es der Politik gelingt, sich auf derart schwierige Verhältnisse angemessen einzustellen.

Mediation und Nachhaltigkeit

Im Folgenden werden zwei Lösungsoptionen für diese Problematik thematisiert, die sich im Laufe der letzten Jahre herausgebildet haben, und zwar „Mediation" und „Nachhaltigkeit", denen man die wissenssoziologische Leitdifferenz von Struktur und Semantik zugrundelegen kann (vgl. Hellmann 2002a). Gegenstand der Analyse ist dabei die „Ökologische Kommunikation in Deutschland" (Brand/Eder/Poferl 1997), also die deutsche Kommunikation über ökologische Probleme. Systemtheoretisch betrachtet, kann es sich bei der Frage, wie die Politik mit der ökologischen Problematik umgeht, nämlich lediglich darum handeln, von der politischen Integration ökologischer Kommunikation qua Umweltpolitik zu sprechen. Denn was die Umweltproblematik selbst betrifft, so kann diese ausschließlich durch die Kommunikation über diese Problematik, also als Thema, für die Politik zum Problem werden, und niemals als Umwelt an sich:

Kommunikation

> „Es mögen Fische sterben oder Menschen, das Baden in Seen oder Flüssen mag Krankheiten erzeugen, es mag kein Öl mehr aus den Pumpen kommen und die Durchschnittstemperaturen mögen sinken oder steigen: solange darüber nicht kommuniziert wird, hat das keine gesellschaftlichen Auswirkungen." (Luhmann 1986: 63).

Im ersten Abschnitt dieses Beitrags geht es um die integrative Funktion von Verfahren im Allgemeinen. Im zweiten Abschnitt wird dann anhand des Verfahrenstyps „Mediation", der insbesondere bei Umweltkonflikten zum Einsatz kommt, gezeigt, wie sich die Integrationsfunktion von Mediationsverfahren auf die Konfliktbewältigung auswirkt. Schließlich geht es darum, dem Mediationsverfahren als Strukturaspekt den Diskurs der Nachhaltigkeit zur Seite zu stellen. Denn auch auf der semantischen Ebene ökologischer Kommunikation kommt es zu Integrationseffekten, und der Diskurs der Nachhaltigkeit stellt hierfür eine zunehmend wichtiger werdende Option dar.

2   Integration durch Verfahren

Der Verfahrensbegriff bezeichnet eine besondere Form von Interaktionssystemen, also von Kommunikation unter Anwesenden:

Verfahren:

> „Verfahren sind kurzfristig eingerichtete, auf ein Ende hin konstituierte Sozialsysteme mit der besonderen Funktion, bindende Entscheidungen zu erarbeiten" (Luhmann 1987: 142).

Dabei beschränkt sich der Verfahrensverlauf keineswegs darauf, dass alle Personen, die diesem System als Mitglieder zugerechnet werden, auch anwesend sind. Ausschlagge-

---

ferner Mierheim (2002: 4): „Eine *zentrale Herausforderung* für die aktuelle Umweltpolitik besteht darin, dass *die drängendsten Umweltprobleme heute globaler Natur sind.*"

3   Vgl. RSU [Der Rat von Sachverständigen für Umweltfragen] (1974: 8): „Neben der Verzerrung der Wahrnehmung sind vor allem zeitliche *Verzögerungen* bei der *Erkenntnis* einer Umweltbelastung zu beachten." Siehe darüber hinaus Ritter (1987: 932): „Die Kluft zwischen kurzfristigen Vorteilen und langfristigen Nachteilen ist in der Umweltpolitik besonders spürbar." Vgl. zu den besonderen Problemen, die daraus für das Umweltrecht entstehen Bora (1993; 1994).

bend ist für ein Verfahren jedoch, was zwischen den in der Kommunikation anwesenden Verfahrensmitgliedern konkret passiert, und weniger das, was sich in der Interaktionsumwelt eines Verfahrens abspielen mag.

Verfahren haben die Funktion der Entscheidungsvorbereitung, und nicht selten schließen sie diese auch selbst ab. Gegenstand von Verfahren sind strittige Sachverhalte, die aufgrund der vorliegenden Faktenlage allein nicht entschieden werden können. Deshalb stehen sich in Verfahren oftmals kontroverse Auffassungen zur Lösung bestimmter Probleme gegenüber. Im Verfahren wird dann versucht, eine für alle Beteiligten möglichst einvernehmliche Problemlösung zu erzielen.

– Funktion

Um dieses Ziel zu erreichen, weisen Verfahren in sozialer, sachlicher und zeitlicher Hinsicht bestimmte Merkmale auf. Zunächst besitzen sämtliche Verfahrensteilnehmer gleiche Mitspracherechte; es herrscht sozusagen Machtgleichheit, also die temporäre Neutralisierung eventueller Ressourcenunterschiede, sofern es nicht besondere Funktionen gibt, wie den Richter im Gerichtsverfahren, der per se eine den Konfliktparteien gegenüber ungleiche Position einnimmt. Ferner ist es allen Teilnehmern freigestellt, im Verfahren alles vorzubringen, sofern es zur Aufklärung der Angelegenheit dienlich erscheint und gewisse Regeln des Anstands gewahrt bleiben. Vor allem kommt es jedoch darauf an, dass der Ausgang des Verfahrens als ungewiss herausgestellt wird und sich nur im Verfahren und durch das Verfahren entscheidet (vgl. Luhmann 1989: 40). Denn erst dadurch werden die Konfliktparteien dazu veranlasst, sich auf eine Streitschlichtung offensiv einzulassen.

– Merkmale

„Die Ungewißheit des Ausgangs ist ein wesentliches Strukturmoment des Verfahrens, das die aktive, sich engagierende Beteiligung der Parteien motiviert." (Luhmann 1987: 172).

– Ungewissheit des Ausgangs

Außerdem hängt durch diesen Kunstgriff alles, was zum Verfahrensverlauf beiträgt, allein vom Verfahren ab; externen Ereignissen, Personen und Organisationen wird demgegenüber kein Einfluss auf das Verfahren eingeräumt, sofern diese nicht selbst im Verfahren zur Sprache kommen. Mit anderen Worten: Jedes Verfahren beansprucht Autonomie für sich.

Genau dies ist für die Integrationsfunktion von Verfahren von entscheidender Bedeutung (vgl. Bora 1993). Denn wenn externe Faktoren keine Rolle spielen, müssen sich sämtliche Verfahrensbeteiligten den Verlauf und das Ergebnis des Verfahrens selber zurechnen – die Verantwortung dafür kann nicht mehr externalisiert werden. Anders gesagt bringt die Teilnahme an einem Verfahren für die Teilnehmer eine Art Akzeptanzzumutung mit sich, da es ihnen im Falle von Meinungsverschiedenheiten ja freigestellt ist, ihren Unmut entsprechend den Verfahrensregeln zu äußern und eine Änderung des Verfahrensablaufs herbeizuführen. Insofern verbindet sich mit Verfahren „die Erwartung, durch Verfahrensbeteiligung in erheblichem Umfange die Zustimmung der Entscheidungsempfänger oder jedenfalls ein einsichtiges Sichabfinden mit der Entscheidung erreichen zu können." (Luhmann 1989: 109).

– Integration

Versteht man unter Integration die Beschränkung von Freiheitsgraden, dann liegt genau hier die integrative Wirkung von Verfahren. Denn im Laufe und gerade auch nach einem Verfahrensablauf verfügen sämtliche Teilnehmer über weitaus weniger Möglichkeiten der Stellungnahme als vorher, die dafür mit erhöhter Anschlussfähigkeit ausgestattet sind. Während zu Anfang eines Verfahrens jeder sagen kann, was er für richtig hält, kristallisiert sich im Zuge der Verhandlung von Mal zu Mal stärker heraus, was noch Bestand hat und für den weiteren Verlauf der Verhandlung bindend ist:

„Jeder Beitrag geht in die Geschichte des Verfahrens ein und kann dann in engen Grenzen vielleicht noch umgedeutet, aber nicht mehr zurückgenommen werden. Auf diese Weise wird Schritt für Schritt eine Konstellation von Fakten und Sinnbeziehungen aufgebaut, die mit den unverrückbaren Siegeln der Vergangenheit belegt ist und mehr und mehr Ungewißheit absorbiert." (Luhmann 1989: 44).

Exklusionsrisiko   Positionen, die einmal vorgebracht, keine Zustimmung gefunden haben, bleiben künftig unbeachtet, sofern sie den Betrieb nicht bloß durch Penetranz zu stören suchen. Jeder Teilnehmer erfährt durch seine Teilnahme am Verfahren eine schrittweise Einschränkung seiner Mitteilungschancen, und am Ende eines Verfahrens ist es bei sämtlichen Teilnehmern zu einer strukturellen Veränderung ihrer ursprünglichen Haltung gekommen, die als Lernprozess beschrieben werden kann. Sicher ist es jedem unbenommen, sich während des ganzen Verfahrens als lernunwillig oder gar lernunfähig zu geben oder zum Abschluss des Verfahrens das Ergebnis nochmals grundsätzlich in Frage zu stellen. Doch beides ist mit einem erhöhten Exklusionsrisiko verbunden: Entweder geht eine solche Obstruktionspolitik schon während des Verfahrens in den Habitus der eigenen Selbstdarstellung als konstantes Merkmal mit ein, dann liegt ein Verfahrensausschluss alsbald nahe, oder man disqualifiziert sich am Ende plötzlich als unglaubwürdig, weil inkonsistent mit Blick auf früheres Verhalten, und wird fortan nicht mehr ernst genommen.[4] Luhmann (1989: 87) hat kein Geheimnis daraus gemacht, dass er insbesondere in dieser Form von Selbstbindung der Teilnehmer durch ihre Teilnahme(-bereitschaft) die Integrationsfunktion von Verfahren sieht, auch wenn er konstatiert:

> „Vermutlich ist dies die heimliche Theorie des Verfahrens: daß man durch Verstrickung in ein Rollenspiel die Persönlichkeit einfangen, umbilden und zur Hinnahme von Entscheidungen motivieren könne."

– Selbstbindung   Freilich kommt noch hinzu, dass Luhmann nicht nur in der Selbstbindung aller, sondern gerade in der Isolation jener Verfahrensteilnehmer, die sich mit dem Ergebnis eines Verfahrens trotz Teilnahme partout nicht einverstanden erklären können, den eigentlichen Wert von Verfahren sieht:

– Isolation   > „Es scheint mithin, daß eine Legitimation durch Verfahren nicht darin besteht, den Betroffenen innerlich zu binden, sondern darin, ihn als Problemquelle zu isolieren und die Sozialordnung von seiner Zustimmung oder Ablehnung unabhängig zu stellen." (Luhmann 1989: 121).

Es soll hier offen bleiben, ob der Isolation der Verfahrensteilnehmer tatsächlich diese Bedeutung zukommt.[5] Unzweifelhaft ist, dass es in Verfahren um die Umstrukturierung des Erwartens durch den faktischen Verfahrensverlauf und auch um die Absorption von Protesten geht. Von daher stellen Verfahren „eine bedeutsame Möglichkeit sozialer Integration" (Luhmann 1989: 121) dar, und genau dies zeigt sich auch beim Einsatz von Mediationsverfahren in der Umweltpolitik.

3   Legitimation durch Mediation

Es gibt mehrere Möglichkeiten, Verfahren zu unterscheiden, je nach Funktion oder Struktur. So kann zwischen rechtsförmigen und ad hoc vereinbarten Verfahren unterschieden werden; man kann danach fragen, ob ein Verfahren Entscheidungen nur vor-

---

4   In dieser Hinsicht könnte man in Anlehnung an Erving Goffman (1973) auch von „der moralischen Karriere des Verfahrensteilnehmers" sprechen; vgl. hierzu auch Hellmann (2002b).
5   Vgl. zur Kritik an Luhmanns Verfahrenstheorie Machura (1993) und Feindt (2001: 88-93).

bereitet oder auch beschließt, ob diese dann bindend sind oder nicht, inwieweit es unter Zuhilfenahme Dritter abläuft oder für welchen Zweck es zum Einsatz kommt (vgl. Ritter 1987; Zilleßen/Barbian 1992; Bora 1996). Fietkau und Weidner (1992) zählen insgesamt sieben Verfahrenstypen auf, nämlich politische Entscheidungsfindung, Verwaltungsverfahren, rechtliche Verfahren, Schlichtungsverfahren, Schiedsverfahren, Gutachterverfahren und eben Mediationsverfahren, ohne damit Vollständigkeit zu beanspruchen.

Mediationsverfahren, wie sie in der Umweltpolitik zur Anwendung kommen, stammen ursprünglich aus den USA, wo sie als „Alternative Dispute Resolution" (ADR) bekannt sind (vgl. Breidenbach 1995; Saretzki 1997). Ziel von ADR-Verfahren ist die Suche nach Problemlösungen, die allen Beteiligten und Betroffenen akzeptabel und legitim erscheinen, wobei je nach Problemlage ein neutraler Vermittler (Mediator) hinzugezogen werden kann. Grundvoraussetzung ist die Bereitschaft aller Beteiligten, an einer gemeinsamen, für alle annehmbaren Problemlösung mitzuwirken. „Ohne diese Bereitschaft müssen die alternativen Verfahren versagen." (Zilleßen/Barbian 1992: 20). Aus diesem Grund wird der Gestaltung geeigneter Verfahrensregeln besondere Aufmerksamkeit geschenkt. *„Alternative Dispute Resolution"*

Der steigende Bedarf an Mediationsverfahren in Deutschland leitet sich aus Veränderungen ab, die im Laufe der letzten Jahrzehnte aufgetreten sind, wie gesundheitsgefährdende Folgeprobleme der Industrialisierung, die kaum noch kontrollierbare Auswirkungen haben, eine erhöhte Protest- und Mobilisierungsbereitschaft der Bevölkerung sowie das anhaltende Versagen staatlicher Institutionen bei der Lösung solcher Folgeprobleme (vgl. Jänicke 1986; Jansen 1997; Saretzki 1997). Mit Blick auf diese Folgeprobleme bietet sich eine Auffächerung in dreierlei Hinsicht an: *steigender Bedarf für Mediation*

– Sachlich geht es um Problemlagen, deren problemadäquate Behandlung derart aufwendig ist, dass wissenschaftliche Expertise und andere Informationsquellen herangezogen werden müssen, die den eigentlichen Kompetenzbereich der Verwaltung weit überschreiten.
– Unter sozialen Gesichtspunkten handelt es sich um Problemlagen, die viele unterschiedliche Personen und Gruppen betreffen, für die sich eine gemeinsame Problemlösung ohne Konsultation kaum herstellen lässt; zumindest produzieren Verwaltungsentscheidungen ohne hinreichende Rücksprache mit den Betroffenen zuviel Konfliktpotential.
– Schließlich bergen mediationsspezifische Problemlagen in der Regel ein Risiko, dessen Bedrohlichkeit sich erst in der Zukunft zeigt; auch hier bedarf es der Einholung unterschiedlicher Meinungen, um eine adäquate Problemlösung und vor allem Problemlösungsakzeptanz zu erreichen, gerade weil die Zukunft ungewiss ist.

Angesichts dieser Anforderungen weisen Mediationsverfahren bestimmte Merkmale und Voraussetzungen auf, die nicht allesamt verfahrenstypisch sind. So gelten Mediationsverfahren als offen für sämtliche Themen, die in einem begründeten Zusammenhang zum Mediationsanlass stehen; des weiteren sind Mediationsverfahren offen für alle Personen, die als Vertreter beteiligter und betroffener Organisationen und Gruppen an diesem Verfahren teilnehmen wollen; Mediationsverfahren sind ferner offen für Kritik am Verfahrensablauf, was sogar die Änderung einzelner Verfahrensregeln einschließen kann; und nicht zuletzt sind Mediationsverfahren ergebnisoffen, wie jedes Verfahren. *Offenheit*

Das Besondere an Mediationsverfahren, wie sie in Deutschland eingesetzt werden, wird von vielen in der Funktion des Mediators gesehen, der gegenüber den Konfliktparteien zur Neutralität verpflichtet ist und dessen Hauptaugenmerk auf der Einhaltung der Verfahrensregeln liegt, damit eine für möglichst alle annehmbare Problem- *Mediator* lösung zustande kommen kann. Zilleßen (1998a; 1998b) gliedert den Aufgabenbereich eines Mediators wie folgt: Er hat sich um die Strukturierung des Verfahrens, um die Klärung inhaltlicher Fragen, um das Verfahrensmanagement und selbst um die Vertrauensbildung zwischen den Konfliktpartnern zu kümmern, die für den Erfolg eines Mediationsverfahrens unverzichtbar ist. Außerdem sollte ein Mediator über genügend persönliche Integrität und Unparteilichkeit, über kommunikative und soziale sowie Verfahrens- und Fachkompetenz verfügen und überdies noch Lebenserfahrung und einen gewissen sozialen Status aufweisen.

Lernprozesse   Übereinstimmung herrscht ferner dahingehend, dass Mediationsverfahren auf Lernprozesse ausgelegt sind, um eine schrittweise Einstellungs- und Verhaltensänderung bei den beteiligten wie betroffenen Personen zu erreichen (vgl. Feindt 1994). Akteure sind demzufolge „in der Lage, aufgrund anderer Argumente die eigenen Präferenzen und damit verbundenen Geltungsansprüche zu revidieren." (Troja 1998: 98). So lautet ein erklärtes Ziel von Mediationsverfahren, dass die Perspektiven sämtlicher Beteiligten und Betroffenen wechselseitig anzuerkennen sind.

Anerkennung anderer Perspektiven   „Mediationsverfahren" – so Fietkau und Weidner (1992: 29) – „erfordern die Anerkennung der Positionen anderer Konfliktbeteiligter als gleichermaßen berechtigt. Die eigene Position darf nicht als die einzig richtige oder moralisch vertretbare aufgefasst werden. Die eigenen Urteile, wie die von anderen, müssen in Mediationsverfahren eher als unterschiedliche Betrachtungsweisen (Perspektiven) und weniger als sich wechselseitig ausschließende Urteile verstanden werden."

Problemlösung durch Dialog   Die Anerkennung fremder Perspektiven lässt die eigene aber nicht unberührt, sondern ändert sie; eben deshalb ist bei Mediationsverfahren häufig von „Perspektivenwechsel" die Rede (vgl. Fietkau 1996; Troja 1998). Das Stichwort „Perspektivenwechsel" bringt die Integrationsfunktion von Mediationsverfahren zur Sprache. Denn der Erfolg von Mediationsverfahren lebt davon, dass es im Laufe des Verfahrens zu einer Annäherung der Perspektiven auf ein gemeinsames Ziel hin kommt, was für die einzelnen Beteiligten und Betroffenen eine Beschränkung ihrer Freiheitsgrade bedeutet: Sie können im weiteren Verfahrensverlauf nicht mehr aufrechterhalten, was sie zu Anfang noch gefordert haben, sondern müssen sich wechselseitig anpassen, sofern sie ihre Glaubwürdigkeit nicht beschädigen wollen (vgl. Holzinger 1996). Denn für Mediationsverfahren ist unabdingbar, dass man sich vorher zu einem nicht nur möglichen, sondern erwartbaren Perspektivenwechsel bereit erklärt – das ist bei einer „Problemlösung durch Dialog" (Birzer 1994) unvermeidlich. Insofern dürfte die Devise „Mitgegangen, mitgefangen" gerade für Mediationsverfahren zutreffen.

Legitimation durch Mediation   Wenn ein Mediationsverfahren erfolgreich verläuft, also eine für möglichst alle annehmbare Problemlösung auswirft, dann tragen solche Verfahren in einem nicht unerheblichen Maße zur Legitimation des gesamten Entscheidungsprozesses bei (vgl. Bora 1993: 57; 1994: 138). Denn offensichtlich kann keiner, der einem solcherart zustande gekommenen Verfahrensergebnis einmal zugestimmt hat, diesem am Ende noch glaubhaft widersprechen. Mit anderen Worten unterbleibt Dissens, ergo wurde Legitimation beschafft. Und da möglichst alle Beteiligten und Betroffenen in solche Verfahren mit eingebunden sein sollten, trifft diese Konsequenz für alle zu, die legitim Einspruch gegen ein solches Ergebnis erheben könnten. Troja (1998: 82) spricht deshalb folgerichtig von „Legitimation durch Mediation".

Freilich bleibt gerade aus Sicht der Betroffenen die Frage, wie erfolgreich solche Mediationsverfahren tatsächlich sind – und dies ist nicht nur eine Frage der Verfahrensregeln.

„Ob Mediationsverfahren die Voraussetzungen für sichere, gerechte und effiziente Lösungen und damit für Legitimation durch Verfahren schaffen, entscheidet sich auf der Prozeßebene." (Troja 1998: 84).

So macht Tils (1997) gleich mehrere Punkte geltend, deretwegen ein Mediationsverfahren scheitern kann:

Gründe für ein Scheitern

–   Z.B. durch die Reduktion der ursprünglichen Problemkomplexität, die manches außen vor lässt, was für eine faire Konfliktlösung bedeutsam werden könnte;
–   durch den Haltungswechsel von der Konfrontation zur Kooperation, der nicht ohne Motivationseinbußen vollzogen wird;
–   durch die äußerst heikle Vermittlung von Verfahrensergebnissen an die eigene Klientel, die bei den Verhandlungen nicht zugegen ist und damit keine entsprechende Integration erfährt;
–   durch beschränkte Verhandlungsspielräume aufgrund imperativer Mandate;
–   durch einen enormen Zeit- und Personalaufwand, dem nicht alle Personen, Gruppen und Organisationen gewachsen sind;
–   durch mangelnde inhaltliche und prozedurale Vorbereitung, was die strategisch kluge Gestaltung des Verfahrensverlaufs betrifft;
–   schließlich löst das Außerachtlassen dessen, was im Laufe eines Mediationsverfahrens als Konsens erreicht wurde, durch die Verwaltung viel Unmut aus, selbst wenn alle wissen, dass Mediationsverfahren in der Regel keinerlei rechtsverbindliche Wirkung haben – bei anders lautenden Zugeständnissen durch die Verwaltung.

Vor diesem Hintergrund wird verständlich, dass der Verdacht aufkommt, Mediationsverfahren seien kaum mehr als Akzeptanzbeschaffungsmaßnahmen – was wiederum der Isolationsthese Luhmanns in die Hände spielen dürfte. In jedem Fall ist von praktischer wie wissenschaftlicher Seite eine gewisse Ernüchterung eingekehrt, was die reellen Erfolgsaussichten dieses Verfahrenstyps betrifft (vgl. Weidner 1996; Jansen 1997; Barbian/Jeglitza/Troja 1998). Die anfängliche Euphorie hat sich gelegt. Heute geht es um Konsolidierung und Verbesserungen im Detail. Zweifelsohne wird es auch zukünftig Bedarf geben, zumal in schwierigen, verfahrenen Situationen auf Mediationsverfahren zurückzugreifen; doch ist eine für alle Seiten rundum erfolgreiche Konfliktauflösung sehr unwahrscheinlich.

Akzeptanz-beschaffung

4   Nachhaltigkeit als Integrationsformel

Verfahren integrieren, indem die an einem Verfahren beteiligten Personen durch ihre aktive wie passive Teilnahme fortlaufend Zugeständnisse machen, was den Gegenstand, den Verlauf und das Ergebnis des Verfahrens betrifft – ob sie wollen oder nicht. Genau solche Zugeständnisse bedeuten aber die Einschränkung von Freiheitsgraden, weil damit bestimmte Möglichkeiten des Verhaltens ausgeschlossen sind, während andere mit besonderer Anschlussfähigkeit ausgezeichnet werden. Dies gilt auch für Mediationsverfahren. Dabei stellen Verfahren eine wichtige, überaus gebräuchliche Strukturgegebenheit des politischen Systems dar, denn viele Entscheidungen, die im politischen System getroffen werden, gehen auf solche Verfahren zurück. Insofern handelt es sich bei der Integration durch Verfahren um eine Integration durch Strukturen.

Integration durch Strukturen

Neben dieser Form von Integration durch Strukturen gibt es noch die Möglichkeit der Integration durch Semantik, also durch Metakommunikation, die mehr oder weniger

Integration durch Semantik

streng regelt, wie über bestimmte Sachverhalte kommuniziert wird. Michel Foucault (1974) hat diese Form der Integration durch Semantik analysiert. Demnach geht es bei Diskursen immer auch um die „Einschränkung" und „Verknappung" von Thematisierungschancen: Was ist Gegenstand eines Diskurses, und worüber schweigt er sich aus? Wie, wann und wo darf über diesen Diskurs gesprochen werden – und wie, wann und wo nicht? Und nicht zuletzt: Wer darf mitreden und wer nicht? Genau hieran zeigt sich die „negative", also integrative Funktion von Diskursen.[6] Zugleich weist jeder Diskurs eine Reihe von „Positivitäten" auf, die als „Wahrheiten" behauptet werden und damit zugleich „falsche" Auffassungen diskriminieren, die keine Geltung beanspruchen können; Foucault spricht hier von den „positiven" bzw. „produktiven" Funktionen des Diskurses. Außerdem wird jeder Diskurs durch ein „Netz von Institutionen" gestützt, die an der Produktion eines Diskurses beteiligt sind und auf die Kontrolle dieses Diskurses drängen – auch um damit auf andere Diskurse Druck und Zwang auszuüben.

Metakommunikation

Betrachtet man daraufhin die ökologische Kommunikation in Deutschland, so zeichnet sich im politischen Feld seit geraumer Zeit eine Form von Metakommunikation ab, die exakt dieser Möglichkeit der Integration durch Semantik entspricht. Es geht um den Diskurs der Nachhaltigkeit, der mit dem Brundtland-Bericht 1987 initiiert wurde und seit der Rio-Konferenz 1992 insbesondere in Deutschland zunehmende Aufmerksamkeit genießt. Dies gilt keineswegs nur für soziale Bewegungen, Nichtregierungsorganisationen und Parteien, sondern auch für die Regierungspolitik (vgl. Brand/ Jochum 2000). So wurde 1995 von der Regierung Kohl eine Enquete-Kommission mit dem Namen „Schutz des Menschen und der Umwelt. Ziele und Rahmenbedingungen einer nachhaltig zukunftsverträglichen Entwicklung" ins Leben gerufen, die 1997 einen Zwischenbericht vorlegte, der mit „Konzept Nachhaltigkeit. Fundamente für die Gesellschaft" überschrieben war, und die ihre Ergebnisse drei Jahre später unter dem „Stichwort Nachhaltigkeit" veröffentlichte. Ferner legte die Regierung Kohl 1997 ein Regierungsprogramm zur „Forschung für die Umwelt" vor, in dem der Begriff der Nachhaltigkeit eine prominente Rolle spielt, und im gleichen Jahr wurde ein Bericht der Bundesregierung anlässlich einer Tagung in New York zum Thema „Umwelt und Entwicklung" der Öffentlichkeit übergeben, der den Titel „Auf dem Weg zu einer nachhaltigen Entwicklung in Deutschland" trägt und in dessen Vorwort die damalige Bundesumweltministerin Angela Merkel kurzerhand feststellt: „Nachhaltigkeit heißt: sich der Zukunft stellen."

„Nachhaltigkeit" als
Leitbegriff

Nach dem Regierungswechsel 1998 setzte sich die Regierung Schröder sogleich an die Ausarbeitung eines Programms, das „Perspektiven für Deutschland. Unsere Strategie für eine nachhaltige Entwicklung" genannt und der Öffentlichkeit im Frühling 2002 präsentiert wurde, begleitet von einem Vorwort Gerhard Schröders, in dem er schreibt: „Das Leitbild der Nachhaltigen Entwicklung ist der rote Faden für den Weg in das 21. Jahrhundert." Weiter hielt der Bundeskanzler am 4. April 2001 eine Rede anlässlich der konstituierenden Sitzung des von der Regierung eingesetzten Rates für Nachhaltige Entwicklung, in der er „Nachhaltigkeit" als zentralen Leitbegriff des Handelns für die Bundesregierung herausstellte; dies bekräftigte Schröder nochmals am 14. Mai 2002 vor demselben Gremium (vgl. Schröder 2001, 2002a). Zugleich trat Schröder (2002b) zwei Tage später mit einer Regierungserklärung zum Thema „Zukunftssicherung durch Nachhaltigkeit" an die breite Öffentlichkeit, in der es programmatisch heißt:

---

6   Zur Annahme, dass insbesondere die Negation von Optionen auf Integration hinausläuft, vgl. Hellmann (1997) sowie Schimank/Lange (2003).

„Eine nachhaltige Entwicklung wurde bereits in Rio versprochen. Mit diesem strategischen Ansatz soll die Entwicklung weltweit in wirtschaftlich erfolgreiche, ökologisch verträgliche und sozial gerechte Bahnen gelenkt werden. Die Verwirklichung des Leitbildes der nachhaltigen Entwicklung – so haben wir es vereinbart – ist die gemeinsame Antwort auf die Herausforderung durch die Globalisierung. Mehr denn je geht es heute darum, der Globalisierung eine politische Richtung zu geben; eine Richtung, die die Märkte ihr eben nicht geben können: eine Richtung der ökonomischen, ökologischen und sozialen Nachhaltigkeit. Das ist Inhalt der Politik der Bundesregierung."

Kurzum: Man kann wohl davon ausgehen, dass der Begriff der Nachhaltigkeit inzwischen sogar für das Zentrum des politischen Systems einen offensichtlich sehr wichtigen Stellenwert gewonnen hat, freilich ohne dass schon abzusehen wäre, ob diese Semantik auch konkrete strukturelle Konsequenzen haben wird.

Ganz anders verhält es sich, wenn es um die integrative Funktion dieser Semantik geht. Denn ohne Zweifel zielt der Diskurs der Nachhaltigkeit im Kern auf Integration. Zumindest ist sich die Forschung in diesem Punkt einig, selbst wenn dafür recht unterschiedliche Formulierungen vorgeschlagen werden (vgl. nur Mierheim 2002; Jänicke 2002; Lass/Reusswig 2002).[7] Dabei geht es nicht bloß um eine nachträgliche Integration des Umweltschutzes in die etablierten Politikbereiche, sondern um eine völlige Neubewertung des politischen Handelns unter ökonomischen, sozialen und ökologischen Gesichtspunkten, die allesamt gleichberechtigt sein sollen. Nur so ist es zu verstehen, wenn Bundeskanzler Schröder verkündet, der Begriff der Nachhaltigkeit fungiere nunmehr als zentraler Leitbegriff des politischen Handelns.

Freilich stellt sich die Frage, wie die Integration durch den Nachhaltigkeitsdiskurs konkret zustande kommt. Denn die Klagen über die mangelnde Präzision des Nachhaltigkeitsbegriffs nehmen kein Ende (vgl. RSU 2002; Brand/Fürst 2002; Bückmann 2002). Häufig wird davon gesprochen, dass der Begriff der Nachhaltigkeit eine regulative Idee sei, und noch öfters wird er als „Leitbild" bezeichnet:

„Das Leitbild der nachhaltigen Entwicklung stößt [...] auf eine breite gesellschaftliche Zustimmung, zumindest bei den Vertretern kollektiver Akteure aus Politik, Wirtschaft und Gesellschaft. Diese hohe gesellschaftliche Akzeptanz bezieht sich aber nur auf die allgemeine Formel, sobald diese konkretisiert wird, sobald handlungsstrategische Folgerungen daraus gezogen werden, zeigen sich tiefgreifende Differenzen." (Brand/Fürst 2002: 21).

Bei der Umsetzung verkümmert das „Leitbild" der Nachhaltigkeit nämlich zur „Leerformel", die kaum etwas ausschließen will und noch weniger vorgeben kann (vgl. Leidig 2000; RSU 2002; Brand/Fürst 2002). Kurzum: „Dem Begriff ‚nachhaltig' fehlt eine Zielangabe." (Gremm 1996: 119) Wie aber soll ein Konzept, das sich derart offen, vage, unbestimmt, uneingeschränkt und dadurch uneinschränkend präsentiert, zur Einschränkung von Freiheitsgraden beitragen? *„Nachhaltigkeit" als Leerformel*

Eine Lösung dieses Problems zeigt sich, wenn man die Blickrichtung umkehrt. Bisher ging die Kritik in der Regel davon aus, dass vom Nachhaltigkeitsdiskurs eine konkrete, positive Anleitung zum richtigen Handeln ausgehen müsse, was offenbar nicht der Fall ist. Wenn man die Funktion des Nachhaltigkeitsdiskurses hingegen darin sieht, primär auf nicht-nachhaltige Entwicklungen und Entscheidungen aufmerksam zu machen, dann zerstreuen sich viele Einwände. Denn es geht beim Nachhaltigkeitsdiskurs *„Nichtnachhaltigkeit" als Problem*

---

7   Ein Begriff, der in diesem Zusammenhang öfters genannt wird und eine vergleichbare Funktion zugewiesen bekommt, ist „Retinität" (Vernetzung). Vgl. Lamping/Schridde (2000) und RSU (2002).

weniger um Zielerreichung als um Verhinderung.[8] Teilweise ist dies auch schon gesehen worden. So findet sich bei Lass und Reusswig (2002: 24) die Formulierung: „Wer über Nachhaltigkeit spricht, darf über Nicht-Nachhaltigkeit nicht schweigen." Scherhorn (2002: 271) konstatiert:

> „Die Kommunikation der Nachhaltigkeit wendet sich, direkt oder indirekt, gegen das nicht-nachhaltige Wirtschaften und will dazu beitragen, dass es problematisiert und durch ein Denken und Handeln ersetzt wird, das Nachhaltigkeit fördert."

Und in einem Bericht der Enquetekommission (1997: 20) steht zu lesen:

> „Um Nachhaltigkeitsziele zu verfolgen, dürfte es in der praktischen Umsetzung leichter sein, sich darauf zu verständigen, was dem Leitbild der Nachhaltigkeit jeweils konkret widerspricht."

Unbestimmtheit des Begriffs Schellnhuber und Reusswig (2002) thematisieren genau diese Diskrepanz von Faszination und Unbestimmtheit des Nachhaltigkeitsbegriffs, indem sie davon ausgehen, dass der Nachhaltigkeitsdiskurs erst Sinn macht, wenn man ihn daraufhin beobachtet, wogegen er sich wendet, und nicht, wofür er eintritt. Zur Veranschaulichung ihrer Beobachtung greifen sie auf die aus der Lasertechnik stammende Unterscheidung zwischen Leitstrahl und Leitplanke zurück: Während der Leitstrahl eines Lasers (im Singular) eine definitive, eindeutige Richtung vorgibt, die ein bestimmtes Ziel anvisiert, begrenzen Leitplanken (im Plural) lediglich einen Korridor des Möglichen, innerhalb dessen man sich ohne nennenswerte Probleme bewegen kann, aber auch ohne strikte Route. Überschreitet man eine solche Leitplanke jedoch, befindet man sich außerhalb des zulässigen Bereichs, der von den Leitplanken begrenzt wird, und bekommt ernsthafte Probleme.

Nachhaltigkeitsdiskurs Genau dies leistet der Nachhaltigkeitsdiskurs, indem er für nicht-nachhaltige Entwicklungen und Entscheidungen sensibilisiert:

> „Nicht-nachhaltig sind diese Veränderungen dann, wenn sie die langfristige Existenzsicherung der Menschheit im Naturkontext gefährden und ihren Handlungs- und Entwicklungsspielraum durch Überlastung der Tragekapazitäten und Belastungsgrenzen globaler Ökosysteme reduzieren." (Schellnhuber/Reusswig 2002: 103).

Es geht beim Diskurs der Nachhaltigkeit also in erster Linie um das Aufspüren von Risiken und weniger um das Lösen von Problemen. Dabei erfasst eine solche Deutung die integrative Funktion des Nachhaltigkeitsdiskurses nicht nur sehr viel präziser, sondern bewahrt auch vor der Enttäuschung, die ein schlichtes normatives Verständnis von Nachhaltigkeit unweigerlich machen muss. Hierzu passt, dass Homann (1996) den Diskurs der Nachhaltigkeit mit dem Begriff der Gesundheit verglichen hat, der ja auch nur als Horizont dient, auf den hin die Medizin aktiv wird, während sie sich konkret nur mit Krankheiten und deren Heilung befasst.[9]

---

8 Wolfgang van den Daele (1993: 220) hat diese Besonderheit für die Begriffe „Sozialverträglichkeit" und „Umweltverträglichkeit" herausgearbeitet: „Das Konzept orientiert sich nicht positiv an der gesellschaftlichen Entwicklung, die wünschenswert ist, sondern negativ an dem sozialen Schaden, den es abzuwehren gilt. Damit scheint es festen Boden unter den Füßen zu haben, denn was man vermeiden soll, ist in der Regel besser zu bestimmen, als was man anstreben soll. [...] Negative Ziele sind inhaltlich eindeutig und gegen pluralistische Relativierung immun, wenn sie den Schutz vor Gefahren betreffen, die den Bestand oder die Lebens- und Funktionsfähigkeit der Gesellschaft überhaupt in Frage stellen."

9 Um das Beispiel „Gesundheit" ernst zu nehmen, sei auf Luhmanns Arbeit „Der medizinische Code" (1990) hingewiesen, in der Luhmann den bisher einzigen Fall behandelt, in dem der positive Wert des Funktionscodes Reflexionsfunktion hat, während allein der negative Wert, hier „Krankheit", mit Anschlussfähigkeit ausgestattet ist. Nicht anders funktioniert es beim Diskurs

Im Ergebnis dürfte erst diese „negative" Definition dem Leitbild „Nachhaltigkeit" tatsächlich gerecht werden, weil es nicht mehr mit dem Anspruch einer positiven Leitidee belastet wird:

> „Da es [...] nicht auf die Herstellung eines idealen, als nachhaltig ausgegebenen Entwicklungszustandes ausgerichtet ist, sondern auf die Analyse der Ursachen und Erscheinungsformen aktueller Nicht-Nachhaltigkeit, dürfte es deutlich anschlussfähiger sein als Konzepte, die die Welt gleichsam aus einem Punkt kurieren wollen." (Schellnhuber/Reusswig 2002: 112).

Der Nachhaltigkeitsdiskurs fungiert gewissermaßen wie eine „Sonde", die in die Gesellschaft eingeführt wird, um dort Kommunikationen aufzuspüren, die sich für Nicht-Nachhaltiges aussprechen und einsetzen, um dann argumentativ dagegen vorzugehen.[10] In diesem Sinne lässt sich auch die Aussage Kurt Biedenkopfs (2001: 17) einordnen, demzufolge Nachhaltigkeit nichts anderes ist als Begrenzung.[11]

Greift man nunmehr die Frage nach der integrativen Funktion des Nachhaltigkeitsdiskurses nochmals auf, ist festzuhalten: Der Nachhaltigkeitsdiskurs integriert wie ein Verfahren, indem die am Diskurs beteiligten Personen durch ihre aktive wie passive Teilnahme fortlaufend Zugeständnisse machen, was den Gegenstand, den Verlauf und die Auswirkungen dieses Diskurses betrifft. Denn solche Zugeständnisse bedeuten eine Beschränkung dessen, wie man sich zum Problem der Nicht-Nachhaltigkeit äußern kann, ohne Gefahr zu laufen, sich der Kritik oder bestimmten Sanktionen auszusetzen. Anderenfalls kann passieren, was sich bei Lass und Reusswig (2002: 28) wie eine Diskriminierung anhört:

> „Das Image der [nachhaltigen] Politik wird in dieser Strategie sehr stark mit Modernität und Initiative verbunden: wer nicht mitmacht, ist Teil überkommener, nicht-zukunftsfähiger Strukturen."

Und selbst das integriert noch, weil auch damit Möglichkeiten des Verhaltens negiert werden. Denn die Integration durch den Nachhaltigkeitsdiskurs erfolgt negativ, durch das Ausschließen bestimmter Möglichkeiten, um dafür andere zu privilegieren, und genau dies bedeutet die Einschränkung von Freiheitsgraden.

Wenn man den Diskurs der Nachhaltigkeit in dieser Weise als eine Form der Integration durch Semantik begreift, bietet es sich zum Abschluss an, auf eine funktionale Äquivalenz zwischen dem Diskurs der Nachhaltigkeit und dem Begriff des Gemeinwohls hinzuweisen. Der Gemeinwohlbegriff hat eine lange Tradition, die bis in die Antike zurückreicht, und seine Funktion lag bis heute darin, die Teleologie der Politik auf den Begriff zu bringen: Politik hat den Zweck, für das Wohl aller zu sorgen. In der modernen Gesellschaft ist es jedoch zunehmend schwieriger geworden, positiv anzugeben, worin das Gemeinwohl der Gesellschaft besteht, weil zunehmend unklarer wird, was das Beste für alle ist. Von daher liegt es nahe, auf den Gemeinwohlbegriff ganz zu verzichten. Wenn man jedoch sagt, dass der Verweis auf das Gemeinwohl erst ins Spiel

Margin notes:
- negative Definition
- Sondenfunktion
- Integration verfahrensähnlich
- Gemeinwohl

---

der Nachhaltigkeit: Alle wollen Nachhaltigkeit, aber die Arbeit setzt erst bei den nicht-nachhaltigen Entwicklungen und Entscheidungen an.

10 Vgl. zur „Sonden"-Funktion spezifischer gesellschaftlicher Diskurse Luhmann (1991) und Hellmann (2002a).

11 Siehe Biedenkopf (2001: 24): „Was ist das eigentliche Problem? Das eigentliche Problem ist in meinen Augen, daß wir die Fähigkeit verloren haben, uns zu begrenzen. Es ist heute keineswegs eine neue Botschaft, wenn ich sage, daß wir uns auf eine akute und existentiell gefährliche *Begrenzungskrise* zubewegen, auf eine Begrenzungskrise, die ausgelöst wird durch den Umstand [...], daß wir die Fähigkeit zum Gleichgewicht verloren haben."

kommt, wenn es gilt, partikulare Interessen und Ansprüche in Schach zu halten, um das Gemeinwohl nicht zu gefährden, dann behält der Begriff seine Geltung, wenngleich seine Bedeutung sich ändert. Denn für diesen Fall geht es nicht mehr darum, eine positive Bestimmung des Gemeinwohls anzugeben, sondern ihn ausschließlich negativ einzusetzen, also immer dann, wenn es darum geht, Unverträglichkeitsgrenzen zu ziehen und in die Schranken zu weisen, was auch immer dem Gemeinwohl widersprechen mag.

Kontingenzformel   In dieser Lesart lässt sich der Gemeinwohlbegriff als „Kontingenzformel" (Luhmann) bezeichnen, weil mit Bezug auf das Gemeinwohl sämtliche Interessen und Ansprüche in Frage gestellt werden können, denen sich die Politik ständig gegenübersieht; denn zu jedem Anliegen, das vorgebracht wird, gibt es Alternativen (vgl. Hellmann 2002b). Dabei wirkt diese Vorgehensweise hochgradig integrativ. Jedem Anliegen wird mit dem Hinweis, dem Gemeinwohl zu widersprechen, das Anrecht auf uneingeschränkte Berücksichtigung bestritten, weil es nicht anders möglich ist, das Gemeinwohl zu erhalten. Genau das bewirkt aber die Beschränkung von Freiheitsgraden: Es ist nicht alles möglich. Insofern könnte man auch vom Gemeinwohl als einer Integrationsformel sprechen.

Nachhaltigkeit/   Betrachtet man daraufhin den Diskurs der Nachhaltigkeit, zeigt sich eine bemer-
Gemeinwohl   kenswerte Parallele zum Gemeinwohlbegriff. Immerhin wird der Verweis auf Nachhaltigkeit ebenfalls dazu eingesetzt, auf nicht-nachhaltige Entwicklungen und Entscheidungen aufmerksam zu machen, um deren Relevanz neu zu überdenken. Im Vordergrund steht zwar die Positivversion, im Prinzip operiert der Nachhaltigkeitsdiskurs aber nur mit der Negativversion: Verhindert werden muss, was nicht nachhaltig ist.[12] Ohnedies wird in der Literatur des Öfteren eine Verbindung zwischen Nachhaltigkeit und Gemeinwohl gezogen (vgl. Enquetekommission 1997: 15/16; Lamping/Schridde 2000: 90; Brand/Fürst 2002: 31). „Die Tendenz geht zu einem universalen, vorsorglichen und ökologisch aufgeladenen Gemeinwohlbegriff." (Querschnittsgruppe Arbeit und Ökologie 2000: 24). Der Unterschied besteht lediglich darin, dass der Diskurs der Nachhaltigkeit mit dem Stichwort „Zukunftsfähigkeit durch Nachhaltigkeit", wie Schröder es ausgedrückt hat, explizit die Zeitdimension mit ins Kalkül zieht. Oder wie Angela Merkel es formuliert hat: „Nachhaltigkeit heißt: sich der Zukunft stellen." In jedem Fall gibt es Anzeichen dafür, dass Nachhaltigkeit als Nachfolgemodell für die Gemeinwohlformel unter Einbeziehung des Zukunftsaspekts in Frage kommt.[13]

Kehrt man an diesem Punkt nochmals zum Anfang zurück, so ist festzuhalten: Die politische Integration ökologischer Kommunikation wird ebenso über Strukturen – hierfür wurde das Mediationsverfahren als Beispiel angeführt – wie über Semantiken versucht; zumindest erfüllt der Diskurs der Nachhaltigkeit eine Reihe von Bedingungen, die für die Möglichkeit der Integration durch Semantik sprechen. Inwieweit es tatsächlich gelingt, mittels Mediationsverfahren und Nachhaltigkeitsdiskurs eine erfolgreiche Steuerung der ökologischen Kommunikation durch die Politik zu erreichen, ist im Moment noch nicht absehbar.[14] Übrigens dürften sich die Agenda 21-Verfahren für diese

---

12 Dies klingt schon in der Definition von Nachhaltigkeit aus dem sogen. „Brundtland-Bericht" der UN an: „Dauerhafte Entwicklung ist Entwicklung, die die Bedürfnisse der Gegenwart befriedigt, ohne zu riskieren, daß künftige Generationen ihre eigenen Bedürfnisse nicht befriedigen können." (Hauff [Hrsg.] 1987: 46). Die Betonung muss nur auf „ohne ... nicht" gelegt werden.

13 Bemerkenswert ist auch, dass der Diskurs der Nachhaltigkeit von einigen Autoren mit der Rede von einem neuen Gesellschaftsvertrag verbunden wird (vgl. Glück 2001; Brand/Fürst 2002: 93; Scherhorn 2002: 268).

14 In diesem Zusammenhang sei noch erwähnt, dass Mierheim (2002: 11/12) den Diskurs der Nachhaltigkeit als ein „weiches" Instrument der Umweltpolitik bezeichnet hat, demgegenüber Media-

Frage als sehr aufschlussreich erweisen (vgl. de Haan/Kuckartz/Rheingans-Heintze 2000; Umweltbundesamt [Hrsg.] 2001). Erkennbar ist jedoch, dass die Politik inzwischen gelernt hat, sich auf die Dynamik ökologischer Kommunikation konstruktiv einzustellen.

Literatur

Barbian, Thomas/Mathias Jeglitza/Markus Troja, 1998: Das Beispiel „Bürgerdialog Flughafen Berlin Brandenburg International". In: Horst Zilleßen (Hrsg.), *Mediation. Kooperatives Konfliktmanagement in der Umweltpolitik*, Wiesbaden: Westdeutscher Verlag, 108-136.

Biedenkopf, Kurt H., 2001: Nachhaltigkeit 2000 – Tragfähiges Leitbild für die Zukunft? In: Martin Held/Hans G. Nutzinger (Hrsg.), *Nachhaltiges Naturkapital. Ökonomik und zukunftsfähige Entwicklung*, Frankfurt/M.: Campus, 17-31.

Birzer, Markus, 1994: Problemlösung durch Dialog: Das Buxtehuder Modell. In: *Vierteljahresschrift für Sicherheit und Frieden* 12, 154-158.

Bora, Alfons, 1993: Gesellschaftliche Integration durch Verfahren – Zur Funktion von Verfahrensgerechtigkeit in der Technikfolgenabschätzung und -bewertung. In: *Zeitschrift für Rechtssoziologie* 14, 55-79.

Bora, Alfons, 1994: Grenzen der Partizipation? Risikoentscheidungen und Öffentlichkeitsbeteiligung im Recht. In: *Zeitschrift für Rechtssoziologie* 15, 126-152.

Bora, Alfons, 1996: Inklusion und Differenzierung. Bedingungen und Folgen der „Öffentlichkeitsbeteiligung" im Recht. In: Wolfgang van den Daele/Friedhelm Neidhardt (Hrsg.), *Kommunikation und Entscheidung: politische Funktionen öffentlicher Meinungsbildung und diskursiver Verfahren*, Berlin: Edition Sigma, 232-274.

Brand, Karl-Werner/Klaus Eder/Angelika Poferl, 1997: *Ökologische Kommunikation in Deutschland*. Wiesbaden: Westdeutscher Verlag.

Brand, Karl-Werner/Dietrich Fürst, 2002: Sondierungsstudie. Voraussetzungen und Probleme einer Politik der Nachhaltigkeit – Eine Exploration des Forschungsfeldes. In: Karl-Werner Brand (Hrsg.), *Politik der Nachhaltigkeit. Voraussetzungen, Probleme, Chancen – eine kritische Diskussion*, Berlin: Edition Sigma, 15-109.

Brand, Karl-Werner/Georg Jochum, 2000: *Der deutsche Diskurs zur nachhaltigen Entwicklung*. MPS-Texte 1/2000. München: Münchner Projektgruppe für Sozialforschung e.V.

Breidenbach, Stephan, 1995: *Mediation. Struktur, Chancen und Risiken von Vermittlung im Konflikt*. Köln: Dr. Otto Schmidt.

Bückmann, Walter, 2002: Probleme der Transformation des Nachhaltigkeitsgebots in das Recht. In: Karl-Werner Brand (Hrsg.), *Politik der Nachhaltigkeit. Voraussetzungen, Probleme, Chancen – eine kritische Diskussion*, Berlin: Edition Sigma, 145-160.

de Haan, Gerhard/Udo Kuckartz/Anke Rheingans-Heintze, 2000: *Bürgerbeteiligung in Lokale Agenda 21 Initiativen. Analysen zu Kommunikations- und Organisationsformen*. Opladen: Leske + Budrich.

Der Bundestag (Hrsg.), 2000: *Stichwort Nachhaltigkeit. Die Ergebnisse der Enquete-Kommission „Schutz des Menschen und der Umwelt. Ziele und Rahmenbedingungen einer nachhaltig zukunftsverträglichen Entwicklung" im 13. Deutschen Bundestag*. Berlin: Deutscher Bundestag/Referat Öffentlichkeitsarbeit.

Enquete-Kommission „Schutz des Menschen und der Umwelt", 1997: *Konzept Nachhaltigkeit. Fundamente für die Gesellschaft von morgen. Kurzfassung des Zwischenberichtes der En-*

---

tionsverfahren einen sehr viel „härteren" Mechanismus darstellen würden. Davon abgesehen spielen Nachhaltigkeitsdiskurs und Mediationsverfahren sich wechselseitig in die Hände (vgl. Minsch et al. 1998; Renn 2002).

quete-Kommission „Schutz des Menschen und der Umwelt – Ziele und Rahmenbedingungen einer nachhaltig zukunftsverträglichen Entwicklung". Bonn: Enquete-Kommission „Schutz des Menschen und der Umwelt".

Feindt, Peter Henning, 1994: Das Dialogische Verfahren – Konfliktlösung durch Anerkennung. In: *Vierteljahresschrift für Sicherheit und Frieden* 12, 158-163.

Feindt, Peter Henning, 2001: *Regierung durch Diskussion? Diskurs- und Verhandlungsverfahren im Kontext von Demokratietheorie und Steuerungsdiskussion.* Frankfurt/M. et al.: Peter Lang.

Fietkau, Hans-Joachim, 1996: Kommunikationsmuster und Kommunikationserwartungen in Mediationsverfahren. In: Wolfgang van den Daele/Friedhelm Neidhardt (Hrsg.), *Kommunikation und Entscheidung: politische Funktionen öffentlicher Meinungsbildung und diskursiver Verfahren,* Berlin: Edition Sigma, 275-296.

Fietkau, Hans-Joachim/Helmut Weidner, 1992: Mediationsverfahren in der Umweltpolitik. Erfahrungen in der Bundesrepublik Deutschland. In: *Aus Politik und Zeitgeschichte* B 39-40, 24-34.

Foucault, Michel, 1974: *Die Ordnung des Diskurses. Inauguralvorlesung am Collège de France – 2. Dezember 1970.* Frankfurt/M.: Hanser.

Glück, Alois, 2001: Das Prinzip Nachhaltigkeit – Zukunftsorientiertes Denken und Handeln in ausgewählten Lebensbereichen. In: *Politische Studien* 53, 8-16.

Goffman, Erving, 1973: Die moralische Karriere des Geisteskranken. In: ders., *Asyle. Über die soziale Situation psychiatrischer Patienten und anderer Insassen,* Frankfurt/M.: Suhrkamp, 125-167.

Gremm, Otto, 1996: Nachhaltigkeit – Ein Problem der Entwicklung oder der Leitbilder? In: Hans-Peter Böhm/Helmut Gebauer/Bernhard Irrgang (Hrsg.), *Nachhaltigkeit als Leitbild für Technikgestaltung. Forum für interdisziplinäre Forschung,* Dettelbach: J.H. Röll, 117-132.

Hauff, Volker (Hrsg.), 1987: *Weltkommission für Umwelt und Entwicklung. Unsere gemeinsame Zukunft* [sogen. Brundtland-Bericht]. Greven: Eggenkamp.

Hellmann, Kai-Uwe, 1997: Integration durch Öffentlichkeit. Zur Selbstbeobachtung der modernen Gesellschaft. In: *Berliner Journal für Soziologie* 5, 37-59.

Hellmann, Kai-Uwe, 2002a: Struktur und Semantik sozialer Probleme. Problemsoziologie als Wissenssoziologie. In: *Soziale Probleme* 12, 56-72.

Hellmann, Kai-Uwe, 2002b: Gemeinwohl und Systemvertrauen. Vorschläge zur Modernisierung alteuropäischer Begriffe. In: Herfried Münkler/Karsten Fischer (Hrsg.), *Gemeinwohl und Gemeinsinn. Rhetoriken und Perspektiven sozial-moralischer Orientierung,* Berlin: Akademie Verlag, 77-109.

Hellmann, Kai-Uwe, 2003: Sind wir eine Gesellschaft ohne Moral? Soziologische Anmerkungen zum Verbleib der Moral in der Moderne. In: Ulrich Willems (Hrsg.), *Interesse und Moral als Orientierungen politischen Handelns,* Baden-Baden: Nomos, 87-126.

Holzinger, Katharina, 1996: Grenzen der Kooperation in alternativen Konfliktlösungsverfahren: Exogene Restriktionen, Verhandlungsleitlinien und Outside Options. In: Wolfgang van den Daele/Friedhelm Neidhardt (Hrsg.), *Kommunikation und Entscheidung: politische Funktionen öffentlicher Meinungsbildung und diskursiver Verfahren,* Berlin: Edition Sigma, 232-274.

Homann, Karl, 1996: Sustainability: Politikvorgabe oder regulative Idee? In: Lüder Gerken (Hrsg.), *Ordnungspolitische Grundfragen einer Politik der Nachhaltigkeit,* Baden-Baden: Nomos, 33-47.

Jänicke, Martin, 1986: *Staatsversagen. Die Ohnmacht der Politik in der Industriegesellschaft.* München: Piper.

Jänicke, Martin, 2002: Vom instrumentellen zum strategischen Ansatz. Umweltpolitische Steuerung im Lichte der Politikanalyse. In: Umweltbundesamt (Hrsg.), *Perspektiven für die Verankerung des Nachhaltigkeitsbildes in der Umweltkommunikation. Chancen, Barrieren und Potenziale der Sozialwissenschaften,* Berlin: Erich Schmidt, 63-79.

Jansen, Dorothea, 1997: Mediationsverfahren in der Umweltpolitik. In: *Politische Vierteljahresschrift* 38, 274-297.

Lamping, Wolfram/Henning Schridde, 2000: Umweltpolitische Steuerung in der Neuorientierung – Agenda 21 als Herausforderung für lokale Politik. In: Hubert Heinelt/Eberhard Mühlich (Hrsg.), *Lokale „Agenda 21“-Prozesse. Erklärungsansätze, Konzepte und Ergebnisse*, Opladen: Leske + Budrich, 80-100.

Lass, Wiebke/Fritz Reusswig, 2002: Nachhaltigkeit und Umweltkommunikation. Ein Forschungsprojekt auf der Suche nach sozialwissenschaftlichen Perspektiven. In: Umweltbundesamt (Hrsg.), *Perspektiven für die Verankerung des Nachhaltigkeitsbildes in der Umweltkommunikation. Chancen, Barrieren und Potenziale der Sozialwissenschaften*, Berlin: Erich Schmidt, 13-36.

Leidig, Guido, 2000: Nachhaltigkeit als umweltplanerisches Entscheidungskriterium. In: *Umwelt- und Planungsrecht* 9, 371-376.

Luhmann, Niklas, 1986: *Ökologische Kommunikation: Kann die moderne Gesellschaft sich auf ökologische Gefährdungen einstellen?* Opladen: Westdeutscher Verlag.

Luhmann, Niklas, 1987: *Rechtssoziologie*. Opladen: Westdeutscher Verlag.

Luhmann, Niklas, 1989: *Legitimation durch Verfahren*. Frankfurt/M.: Suhrkamp.

Luhmann, Niklas, 1990: Der medizinische Code. In: ders., *Soziologische Aufklärung 5. Konstruktivistische Perspektiven*, Opladen: Westdeutscher Verlag, 183-195.

Luhmann, Niklas, 1991: *Soziologie des Risikos*. Berlin/New York: de Gruyter.

Luhmann, Niklas, 1997: *Die Gesellschaft der Gesellschaft*. 2 Bde., Frankfurt/M.: Suhrkamp.

Machura, Stefan, 1993: Niklas Luhmanns „Legitimation durch Verfahren“ im Spiegel der Kritik. In: *Zeitschrift für Rechtssoziologie* 14, 97-114.

Mierheim, Horst, 2002: Der neue Stellenwert der Umweltkommunikation in der Umweltpolitik. In: Umweltbundesamt (Hrsg.), *Perspektiven für die Verankerung des Nachhaltigkeitsbildes in der Umweltkommunikation. Chancen, Barrieren und Potenziale der Sozialwissenschaften*, Berlin: Erich Schmidt, 1-12.

Minsch, Jürg et al., 1998: *Institutionelle Reformen für eine Politik der Nachhaltigkeit*. Berlin/Heidelberg/New York: Springer.

Querschnittsgruppe Arbeit und Ökologie, 2000: Nachhaltigkeit und Diskurs. Von der Vision zum politischen Konzept. In: *WZB-Mitteilungen* 89, 23-26.

Renn, Ortwin, 2002: Nachhaltige Entwicklung. Eine kommunikative Reise in eine reflexive Zukunft. In: Umweltbundesamt (Hrsg.), *Perspektiven für die Verankerung des Nachhaltigkeitsbildes in der Umweltkommunikation. Chancen, Barrieren und Potenziale der Sozialwissenschaften*, Berlin: Erich Schmidt, 240-256.

Ritter, Ernst-Hasso, 1987: Umweltpolitik und Rechtsentwicklung. In: *Neue Zeitschrift für Verwaltungsrecht* 6, 929-938.

RSU [Der Rat von Sachverständigen für Umweltfragen], 1974: *Umweltgutachten 1974*. Stuttgart/Mainz: Kohlhammer.

RSU, 2002: *Umweltgutachten 1996*. Quelle: http://www.umweltrat.de.

Saretzki, Thomas, 1997: Mediation, soziale Bewegungen und Demokratie. In: *Forschungsjournal neue Soziale Bewegungen* 10, 27-42.

Schellnhuber, Hans-Joachim/Fritz Reusswig, 2002: Syndrome des Globalen Wandels. Analyse und Kommunikation von Mustern der Nicht-Nachhaltigkeit. In: Umweltbundesamt (Hrsg.), *Perspektiven für die Verankerung des Nachhaltigkeitsbildes in der Umweltkommunikation. Chancen, Barrieren und Potenziale der Sozialwissenschaften*, Berlin: Erich Schmidt, 101-118.

Scherhorn, Gerhard, 2002: Kommunikation von Konzepten und Alternativen. In: Umweltbundesamt (Hrsg.), *Perspektiven für die Verankerung des Nachhaltigkeitsbildes in der Umweltkommunikation. Chancen, Barrieren und Potenziale der Sozialwissenschaften*, Berlin: Erich Schmidt 257-278.

Schimank, Uwe/Stefan Lange, 2003: Politik und gesellschaftliche Integration. In: Armin Nassehi/Markus Schroer (Hrsg.), *Der Begriff des Politischen*. Soziale Welt-Sonderheft 14, 171-186.

Schröder, Gerhard, 2001: *Rede des Bundeskanzlers Gerhard Schröder anlässlich der konstituierenden Sitzung des Rates für Nachhaltige Entwicklung am 04.04.2001*. Quelle: http://www.bundeskanzler.de.

Schröder, Gerhard, 2002a: Die politischen Ziele der nationalen Nachhaltigkeitsstrategie. Rede von Bundeskanzler Gerhard Schröder auf dem Kongress des Rates für Nachhaltige Entwicklung am 13. Mai 2002 in Berlin. Berlin: *Bulletin der Bundesregierung* Nr. 40-3 vom 14. Mai 2002.

Schröder, Gerhard, 2002b: *Regierungserklärung des Bundeskanzlers Gerhard Schröder zur Zukunftssicherheit durch Nachhaltigkeit.* Quelle: http://www.bundeskanzler.de.

Tils, Ralf, 1997: „Vorsicht: Mediation!" Chancen und Risiken der Umweltmediation aus der Perspektive von Umweltverbänden und Bürgerinitiativen. In: *Forschungsjournal neue Soziale Bewegungen* 10, 43-52.

Troja, Markus, 1998: Politische Legitimation und Mediation. In: Horst Zilleßen (Hrsg.), *Mediation. Kooperatives Konfliktmanagement in der Umweltpolitik*, Wiesbaden: Westdeutscher Verlag, 77-107.

Umweltbundesamt (Hrsg.), 2001: *Informationen zur Lokalen Agenda 21.* Berlin: Umweltbundesamt.

van den Daele, Wolfgang, 1993: Sozialverträglichkeit und Umweltverträglichkeit. Inhaltliche Mindeststandards und Verfahren bei der Beurteilung neuer Technik. In: *Politische Vierteljahresschrift* 34, 219-248.

Weidner, Helmut, 1996: Freiwillige Kooperationen und alternative Konfliktregelungsverfahren in der Umweltpolitik. Auf dem Weg zum ökologisch erweiterten Neokorporatismus? In: Wolfgang van den Daele/Friedhelm Neidhardt (Hrsg.), *Kommunikation und Entscheidung: politische Funktionen öffentlicher Meinungsbildung und diskursiver Verfahren*, Berlin: Edition Sigma, 195-231.

Zilleßen, Horst, 1998a: Einführung. In: ders. (Hrsg.), *Mediation. Kooperatives Konfliktmanagement in der Umweltpolitik*, Wiesbaden: Westdeutscher Verlag, 8-16.

Zilleßen, Horst, 1998b: Mediation als kooperatives Konfliktmanagement. In: ders. (Hrsg.), *Mediation. Kooperatives Konfliktmanagement in der Umweltpolitik*, Wiesbaden: Westdeutscher Verlag, 17-38.

Zilleßen, Horst/Thomas Barbian, 1992: Neue Formen der Konfliktregelung in der Umweltpolitik. In: *Aus Politik und Zeitgeschichte* B 39-40, 14-23.

Claudia Jauß/Carsten Stark

Kultur und Institution als intervenierende Faktoren in umweltpolitischen Governance-Regimen

1   Einleitung

Wenn man Politik vor allen Dingen als Interessenkampf verschiedener Machtkonstella-
tionen versteht, in dem einzelne oder korporierte Akteure einem reinen Nutzenkalkül
unterworfen sind, dann erscheint die Frage nach politischer Kultur oder gar nach Kultur
als „intervenierender Variable" obsolet. Die Orientierung an Werten scheint im politischen Feld dem Nutzenkalkül unterworfen zu sein. Dennoch kam in den letzten Jahren
nicht nur von Seiten einer an Deutungsmustern interessierten Soziologie, sondern auch
von Seiten der politikwissenschaftlichen Forschung immer stärker der Gedanke auf,
kulturelle Faktoren in die Politikfeldforschung zu integrieren (vgl. Héritier 1995; Jasanoff 1987). Der wichtigste Beitrag hin zu dieser Veränderung ist dabei methodischen
Erwägungen zu verdanken: Die Komparatistik versucht, durch Vergleich zu verstehen.
Sollten unterschiedliche Gesellschaften bei sehr ähnlichen Problem- und Interessenlagen zu unterschiedlichen Politikoutputs gelangen, kann die Erklärung sich logischer-
weise nicht mehr in der Wahrnehmung von Interessenkämpfen ergehen. Zum einen
wird es wichtig, in welchem gesellschaftlichen Rahmen (*frame*) derartige Interessenkämpfe stattfinden,[1] zum anderen gewinnt aber zugleich die gesellschaftliche Definition
dessen, worum es eigentlich konkret geht, an Bedeutung. Die Umweltpolitik bot sich
hier sehr frühzeitig als Untersuchungsfeld an, weil alle Industrienationen in den 1970er
Jahren sehr ähnliche Probleme hatten und auch die Interessenlagen nicht besonders va-
riierten. Ist Kultur ein wichtiger Faktor um zu erklären, warum Umweltpolitik in unterschiedlichen Ländern unterschiedlich gemacht wird? Diese Frage muss aus heutiger
Sicht unbedingt bejaht werden.

Wenn es um die Bearbeitung eines bestimmten gesellschaftlichen Problems geht, so
können wir in jeder Gesellschaft oder in jedem Kulturkreis bestimmte Problemlösungs-
philosophien ausmachen, die Auskunft darüber geben, wie ein Problem am besten gelöst werden sollte. Sie beruhen auf einem gesellschaftlichen Wertekonsens, auf gemeinsamen ideologischen Leitbildern und Überzeugungen, welche die gesellschaftlichen
Vorstellungen davon, wie Probleme zu lösen sind, beeinflussen und die sich nur lang-
sam verändern (vgl. Héritier 1995: 207). Auf diese Weise findet durch kulturelle Deutungsmuster bedingt eine übergreifende soziale Integration in sich differenzierter Interessenlagen in den jeweiligen Gesellschaften statt. Dieser Wertekonsens wirkt auch auf
politische Entscheidungen als Outputs, indem er einerseits im Denken der Netzwerkakteure verwurzelt ist und somit ihr Handeln prägt, andererseits auch von außen seitens
der Öffentlichkeit bzw. der Medien an die Akteure herangetragen wird. Aus diesem

Wertekonsens

---

1   Vgl. zum analytischen Konzept gesellschaftlicher *frames:* Surel (2000).

Grunde gibt es immer bestimmte Lösungen, die von vornherein ausscheiden, weil sie dem gesellschaftlichen Wertekonsens nicht entsprechen.

Neoinstitutionalismus

Auch der Neoinstitutionalismus geht davon aus, dass das Handeln von Individuen nur in einem kulturellen und historischen Kontext zu verstehen ist (vgl. Powell/ DiMaggio 1991: 10-12). Zahlreiche Studien haben auf die Bedeutung von Kultur hingewiesen und diese Variable z.T. systematisch untersucht. Jasanoff (1987) vergleicht z.B. Risikokonzepte in den USA und Großbritannien: Da die Implementation regulativer Politik von den Behörden die Einbeziehung wissenschaftlicher und technischer Informationen verlangt, andererseits Wissenschaft und Technik aber nicht alle Fragen in Bezug auf Risiken abschließend beantworten können, fließen in Risikopolitik sowohl wissenschaftliche Einschätzungen als auch kulturelle Werte ein.

„Advocacy"-Ansatz

Der *Advocacy-Ansatz* beinhaltet ebenfalls eine solche kulturelle Dimension, indem er annimmt, dass staatliche Maßnahmen wie handlungsleitende Orientierungen oder *belief systems* gehandhabt werden können. Diese wiederum bestehen aus Sets von Wertprioritäten sowie Annahmen darüber, wie diese Wertprioritäten realisiert werden können. Implizit enthalten auch staatliche Maßnahmen Theorien darüber, wie bestimmte Ziele zu erreichen sind. Die Akteure eines Politikfelds werden in ihrem Handeln u.a. durch bestimmte grundlegende soziokulturelle Wertvorstellungen beeinflusst, die ihnen Handlungsmöglichkeiten und -grenzen auferlegen (vgl. Sabatier 1993: 120-122). Diese spiegeln sich dann in den regulativen Maßnahmen.

kulturelle Deutungsmuster

Anknüpfend an diese Erkenntnisse sollen in diesem Beitrag kulturelle Deutungsmuster als Spezifika der politischen Kultur und wesentliche Determinanten von Handeln dargestellt werden. Spezielle Deutungsmuster und Definitionen sind vor allem geeignet, den regulativen Ansatz und die Wahl der Regulierungsinstrumente zu erklären. Sie äußern sich z.B in der Umweltpolitik darin, wie der Begriff Natur verstanden wird. Ist Natur für die Akteure eine Ressource, die es zu erhalten und optimal zu nutzen gilt oder ein schützenswertes Gut an sich? Als weitere Merkmale der politischen Kultur sind außerdem Werte von Interesse, die dem Handeln der Akteure zugrunde liegen. Solche Definitionen und Deutungsmuster helfen dann nicht nur, politische Regulierung zu erklären, sondern tragen auch zu einem vollständigeren Bild des politischen Regulierungsstils bei.

Professionen/ institutionelle Regeln

Als wichtigste gesellschaftliche Indikatoren für politische Kultur möchten wir in diesem Beitrag zwei Variablen darstellen: Professionen und institutionelle Regeln. Die politische Regulierung in verschiedenen Industrieländern unterscheidet sich nicht nur darin, welche Professionen definieren, um was es geht, und welchen Sachverstand man benötigt, um Umweltpolitik zu machen; auch der Habitus der gleichen Professionen im Ländervergleich ist teils sehr unterschiedlich. Schon das Selbstkonzept von Professionen kann länderspezifisch geprägt sein. Institutionelle Regeln haben insofern einen wichtigen Einfluss auf das Zustandekommen politischer Entscheidungen, als sie – nicht immer formal, sondern in sehr viel größerem Maße informell – festlegen, welche Regeln der Kooperation zwischen den beteiligten Akteuren einzuhalten sind (vgl. Münch et al. 2001; Münch/Lahusen 2000). Wir werden in diesem Beitrag sowohl professionelle Deutungsmuster als auch Deutungsmuster demokratischer Legitimität anhand der politischen Kulturen Deutschlands (vgl. Stark 1998) und der USA (vgl. Jauß 1999) darstellen und besonders die Differenzen hervorheben.

2   Legitimationsregeln

Es gibt in jeder Gesellschaft eine große Anzahl an Institutionen, die gesellschaftlich vermittelt werden und als handlungsleitende Imperative politische Entscheidungen beeinflussen. Sie wirken auf solche Entscheidungen allein dadurch, dass sie gesamtgesellschaftlich wirksam sind. Indem sie das Handeln der Individuen beeinflussen, prägen sie auch den politischen Entscheidungsprozess. Wenn es um das Treffen kollektiv bindender Entscheidungen geht, das stellvertretend für die Gesamtgesellschaft durch die politische Elite eines Landes geschieht, so müssen diese Entscheidungen in irgendeiner Art und Weise legitimiert sein. Wenn nicht klar ist, dass diese Entscheidungen legitim sind, verlieren sie ihre Geltungskraft selbst dann, wenn die Möglichkeit besteht, sie gewaltsam durchzusetzen. Denn eine solche gewaltsame Durchsetzung kann immer nur punktuell erfolgen, so dass kollektiv bindende Entscheidungen immer auch auf eine allgemeine *Akzeptanz* angewiesen sind (vgl. Lucke 1996). Legitimität ist daher nicht nur als Ergebnis formaler Verfahren, sondern auch als Deutungsmuster politischer Akteure anzusehen. Nur die Interdependenz dieser beiden Ebenen führt letztlich zur Integration des politischen Feldes.

In jeder Gesellschaft gibt es Vorstellungen davon, wann eine kollektiv bindende   Institutionen
Entscheidung legitim ist. Die politischen Entscheidungsträger müssen sich an diese Regeln im Großen und Ganzen halten. Darüber hinaus aber sind diese Vorstellungen von Legitimität die besonderen Institutionen, die den politischen Prozess durchziehen. Wie es für die gesamte Gesellschaft gültige Institutionen gibt, so gibt es auch im politischen Prozess bestimmte Spielregeln, deren Befolgung für die Legitimität einer politischen Entscheidung unerlässlich ist. Werden diese Regeln eingehalten, so ist eine politische Entscheidung in den Augen der Akteure des Politiknetzwerks legitim. Sie determinieren damit das Handeln der Akteure ebenso wie die formalen Institutionen im klassischen politikwissenschaftlichen Sinne, und beeinflussen so durch ihr Wirken Policy-Outputs – sowohl inhaltlich als auch strukturell – indem sie bestimmte Maßnahmen zulassen, andere aber nicht. Dadurch drücken sie der Struktur des Maßnahmenkatalogs ihre Handschrift auf.

2.1   Legitimationsregeln in den USA

Diese institutionellen Regeln lassen sich für die USA unter dem Schlagwort „institutio-   Öffentlichkeit
nalisierte Öffentlichkeit und informelle Konsultation" am prägnantesten darstellen. Öffentlichkeit ist grundsätzlich das oberste Prinzip im politischen Entscheidungsprozess (vgl. Wilson 1993). Sie ist in der Verfassung und in zahlreichen Gesetzen und Verordnungen fest verankert und scheint sich immer wieder gegenüber anderen institutionellen Regeln durchzusetzen. Durch das Mehrheitswahlrecht, das eine besondere Verantwortlichkeit der Mitglieder der Legislative ihren Wählern gegenüber nach sich zieht, wird Politik für die Öffentlichkeit gewährleistet und gesetzliche Regelungen sorgen für eine Beteiligung der Öffentlichkeit an politischen Entscheidungen. Sachverstand, der in der Umweltpolitik ebenfalls eine wichtige Rolle spielt, indem er Objektivität von Entscheidungen garantieren soll, wird teilweise durch die Öffentlichkeit beurteilt.

2.1.1 Öffentlichkeit

In den USA ist politisches Handeln an der Meinung der Öffentlichkeit orientiert.[2] Dies gilt nicht nur für Politik im klassischen Sinn, wo politische Entscheidungsträger insbe-

Legislative sondere der Legislative auf die Wählermeinung achten, sondern auch für Unternehmenspolitik, die sich vor den Käufern rechtfertigen muss. Die gewählten Repräsentanten sind ihren Wählern direkt verantwortlich. Kongressabgeordnete und die einzelstaatlichen und lokalen Abgeordneten reagieren auf Druck aus dieser Richtung besonders sensibel. Entsprechend dienen Koalitionen der Industrie untereinander der Mobilisierung von Öffentlichkeit, um damit Druck auf gewählte Repräsentanten zu erzeugen. Die öffentliche Meinung ist für gewählte Repräsentanten so wichtig, dass sich Interessenorganisationen ihrer bedienen, um ihre Ziele durchzusetzen. Politik ist dazu da, den Willen der Öffentlichkeit zu erfüllen, deren Prioritäten die politische Agenda bestimmen.

Die Legislative ist nicht der einzige Teil des politischen Systems, der sich in seinem Handeln an der Öffentlichkeit orientiert. Dies gilt auch für die nationale Umweltbehör-

EPA de (EPA). Sie begreift sich als Institution im Dienste der Öffentlichkeit (vgl. Jauß 1999: 122/123). Auch für Akteure des ökonomischen Systems, für die Unternehmen nämlich, gilt diese institutionelle Regel. Sie müssen ihre Position öffentlich rechtfertigen können. Die Meinung der Öffentlichkeit ist letzte Instanz, und es ist entscheidend, dass sie von der Glaubwürdigkeit eines Akteurs überzeugt ist.

Politik ist an den meist kurzfristig artikulierten Bedürfnissen der öffentlichen Meinung orientiert und widmet sich seltener langfristigen Problemen. Es stellt sich in die-

Wähler sem Kontext die Frage, im Hinblick auf welche Öffentlichkeit die Akteure ihr Handeln ausrichten. Bei politischen Repräsentanten ist Öffentlichkeit gleichzusetzen mit Wählern. Entscheidend ist also weniger die Meinung der amerikanischen Öffentlichkeit an sich, sondern entscheidend ist die Meinung derjenigen Teile der Öffentlichkeit, die für einzelne politische Entscheidungsträger jeweils relevant sind. Somit sind bei politischen Entscheidungen teilweise sehr partikulare Interessen repräsentiert, deren eventuell bestehende Unvereinbarkeiten zu einem Stillstand in der Tätigkeit des Kongresses führen können. Zwar finden sich die Bürger eines jeden Wahlkreises von ihren Abgeordneten vertreten, aber die Zahl der verschiedenen Interessen, die im politischen Entscheidungsprozess Berücksichtigung finden müssen, wird dadurch sehr groß.

Immerhin hat die Öffentlichkeit, zumindest ihr umweltpolitisch interessierter Teil,

Interessengruppen Repräsentanten nicht nur unter den politischen Akteuren, die ja vielfachen Einflüssen unterliegen, sondern auch in den Umweltgruppen gefunden. Diese handeln zwar ohne explizites Mandat, aber dennoch stellvertretend für einen Teil der Bevölkerung. Dasselbe gilt im Übrigen auch für die Industrie. Repräsentativ für bestimmte Meinungen handeln diese Interessengruppen ganz i.S. des Idealmodells, das von der Idee des Wettbewerbs der Meinungen geprägt ist (vgl. Münch 1992; 1996). Jedoch verfügen beide nicht über gleich guten Zugang zu politischen Entscheidungsträgern. Die Industrie hat vielfach die besseren Ressourcen und Kontakte und damit auch mehr Einfluss auf Entscheidungsträger. Die umweltschützerische Meinung muss ihre Wege anders als durch direkten Zugang bahnen.

---

2   Vgl. zur politischen Kultur der Vereinigten Staaten: Münch (1986). Vgl. zur Rolle der öffentlichen Meinung in diesem kulturellen Kontext: Guéhenno (1994).

2.1.2 Beteiligung von Öffentlichkeit

Öffentlichkeit ist noch in einer anderen Hinsicht von Bedeutung. Sie bestimmt nicht nur das Handeln von Akteuren, sondern sie ist auch an vielen politischen Entscheidungen beteiligt. Diese Öffentlichkeit von Entscheidungen ist eine weitere institutionelle Regel in der amerikanischen Umweltpolitik. Jeder, der von einer Entscheidung betroffen ist, soll die Möglichkeit haben, an der Entscheidung mitzuarbeiten und sich dazu zu äußern, und jeder soll berücksichtigt werden. Der faire und gleichberechtigte Zugang zu Entscheidungen ist das Ideal, das man zu verwirklichen sucht (vgl. Lahusen 2003).

Diese Auffassung gilt sowohl für den Gesetzgebungsprozess als auch für den Normsetzungs- und den Implementationsprozess und ist teilweise festgeschrieben. Im Gesetzgebungsprozess finden seitens der für die Erarbeitung einer Gesetzesvorlage zuständigen Ausschüsse Treffen mit allen interessierten Gruppen statt. Im Normsetzungsverfahren ist eine Involvierung der Öffentlichkeit gleich in mehreren Phasen vorgeschrieben. In jeder Phase des Normsetzungsprozesses muss die EPA darüber hinaus öffentlich Rechenschaft über ihre Tätigkeit und über die Grundlagen ihrer Entscheidungen ablegen. Schließlich sind in der Phase der Implementation die Entscheidungen der zuständigen Behörden in Genehmigungsverfahren in der Regel der Öffentlichkeit zumindest i.S. der Einsichtnahme zugänglich.[3]

Es ist nicht nur wichtig, dass jeder, der dies möchte, angehört wird, sondern jeder muss auch gerecht am Entscheidungsfindungsprozess beteiligt werden. Durch diesen Anspruch wird das Verfahren allerdings langwierig; manchmal so langwierig, dass konkrete Maßnahmen lange Zeit verzögert werden. Diese Zähigkeit der Verfahren ist ein Grund für die Entstehung informeller Konsultationen. Auch hier muss außerdem wieder gefragt werden, welche Öffentlichkeit beteiligt ist. Zwar steht theoretisch jedem Bürger eine Teilnahme an Anhörungen frei, aber de facto sind als Vertreter der Öffentlichkeit die Umweltgruppen beteiligt. Einzelne Bürger haben in den seltensten Fällen die nötige Zeit und die nötigen finanziellen Ressourcen, um den Sachverstand zu mobilisieren, der für eine qualifizierte Teilnahme an den Anhörungen erforderlich ist. Die Umweltgruppen haben also die Funktion, die Teile der Öffentlichkeit, die an umweltfreundlichen Regulierungen interessiert sind, zu repräsentieren, auch wenn sie keinen expliziten Auftrag hierfür haben. Eine Öffentlichkeitsbeteiligung von Individuen, wie sie dem partizipatorischen Ideal entspräche, ist praktisch kaum möglich.

Zugang zu Entscheidungen

2.1.3 Konsultation

Ist die Beteiligung der Öffentlichkeit an gesetzgeberischen und administrativen Entscheidungen fest im politischen Prozess verankert, so sind doch derartige Entscheidungen auch auf informelle Kontakte zurückzuführen. Hier kann eine weitere institutionelle Regel ausgemacht werden, die mit dem Schlagwort *Konsultation* bezeichnet werden soll. Im Gegensatz zur Öffentlichkeitsbeteiligung ist die Konsultation nicht gesetzlich festgeschrieben, sie kann vielmehr als gegenläufig zur Idee der Öffentlichkeitsbeteiligung aufgefasst werden, da sie den Gedanken, möglichst viele Betroffene direkt zu Wort kommen zu lassen und politische Entscheidungen möglichst transparent zu machen, unterhöhlt. Entsprechend sind z.B. im Normsetzungsverfahren Kontakte zwischen Beschäftigten der EPA und Personen, die für andere Beteiligte mit den Normen befasst sind, im Vorfeld der Durchführung der Öffentlichkeitsbeteiligung nicht gestattet.

---

3   Vgl. zum Policy-Zyklus in den USA: Giebeler (1991) und Wood (1989).

Konsultation als
institutionelle Regel

Dennoch ist Konsultation eine institutionelle Regel, der sich kein Netzwerkakteur entziehen kann (vgl. Jauß 1999: 128-130). Sie ist allein schon aus bestimmten strukturellen Gründen notwendig. Die politischen Entscheidungsträger und ihre Mitarbeiter haben nicht die notwendigen zeitlichen, personellen und finanziellen Ressourcen zur Verfügung, um ihren vielfältigen Aufgaben immer gründlich und gewissenhaft nachzukommen. So ist z.B. der *Clean Air Act* ein sehr kompliziertes Gesetz, das auch für Experten schwer durchschaubar ist. Dieser Umstand macht Konsultation zwecks Komplexitätsreduktion für die politischen Entscheidungsträger nahezu unerlässlich. Dem kommt die Lobbyarbeit der Interessengruppen aus Industrie und Umweltverbänden mit ihrem Versuch der Einflussnahme entgegen. Diese Gruppen haben darüber hinaus ein Interesse daran, Informationen über die gegenwärtigen Vorgänge auf Seiten der politischen Entscheidungsträger zu erhalten, um sich darauf einzustellen und ihr Vorgehen besser planen zu können. Ihnen ist also an Konsultation ebenfalls gelegen.

Vorteile

Konsultation geht aber auch aus der institutionellen Regel Öffentlichkeit hervor. Sie trägt dazu bei, spätere Auseinandersetzungen um ein Gesetz oder eine Norm zu reduzieren. Wenn bereits vorher Absprachen mit den wichtigsten Interessengruppen stattgefunden haben, ist die Wahrscheinlichkeit geringer, dass es anschließend Schwierigkeiten bei der Akzeptanz und der Implementation der jeweiligen Regelung gibt. Auch aus diesem Grund ist Konsultation notwendig. Sie ist somit geeignet, einige der nachteiligen Folgen der Öffentlichkeitsbeteiligung auszugleichen. Das vorherige Anhören von Interessengruppen reduziert die Langwierigkeit von Verfahren, indem öffentliche Diskussionen und eventuell drohende Gerichtsverfahren zu späteren Zeitpunkten reduziert werden. Außerdem werden offizielle Anhörungen verkürzt, wenn man sich schon im Vorhinein in den wesentlichen Punkten geeinigt hat. Die Lähmung von Entscheidungsfindungsprozessen lässt sich in informellen Gesprächen, wo niemand sich vor einer Medienöffentlichkeit für jede einzelne seiner Äußerungen rechtfertigen muss, besser beseitigen als im öffentlich ausgetragenen Disput.

Zugangs-
voraussetzungen

Das Prinzip der Transparenz und der Beteiligung aller interessierten Parteien wird allerdings im Prozess der Konsultation durchbrochen. Nicht jeder wird von den politischen Entscheidungsträgern konsultiert; es gibt informelle Zugangsvoraussetzungen. Ein wichtiges Kriterium ist Reputation. Es bleibt zwar immer noch die Möglichkeit für Gruppen, die nicht konsultiert wurden, in offiziellen Verfahren aufzutreten, aber der Vorteil der Teilhabe an der Definitionsmacht und der Zugehörigkeit zu den informellen Zirkeln fallen für diese Akteure weg. Das informelle Netzwerk hat eine gewisse Exklusivität, obwohl hier auch Umweltgruppen Zugang haben.

„Regulatory
Negotiation"

Mittlerweile gibt es die Tendenz, auch die de facto stattfindenden Konsultationen gesetzlich festzuschreiben. Hier bricht sich der Gedanke der Transparenz von Entscheidungen und damit einhergehend von der demokratischen Kontrolle durch die Öffentlichkeit wieder Bahn. Dies ist der Fall beim Verfahren der *„Regulatory Negotiation"* (Reg-Neg), dessen Verhandlungen allerdings wiederum öffentlich sind (vgl. Bryner 1995). Die bisher informellen Kontakte zwischen EPA einerseits und Industrie und Umweltgruppen andererseits werden mit der vollzogenen rechtlichen Verankerung stärker institutionalisiert und öffentlich gemacht.

Kontrollfunktion

Das problematische Verhältnis zwischen Öffentlichkeit (Partizipationsideal) und informeller Konsultation (Effizienzideal) hängt eng zusammen mit einer weiteren institutionellen Regel. Die Beteiligung der Öffentlichkeit an politischen und administrativen Entscheidungen soll direktdemokratischen Ansprüchen genügen, hat daneben aber auch eine Kontrollfunktion. Sie gewährleistet zumindest bis zu einem gewissen Punkt, dass Entscheidungen des politischen Systems im Bereich der Umweltpolitik nicht hinter verschlossenen Türen nach undurchsichtigen Kriterien getroffen werden. Hinter dem Gedanken der Öffentlichkeit steht also die Idee, dass politische Entscheidungen und Entscheidungsträger in ihrem Handeln kontrolliert werden müssen.

2.1.4 Sachverstand

Außer den bereits genannten institutionellen Regeln spielt in der Umweltpolitik natürlich auch Sachverstand eine Rolle. Hiermit ist wissenschaftlicher Sachverstand gemeint, der wegen seiner perzipierten Unabhängigkeit von Bedeutung ist. Sachverstand ist jedoch in den USA nicht so fest institutionalisiert und es wird ihm nicht in jedem Stadium des Politikprozesses jener Wert beigemessen, wie dies z.B. in Deutschland der Fall ist.

Offenbar dient Sachverstand den Entscheidungsträgern als Orientierung und erleichtert die Rechtfertigung einer Entscheidung. Der Anspruch, Entscheidungen genauestens wissenschaftlich zu untermauern, trägt allerdings auch zur Langwierigkeit des Normsetzungsverfahrens bei. Das hat damit zu tun, dass wissenschaftlicher Sachverstand leicht instrumentalisiert werden kann. Wenn eine Regelung einer Interessengruppe unangemessen erscheint, führt sie häufig wissenschaftliche Argumente an. Das führt dazu, dass die Entscheidungsträger sich wissenschaftlich absichern müssen. Sachverstand ist also in der Umweltpolitik notwendig, weil er Objektivität repräsentiert, aber er ist andererseits auch relativ beliebig politisierbar und wird von konkurrierenden Akteuren als Mittel der Auseinandersetzung eingesetzt (vgl. Brickman/Jasanoff/Ilgen 1985; auch Beck 1986: 254-299). Hinzu kommt, dass Sachverstand offensichtlich nur solange relevantes Entscheidungskriterium ist, wie die Interessen der Industrie nicht wesentlich berührt sind. Ist dies der Fall, so bestimmt politischer Druck die Entscheidungen.

Orientierung/ Rechtfertigung von Entscheidungen

Es ist interessant zu beobachten, wie die als notwendig empfundene Objektivität von Sachverstand dort gewährleistet werden soll, wo sie als unerlässlich erscheint: in der wissenschaftlichen Arbeit der EPA. Dies geschieht nämlich, indem wieder auf die Regel der Öffentlichkeit von Entscheidungen und Entscheidungsprozessen zurückgegriffen wird.

Objektivität

Die Wissenschaftler der EPA sind zunächst diejenigen, die den Entwurf für eine Norm anfertigen. Ihr wissenschaftlicher Sachverstand gilt allerdings noch nicht als objektiv genug; sie müssen ihre Arbeit einem Stab von unabhängigen externen Experten vorlegen, der sie in öffentlichen Sitzungen überprüft. Von den meisten Akteuren wird der wissenschaftliche Sachverstand dieser Experten als bedeutungsvoll für politische Entscheidungen erachtet, weil er nicht interessengeleitet ist und weil er dadurch im Stande ist, der jeweiligen politischen Entscheidung Glaubwürdigkeit zu verleihen.

Sachverstand wird nicht per se als objektiv akzeptiert, obwohl er dennoch als objektive Instanz im Wettbewerb der Interessengruppen angenommen wird. Auch die externen Wissenschaftler müssen ihre Objektivität unter Beweis stellen. Es gibt insgesamt drei Mechanismen, die Objektivität gewährleisten sollen. Zunächst ist vorgeschrieben, dass eine einseitige fachliche und politische Zusammensetzung der Gremien zu vermeiden ist. Daher werden die Mitglieder aus möglichst vielen Fachrichtungen und gesellschaftlichen Gruppen rekrutiert. Zweitens müssen die Experten der Beratungsgremien Angaben über ihre finanziellen Verhältnisse machen. Am gebräuchlichsten aber ist, die Unabhängigkeit der Gutachter von der Öffentlichkeit beurteilen zu lassen. Sachverstand ist der Öffentlichkeit also zumindest in diesem Fall untergeordnet und von ihr teilweise abhängig. Das Primat der Öffentlichkeit bricht sich auch hier wieder Bahn.

2.2 Legitimationsregeln in Deutschland

Während in der amerikanischen Deutung von Legitimität der Öffentlichkeitsherstellung und -beteiligung weitaus mehr Bedeutung zukommt als der scheinbaren Objektivität der Sache, so ist dies in Deutschland genau umgekehrt. Dies geht so weit, dass man den deutschen Politikstil in der Umweltpolitik mit dem Begriff der *Herrschaft kraft Wissen* umschreiben kann. Was ist darunter zu verstehen? Herrschaft kraft Wissen ist eine *rationalisierte Politik der professionellen Informiertheit*. Sie begründet sich in der legitimierten politischen Entscheidungsfindung „ohne Politiker" (Schnabel 1979; Wolf 1988: 166). Wissen ist als erwünschte und für wichtig erachtete Informationsbasis der politischen Entscheidungsfindung zu verstehen. Herrschaft kraft Wissen bedeutet, dass politische Entscheidungsfindungsprozesse dadurch legitimiert werden, dass die Selektion von Informationen für die politische Entscheidungsfindung nach dem Kriterium der wissenschaftlich-technischen „Wahrheit" vorgenommen wird. Damit geht ein im Vergleich zu den USA anderes kulturelles Verständnis von Öffentlichkeit einher.

Herrschaft kraft Wissen (margin note)

2.2.1 Öffentlichkeit

In Deutschland besteht eine Teilung von Umweltpolitik in zwei verschiedene Bereiche. Zum einen in den Bereich der politischen Zieldefinition und der Erstellung eines *allgemeinen Gesetzes* und zum anderen in den Bereich der scheinbar rein sachlichen Auseinandersetzung um *konkrete Inhalte*.[4] Der letzte Bereich stellt sich als eher unpolitischer Bereich der sachlichen Informationsverarbeitung zwischen Wirtschaft und Exekutive dar. Unpolitisch deshalb, weil es der Exekutive lediglich um die *Implementation* politischer Zielvorgaben geht. Solange sie sich hierin nicht beirren lässt und den Argumenten des *betroffenen Sachverstandes* eigene Erkenntnisse (etwa erlangt durch das Umweltbundesamt) entgegenhalten kann, wird es – so die politische Wahrnehmung der involvierten Akteure – zu keiner einseitigen Interessendurchsetzung der Wirtschaft kommen. Hier ist also die *Integrität* des deutschen Beamten gefragt. Auf der einen Seite macht er selbst keine Politik, auf der anderen Seite muss er den Staat davor schützen, dass andere in illegitimer Weise die Politik gestalten. Dort, wo man sich nicht mit ausreichendem Sachverstand ausgestattet sieht, bleibt nur noch die Option der Integration durch Kooperation mit den wirtschaftlichen Interessen. Im Bundesumweltamt ist man bspw. der Meinung, man betreibe keine Politik, obwohl eine Vielzahl von Gesprächen mit den Verbänden, aber auch mit dem *Verein Deutscher Ingenieure* (VDI), zum Alltag dieser Behörde gehören. Dieses Selbstkonzept macht sich auch der VDI zu eigen, der zum größten Teil aus Vertretern der Wirtschaft zusammengesetzt ist, aber dennoch quasistaatliche Funktionen erfüllt, indem er durch die Erstellung von technischen Normen und der Feststellung der Verhältnismäßigkeit bestimmt, was von allen Gesellschaftsmitgliedern als technisch produzierte Gefahr akzeptiert werden muss.

Legitimiert wird hier eindeutig durch die Sache. Die Abstimmung der Ministerialbürokratien mit der Wirtschaft, die implementationswirksame Vorschriftenvereinheitlichung, die Bestimmung unbestimmter Rechtsbegriffe, die wissenschaftliche Politikberatung und die technische Normsetzung, schlechterdings also die konkreten Aufgaben der Umweltpolitik, werden in Deutschland im Idealfall als *unpolitische* Vorgänge verstanden. Die eigentliche Politik (der Interessenkampf) sollte aus dieser Sichtweise auf einer anderen Bühne stattfinden, etwa in der Anhörung der beteiligten Kreise vor dem

Legitimität durch Sachlichkeit (margin note)

---

4   Vgl. zum Policy-Zyklus in Deutschland die einschlägige Fallstudie in Münch et al. (2001).

Bundestag oder im politischen Wahlkampf. Der „öffentliche Raum" der Politik wird von den politischen Akteuren nur sehr eingeschränkt als der legitime verfahrensrechtliche Raum der Interessensvertretung beschrieben (vgl. Zeuner 1997). Dass auch durch die sachlich-wissenschaftliche Politikberatung der Interessenvertretung Politik gemacht wird, ist dieser Anschauung fremd, obgleich der „sachliche Teil", z.B. beim Immissionsschutz, in der politischen Auseinandersetzung in Deutschland die entscheidende Rolle spielt.

Durch die Differenzierung zweier verschiedener politischer Räume in der deutschen Umweltpolitik wird auch die Rolle bestimmt, die der Öffentlichkeit zugewiesen wird. In einem politischen System, in dem durch Verbände bereitgehaltenes Wissen und repräsentierte Interessen die Hauptrolle spielen, kann auch die Öffentlichkeit im besten Falle lediglich i.S. einer *organisierten* Zivilgesellschaft verstanden werden. Dort, wo keine Organisation der Öffentlichkeit stattfindet, wird diese als diffuse Ansammlung von persönlichen Interessen verstanden, die gleichsam auf politische Vorgänge, in Analogie zu einem Individuum, ‚emotional' reagiert. Die Betroffenheit der Öffentlichkeit ist eine Frage der subjektiven Gestörtheit, ein Umstand, der einer sachbezogenen Politik der Konsensfindung nicht gerecht wird. Mit aus diesem Grunde spielt die Öffentlichkeit bei Genehmigungsverfahren so gut wie keine Rolle und wird auch in Anhörungen der Programmformulierungsebene allenfalls ‚hergestellt'. In Normierungsverfahren wird sie hingegen dezidiert ausgeschlossen. Normierung ist in Deutschland die Aufgabe quasistaatlicher Institutionen wie dem VDI oder dem *Technischen Überwachungsverein* (TÜV), die gerade durch die Ausschaltung der öffentlichen Meinung dem Ideal der objektiven Wahrheit verpflichtet sind.

organisierte Zivilgesellschaft

Im Kampf um die Lösung von Problemen innerhalb der Umweltpolitik hat die Öffentlichkeit daher nur in Form von zivilgesellschaftlichen Organisationen ihren Platz. Sie wird auf dieser sachpolitischen Ebene mit den Umweltschutzorganisationen gleichgesetzt. In Deutschland werden daher die Umweltverbände nicht nur als die Repräsentanten ökologischer Rationalität, sondern auch in hohem Maße als die Vertreter einer nicht in den Prozess der Entscheidungsfindung involvierten Öffentlichkeit angesehen (vgl. Jung 1997). Das Wissen, das die Umweltverbände durch diese Funktion sammeln, wird dann auch als viel wichtiger angesehen als das Wissen, das die Umweltverbände über Sachinhalte haben. Die sachliche Arbeit gilt im Prinzip als unvereinbar mit einer emotionalen öffentlichen Arbeit.

Umweltverbände

Die Öffentlichkeit darf sich hingegen als Wahlvolk einbringen, vor allem kann sie das schaffen, was ein umweltpolitisch engagierter Vertreter des Staates für seine Arbeit braucht: öffentlichen Druck. Dieser kann der Sache dienen aber auch genauso gut hinderlich sein. Aus Perspektive der „Sachlichkeit" ist die Öffentlichkeit keine zu beteiligende, sondern eine aufzuklärende Größe. „Sachlich" aufgeklärt, wird sie nicht als Vertreterin eigener Interessen, sondern als Instrument zur Erreichung der objektiv „wahren" Lösung begriffen. Für die Sachpolitik ist die Öffentlichkeit lediglich ein Unsicherheitsfaktor, der im Rahmen des demokratischen Legitimations-Prozederes in Kauf genommen werden muss; aufgrund ihrer notwendigerweise emotionalen Irritierbarkeit hat die öffentliche Meinung jedoch zur sachpolitischen Arbeit nichts substanzielles beizutragen. Dennoch kann man mit ihrer Hilfe versuchen, politische Legitimation zu Gunsten der eigenen sachpolitischen Arbeit herzustellen oder zumindest Legitimationsprozesse zu beeinflussen. Öffentlichkeit kann hier stören, aber auch nutzen, ebenso wie ‚Politik' allgemein die Sacharbeit stören oder fördern kann. Die Öffentlichkeit wird dort wichtig, wo man durch die Erzeugung eines öffentlichen Drucks politische Prozesse beeinflussen kann. Dies wird durch die Bindung der Politiker und der Parteien an die öffentliche Meinung erreicht.

Öffentlichkeit als Unsicherheitsfaktor

politischer Druck   Aus öffentlichem wird politischer Druck, wenn die Wahl- bzw. Wiederwahl von
Politikern – und damit die Besetzung der politischen Führungspositionen der Behörden
– ansteht. Öffentlichkeit wird dann i.S. von „Wahlvolk" als legitimierende Basis der
Berufspolitik verstanden, die später, im konkreten Politikformulierungsprozess, keine
Rolle mehr spielt. Die Transparenz politischer Entscheidungen wird in Deutschland
eher durch sachliche Information der Öffentlichkeit als durch Beteiligung derselben
herzustellen versucht. Diesem sachpolitischen Ideal huldigen in Deutschland nahezu
alle politischen und wirtschaftlichen Organisationen: Sie haben sich der Aufklärung der
Öffentlichkeit verschrieben. Umweltverbände, Parteien, Unternehmen etc. begreifen ihre Öffentlichkeitsarbeit nicht als Werbung für die eigenen Interessen, sondern als sachliche Aufklärung, durch die sich der mündige Bürger die „richtige" Meinung bilden
soll. Politische Positionen gelten dieser Selbstwahrnehmung zu Folge dann als legitim,
wenn sie auf der einen Seite sachlich richtig sind und auf der anderen Seite der Öffentlichkeit richtig vermittelt werden.

2.2.2 Grundkonsens und Allgemeinwohl

Wie kann in einer demokratischen Gesellschaft legitimiert werden, dass nicht die Beteiligung, sondern die Aufklärung der Öffentlichkeit das zentrale Mittel der Politik darstellt?
                      Der deutsche Politikformulierungsstil zeichnet sich durch eine spezielle Problem-
integrierter   bearbeitung aus, die man als den *integrierten Problemlösungsansatz* bezeichnen kann
Problemlösungs-   (vgl. Stark 1998: 113/114). Grundlage dieses Ansatzes ist es, möglichst alles Wissen,
ansatz   das in der Gesellschaft über ein spezifisches Problem bereitgehalten wird, zu sammeln
und in die Gesetzgebung einfließen zu lassen. In der Umweltpolitik findet dieser Ansatz
u.a. in der Anhörung der beteiligten Kreise seinen Ausdruck, zu denen neben den Gewerkschaften, den Arbeitgeberverbänden, den Industrie- und Umweltverbänden, Kam-
mern und Berufsverbänden auch individuelle Sachverständige wie Richter und Wissenschaftler gehören. Hier ist es das Anliegen der Politik, ein möglichst breit abgestimmtes
Gesetz vorzulegen, das auch auf Dauer in der gesellschaftlichen Auseinandersetzung
seinen Bestand hat. Da jedoch mit verschiedenen Wissensbeständen auch unterschiedliche Interessen verbunden sind, kann es aufgrund des integrierten Problemlösungsansat-
zes nur *allgemeine*, übergreifende Gesetze geben, denen in ihrer allgemeinen Form fast
alle beteiligten Kreise zuzustimmen bereit sind. Gesucht wird daher nach einem Grund-
konsens, in dem sich zumindest alle organisierten Interessen wiederfinden können.
                      Diese Legitimationsregel findet sich jedoch nicht nur auf der Ebene der Gesetzge-
intra-organisationelle bung, sondern auch in der intra-organisationellen Arbeit der politischen Akteure. Diese
Arbeit   sind bemüht, ihre spezifischen Interessenartikulationen mit gesamtgesellschaftlichen
Wissensbeständen zu legitimieren. Im allgemeinen Kampf um politische Ziele ist derjenige am besten gewappnet, der seine Argumente auf eine möglichst breite Basis stellen
kann. So ist der *Sachverständigenrat für Umweltfragen* (SRU) aus Wissenschaftlern
ganz unterschiedlicher Fachrichtungen zusammengesetzt. In seinen Beratungen wird
mit Konsens zu arbeiten versucht, um dann ein breit abgestimmtes Papier an die Öffentlichkeit zu geben. Minderheitsmeinungen müssen hier nur selten berücksichtigt
werden. Auch innerhalb von Industrieverbänden wie dem *Bundesverband der Deutschen Industrie* (BDI) werden Informationen zu ganz unterschiedlichen gesellschaftspolitischen Bereichen gesammelt, und man versucht, sie in seine Position mit einzubeziehen. Auch wenn man hier eher geneigt ist, strategisches Handeln zu unterstellen, so
gibt es doch auch innerhalb eines Industrieverbandes wie dem BDI interne Konflikte,
die man mit Gesprächen auf konsensueller Basis zu lösen versucht.

Der integrative Ansatz findet sich auch bei Parteien, Bundestagsfraktionen, Umweltverbänden und selbst innerhalb der zuständigen Bundesministerien. So gibt es innerhalb des Wirtschaftsministeriums eine Abteilung für Umweltpolitik; man überlässt dieses Terrain also nicht etwa dem Umweltministerium, sondern versucht schon im Rahmen der internen Positionsbestimmung umweltpolitische Argumente zu integrieren. Ähnliche Strukturen finden sich auch im Umweltministerium oder im Verkehrsministerium. Man nimmt die Argumente des anderen schon vorweg, spielt quasi intern die antizipierte Auseinandersetzung durch, um dann mit einem möglichst integrierten Argument in den eigentlichen Interessenkampf zu gehen. Auch innerhalb der Bundestagsfraktionen gibt es unterschiedliche Arbeitsgruppen zu gesellschaftspolitischen Problemen, die in ihrer innerfraktionellen Auseinandersetzung bereits nach Kompromissen suchen, die auch im Kampf zwischen den Fraktionen ihren Bestand haben können.

Antizipation von Konflikten

Am integrierten Problemlösungsansatz ist wichtig, dass durch ihn das Wissen über die Rationalität anderer Akteure besonders betont wird. Man versucht dieses Wissen durch die organisationsinterne Vorwegnahme des Konfliktes zu erreichen. Konsens steht in diesem Zusammenhang für Integration, denn sollte bereits auf dieser Ebene eine Einigung erzielt werden, scheint man einer integrierten Lösung am nächsten zu sein. Und da die integrierteste Lösung auch als die beste angesehen wird, ist konsensuell erzeugtes Wissen die stärkste Waffe in der eigentlichen politischen Auseinandersetzung.

Konsens

2.2.3 Betroffenheit

Zwar führt die Legitimationsregel der Integration zu einer Einbindung breiter politisch relevanter Kreise in die Formulierung von Gesetzen des Umweltschutzes, dennoch ist damit nicht die Einbeziehung der Öffentlichkeit gemeint. Denn zum einen wird der Öffentlichkeit der notwendige Sachverstand abgesprochen und zum anderen gilt die Integrationsregel nicht mehr auf der Ebene der Implementation. Für letzteres zeichnet die Legitimationsregel der Betroffenheit verantwortlich (vgl. Stark 1998: 116/117). Sicherlich könnte man gerade in Fragen der Umweltpolitik davon ausgehen, dass Betroffenheit sehr weit definiert wird, denn in der modernen „Risikogesellschaft" sind letztlich alle von Umweltschädigungen betroffen. Dennoch wird Betroffenheit als Legitimationsregel in Deutschland anders definiert. Da Umweltgesetze in Deutschland nur allgemeine Ziele definieren, die breite Zustimmung erfahren, werden die konkreten Regelungen nicht im Gesetz, sondern in zahlreichen Verordnungen und Rechtsvorschriften festgelegt. Dort, wo es nicht um Ziele, sondern um Verordnungen geht, ist es aus der Sichtweise der politischen Akteure auch nicht mehr notwendig einen gesamtgesellschaftlichen Konsens zu suchen. Hier ist lediglich eine rechtsstaatliche Abstimmung mit dem Adressaten der Verordnung, mit demjenigen, dem man eine bestimmte *Ordnung* hoheitlich aufzwingt, notwendig. Diese Vorstellung kann sich auf das verfassungsmäßig festgelegte Übermaßverbot beziehen. Der Staat darf Regelungsadressaten nur so weit an der Ausübung ihrer Rechte hindern, soweit diese Hinderung maßvoll ist. Wichtig ist hier also der Zustand der Betroffenheit von Regulierungsmaßnahmen, nicht der Betroffenheit von Umweltverschmutzungen. Gewerkschaften, Wissenschaftler, Umweltverbände etc. sind zwar *beteiligte* Kreise, die es zur gesamtgesellschaftlichen Zielfindung zu konsultieren gilt, sie sind aber keine *betroffenen Kreise*. Daher zählt ihr Wissen in diesem Zusammenhang nicht. Ihre Einbindung in konkrete Regelungen der Implementation wäre geradezu illegitim, da sie sicherlich zu weniger maßvollen Regulierungen führen würde. Der Staat hat als Repräsentant der öffentlichen Belange innerhalb der Wirtschaft die Überzeugung für umweltpolitische Notwendigkeiten zu wecken. Zuerst

Risikogesellschaft

ist also ein die Notwendigkeit von Maßnahmen betreffender *Konsens* zu erzielen. Man ist der Überzeugung, dass ohne diesen Konsens umweltpolitische Regelungen ins Leere laufen würden, weil dem Staat bei einer Kooperationsverweigerung der Wirtschaft das für Regelungen notwendige Wissen fehlen würde und ohne das notwendige Wissen staatliche Regelungen keinen Erfolg haben würden; sie wären schlechterdings nicht implementierbar.

betroffenes/   Die Unterscheidung von betroffenem und beteiligtem Wissen stellt in Deutschland
beteiligtes Wissen die Grundlage der Beziehungen von Wirtschaft und (exekutiver) Politik, vertreten durch die Ministerialbürokratien, dar. Da es auf der Ebene der inhaltlichen Bestimmung rechtlicher Regelungen nur um die Implementierbarkeit von politischen Maßnahmen und Zielvorstellungen geht, braucht auf dieser Ebene keine Abstimmung mit anderen gesellschaftlichen Informationsträgern stattzufinden. Die genauere Bestimmung der Inhalte von Rechtsverordnungen wird so lediglich zum Gegenstand der *sachlichen* Auseinandersetzung von Wirtschaft und Exekutive.

2.2.4 Die „Sache"

Professionalisierung Dadurch, dass im bundesdeutschen Umweltrecht nicht die Umweltqualität als solche, sondern in viel stärkerem Maße die Technik fokussiert wird, gerät letztere auch zum eigentlichen *Sachbezugspunkt.* Je mehr die rechtlichen Regelungen aufgrund des Integrationsprinzips und der daraus folgenden Bedingung gesellschaftlicher Konsensfähigkeit nur noch ‚aspirative Zielformeln' vorgeben, desto wichtiger wird die Zuverlässigkeit des Wissens und die außerrechtliche Bewertungsfähigkeit. Dies führt auch in der Verwaltung zu einer Professionalisierung der Entscheidungsfindung in Richtung auf anwendungsbezogenes naturwissenschaftliches Wissen. Der Profession der Ingenieure kommt in Deutschland so die wichtigste Rolle in der Umweltpolitik zu. Aus der Herrschaft kraft Wissen wird die Herrschaft kraft Ingenieurswissen. Die nicht-institutionalisierte Beteiligung der Öffentlichkeit an politischen Entscheidungen (von den zyklischen Wahlgängen einmal abgesehen) findet hier ihre Begründung in der Entwertung der Relevanz von Primärerfahrungen (vgl. Wolf 1988). Zugleich stellt diese Fachdiskussion auch die Eingangstür in die Foren des Interessenkampfes dar; ein Umstand, dem sich die öffentliche Verwaltung im gleichen Maße zu stellen hat wie etwa die Umweltverbände. Für beide kann eine Professionalisierung der Interessenkämpfe in Richtung eines technischen Diskurses konstatiert werden. Die Bürokratie wird immer mehr zur Fachbürokratie und die Umweltverbände werden immer mehr zu technizistischen Konkurrenzunternehmen, die es mit Hilfe eines fachlichen Diskurses zu integrieren gilt (vgl. Rucht 1988: 290).

3   Professionelle Gemeinschaften

Wenn eine Akteursgruppierung in einem Politikfeld eine wesentliche Stellung einnimmt, so kann sie mit ihren spezifischen gemeinschaftlichen Regeln dieses Politikfeld beeinflussen. Konzepte für solche Gemeinschaften sind in der bisherigen Forschung über das Zustandekommen von politischen Entscheidungen bereits mehrfach entworfen und untersucht worden. Ein bekanntes Beispiel sind die *scientific* bzw. *epistemic communities:* die wissenschaftlichen Gemeinschaften. Das sind Gruppen von Wissenschaftlern, die gemeinsamen Paradigmen anhängen und einheitliche Problemdefinitionen vertreten (vgl. Haas 1992: 3, Fn. 4). Wissenschaftliche Gemeinschaften können mit ihren Auffassungen die Handlungen politischer Entscheidungsträger in der Politik bedeutsam beeinflussen, weil letztere aus Legitimationsgründen auf „objektives" Wissen angewiesen sind. Auf dem Umweg über die politischen Entscheidungsträger kann eine epistemic community ihre Problemdefinitionen und Lösungsstrategien also auch gesamtgesellschaftlich mit Gestaltungsmacht ausstatten.

Als ein weiteres Konzept lassen sich in diesem Kontext die *Policy-Advocacy-Koalitionen* (vgl. Sabatier 1993) anführen. Dies sind Gruppen von Akteuren in einem Politikfeld, die sich durch gemeinschaftliche Wertvorstellungen, Überzeugungen oder handlungsleitende Orientierungen konstituieren. Sie funktionieren ähnlich wie die epistemic communities, setzen sich aber in der Regel aus Interessengruppenvertretern und politischen Entscheidungsträgern zusammen. Diese Advocacy-Koalitionen verhandeln dann miteinander über kollektiv bindende Entscheidungen, wodurch sich idealiter ein Prozess des Policy-Lernens unter den Akteuren vollzieht, der über die engen Interessenlagen ihrer jeweiligen Organisations- und Systemherkunft hinausweist. „Policy-Advocacy-Koalitionen"

Schließlich können auch Professionen als Gemeinschaften aufgefasst werden, die sich durch bestimmte Ethiken und Arbeitsroutinen auszeichnen. Die Bedeutung von professionellen Gemeinschaften für die heutige Umweltpolitik ergibt sich zwingend aus der allgemeinen Bedeutung der Professionen für die Differenzierung *und* Integration moderner Gesellschaften. Funktionale gesellschaftliche Differenzierung geht mit der Herausbildung bestimmter spezialisierter Professionen einher, die gesellschaftlich besonders relevantes Wissen akkumulieren und quasi monopolistisch zur Verwendung bereithalten (vgl. Braun 1993: 212). In der Umweltpolitik genügt es für politische Entscheidungsträger nicht, politische Entscheidungen anhand der eigenen Annahmen und des eigenen Wissens selbst zu treffen. Sie benötigen, wollen sie das Problem adäquat angehen, Informationen über die Problematiken des Politikfelds, die sie sich nur in Ausnahmefällen in allen nötigen Details selbst angeeignet haben. Sie sind auf Expertenwissen angewiesen und Professionen verfügen über solches Wissen. So sind bspw. für das Politikfeld des Immissionsschutzes solche wichtigen Informationen vor allem Informationen über bestimmte Luftschadstoffe und ihre Wirkungen auf Mensch und Umwelt, Informationen über bestimmte Techniken zur Emissionsreduzierung, aber auch Informationen über rechtliche Grenzen und Möglichkeiten der Regulierung. In einem Politikfeld wie der Umweltpolitik kommt die Rolle der Professionen demnach in besonderem Maße zum Tragen. Deshalb ist es wichtig, zu untersuchen, wie Professionen organisiert sind, welche Professionen im Einzelnen prägend sind und vor allem, welche spezifischen Ethiken und Problemsichten sie entwickelt haben, mit denen sie die Bearbeitung von Problemen, die gesamte Struktur eines Politikfelds, seine Regulierungsinstrumente, Regulierungsphilosophie und Verfahren, seine Netzwerkstrukturen, das Handeln der Netzwerkakteure sowie seine Legitimationsregeln mitbestimmen. Professionen als Gemeinschaften

Eine Profession muss dabei nicht zwingend das Politikfeld durch ihre Präsenz dominieren, sondern kann mit ihrer spezifischen Ethik diesem Politikfeld auch dann ihren Stempel aufdrücken, wenn ihre Angehörigen rein zahlenmäßig unterrepräsentiert sind. Weiterhin ist die Beeinflussung des Politikfelds und der Outputs durch Professionen von Land zu Land unterschiedlich gestaltet, also kulturell determiniert. Nicht in jedem Land wirken dieselben Professionen im selben Ausmaß prägend, so dass sich in der Struktur der professionellen Gemeinschaften im Politikfeld und in der Art und Weise, wie diese Gemeinschaften das Politikfeld mitgestalten, spezifische Charakteristika des Regulierungsstils zeigen. landesspezifische Unterschiede

3.1 Professionen in der amerikanischen Umweltpolitik

Kongressausschüsse:
– Juristen

Bei den beiden hauptsächlich für die amerikanische Umweltpolitik zuständigen Kongressausschüssen spielen Juristen die entscheidende professionelle Rolle. Dies ergibt sich daraus, dass es beim Schreiben eines Gesetzestextes notwendig ist, die Konsequenzen, die geschriebene Worte bei der praktischen Umsetzung nach sich ziehen können, beurteilen zu können. Im *House Committee on Energy and Commerce* sind ca. 95% der Mitarbeiter Juristen. Auch die Interessengruppen entsenden häufig Juristen als Lobbyisten nach Washington, die aufgrund ihrer rechtswissenschaftlichen Ausbildung mitreden können. Der *Natural Resources Defense Council* wurde bspw. explizit als Gruppe mit einem Schwerpunkt auf juristischer Arbeit gegründet. Andere Professionen hingegen sind im Kongress eher selten vertreten. Dabei ist die geringe Repräsentanz von Technikern und Ingenieuren insofern problematisch, als für die Beurteilung von umweltpolitischen Maßnahmen auch technischer Sachverstand vonnöten ist. Dabei erlangen Ingenieure und Naturwissenschaftler eine besondere Bedeutung: Sie verfügen über relevantes Wissen, das sie als Angestellte der Industrie benutzen, um Policy-Outputs zu beeinflussen. So konnte z.B. 1990 während der Debatte um den *Clean Air Act* der Kongress überzeugt werden, „reformuliertes" Benzin (= reformulated gasoline) als Mittel zur Reduktion des Schadstoffausstoßes bei mobilen Quellen an Stelle von alternativen Treibstoffen (= alternative fuels) in den Gesetzentwurf einzubeziehen.

Normensetzung:
– Fachwissen-
schaftler

In der Phase der Normsetzung herrscht hingegen eine größere Diversifikation von Professionen vor. In den verschiedenen Abteilungen der EPA sind Juristen, Mediziner, Naturwissenschaftler, Sozialwissenschaftler und Wirtschaftswissenschaftler in die Entscheidungen einbezogen, da für die Aufgaben der Behörde heterogener Sachverstand als notwendig erachtet wird. Die Mitarbeiter der relevanten wissenschaftlichen Beratungsgremien *Science Advisory Board* (SAB) und *Clean Air Scientific Advisory Committee* (CASAC), die im Verlauf des Normsetzungsverfahrens Wissenschaftler einberufen, um die von der EPA gefällten Entscheidungen noch einmal unabhängig zu überprüfen (*peer review process*), sind Naturwissenschaftler, Mediziner und Ingenieure. Hier gibt es genaue Vorschriften über die Zusammensetzung. Einzige Ausnahme ist der Vorsitzende des *Environmental Economic Advisory Committee*, der Wirtschaftswissenschaftler ist. Bei der Rekrutierung der Experten wird darauf geachtet, dass nicht eine Fachrichtung dominiert, aber auch hier überwiegen natur- und ingenieurwissenschaftliche Disziplinen ebenso wie Mediziner. Dies erscheint nur konsequent: Wo Standards einerseits an der Gesundheit der Bevölkerung orientiert sind, andererseits technisch festgelegt werden müssen, ist genau dieser Sachverstand notwendig.

– Ökonomen

Jedoch ist interessant, dass sich offensichtlich Wirtschaftswissenschaftler im Politikfeld immer stärker durchsetzen, was sich besonders gut in ihrer Repräsentanz auf der Normsetzungsebene zeigt. Nicht nur beim Personal der EPA selbst, auch bei den wissenschaftlichen Beratungsgremien wird neuerdings ökonomischer Sachverstand genutzt. Neben der Einbeziehung von Ökonomen in tägliche Entscheidungen der Behörde wurde 1991 auch eigens ein wirtschaftswissenschaftliches Beratungsgremium geschaffen. Das Environmental *Economic Advisory Committee* hat die Aufgabe

> „to assist and advise the Administrator and the Agency in analyzing the economic aspects of environmental decision-making, and in analyzing the long-term environmental aspects of various approaches to valuing and/or discounting ecological resources and systems." (United States Environmental Protection Agency/Science Advisory Board 1994: 29).

Ökonomisierung

Wirtschaftswissenschaftliche Konzepte sind auf dem Vormarsch. Sie haben Eingang in die umweltpolitischen Regulierungsmaßnahmen gefunden und äußern sich dann bei der

Normsetzung in der verstärkten Präsenz von Ökonomen. Das jüngste Beispiel ist die Einführung von handelbaren Zertifikaten für Schwefeldioxidemissionen. Auch seine Vorläufer wie die *Bubble Policy* oder die *Netting Policy* waren schon ein Entgegenkommen an betriebswirtschaftliche Rationalitäten, mit dem der dominierende *Command and Control-Ansatz* durchbrochen wurde.[5] Ein weiteres Beispiel für wirtschaftswissenschaftliche Konzepte sind die Kosten-Nutzen-Analysen, bei denen die EPA auch die wirtschaftlichen Folgekosten ihrer Maßnahmen berücksichtigen muss. Ferner spielen betriebswirtschaftliche Konzepte und Fähigkeiten auch bei der Organisation der EPA zunehmend eine Rolle, wenn bspw. Bemühungen im Gange sind, die Bürokratie zu straffen und Angestellte mit Managementkenntnissen einzusetzen.

Die wirtschaftswissenschaftliche Fachrichtung spielt in der amerikanischen Umweltpolitik eine zunehmende Rolle und hebelt das Monopol aus, das Naturwissenschaftler, Techniker und Juristen in anderen Ländern auf diesem Politikfeld haben. Eine Ursache hierfür scheint die im Vergleich zu anderen Ländern geringe Einbeziehung der Industrie in regulative Entscheidungen zu sein. Nirgendwo sonst beklagt sich die Industrie so sehr über die mangelnde Kooperation staatlicher Stellen und die geringe Berücksichtigung ihrer Argumente wie in den USA. Zwar findet durchaus mehr Kooperation zwischen staatlichen Stellen und Industrie statt, als diese Klagen zunächst vermuten ließen. Gerade wenn ein Unternehmen oder ein Industriezweig besonderes Gewicht hat, wird es/er bei Entscheidungsträgern Gehör finden und häufig werden in der Implementationsphase durchaus Konzessionen gemacht. Aber die Gesetzgebung ist dennoch restriktiver angelegt als in den europäischen Ländern. Die Orientierung an der öffentlichen Meinung sorgt dafür, dass regulative Maßnahmen, welche das Verursacherprinzip ernst nehmen und die Industrie für Umweltverschmutzung zur Verantwortung ziehen, auch gegen Widerstände hartnäckig gehalten werden. Dabei spielt auch der Grad der Luftverschmutzung in den jeweiligen Einzelstaaten eine Rolle. So verfolgt z.B. Kalifornien, das hochgradig betroffen ist, eine sehr strikte Luftreinhaltepolitik. Dazu kommt noch, dass in Kalifornien im Vergleich zu anderen Bundesstaaten die Bevölkerung für das Umweltthema stärker sensibilisiert ist.

Bei Interessengruppen aus Industrie- und Umweltverbänden findet man eine ähnliche Diversifikation von Professionen wie auf der Ebene der Normsetzung. Abgesehen davon, dass Lobbyisten meist eine juristische Ausbildung haben, finden sich Naturwissenschaftler, Sozialwissenschaftler, Ingenieure, Umweltplaner und Wirtschaftswissenschaftler bei den Interessengruppen. Interessant ist dabei, dass die Umweltschutzgruppen – zumindest die großen, national organisierten – den Sachverstand der Regierungsebene nicht in Frage stellen, indem sie bspw. philosophische oder pädagogische Ansät-

Diversifikation

---

5 Der *Command and Control-Ansatz* legt von staatlicher Seite her Luftreinhaltestandards fest, die letztlich von einzelnen Unternehmen erfüllt werden müssen. Dabei gelten Emissionsstandards ursprünglich für jede einzelne Emissionsquelle innerhalb eines Betriebs. Unter der *Bubble Policy* braucht nicht jede Quelle den Standard zu erfüllen, sondern es wird eine Gesamthöchstmenge an Emissionen für den Betrieb als Ganzes festgelegt. Der Betrieb selbst legt dann der EPA ein Konzept vor, wie diese Auflage im Einzelnen erfüllt werden soll. Da die Emissionsstandards nur von Quellen ab einer bestimmten Größe implementiert werden müssen, ergibt sich durch die Bubble Policy für Altbetriebe, die expandieren wollen, die Möglichkeit, die Installation von Techniken zur Einhaltung der Standards zu vermeiden. Sie können die erwartete Mehrbelastung, die sich durch neue Emissionsquellen ergibt, durch Emissionsminderungen an bereits vorhandenen Quellen kompensieren (*Netting policy*). Im *Clean Air Act Amendment* von 1990 wurden diese Politiken zur Schaffung eines Marktes für Emissionsrechte hin weiterentwickelt. Alle Schwefeldioxidemissionen aus öffentlichen Elektrizitätswerken bzw. deren Anlagen sind seit 1995 handelbar. Zu diesem Zweck gibt die EPA eine bestimmte Anzahl von Genehmigungen heraus, deren Besitz dazu berechtigt, eine bestimmte Menge Schwefeldioxid zu emittieren.

ze in der Umweltpolitik forcieren. Die Diversifikation von Professionen bezieht sich nicht auf diese letztgenannten Disziplinen. Eine fundamentale ideologische Kritik am Ansatz der Umweltpolitik findet sich ebenso wenig wie eine radikale Infragestellung des gegenwärtigen Lebensstils. Die relativ geringen Berührungsängste zwischen Industrie und Umweltgruppen gründen auch auf einem tiefergehenden Konsens hinsichtlich der Lebensweise und der grundsätzlichen Maßnahmen, die zur Lösung von Problemen herangezogen werden können. Dazu tragen die gemeinsamen Vorstellungen und Hintergründe der in das Politikfeld involvierten Professionen ebenso bei wie die Orientierung an der Öffentlichkeit, die bspw. radikalen Verzicht als Mittel des Umweltschutzes gar nicht erst als diskutabel aufkommen lässt.

Implementation:
– Ingenieure

Die Ebene der Implementation ist wieder dominiert von einer Einzelprofession, und zwar der ingenieurwissenschaftlich-technischen. Während Juristen die Gesetze schreiben, sind Techniker und Ingenieure mit der Umsetzung der zuvor formulierten Standards befasst. Da auf dieser Ebene Techniker und Ingenieure der EPA mit Technikern und Ingenieuren der Industrie zu tun haben, kommt es vor, dass aufgrund des Selbstkonzepts dieser Profession von Richtlinien abgewichen wird:

> „Their [der Ingenieure, C.J.] training and experience led them to be concerned with fairness, practicality, and technical progressiveness. They wanted the rules to represent good engineering and they often saw their opposite numbers from the companies as professional colleagues as well as opponents." (Landy/Roberts/Thomas 1994: 211).

Bei der Implementation von Standards spielt der Diskurs zwischen Ingenieuren, die zwar auf unterschiedlichen Seiten stehen, aber dennoch dieselbe Sprache sprechen und verstehen, also eine für die Praxis bedeutsame Rolle. In den konkreten Aushandlungsprozessen vor Ort können in diesen Diskursen die Intentionen, welche die Zentrale der EPA bei der Bestimmung von Standards zugrunde legt, ausgehöhlt werden.

Aufgrund ihrer Dominanz in bestimmten Phasen des Policy-Prozesses beeinflussen Techniker und Ingenieure sowie Juristen mit ihren Ethiken das Politikfeld. Insbesondere spiegelt sich die häufige Repräsentanz von Juristen in der konfliktbetonten (= adversarial) Atmosphäre, die trotz zunehmender Kooperation und Gesprächsbereitschaft vorherrscht. Juristen denken eher in den Kategorien des (zivilisierten) Konflikts und sind geneigt, ein Problem vor den Richter zu tragen statt es in diskursiven Aushandlungsprozessen zu lösen. Dementsprechend häufig kommt es in den USA auch zu Gerichtsverfahren, während Verhandlungslösungen und die Bereitschaft, Konsense zu finden anstatt auf der Durchsetzung der eigenen Position zu beharren, eher selten sind. Gleichermaßen dominiert der Command and Control-Ansatz, der auf der Definition von Maßnahmen beruht, die kraft Gesetz strikt durchgeführt werden müssen und rechtlich einklagbar sind.

3.2 Professionen in der deutschen Umweltpolitik

Der zentrale Begriff in der deutschen Umweltpolitik ist der „Stand der Technik". Er ist dies zum einen, weil er sich „objektivieren" lässt, also der Legitimationsregel des Sachverstandes entspricht, und zum anderen, weil er eine Grundlage zur Kalkulation von Verhältnismäßigkeit darstellt. Dieser Begriff setzt sich folglich aus zwei Bedeutungen zusammen: Zum einen aus der Bestimmung des 'technisch Möglichen' und zum anderen aus der Bestimmung der 'Verhältnismäßigkeit der Mittel'. Das technisch Mögliche wird dabei als objektive Größe aufgefasst, während die Verhältnismäßigkeit eine Sache von hauptsächlich rechtlichen Abwägungsprozessen ist. Wichtig ist dementsprechend die finanzielle Verhältnismäßigkeit einer Regulierungsmaßnahme.

Anhand dieser Doppeldeutigkeit des Begriffs vom Stand der Technik könnte man idealtypisch von einer Arbeitsteilung zweier Professionen ausgehen. Während die Techniker für die Bestimmung des technisch Möglichen zuständig sind, könnte es Aufgabe der Juristen sein, die Verhältnismäßigkeit sicherzustellen. Da jedoch Letzteres immer nur auf der Grundlage von Ersterem erfolgen kann, nehmen die Techniker in dieser Arbeitsteilung die Schlüsselposition ein. Dies liegt zudem daran, dass auch in rein technisch orientierten Organisationen bereits verhältnismäßige Ergebnisse gesucht werden. Möglich ist dies aufgrund einer professionellen Ethik von Technikern, welche die reine Suche nach dem technisch Möglichen als unprofessionell abkanzelt. Professionelles Handeln ist hier vor allen Dingen von der Suche nach „machbaren", d.h. vor allem auch finanzierbaren, Möglichkeiten geprägt. „Stand der Technik"

Ingenieure sind zwar naturwissenschaftlich ausgebildet, sie unterscheiden sich jedoch von klassischen Naturwissenschaftlern durch ihre praktische Ausrichtung. Ingenieure sind an der Anwendung wissenschaftlicher Erkenntnisse interessiert; gerade das macht ihre Berufsidentität aus. Dadurch sind sie von vornherein immer mit nichtwissenschaftlichen, nicht-technischen Einflussgrößen ihrer Arbeit konfrontiert. Dies führt dazu, dass für Ingenieure, zumindest für jene, welche die Fachhochschulen verlassen haben, immer auch finanzielle, logistische, personelle Probleme von Bedeutung sind. In diesem Sinne gehört es zum Habitus des Ingenieurs, technische Probleme immer „verhältnismäßig" zu lösen. Es besteht für einen Techniker kein Sinn darin, „koste es was es wolle" alle technischen Mittel auszuschöpfen, um ein Problem zu lösen. Das bedeutet, dass sich der Ingenieur immer auch für die marktwirtschaftliche Seite bei der Bestimmung des Standes der Technik zuständig sieht. Ingenieure

Entscheidend ist, dass aufgrund des Selbstverständnisses der Ingenieure, aus der Beurteilung der Verhältnismäßigkeit eines zu bewirkenden Standes der Technik eine fachliche Auseinandersetzung um die „Sache" wird. Obgleich also auch Aussagen über Kosten-Nutzen-Beziehungen gemacht werden, geschieht dies im Selbstverständnis der Ingenieure interessenneutral. Interessengegensätze lassen sich für Techniker 'objektiv' entscheiden, da es nur *eine* richtige Lösung geben kann. Der Begriff des Interesses spielt in ingenieurwissenschaftlichen Diskussionen genau genommen eine negative Rolle, da Interessen der Wahrheitsfindung und somit der Konfliktregulierung im Wege stehen. Dies führt dazu, dass Techniker dazu neigen, ihre Arbeit innerhalb von Organisationen wie der mit Normsetzung beauftragten *Kommission zur Reinhaltung der Luft* (KRDL) im Verein Deutscher Ingenieure (VDI), also ihre ‚Wertungskompetenz', aus ihrer ‚Sachkompetenz' heraus zu begründen (vgl. Mai 1994: 182). Damit existiert die Tendenz, die Normierungsarbeit im VDI als eine Aufgabe der subjektiven Einschätzung und nicht als ein Ergebnis eines Verfahrens des Interessenausgleiches zu sehen. Der Ingenieur sucht bei der Normierungsarbeit nach der objektiv besten Lösung und diese kann aufgrund seines Selbstverständnisses nie rein technisch sein. Was sich für Nicht-Techniker als ein Prozess der Interessenabstimmung und damit als Politik darstellt, ist für den Techniker identitätsbildender Bestandteil seiner Profession, vor allem aber „objektiv" und interessenneutral. Wertungskompetenz
aus Sachkompetenz

Wenn man von den wenigen und unbedeutenden Gerichtsverfahren auf den verschiedenen Ebenen in Deutschland einmal absieht, so spielen die Juristen in der bundesdeutschen Umweltpolitik hauptsächlich auf staatlicher Seite eine Rolle. Juristen haben in den meisten Bereichen der deutschen Verwaltung ein Stellenmonopol. Dies hängt vor allem auch mit der institutionalisierten Nähe von Rechtswissenschaft und Staat zusammen. Juristen streben an deutschen Universitäten keine akademischen Ab- Juristenmonopol in
der Verwaltung schlüsse, sondern das Staatsexamen an. Ihre Ausbildungsinhalte und Prüfungsvoraussetzungen werden folglich vom Staat, nicht von den Universitäten, festgelegt, u.a. damit der Staat sich seine „Staatsdiener" im höheren Dienst selbst heranbilden kann. Diese Tradition führt dazu, dass auch in den zuständigen Genehmigungsbehörden Juristen sitzen. Dennoch setzt sich immer mehr die Tendenz durch, auf der mit Implementation betrauten Behördenebene vermehrt Beamte der technischen Verwaltung einzusetzen, die in sogen. Umweltämtern arbeiten.

Jurist/Techniker   Im Gegensatz zu Technikern in den Fachbehörden wird ein Jurist niemals der Meinung sein, dass eine bestimmte technische Lösung die einzig mögliche ist oder dass ein bestimmter Stand der Technik bzw. ein bestimmter Grenzwert der einzig denkbare ist. Im Vergleich dazu tun sich Ingenieure schwer, den politischen Charakter technischer Normen anzuerkennen. Juristen ist der Gedanke nicht fremd, dass jede technische Lösung auch anders sein könnte, wenn sich dafür eine andere Mehrheit findet. Techniker hingegen betonen in ihren Argumentationen für oder gegen eine bestimmte technische Lösung immer scheinbar objektive Tatsachen, gemäß der Vorstellung, dass Wahrheitssuche nichts mit Interessen zu tun hat, Konsens nicht auch immer Kompromiss ist, und die ‚Wahrheit' deswegen auch nicht innerhalb eines gesellschaftlichen oder politischen Spannungsfeldes zur Disposition stehen kann. Diese Unterschiede lassen für Techniker der Industrie Verhandlungen mit Fachbehörden sehr viel aussichtsreicher erscheinen als Verhandlungen mit den Verwaltungsjuristen.

Der durch technische Diskurse oktroyierten informellen Rechtsstaatlichkeit hat die öffentliche Verwaltung nicht viel entgegenzusetzen. Zwar können sich Juristen auf formale Verfahren berufen und genaue Befolgung von Vorschriften einklagen, doch angesichts der prägenden Potenz technischer Systeme erscheint vielen Juristen, die sich mit der Regelung technischer Sachverhalte befassen, die Auseinandersetzung mit der Technik wie ein „Wettlauf zwischen Hase und Igel" (Mai 1994: 179). Hier stellt sich für viele Juristen die Frage, ob das Recht prinzipiell überhaupt noch in der Lage ist, technische Entwicklungen zu regulieren oder ob dies nicht gänzlich eine Aufgabe technischer Selbstbestimmung sein sollte (vgl. Grimm 1990).

Recht kann dort keine inhaltliche Orientierungsmarke sein, wo die Eingriffsschwellen staatlicher Reglementierung durch Technik determiniert werden, die Aufgabe des Juristen reduziert sich daher zunehmend auf notarielle ‚Beurkundungsakte' (vgl. Bohne 1981: 57).

Arbeitsteilung   Hierin liegt der entscheidende Zusammenhang in der Arbeitsteilung von Juristen und Technikern in der deutschen Luftreinhaltungspolitik: Während der technizistische Diskurs das Vermögen der Ingenieure steigert, verhältnismäßige Lösungen anzustreben und die dort als rein fachlich verstandene informelle Verhandlungsmasse die Rechtsstaatlichkeit der Politik technisiert, findet zugleich eine Reduzierung juristischer Abwägungsprozesse auf notarielle Beurkundung eines rechtlich nicht abgesicherten Aushandlungsprozesses statt. Ebenso wie die Anhörung der beteiligten Kreise im Gesetzesformulierungsverfahren nur noch die formale Legitimationsbasis eines bereits informell mit Leben gefüllten Gesetzestextes darstellt, reduziert sich der juristische Diskurs auf die Absicherung rein technisch orientierter Entscheidungen.

andere Professionen   Andere Professionen wie z.B. Wirtschafts- und Sozialwissenschaftler spielen im deutschen Umweltschutz kaum eine Rolle. Zwar hat man auf der Gesetzesebene versucht, marktwirtschaftliche Instrumente in die Umweltgesetzgebung zu integrieren, doch hatten diese Instrumente auf der Implementationsebene keinen Erfolg. Das hängt u.a. damit zusammen, dass es auf der Ebene der politischen Zieldefinition in Deutschland zwar immer konsensfähiger wird, sich um die marktwirtschaftliche Seite des Umweltschutzes zu kümmern, aber das ökonomische Abwägen und Aushandeln von

Rechten und Pflichten sowohl dem behördlichen Alltag als auch dem technischen Selbstverständnis letztlich fremd bleibt.

Den Sozialwissenschaften kommt nur als Technik der Akzeptanzbeschaffung eine Rolle zu. Sozialwissenschaftler oder Psychologen werden dort in den Politikprozess involviert, wo es an Akzeptanz für technische Projekte mangelt und Techniken der „Aufklärung" benötigt werden. Mediationsverfahren, Konsensgespräche und dergleichen mehr dienen dann nicht dem demokratischen Ideal der Bürgerbeteiligung, sondern dem präventiven Abblocken eventueller emotionaler Verhinderungsstrategien. Allerdings lassen sich in Deutschland nur wenige Sozialwissenschaftler auf diese Gradwanderung zwischen Aufklärungsanspruch und sozialtechnologischer Praxis ein; die Mehrzahl ist in umweltschutzpolitischen Organisationen präsent oder sympathisiert mit ihnen.

Techniken der „Aufklärung"

4 Schlussbetrachtung

Die Unterschiede könnten nicht deutlicher sein. Während in den USA Öffentlichkeit und Öffentlichkeitsbeteiligung am stärksten die politische Entscheidungsfindung legitimieren und Juristen als Hüter komplexer Verfahren fungieren, welche die Praxis der Umsetzung im Auge haben, ist es in Deutschland der breite Konsens über Ziele und der technische Sachverstand der Praxis, die das Politikfeld bestimmen. Entsprechend ist es hier die technische Profession, die mit ihrer Ethik den größten Einfluss auf die Umweltpolitik hat. Beide Gesellschaften sind demokratische Gesellschaften. Sie stellen lediglich einander gegenüberliegende kulturelle Pole politischer Problemlösungsstile dar. Die demokratietheoretische Literatur hierzu ist umfangreich: Wettbewerbskultur versus Konsenskultur (vgl. Münch et al. 2001), liberale versus deliberative Demokratie (vgl. Habermas 1996) und die obige Darstellung würde es auch rechtfertigen, von Beteiligungs- versus Aufklärungsdemokratie zu sprechen. Wichtig ist dabei, dass die gleichen Fragen in den untersuchten Gesellschaften unterschiedlich beantwortet werden. Wie kommen ‚gute' Gesetze zustande? Durch den Bezug auf eine zu findende Wahrheit oder durch Konflikt und Abgleich möglichst vieler Interessen? Welche Aufgabe hat der Staat? Soll er selbst eine integrative Rolle spielen und die Verantwortung für die Erreichung gesamtgesellschaftlicher Ziele, also für das Gemeinwohl tragen? Oder ist er lediglich der Hüter von individuellen Rechten, der nur für einen formalen Konfliktregulierungsrahmen zu sorgen hat? Spricht man vom „Gemeinwohl" und betont die Pflichten der Bürger, sich aufklären zu lassen, oder spricht man von „Rechten" und betont zugleich die Verantwortung des Einzelnen? Diese holzschnittartigen Antinomien geben einen guten Überblick über die kulturelle Differenz der Governance-Stile in Deutschland und den USA.

Literatur

Beck, Ulrich, 1986: *Risikogesellschaft. Auf dem Weg in eine andere Moderne.* Frankfurt/M.: Suhrkamp.

Bohne, Eberhard, 1981: *Der informale Rechtsstaat. Eine empirische Untersuchung zum Gesetzesvollzug unter besonderer Berücksichtigung des Immissionsschutzes.* Berlin: Duncker & Humblot.

Braun, Dietmar, 1993: Zur Steuerbarkeit funktionaler Teilsysteme: Akteurtheoretische Sichtweisen funktionaler Differenzierung moderner Gesellschaften. In: Adrienne Héritier (Hrsg.),

Policy-Analyse. Kritik und Neuorientierung, PVS-Sonderheft 24, Opladen: Westdeutscher Verlag, 199-222.

Brickman, Ronald/ Jasanoff, Sheila/ Ilgen, Thomas, 1985: Controlling Chemicals. The Politics of Regulation in Europe and the United States. Ithaca/London: Cornell University Press.

Bryner, Gary C., 1995: Blue Skies, Green Politics. The Clean Air Act of 1990 and Its Implementation. Washington, D.C.: Congressional Quarterly Inc.

Giebeler, Rolf, 1991: Verfahren und Maßstäbe bei der Setzung von Umwelt-Standards in den USA. Berlin: Erich Schmidt Verlag.

Grimm, Dieter, 1990: Wachsende Staatsaufgaben – sinkende Steuerungsfähigkeit des Rechts. Baden-Baden: Nomos.

Guéhenno, Jean-Marie, 1994: Das Ende der Demokratie. München: dtv.

Haas, Peter M., 1992: Introduction: Epistemic Communities and International Policy Coordination. In: International Organizations 46, 1-35.

Habermas, Jürgen, 1996: Die Einbeziehung des Anderen. Studien zur politischen Theorie. Frankfurt/M.: Suhrkamp.

Héritier, Adrienne, 1995: Innovationsmechanismen europäischer Politik: Regulativer Wettbewerb und neue Koalitionsmöglichkeiten in europäischen Politiknetzwerken. In: Dorothea Jansen/Klaus Schubert (Hrsg.), Netzwerke und Politikproduktion: Konzepte, Methoden, Perspektiven, Marburg: Schüren, 205-221.

Jasanoff, Sheila, 1987: Cultural Aspects of Risk Assessment in Britain and the United States. In: Brandon B. Johnson/Vincent T. Covello (eds.), The Social and Cultural Construction of Risk, New York: Reidel, 359-397.

Jauß, Claudia, 1999: Politik als Verhandlungsmarathon. Immissionsschutz in der amerikanischen Wettbewerbsdemokratie. Baden-Baden: Nomos.

Jung, Otmar, 1997: Der Aufschwung der direkten Demokratie nach 1989. In: Rainer Schneider-Wilkes (Hrsg.), Demokratie in Gefahr? Zum Zustand der deutschen Republik, Münster: Westfälisches Dampfboot, 130-146.

Lahusen, Christian, 2003: Kontraktuelle Politik. Politische Vergesellschaftung in der Bundesrepublik Deutschland, Großbritannien, Frankreich und den USA am Beispiel der Luftreinhaltung. Weilerswist: Velbrück Wissenschaft.

Landy, Marc K./Marc J. Roberts/Stephen R. Thomas, 1994: The Steel Industry and Enforcing the Clean Air Act. From Nixon to Clinton. Oxford/New York: Oxford University Press.

Lucke, Doris, 1996: Grenzen der Legitimation. Zum Strukturwandel der Akzeptanz. In: Lars Clausen (Hrsg.), Gesellschaften im Umbruch. Verhandlungen des 27. Kongresses der Deutschen Gesellschaft für Soziologie in Halle an der Saale 1995, Frankfurt/M./New York: Campus, 473-483.

Mai, Manfred, 1994: Die technologische Provokation. Beiträge zur Technikbewertung in Politik und Wirtschaft. Berlin: Edition Sigma.

Münch, Richard, 1986: Die Kultur der Moderne. 2 Bde., Frankfurt/M.: Suhrkamp.

Münch, Richard, 1992: Gesellschaftliche Dynamik und politische Steuerung: Die Kontrolle technischer Risiken. In: Heinrich Bußhoff (Hrsg.), Politische Steuerung. Steuerbarkeit und Steuerungsfähigkeit. Beiträge zur Grundlagendiskussion, Baden-Baden: Nomos, 81-106.

Münch, Richard, 1996: Modelle der Risikopolitik. In: ders., Risikopolitik, Frankfurt/M.: Suhrkamp, 165-238.

Münch, Richard/Christian Lahusen (Hrsg.), 2000: Regulative Demokratie. Politik der Luftreinhaltung in Großbritannien, Frankreich, Deutschland und den USA. Frankfurt/M./New York: Campus.

Münch, Richard et al., 2001: Democracy at Work. A Comparative Sociology of Environmental Regulation in the United Kingdom, France, Germany, and the Unites States. Westport: Praeger.

Powell, Walter W./Paul J. DiMaggio (eds.), 1991: The New Institutionalism in Organizational Analysis. Chicago, IL./London: The University of Chicago Press.

Rucht, Dieter, 1988: Gegenöffentlichkeit und Gegenexperten. Zur Institutionalisierung des Widerspruchs in Politik und Recht. In: *Zeitschrift für Rechtssoziologie* 9, 290-305.

Sabatier, Paul A., 1993: Advocacy-Koalitionen: Policy-Wandel und Policy-Lernen. In: Adrienne Héritier (Hrsg.), *Policy-Analyse. Kritik und Neuorientierung*, PVS-Sonderheft 24, Opladen: Westdeutscher Verlag, 116-148.

Schnabel, Fritz, 1979: Politik ohne Politiker. In: Helmut Wollmann (Hrsg.), *Politik im Dickicht der Bürokratie*, Leviathan-Sonderheft 3, Opladen: Westdeutscher Verlag, 49-70.

Stark, Carsten, 1998: *Die blockierte Demokratie. Kulturelle Grenzen der Politik im deutschen Immissionsschutz*. Baden-Baden: Nomos.

Surel, Yves, 2000: The Role of Cognitive and Normative Frames in Policy-Making. In: *Journal of European Public Policy* 7, 495-513.

United States Environmental Protection Agency/Science Advisory Board 1994.

Wilson, Graham K., 1993: American Interest Groups. In: Jeremy J. Richardson (ed.), *Pressure Groups*, Oxford/New York: Oxford University Press, 131-144.

Wolf, Rainer, 1988: Herrschaft kraft Wissen in der Risikogesellschaft. In: *Soziale Welt* 39, 64-187.

Wood, Christopher, 1989: *Planning Pollution Prevention. A Comparison of Liting Controls over Air Pollution Sources in Great Britain and the USA*. Oxford: Heinemann Newnes.

Zeuner, Bodo, 1997: Entpolitisierung ist Entdemokratisierung. Demokratieverlust durch Einengung und Diffusion des politischen Raums. In: Rainer Schneider-Wilkes (Hrsg.), *Demokratie in Gefahr? Zum Zustand der deutschen Republik*, Münster: Westfälisches Dampfboot, 20-34.

Autorenverzeichnis

Nils C. Bandelow, Dr., wissenschaftlicher Assistent am Lehrstuhl für Vergleichende Regierungslehre und Politikfeldanalyse der Ruhr-Universität Bochum; z.Zt. Vertreter des Lehrstuhls Politikwissenschaft I an der Heinrich-Heine-Universität Düsseldorf.

Sigrid Baringhorst, Prof. Dr., lehrt Politikwissenschaft an der Universität Siegen.

Frank Biermann, PD Dr., Leiter des „Global Governance"-Projekts am Potsdamer Institut für Klimaforschung.

Jörg Bogumil, Prof. Dr., lehrt Politikwissenschaft an der Universität Konstanz.

Dietmar Braun, Prof. Dr., lehrt Politikwissenschaft an der Universität Lausanne.

Patrick Donges, Dr., wissenschaftlicher Oberassistent am Institut für Publizistikwissenschaft und Medienforschung (IPMZ) der Universität Zürich.

Kai-Uwe Hellmann, PD Dr., lehrt z. Zt. Soziologie an der Universität Duisburg-Essen.

Lars Holtkamp, Dr., wissenschaftlicher Mitarbeiter am Lehrgebiet „Politische Regulierung und Steuerung" der FernUniversität in Hagen.

Otfried Jarren, Prof. Dr., lehrt Publizistikwissenschaft an der Universität Zürich.

Claudia Jauß, Dr., Stipendiatin des Graduiertenkollegs „Märkte und Sozialräume in Europa" an der Otto-Friedrich-Universität Bamberg.

Stefan Lange, Dr., wissenschaftlicher Mitarbeiter am Lehrgebiet „Handeln und Strukturen" der FernUniversität in Hagen.

Jürgen Mackert, PD Dr. z.Zt. Vertreter des Lehrstuhls „Strukturanalyse moderner Gesellschaften" an der Universität Erfurt.

Philipp Pattberg, M.A., wissenschaftlicher Mitarbeiter im „Global Governance"-Projekt am Potsdamer Institut für Klimaforschung.

Uwe Schimank, Prof. Dr., lehrt Soziologie an der FernUniversität in Hagen.

Carsten Stark, Dr., lehrt soziologische Grundlagen des Verwaltungshandelns an der Fachhochschule für Verwaltung und Rechtspflege in Bayern, Fachbereich „Allgemeine Innere Verwaltung", Hof.